"十二五"国家重点图书出版规划项目
新视野教师教育丛书·基础理论系列

教师教育学科群导论

陈永明　等著

图书在版编目(CIP)数据

教师教育学科群导论/陈永明等著. —北京：北京大学出版社，2013.2
（新视野教师教育丛书·基础理论系列）
ISBN 978-7-301-21793-1

Ⅰ.①教…　Ⅱ.①陈…　Ⅲ.①师资培养－学科群－研究　Ⅳ.①G451.2

中国版本图书馆 CIP 数据核字（2012）第 300934 号

书　　　名：教师教育学科群导论
著作责任者：陈永明　等著
策划编辑：姚成龙（yaobianji@163.com，QQ：1178402537）
责任编辑：姚成龙
标准书号：ISBN 978-7-301-21793-1/G·3551
出版发行：北京大学出版社
地　　　址：北京市海淀区成府路 205 号　100871
网　　　址：http://www.pup.cn　新浪官方微博：@北京大学出版社
电子信箱：zyjy@pup.cn
电　　　话：邮购部 62752015　发行部 62750672　编辑部 62752013　出版部 62754962
印　刷　者：北京鑫海金澳胶印有限公司
经　销　者：新华书店
　　　　　　787 毫米×1092 毫米　16 开本　19 印张　400 千字
　　　　　　2013 年 2 月第 1 版　2013 年 2 月第 1 次印刷
定　　　价：38.00 元

未经许可，不得以任何方式复制或抄袭本书之部分或全部内容。
版权所有，侵权必究
举报电话：010-62752024　电子信箱：fd@pup.pku.edu.cn

目录

前言　创建新世纪教师教育学科群　　1

立论奠基篇

第一章　教师教育学科群之古往今来　　11
第一节　学科的最初形态与发展历程　　11
一、西方学科发展历程的历史学考察　　11
二、中国学科的历史演变与现代转型　　15
三、学科群的缘起与学科融合之趋势　　17
第二节　教师教育学的学科基本框架　　19
一、学科基本概念研究的源与流　　19
二、教师教育学的学科基本属性　　24
三、教师教育学的学科基本框架　　26
第三节　教师教育学科群的建设路径　　28
一、"教师教育学科群"理论体系架构　　29
二、"教师教育学科群"实践模式探索　　30
三、"教师教育学科群"品牌特色项目　　31

第二章　教师教育学科群之国际比较　　35
第一节　日本型样板大学学科群　　35
一、引领师范教育发展百年史　　35
二、筑波大学创建学群·学类　　38
三、日本型师范教育功过得失　　41
第二节　法国式教师教育大学院　　44
一、"3+2"新模式实施背景　　44
二、教师教育大学院（IUFM）　　45
三、法国式教师教育示范作用　　49
第三节　世界教师教育改革趋向　　51
一、奥田真丈的国际理解教改　　51

二、发达国家教职观及其课程ㆍㆍㆍㆍㆍㆍㆍㆍㆍㆍㆍㆍㆍㆍㆍㆍㆍㆍㆍㆍㆍㆍㆍㆍㆍㆍㆍㆍㆍㆍ55
　　三、知识型社会教书育人课题ㆍㆍㆍㆍㆍㆍㆍㆍㆍㆍㆍㆍㆍㆍㆍㆍㆍㆍㆍㆍㆍㆍㆍㆍㆍㆍㆍㆍㆍ65

第三章　教师教育学科群之理论基础ㆍㆍㆍㆍㆍㆍㆍㆍㆍㆍㆍㆍㆍㆍㆍㆍㆍㆍㆍㆍㆍㆍㆍ70

　第一节　省察教师教育举措以求突破口ㆍㆍㆍㆍㆍㆍㆍㆍㆍㆍㆍㆍㆍㆍㆍㆍㆍㆍㆍㆍㆍㆍ70
　　一、调整布局结构以提升培养层次ㆍㆍㆍㆍㆍㆍㆍㆍㆍㆍㆍㆍㆍㆍㆍㆍㆍㆍㆍㆍㆍㆍㆍㆍㆍ70
　　二、逐步实践职前职后一体化思路ㆍㆍㆍㆍㆍㆍㆍㆍㆍㆍㆍㆍㆍㆍㆍㆍㆍㆍㆍㆍㆍㆍㆍㆍㆍ73
　　三、挑战与应对教师教育的大学化ㆍㆍㆍㆍㆍㆍㆍㆍㆍㆍㆍㆍㆍㆍㆍㆍㆍㆍㆍㆍㆍㆍㆍㆍㆍ75
　第二节　凸现教师教育学科性以解难题ㆍㆍㆍㆍㆍㆍㆍㆍㆍㆍㆍㆍㆍㆍㆍㆍㆍㆍㆍㆍㆍㆍ78
　　一、教师教育改革实践面临的困惑ㆍㆍㆍㆍㆍㆍㆍㆍㆍㆍㆍㆍㆍㆍㆍㆍㆍㆍㆍㆍㆍㆍㆍㆍㆍ78
　　二、反思教师教育困惑的认识原因ㆍㆍㆍㆍㆍㆍㆍㆍㆍㆍㆍㆍㆍㆍㆍㆍㆍㆍㆍㆍㆍㆍㆍㆍㆍ80
　　三、把握教师专业性拓展变革思路ㆍㆍㆍㆍㆍㆍㆍㆍㆍㆍㆍㆍㆍㆍㆍㆍㆍㆍㆍㆍㆍㆍㆍㆍㆍ84
　第三节　创建教师教育学科群基本原理ㆍㆍㆍㆍㆍㆍㆍㆍㆍㆍㆍㆍㆍㆍㆍㆍㆍㆍㆍㆍㆍㆍ88
　　一、创建教师教育学科群的价值ㆍㆍㆍㆍㆍㆍㆍㆍㆍㆍㆍㆍㆍㆍㆍㆍㆍㆍㆍㆍㆍㆍㆍㆍㆍㆍㆍ89
　　二、创建教师教育学科群的理论思路ㆍㆍㆍㆍㆍㆍㆍㆍㆍㆍㆍㆍㆍㆍㆍㆍㆍㆍㆍㆍㆍㆍㆍㆍ93
　　三、加强教师教育学科群建设的基本原则ㆍㆍㆍㆍㆍㆍㆍㆍㆍㆍㆍㆍㆍㆍㆍㆍㆍㆍㆍㆍㆍ97

理论探究篇

第四章　教师教育学科群元问题探索ㆍㆍㆍㆍㆍㆍㆍㆍㆍㆍㆍㆍㆍㆍㆍㆍㆍㆍㆍㆍㆍㆍ103

　第一节　教育学学科之元研究ㆍㆍㆍㆍㆍㆍㆍㆍㆍㆍㆍㆍㆍㆍㆍㆍㆍㆍㆍㆍㆍㆍㆍㆍㆍㆍㆍㆍ103
　　一、从元理论到元研究元问题ㆍㆍㆍㆍㆍㆍㆍㆍㆍㆍㆍㆍㆍㆍㆍㆍㆍㆍㆍㆍㆍㆍㆍㆍㆍㆍㆍㆍ103
　　二、教育学元研究本土化历程ㆍㆍㆍㆍㆍㆍㆍㆍㆍㆍㆍㆍㆍㆍㆍㆍㆍㆍㆍㆍㆍㆍㆍㆍㆍㆍㆍㆍ106
　　三、教育学的学科合法性危机ㆍㆍㆍㆍㆍㆍㆍㆍㆍㆍㆍㆍㆍㆍㆍㆍㆍㆍㆍㆍㆍㆍㆍㆍㆍㆍㆍㆍ109
　第二节　全球化时代呼唤学科群ㆍㆍㆍㆍㆍㆍㆍㆍㆍㆍㆍㆍㆍㆍㆍㆍㆍㆍㆍㆍㆍㆍㆍㆍㆍㆍ112
　　一、社会环境之变迁与学科群ㆍㆍㆍㆍㆍㆍㆍㆍㆍㆍㆍㆍㆍㆍㆍㆍㆍㆍㆍㆍㆍㆍㆍㆍㆍㆍㆍㆍ112
　　二、知识结构之重组与学科群ㆍㆍㆍㆍㆍㆍㆍㆍㆍㆍㆍㆍㆍㆍㆍㆍㆍㆍㆍㆍㆍㆍㆍㆍㆍㆍㆍㆍ115
　　三、现代主义之困境与学科群ㆍㆍㆍㆍㆍㆍㆍㆍㆍㆍㆍㆍㆍㆍㆍㆍㆍㆍㆍㆍㆍㆍㆍㆍㆍㆍㆍㆍ117
　第三节　教师教育学科群元问题ㆍㆍㆍㆍㆍㆍㆍㆍㆍㆍㆍㆍㆍㆍㆍㆍㆍㆍㆍㆍㆍㆍㆍㆍㆍㆍ119
　　一、学科群与教育学学科分类ㆍㆍㆍㆍㆍㆍㆍㆍㆍㆍㆍㆍㆍㆍㆍㆍㆍㆍㆍㆍㆍㆍㆍㆍㆍㆍㆍㆍ119
　　二、学科群与学科分化及综合ㆍㆍㆍㆍㆍㆍㆍㆍㆍㆍㆍㆍㆍㆍㆍㆍㆍㆍㆍㆍㆍㆍㆍㆍㆍㆍㆍㆍ122
　　三、学科群与元问题基本框架ㆍㆍㆍㆍㆍㆍㆍㆍㆍㆍㆍㆍㆍㆍㆍㆍㆍㆍㆍㆍㆍㆍㆍㆍㆍㆍㆍㆍ125

第五章　教师教育学科群之组织形式ㆍㆍㆍㆍㆍㆍㆍㆍㆍㆍㆍㆍㆍㆍㆍㆍㆍㆍㆍㆍㆍ130

　第一节　大学学科群组织形态理论ㆍㆍㆍㆍㆍㆍㆍㆍㆍㆍㆍㆍㆍㆍㆍㆍㆍㆍㆍㆍㆍㆍㆍㆍ130
　　一、大学学科群组织的本质要素ㆍㆍㆍㆍㆍㆍㆍㆍㆍㆍㆍㆍㆍㆍㆍㆍㆍㆍㆍㆍㆍㆍㆍㆍㆍㆍㆍ130
　　二、大学学科群组织的形式结构ㆍㆍㆍㆍㆍㆍㆍㆍㆍㆍㆍㆍㆍㆍㆍㆍㆍㆍㆍㆍㆍㆍㆍㆍㆍㆍㆍ136
　　三、大学学科群组织的阻碍因素ㆍㆍㆍㆍㆍㆍㆍㆍㆍㆍㆍㆍㆍㆍㆍㆍㆍㆍㆍㆍㆍㆍㆍㆍㆍㆍㆍ139
　第二节　学科群组织创新案例镜鉴ㆍㆍㆍㆍㆍㆍㆍㆍㆍㆍㆍㆍㆍㆍㆍㆍㆍㆍㆍㆍㆍㆍㆍㆍ140
　　一、国外名校学科群组织创新案例ㆍㆍㆍㆍㆍㆍㆍㆍㆍㆍㆍㆍㆍㆍㆍㆍㆍㆍㆍㆍㆍㆍㆍㆍㆍ140
　　二、国内大学及机构学科创新案例ㆍㆍㆍㆍㆍㆍㆍㆍㆍㆍㆍㆍㆍㆍㆍㆍㆍㆍㆍㆍㆍㆍㆍㆍㆍ145

三、国内教师教育学科群创新案例　　148
　第三节　教师教育学科群组织创新　　152
　　一、教师教育学科群的组织理念　　152
　　二、教师教育学科群的组织机制　　153
　　三、教师教育学科群的组织形式　　156

第六章　教师教育学科群之文化特质　　159
　第一节　教师教育学科群文化视域　　159
　　一、教师教育发展中展示的问题　　159
　　二、学科群建设面临着文化差异　　162
　　三、重视学科群内部的文化交融　　164
　第二节　教师教育学科群文化解析　　165
　　一、教师教育学科群的文化概念　　165
　　二、教师教育学科群的文化结构　　167
　　三、教师教育学科群的文化特性　　170
　第三节　教师教育学科群的文化建设　　172
　　一、教师教育学科群文化建设的意义　　172
　　二、教师教育学科群文化建设的原则　　175
　　三、教师教育学科群文化建设的方法　　177

践行运作篇

第七章　教师教育学科群之评价体系　　183
　第一节　教师教育评价基本价值取向　　183
　　一、教师教育评价基本概念之分析　　183
　　二、教师教育评价基本取向之选择　　185
　　三、教师教育评价的机制及其形成　　187
　第二节　教师教育标准的分析与构建　　191
　　一、美国教师教育标准的内容分析　　191
　　二、德国教师教育标准的内容分析　　194
　　三、我国教师专业标准的内容解读　　197
　第三节　教师教育的内容和过程评价　　200
　　一、教师教育学科群之结构合理性　　200
　　二、教师教育项目实施路径科学性　　204
　　三、教师教育活动保障机制充分性　　205

第八章　教师教育学科群之课程建设　　208
　第一节　教师教育学科的课程现状　　208
　　一、教师教育学科课程建设的应然状态　　208
　　二、教师教育学科课程建设的实然状态　　211
　　三、提高教师教育学科课程建设的质量　　219

第二节 教师教育学科的实践教学 ... 221
- 一、教师教育学科实践教学概述 ... 221
- 二、教师教育学科实践教学现状 ... 223
- 三、改进教师教育学科的实践教学 ... 223

第三节 教师教育学科的质量策略 ... 226
- 一、改革教师教育学科的课程体系 ... 226
- 二、提高教师教育学科的教育质量 ... 229
- 三、加强教师教育学科的理论研究 ... 232

第九章 教师教育学科群之管理体制 ... 234

第一节 教师教育管理的历史与现状 ... 234
- 一、师范教育的管理历程及其特点 ... 234
- 二、教师教育学科群建设中面临的挑战 ... 236
- 三、确立现代教师教育管理思想 ... 238

第二节 职前教师教育学科群的统合 ... 242
- 一、明确学科群建设的目标和任务 ... 242
- 二、加强学科群建设的实施检查 ... 245
- 三、组织学科群建设的考核评估 ... 248

第三节 职后教师教育学科群的提升 ... 249
- 一、职后教师教育的认识与管理 ... 250
- 二、与地方教师教育管理相衔接 ... 254
- 三、与校本研修专业发展相匹配 ... 256

第十章 教师教育学科群之内涵建设 ... 261

第一节 上师大首创"3+3"模式 ... 261
- 一、"3+3"教师教育问世理念 ... 261
- 二、"3+3"教师教育课程教学 ... 266
- 三、"3+3"教师教育创优示范 ... 269

第二节 教师教育催生新兴学科 ... 275
- 一、创立"教师教育学"的践行 ... 276
- 二、创建"教育领导学"新学科 ... 278
- 三、创设"儿童学"以学生为本 ... 282

第三节 建设教师教育学科群 ... 284
- 一、教师教育学科群建设目标 ... 284
- 二、教师教育学科群理论探究 ... 286
- 三、教师教育学科群实践运作 ... 286

参考书目 ... 291

后记 教师教育学科群之发展愿景 ... 295

前言　创建新世纪教师教育学科群

本书开门见山地倡言：创建具有新世纪特征、中国特色、区域特点、师资培育研修机构特长的教师教育学科群。主要受到三大因素的影响及作用：一是信息时代需要"学社融合"；二是专业教育应备通识修养；三是师资优化必须与时俱进。如同《第三次浪潮》作者未来学家托夫勒（Alvin Toffler）感叹的那样："过去比较容易看准，而未来社会一定非常多样化，已经不容易看准了。"由于未来社会的不确定性日益增强，高新科技迅猛发展席卷世界，网络信息、克隆技术、生物基因、纳米材料等重大项目研究几乎同时在全球范围内展开。市场经济全球化浪潮冲击着各文化领域之间的沟通和各文明单位之间的交流，并已成为一股势不可挡的时代潮流。伴随而来的文化文明的多元化和差异性可能导致"异文化摩擦"或"文明之冲突"。人，理应是维系社会均衡发展的主人。平和世界安宁大同必须倡导"融合思想"、"学会共生"、"学社融合"等先进理念，这是人类社会进步和可持续发展的重要前提，也是构建和谐世界必不可少的文化基因和文明要素。

一、信息时代需要学社融合

处在日新月异的信息化时代，作为工业化社会产物的传统教育体制面临着诸多挑战及深刻危机，如经济竞争、市场竞争、科技竞争、知识竞争、军事竞争、信息竞争，其中人力资源开发的竞争尤为激烈，而这些竞争的基础在于教育。为了适应当今世界的信息化、数字化、国际化趋势，在未来社会生存所必需的教与学正在趋向综合化、个性化和超前化。现代社会也被称为"融合时代"，既有物理学的核融合（nuclear fusion）、遗传学的融合原理（blending theory）、数学·群论的融合积（amalgamated product）、人工智能等推论法的融合法（resolution）、信息情报处理的融合（merge），又有"三网融合"（电信网、广播电视网、互联网合一）、科学家与企业家的融合，致使客观物质与人文精神交融升华而产生的"融合思想"已经在现代社会的政治经济、文化教育、艺术体育等领域得到广泛运用乃至推广。倡导"融合思想"、"学会共生"、"学社融合"的时代精神，是进入21世纪谋求人类社会和谐发展及安康幸福的奠基性要因。

犹如信息化一样，经济全球化对以教书育人为本的学校教育来说是一把"双刃剑"。一方面，市场经济浪潮汹涌澎湃，驱动各种人文沟通和文化交融成为一股势不可挡的时代潮流；另一方面，国际性金融危机时常爆发，病魔瘟疫危机时隐时现，导致人的欲望贪图、作恶手段更为凶狠残酷，有的甚至令人难以想象。处在市场经济全球化浪潮中的学校教育该怎样让青少年学会与不同文化传统、宗教信仰、生活环境及政治制度的人们相互理解、携手并进、合作共生，是关系到人类社会能否持续生存与发展的重大课题。21世纪，曾被理想地描绘成是人与自然趋于协调发展的一个融合及其升华的世纪。为了实现人类社会赖以生存的可持续发展，发达国家试图运用先进科技手段创造有利于充分发展每个人潜能的生活条件和学习环境。为此，应当构建"学社融合"（学校、社会和家庭）组织，发挥信息化时代文化教育的功能，制定政策推进教育社会化和社会教育化发展，着力建设21世纪"学会共生"理念的重要组成部分——"学社融合"新体系。

在学校教育以及社会发展方面，发达国家以往的"学社联携"（20世纪70年代为制止青少年越轨犯罪，要求学校与社会携起手来）正在向"学社融合"（学校与社会融为一体，学校社会化以及社会学校化）转变。由"学社联携"趋向"学社融合"，主要受社会变革两大因素的影响或驱动：一是现代科学和技术正在高度融合。当今科学和技术的结合及其相互作用、相互转化更为迅速，逐步形成统一的科学技术体系。再则，科学的发展越来越依赖多种学科的综合、渗透和交叉，导致一系列新的跨学科研究领域的出现，如环境科学、信息科学、能源科学、材料科学、空间科学，等等。当前人类面临的各种棘手问题都有综合性质，如环境问题（温室效应、臭氧层破坏、污染变质）、资源问题（能源、粮食、领土）等，既是科技问题，也是政治问题、经济问题、社会问题、教育问题。这些问题的解决已超出自然科学技术能力之范围，必须综合地运用自然科学和人文社会科学的诸多知识共同探究解决途径，科学发展也已经表明自然科学和人文社会科学的内在性联系。当今人类社会所面临的问题有可能由于一些不确定性因素的干扰而引发重大事件，这就要求自然科学与人文社会科学结合得更为密切。①二是21世纪被视为人与自然协调及可持续发展的世纪、东西文化交流与融合的世纪、科学精神和人文精神交融和统一的世纪。以信息技术为代表的高新科技迅速发展，打破了传统行业划分的边界，在不同产业部门之间形成相互渗透、相互融合的新态势，促进不同产业在融合渗透中共同发展，进而形成相互融合的新型产业体系，合力培育不同产业之间融合渗透的优势产业群；遵循产业融合理念并非几个产业部门的简单相加或合并重组，而是新生产业与传统产业相融合后显示出新兴产业的特色和作用，相互之间不是"混合物"而是"化合物"。②因此，为营造能适应和促进社会发展的更多"化合物"，就要求教书育人应当具有前瞻性、融合性及创新性，在办学思想观念上必须与时俱进，"学社融合"可谓是一种体制机制创新。

二、专业教育应备通识修养

常言道：知识就是力量。通常把不断深化专业知识教育看成发现世界和改变世界的重要途径。分科性知识教育、学科类专业教学实际上是近代以来人类社会创造的用以认知世界的工具或方法；知识的分化只是一种手段，而知识的综合化才是真正目的。若把知识的专门化和综合化视为构成知识系统的两种力量，与此相应的就是现在大学的专业教育与通识教育；"在知识专门化程度提高的同时，知识的整体性遭到了破坏，导致了知识体系的碎片化现状，甚至在某些方面限制了知识的发展"。③对此，有学者以病人到医院看病那种司空见惯的"分科而治"为例：本来病人是一个有机整体，但医院大部分专科医生是看病不看"人"；病人也常常不清楚症状的病因而被多个科室转来转去；再加上，好多病是无法分科而治的，如免疫系统疾病、血液病等；因此，培养"全科医生"目前已经引起不

---

① 徐冠华.当代科技发展六大趋势[N].文汇报，2002-05-27.
② 道良德.加快上海产业融合步伐[N].文汇报，2002-05-28.
③ 庞海勺.通识教育的动力与阻力[J].高等教育管理，2012(3)：9.

少国家的重视。针对过度专业化教育导致的学生知识面狭窄、视野局限、思维偏颇等弊端，通识教育应运而生。通识教育有助于解决知识体系危机，与知识综合化的要求相一致；"就像知识的整体性和综合化是人类追求的目的一样，通识教育也应该是教育追求的终极目标。即所谓'通识为本，专识为末'。"①

通识教育（General Education），也可称为通才教育、教养教育、素质教育。所谓通识，就是知识、常识等。"很多创新的能力不见得来自高深的知识，而是来自能触类旁通的常识"；"整体的通识教育不仅在于建构学生的学术基础与核心能力，而且必须借由通识课程的博雅内涵，陶冶学生性情、构建博雅涵养、培养学生价值与道德判断、思维习惯、解决问题的能力等，进而改变体质与气质，达到全人的境界"。②

通识教育是一个古老而又年轻的话题，当今作为专业教育的对立面重现而引人关注。如果说专业教育偏重功利、实用主义、追求学以致用，那么通识教育就是重视人本教育，"可以是一种教育模式，可以是一种教育理念，更是一种教育精神，充分体现以人为本、让人自由的教育精神，它是对专业化最好的补充与辅助"；"制度设计直接决定着通识教育精神融入专业教育的成功与否"；但是，"在专业教育已经成为一种固有模式的今天，无策略地推进通识教育必然面临碰壁的尴尬。通识教育必须以一种更包容的姿态，主动地融入专业教育中，才能让全人之花得以璀璨怒放！"③

对于通识教育概念，现有三种认识：其一，从性质来看，通识教育是高等教育的组成部分，与自由教育同义，实质是对自由与人文传统的继承；其二，从目的来看，通识教育指非职业性和非专业性教育，在于培养自由社会中健全的公民；其三，从内容来看，通识教育是一种使学生熟悉主要知识领域事实的思想教育类型。20世纪以来，通识教育已经广泛列为欧美大学的必修科目，逐步成为世界大学普遍接受的国际化议题。④

当今世界一些名牌大学具体实施的通识教育课程主要有分布必修型、名著课程型、核心课程型和自由选修型。"这四种类型各有特点。应该说核心课程型在理念上是最完美体现通识教育精神的一种方式。各大学在推行时可根据大学理念与自身特色进行智慧的、精心的制度设计"。⑤美国研究型大学的新生不论学什么专业，前两年一般都要接受共同的通识教育，然后再选择一个主科进行学习；还在普通课程体系中增设跨学科项目学习，人才培养理念以建立在诸多学科基础上的学科群作为支撑；"如果说中国大学侧重于培养掌握专业知识的职业人，那么美国大学更倾向于塑造善于思考、敢于质疑的自由人"；耶鲁大学校长理查德·莱文（Richard Charles Levin）提出大学生的主要任务是："学会质疑，学会独立思考，学会自己得出结论。"⑥文理学院可以说是美国进行通识教育的典型，其特点是"跨学科教学"，"注重推动学生对人文和科学的广泛理解，对社会和自然界的认识"。⑦还有，被称为日本最高学府的"东京大学将一些看似联系不大的几个专业，如社会

---

① 庞海勺.通识教育的动力与阻力[J].高等教育管理，2012（3）：9.
② 董宇艳，等.台湾地区高校通识教育理念与模式[J].高等教育管理，2012（5）：25—26.
③ 郑旭辉.通识教育与专业教育的融合[J].高等教育管理，2012（3）：14—16.
④ 莫家豪.高等教育课程与全球化[J].高等教育管理，2012（3）：3.
⑤ 郑旭辉.通识教育与专业教育的融合[J].高等教育管理，2012（3）：15.
⑥ 樊华强.中美研究型大学学院设置之比较[J].高教发展与评估，2012（4）：67.
⑦ 张重文.文理学院，亦小亦美[N].文汇报，2012-06-07.

学、政治学、文化学、教育学、信息工程学等统合为'信息学环',并打破以院系、文理为界限的授课体系,鼓励学生去选修和自身专业不相干的课程。这种措施不仅有效地拓宽了学生的视野,也造就了一批具备跨学科研究能力的教授。如今,这样的'全才精英'发展模式在日本被称为'教养教育',成为日本各高校争相学习的教育战略"。①这种学科交叉的综合性"教养教育"也可以叫做"通识教育"。

通识教育确实为跨学科、跨领域探究展现了更加宽广的发展愿景。"这一类研究正日益成为新知识的生长点"。②"最近几十年科学技术的发展,呈现出单学科纵向深化和跨学科横向综合并行的格局。社会未来的发展还会不断遇到必须解决的新问题。可以预见,社会需求仍将继续推动跨学科研究朝着纵深方向发展"。③跨学科研究既是近半个世纪以来大学校园中的热门话题,也是各国政府关注的战略性目标。2004年美国国家科学院发表《促进跨学科研究》报告,将跨学科研究提升到国家战略的高度。该报告开篇写道:跨学科研究是人类进行的最具成效、最鼓舞人心的一种探索活动,它能提供一种产生新知识的对话和联系方式。④耶鲁大学正式启动弗兰克科学与人文项目(Franke Program in Science and the Humanities),促进跨学科对话、创造性合作,增进科学家与人文学者之间的沟通。⑤中国科学院也在推进科技与教育紧密结合,实现科教资源配置最优化,发挥中科院创新引领的"火车头"作用;以研究生为主体的教育体系,创造一系列科教结合培养创新人才的新模式;"加大探索科教结合的体制与机制,与不同类型大学开展了多种形式的合作"。⑥这些科教合作促使作为人才培养重镇的高等学府必须注重视野开阔、适应能力强的复合通用型人才,而通用型人才养成需要跨学科跨领域多方位进行培育与熏陶。

现在我国有些名牌大学也在倡导通识教育并成立通识教育机构,如浙江大学的竺可桢学院、复旦大学的复旦学院、北京大学的元培学院、中山大学的博雅学院等。率先试行通识教育的复旦大学称:此举意在培育学生的人文素养,是大师级学术人才培养的基础;苏步青、谢希德、谷超豪等学者皆文理兼修,数学大师同时又是文学奇才。然而,"通识教育在国内尚属起步阶段。正如斯坦福大学校长约翰·汉尼斯(John Hennessy)所言:'跨学科知识的广度、批判性思维的培养是中国学生最缺乏的。'"⑦"我们的基础教育早早分科,跨越了基础教育的通识教育是否能给学生带来全面素质的提高?"⑧这些是否都与培育师资的师范院校基本格局有关?时至今日的师范教育仍残留着20世纪50年代模仿苏联教育之烙印,偏重于分科专业知识教育教学。历经百年沧桑的我国师范教育演变,可以说是模仿或学习发达国家经验的过程,但并没有像日本和一些发达国家那样因时代变革而更改名称及其性质,百年的"师范教育"能否或者是否应该扩大其范畴?⑨

---

① 蓝建中,王一凡.日本高校大师辈出[N].国际先驱导报,2011-12-16.
② 严建新.跨学科研究的动力来自社会需求[N].中国社会科学报,2012-02-10.
③ 严建新.跨学科研究的动力来自社会需求[N].中国社会科学报,2012-02-10.
④ 陈亚玲.大学跨学科科研组织:起源、类型及运行策略[J].高等教育管理,2012(3):46.
⑤ 郑讴.耶鲁大学新项目增进人文与科学对话[N].中国社会科学报,2012-03-16.
⑥ 梁杰.中科院科教融合培养人才[N].中国教育报,2012-01-19.
⑦ 樊华强.中美研究型大学学院设置之比较[J].高教发展与评估,2012(4):69.
⑧ 张炯强,杨扬.高中分科让学生成为"两个世界"的人——"通识教育"是否应该早点开始?[N].新民晚报,2012-02-15.
⑨ 陈永明.中国和日本教师教育制度的比较研究(日文版)[M].东京:日本行政出版社,1994:2-7.

三、师资优化必须与时俱进

传统的师范教育实际上是一门专业性强的分科知识教育,很难培育适应现代社会日新月异变革需求的具有创新精神、卓越向上的优秀教师。尽管如此,也不能否认时至今日的师范教育为我国工业化建设需要造就了一大批"标准化人才",但在如今的信息化时代要更为重视"多样性、个性化、创造型"的复合通用型教师养成。

1. 师范教育体制与机制的"疲惫"

现在我国的师范教育课程体系陈旧,教育方法和教学手段落后,加上教师的资质能力不高,能够因材施教的优秀教师实在不多。社会进步正在促使"文盲"的概念发生根本性变化,处于现实世界"不会使用计算机等先进工具或不会检索、处理和利用信息资源将成为新文盲的特征"。因此,改变传统落后的教学方法和教学手段是培育合格教师的战略性需求,师资队伍质量的优劣将直接影响到学校教育能否培养经世济用的人才。倘若教师自身资质能力不尽如人意,为师从教者就可能成为信息化时代的落伍者。再则,市场经济的深入发展和知识结构的更新质变已经给师范院校带来有形的巨大压力以及无法估量的无形影响。迄今的教育思想、教育内容和教育方法已经难以适应我国教育由应试教育向素质教育的转轨,也不能适应现代科学技术的迅速发展,培养标准化人才的学校教育与现代社会发展的需求很不吻合。随着联合办学、私学兴起、综合性大学也在培育师资等"合纵连横"式的激烈竞争,各级各类学校不得不为未来生存问题而忧虑。迄今享有"毕业后就任教职特权"的师范院校更是如此,现行师范教育已经感到体制与机制之间的制度性"疲惫"。

信息化时代要求"学高为师,身正为范"的教师必须与时俱进,但教师的指导引领和教学能力却遇到前所未有的挑战,经常会面对一些非常棘手而又迫切需要解决的两难性问题。美国媒体曾邀请比尔·盖茨等一批美国著名科学家、企业家、教师、发明家,预测2025年前后美国中小学生进入网络教育的前景,就"电脑是21世纪伟大的教师"主题展开热烈的讨论。今后对中小学生"传道、授业、解惑"的不再是站在讲台上执鞭任教的教师,而是笔记本电脑,它可能成为21世纪的教师。由于掌握相当高度信息技术的学生越来越多,"孩子正在鞭策着先生";随着信息化网络教育兴起,对教师原有的各种权威(如知识权威、技能权威、专业权威)提出质疑;教师已经不是知识的唯一载体,也难以把不断更新的知识传授给学生;也许"教师成了机械的贯彻者、执行者,成了没有独立思想与创造、没有独立意志和人格的真正的'教书匠'。不是教师愿意如此,而是体制需要如此。"[1]比尔·盖茨在与许多教师交流后的深刻感受是:"我简直不敢相信,美国有95%的教师得不到具有针对性的教学反馈意见来帮助他们改进工作!"[2]

鉴于此,我国学校教育必须改变传统的"三中心"(以教师为中心、以课堂为中心、以教科书为中心)及被动型、依赖型、重复型的教育教学,积极主动地适应信息化时代的各种需求,要对教育的"学知、学做、学会生存、学会共生"负责并使之协调发展。学校教育必须"面向现代化、面向世界、面向未来",而现行师范教育体制往往是"心有余而力不足"。我国走的是一条"穷国办大教育"的艰难之道,由于政府部门的财力有限,不

---

[1] 钱理群. 做一个"可爱的"思想者 [J]. 教育参考,2008(6):17.
[2] 张杉. 比尔·盖茨教育慈善攻坚史 [J]. 校长,2012(3):93.

断加大对师范教育的投入较为困难,这就需要师范院校自身意识醒悟,奋起改革,纵观全局,力求拓展。从当今世界教育发展趋势着眼,必须清醒地认识到我国人才培养与发达国家相比还有很大差距。

随着经济体制和经济增长方式的转变,当今社会对偏重"标准化人才"培养的师范教育提出了更高的要求乃至严厉的质问:称之为师资培育重镇的师范院校该如何去应对市场经济更为猛烈的冲击?肩负人才培养重任的师范院校为何还没真正成为诸校之模范?进入新世纪的在职教师能否继续执鞭任教?具有109年历史的师范教育体制能否可持续发展?这些疑问不得不使人为此而深感危机及忧虑。现行师范教育体制机制,尤其是传统的师范教育机构正面临急待解决并事关生存的严重问题:时至今日的师范院校是墨守成规按部就班地沦落为当代的"泰坦尼克"号,还是奋起改革,努力成为多功能的新世纪"航空母舰"?

2. 教书育人的资格·知能·智慧

以上列举师范教育面临内忧外患的严峻挑战,旨在唤起危机意识。因为教育是以越来越复杂的多样形式适应社会发展的各种需求,发达国家积极推进工业化时代与信息化时代相互交融的教育体制改革,而师资培育的优劣则是教育改革成功与否的关键。教师肩负青少年儿童全面发展之重任,既要为好"经师",更须为好"人师"。优化师资队伍,是世界各国培养大批能与时俱进的复合通用型人才的重大课题。当今世界正在兴起信息技术智能化、信息网络全球化、国民经济信息化之高潮,信息革命将会极大地改变人们的生活习惯与学习方式,学校教育和教师职能、社会作用及其评价标准必将随之大大改观甚至产生质变。传统的教学模式"强调学习由教师掌控,教师像看门人似的控制着学习的进程,对学生强制使用一成不变的课程和教学法",而全新的学习模式则强调个性化学习。[①]

如果没有一大批品德好、理念新、学术水平高、能力强、技术佳的复合通用型教师作为保障,要实施全新的个性化学习模式,办好人民满意的素质教育,就无法真正得到贯彻落实。尽管我国历来要求执鞭任教者"学高为师,身正为范",但迄今师范教育在学制中难以达到真正的"诸校之模范"实际地位,"师范"理想与"处于困境的师范教育"现实之间存在很大的矛盾与分歧,并直接反映在我国师资队伍建设的质量与数量上,因而导致社会对师范院校的评价有时甚至不如一般学校。我国师范教育百多年发展历程明示了一些基本而又深刻的经验与教训:若要办好人民满意的教育,促进教育事业健康向上发展,就必须综合性地提升执鞭任教者的资质能力;优化师资队伍要从根本上提高教师的社会地位和专业水平,努力使教师和医生、律师一样真正成为社会上令人尊敬与羡慕的职业。然而,为人师表者的教职精神和专业水平应该达到怎样的基准与高度?教师工作到底是一门普通的职业,还是与时俱进的专业?抑或"学高为师,身正为范"的事业?

进入日新月异变革的信息化时代,百科全书式知识传授者似乎难以诞生。作为"人类灵魂工程师",首先应当明确该工程作业必须具备的资质能力、角色定位和实际价值,这与教书育人者拥有的资格·知能·智慧密切有关。[②] 如果说"资格型教师"是检证教学水平必备的通行"护照",贯彻落实教师资格"证书主义"对保证教学质量有效的话,那么

[①] 莫家豪.高等教育课程与全球化[J].高等教育管理,2012(3):3.
[②] 陈永明.教师教育学[M].北京:北京大学出版社,2012:44.

"知能型教师"执鞭任教不再是知识与技能的唯一载体,有可能成为信息化浪潮的"落伍者",而"智慧型教师"则由知识技能传授者变为创新导引者、智慧点拨者,促进其教育理念、教学艺术、教学能力、教学作用等达到更高的教育境界及育人成效。因为"智慧非知识,非才能,非学问。知识自见闻而来,才能自禀赋而来,学问自条理而来。智慧则是以知识、才能、学问为辅,从自身体认、觉解、证悟而来。智慧较之知识、才能、学问,完满周全,无所缺失"。①鉴于此,培育复合通用型教师,就是为了拓宽拓广"智慧型教师"养成途径,以"眼观六路,耳听八方"陶冶身心或开发潜质,培育在横向上可"跨学科复合"、在纵向上能"跨学段通用"的复合通用型教师,即信息化时代所期待的"智慧型教师"。

这里所说的"智慧型教师"养成途径,主要是指当今师范院校的学科群内涵建设,即:① 探究适应基础教育课程综合化的横向上多元交融的"跨学科复合型"师资培育,改变迄今"水桶固定式"封闭型师范教育为"海纳百川式"开放型教师教育;对传统分科型师资培养培训模式进行实质性变革,打破以学科专业知识为中心的师范教育基本格局,向横向融合拓展的综合创新型教师教育发展。② 探索适应各级各类教育纵向上有效衔接的"跨学段通用型"教师养成,促使"标准专业化"分段型师范教育转为"复合通用式"智慧型教师教育,旨在养成能适应信息化时代需求与时俱进的复合通用型教师。

3. 培育复合通用型教师实践运作

"随着政治、经济、产业的日新月异以及全球化、资讯化等所带来的世界形势之激变,知识成为社会和经济发展之源的'知识型社会'正式到来";"优秀教师的养成、研修和确保已不单是在大学和中小学校内进行,很有必要集聚以学校关系者为主的整个社会力量而全力以赴之。"② 现在我国一些师范院校和教育行政部门也在努力探究探索或积极规划运营解决困惑的对策与途径,诸多实践运作案例值得关注及借鉴,以下列出几则实例,仅供参考。

2012年暑假,上海在全国率先对校外及课外的艺术、科技教师进行全员培训,计划分批接受长达五年的业务培训,其特点是安排教师进修尝试"跨界":让科技老师走进大剧院学习欣赏高雅音乐,而艺术教师则将走进大学的科研室了解最新的前沿科学;这样的"阴差阳错",就是为了让科技与艺术教师在知识积累、素养提升上能相互融合、取长补短。③

再则,华东师范大学专门召开题为"转型与突破"的教学研讨会,围绕"通识教育"和"书院制人才培养模式",强调通识教育关注完整的人的培养,不以知识传递为目标,重在实现正确价值观和科学思维方式的养成,通识教育和专业教育的关系不是对立而是互相贯通,通识教育的实现途径不限于课堂教学,建立复合型的培养环境非常有必要;书院制有利于将课堂内外结合起来,形成整体的人的培养文化;打通文史哲专业课程、推动基于文理融合的创新人才培养;从推进通识教育,改革人才培养模式,完善教师评价,加强学业指导,创新教学方法,优化教学投入使用,改造孟宪承书院等七个方面入手,破解本科教学难题,实现"一批有责任、有热情、有水平的教师带领着一群有理想、有冲劲、有灵气的学生"的美好愿景;"学校的转型是一种发展方式的转型,首先要实现的是观念的

---

① 周立升.对儒道释的证悟[N].中华读书报,2012-08-22.
② 〔日〕中央教育审议会.关于通过全体教职生活提高教师资质能力的综合性方策.
③ 王蔚.教师暑期培训尝试"跨界"[N].新民晚报,2012-07-20;A7.

转变。通识教育的重构与孟宪承书院改造都是学校打造一流本科教育，培养卓越人才的育人观的重要体现。"①

还有，在有国务院学位委员会教育学科评审组全体成员和全国24家教育学一级学科博士学位授权单位的四十余名专家学者参加的"全国教育学一级学科建设高层论坛"（2011年11月20日）上，初步确定新增"教师教育"等5个目录外二级学科博士点。主要师范大学的教育学一级学科带头人畅所欲言，身临现场的笔者当然也坦诚己见：教师教育应当是教育学科内涵建设的重要组成部分，"作为精英的博士研究生创新应体现三个要素：一是合格公民的独立人格；二是与时俱进的思考方式；三是健康向上的批判精神。如果没有这些，想要创新是不科学的，这是作为21世纪的知识分子所必备的"。② 当然，这也是在信息化时代执鞭任教者、为人师表者所必需的。为使每一位受教育者身心都可以健康向上发展，那就必须培育养成更多能够与时俱进、适应能力强的复合通用型教师。

培育复合通用型教师是中华民族的期待与希望，教育部最近公布《国家教育事业发展第十二个五年规划》③："到2015年，初步形成一支师德高尚、业务精湛、结构合理、充满活力的高素质专业化教师队伍，造就一批教学名师和学科领军人才。""调整优化教师教育布局结构，构建以师范院校为主体、综合大学积极参与、开放灵活的现代教师教育体系。""创新教师教育培养模式。加强师范生师德和文化素质教育，注重通过文化熏陶培养教师气质。""建设一批教师教育改革实验区。积极推进教育硕士培养改革试点。"教育部在公布十二五发展规划的同时，把"师范教育司"更名为"教师工作司"④，将人事司、职业教育与成人教育司有关教师工作职责划转到教师工作司，其主要的职责是：规划、指导各级各类学校教师队伍建设；拟订教师教育和教师管理政策法规；拟订各级各类教师资格标准并指导教师资格制度的实施；宏观指导教师教育和教师管理工作，全面而又综合地促进教师教育事业发展。

正因为顺应天时、国运、民需，所以笔者在本书的"前言"就要明示志向及愿景：力求更多更快更好地培育适应信息化时代发展需求的复合通用型优秀教师，必须创建具有新世纪特征、中国特色、区域特点、师资培育研修机构特长的教师教育学科群体系。

---

① 华东师范大学教务处.转型与突破：第十九届教学与教学管理研讨会召开［OL］.华师新闻网，2012-07-26.
② 田友谊，等.教育学一级学科建设：问题与建议［J］.高教发展与评估，2012（3）：56—59.
③ 教育部.国家教育事业发展第十二个五年规划［N］.中国教育报，2012-07-22.
④ 焦新.教育部师范教育司更名为教师工作司［N］.中国教育报，2012-08-07.

立论奠基篇

对大学来说，学科及学科建设的重要性是显而易见的。对承担教师教育使命的高等学府来说，适应社会发展需要，造就一支数量充足、品质卓越的教师队伍，研究教师教育学科建设的思路、策略，是一项意义重大的时代课题。以教师专业性为学理依据，结合发达国家的教师教育改革举措，省察国内教师教育改革的经验及问题，阐释教师教育学科群的构建对实现优化师资目标的奠基价值，以此凸现与强化教师教育的学术性，引领与规范教师教育的创新与发展。就此，本篇重点是从三个维度论述学科与教师教育学科群建设的可能性、现实性及紧迫性，包括学科演变的历史维度、发达国家教师教育学科群建设经验比较的维度以及中国教师教育改革的理论与现实省思的维度，揭示教师教育学科群建设的合法性基础及依据。

第一章　教师教育学科群之古往今来

教师教育学科群的理论研究和实践探索需具备两个重要前提：一是厘清学科群的发展脉络，二是明确教师教育学的学科内涵。因此，本章从学科的最初知识形态入手，从知识分类的研究视角来梳理中西方学科的发展脉络，从中展示学科的整体发展趋势。同时，从教师教育学的学科属性出发，深入探究教师教育学的知识体系，即教师教育学作为教育学二级新学科，在高等师范院校师资培养过程中以核心必修课程形式向师范生传授的知识形态、结构和框架。最后，结合教师教育实践领域的现状问题和整体发展趋势，深入探究教师教育学科群的理论体系、实践模式与推进策略。

第一节　学科的最初形态与发展历程

关于学科，有学者尖锐地指出："学科"本来是一个关于知识分类与集合的概念，却被当成了束缚知识创新与科学发展的桎梏；本来是知识初学者在刚刚进入学术领域时的一种必要的引导，却被视为划分利益与权力格局的工具，成为学术界不同学科之间"画地为牢"的藩篱。① 显然，作为教育领域中一个被广泛运用的基本概念，学科一直被想当然地误解、歪曲和使用。因此，本节拟对学科进行原点式的思考和梳理，从学科的最初知识形态入手，以知识分类的研究视角来梳理学科的发展脉络，把握学科整体发展趋势，阐明从学科到学科群发展的必然性。

一、西方学科发展历程的历史学考察

回顾学科发展史，我们可以发现，学科大体经历了综合、分化、再综合三个发展阶段。在西方，所有学科最初都以混沌综合的状态被冠之以哲学。哲学源自希腊语"philo-sophia"，其本意是"热爱智慧"，是自然知识和社会知识的概括和总结。② 在古希腊哲学时期，由于人类认知水平的局限性，哲学家的研究兴趣主要包括对外部自然世界的研究和对人自身的研究，因此，对两者的所有思考和探索的结果都称之为知识，并纳入哲学的研究范畴。

（一）古希腊罗马时期的知识分类与学科萌芽

即使是人类探索知识的早期阶段，人类仍在努力对各种知识进行分类，使之更为明确和细化，以更好地解释自然世界和人类本身。古希腊哲学家柏拉图认为，知识是人心灵的产物，他以人的心灵为基础，把知识分为四种状态：理性（理念的知识）、理智（抽象性

---

① 谢维和.把教育的基本概念搞清楚[N].中国教育报，2011-11-15（9）.
② 哲学[EB/OL].http://baike.baidu.com/view/3330.htm.

的知识)、信念（实体性的知识）和表象（图像式的知识），前两者是"本质的理性的认识"，后两者是"关于派生的易逝的东西的意见"。与这四种状态相应的是知识的四个等级。①

亚里士多德，作为古希腊文化的集大成者和形式逻辑的创始人，在使人类已有知识系统化方面作了第一次尝试。他改造并发展了柏拉图的知识分类法，并从人类的实践活动出发把知识分为理论之学、实用之学和创造之学三大类。理论之学是纯粹理性，包括数学、几何、代数、逻辑、物理学和形而上学，其目的在于探求真理；实用之学是关于人类行动的学问，包括伦理学、政治学等，其目则在其功用；创造之学是关于创作、艺术、演讲等的学问，包括各种技艺，如建筑、医学、体育、音乐、雕塑等，创造之学，不只是指技艺，还包括思想的建构，是创造事物的知识。② 其知识分类方式一直沿袭到15世纪。

与对知识进行分类的思想相对应，柏拉图和亚里士多德分别在各自开设的学园中设置了相应的学科和课程。柏拉图在阿卡德米学园开设的课程有算术、几何、天文和声学，并对动植物做了卓有成效的研究，此外还研究地理学和宇宙学等。③ 亚里士多德的吕克昂学园则分高级班和普通班，高级班的课程有哲学、物理学、逻辑学，普通班包括修辞学、政治学等。④ 虽然这些学科的内涵与现在的学科大相径庭，但是这表明古希腊哲学家对自然和社会的笼统认识已经逐渐分化为一系列的分科认识，并有了初步的学科分类和定义理论。

七艺（Seven Liberal Arts，意为七种自由的学科）则是古希腊罗马时期设置的较为正式的学科。七艺的来源古希腊。智者派建立了三科，即文法、修辞和辩证法。希腊哲学家柏拉图把学科区分为初级和高级两类：初级科目有体操、音乐练习和识字；高级科目有算术、几何、音乐理论和天文学。罗马的西塞罗（Marcus Tullius Cicero，公元前106—前43前）认为，演说家的教育必须包括学习自由学科，即文学、修辞、哲学、数学、几何、天文和音乐。文法和修辞是罗马学校最实用也是最主要的学科。文法学校以文法学习为主，修辞学校则以修辞学和雄辩术的学习为主。⑤ 罗马的法罗（Varro，公元前116—前27年）曾在《学科撮要九书》中草拟过一份希腊化的学校课程计划，内容除文法、修辞学、辩证法、算术、几何、音乐和天文学外，还有医学和建筑学。⑥ 公元4世纪，七艺已经正式被确定为学校的课程。

(二) 中世纪大学的学科及其相关制度初步建立

公元五六世纪，七艺被基督教所接受，并加以改造，为神学服务。中世纪七艺的实际内容相当广泛。"文法"包括拉丁语和文学的基本常识。"修辞学"包括散文和诗的习作，也兼含一些历史和法律知识。"辩证法"的内容与现代形式逻辑类似。"算术"起初是计算宗教节日的方法，后来吸收了阿拉伯符号的记数法，增加了一些运算的内容。"几何"原本只有一些地理知识和几何学的基本概念，后来包括了欧几里得几何学和测量知识。"天

---

① 陈洪澜.论知识分类的十大方式[J].科学学研究，2007 (1)：26—31.
② 陈洪澜.论知识分类的十大方式[J].科学学研究，2007 (1)：26—31.
③ 腾大春.外国教育通史（第一卷）[M].济南：山东教育出版社，1989：261.
④ 同上书，282.
⑤ 同上书，364.
⑥ 同上书，10.

文学"原来只有一些行星运行、寒暑更替等日常知识，后来包含了托勒密（Ptolemy）的论著和亚里士多德的《天体论》。"音乐"除宗教音乐外，还含有音乐史和音乐理论。七艺中不仅渗透着神学的内容，其主要目的是为学习神学服务。如，学习文法是为了阅读《圣经》；学习修辞学的目的在于掌握《圣经》书写的文体，培养宣传教义的表达能力；学习辩证法是用来进行论战，攻击异端，维护宗教信条的权威；学习算术是为了计算宗教节日和祭典的日期。数字符号也各有神学的含义。学习几何可以用来设计和绘制教堂建筑的图样；学习天文可用以占卜星相；学习音乐是为了举行宗教仪式时的奏乐和唱圣诗等。①

西班牙主教伊西多（Isidor of Seville，约公元570—636年）编写了《语源学》共二十册，为百科全书式的著作，阐述教义和七艺，还涉及医、法、语言、战争、帝国、人、动植物、矿物、农业、运动、造船、建筑、食物、器皿等。② 到公元1209年，哲学已经成为独立的学科，同七艺并列于大学文学院的重要课程之中。③ 托马斯·阿奎那（Thomas Aquinas，公元1225—1274年）是意大利13世纪神学家、最富有权威性的经院哲学家。他对哲学做了探讨，认为哲学分为三门，即物理学、数学和形而上学。物理学研究对象的特点是它们在存在上和概念上都依靠物质。数学研究对象虽然在存在上依靠物质，但在概念上却并不依靠物质。形而上学研究对象的特点必须从感性事物前进到非感性事物，其主要研究对象是上帝，所以也称神学。④

学科及其制度在中世纪大学中初步建立起来。在中世纪早期的教会学校中，神学和七艺是学科的主体，而在大学中，它们只是学习某一专业的基础或预备。中世纪大学的学科起初并不确定。各大学教授会规定的课程内容，很不一致。在同一所大学中，前后也略有不同。起初，大学均为单科，巴黎大学习神科，波隆那攻法科，萨莱诺修医科，其课程分别以神、法、医为主。学习上述各科，须以七艺为基础，七艺乃文科。⑤ 于是，文、法、神、医遂成为中世纪大学的四大学科。

（三）近代西方形成以学科为分类标准的知识体系

从15世纪末期开始，随着欧洲文艺复兴运动的开展和资本主义生产方式的发展，人们开始质疑中世纪宗教神学的绝对权威，促使人们开始深入研究与处理实际事务相关的各种知识，如与航海密切相关的天文学、物理学、数学、地理等；与维持身体健康相关的生理学、医学；与提高生活质量相关的文学、美术、音乐、建筑等。对各种知识的深入研究最终促使自然科学开始从哲学中分离开来，物理学、化学、生物学等学科逐渐形成独立的学科建制，成为一门门独立的学科。

拉开近代哲学与科学分野讨论帷幕的是英国著名哲学家弗兰西斯·培根，他顽强探求自然科学如何摆脱哲学，创造不同的研究特性。为此，培根写出了《新工具论》，批判了现有研究方法的局限和认识上的种种弊病，强调观察与实验在形成新的科学认识中的重要作用，提倡用归纳的方法作为工具，去形成新的知识，并把上述方面作为区别科学与哲学

---

① 腾大春.外国教育通史（第二卷）[M].济南：山东教育出版社，1989：11—12.
② 同上书，16.
③ 同上书，107.
④ 同上书，123.
⑤ 同上书，138.

的重要标准。① 可以说培根是近代科学诞生之后第一个对知识分类进行过专门研究的人，他强调应根据知识体系的结构把知识的连续性和完整性永久保持下来，并认为科学的发展是人类理性能力的表现。而人类的理性能力有记忆、判断和想象三种，所以他把科学分为三类：② 第一类是记忆性的科学，如历史等；第二类是判断性的科学，分为上帝的哲学、人的哲学和自然哲学三种，其中自然哲学又包括物理学、数学、化学、气象学、植物学和冶金学等学科；第三类是想象性的科学，如诗歌、艺术等。其中，教育的知识被列在最后一类中，隶属于传递的艺术。③ 他的知识分类思想成为近代知识分类的先声。

16、17世纪是天文学和力学取得关键性进展的时期。1687年，牛顿划时代著作《自然哲学的数学原理》的发表，标志着近代科学体系的诞生和一个机械论世界观时代的到来。牛顿的力学成为物理学的基础，它所体现出来的方法特征，也成了自然科学方法的经典，即规范的实验与数学的结合。准确地揭示某一领域的普遍规律，用数学的方式表达这些规律，知识体系内部有严密的逻辑结构，则成了自然科学的知识特征。

18世纪法国著名空想社会主义者圣西门以自然现象和社会现象为依据来定义知识的类别，他把所见到的现象分成天文现象、物理现象、化学现象、生理现象。按照各类研究对象的复杂程度，从简单到复杂，把有关它们的知识排列成一个分支系统：数学、天文学、物理学、化学和生理学等。他认为数学是各门知识的基础，所以，数学在他的知识顺序中占第一位。④

法国哲学家、社会学家、实证主义创始人孔德，非常重视圣西门的纵向式知识分类体系。但作为实证方法的创始人，他更注重于研究方法对知识体系形成的影响。因此，在他所列出的科学系统等级体系中，排列在首位的是数学。原因是"几何现象和力学现象是所有现象中最一般、最简单、最抽象的——是最不能还原为其他现象的、最不依赖其他现象的；实际上，它们是所有其他现象的基础"。随数学之后的是研究无机现象的科学，包括天文学、物理学和化学三大学科。孔德把它们统称为无机物理学，是自然哲学的一大构成部分。再随其后的是研究有机现象的科学，被孔德称为有机物理学，与无机物理学相对，是自然哲学的另一大部分。有机物理学又分为生物学（内含生物静力学和生物动力学）和社会物理学（内含社会静力学和社会动力学）。⑤ 值得一提的是，他第一次把新创立的社会学作为一个独立的学科放在了生物学之后，称社会学是发展在最后也是最复杂、最重要的一门科学。

德国哲学家黑格尔，以理念的自我发展为知识分类的基本依据，把思维与存在的对立和统一作为知识研究中的重要课题，以抽象的思辨原则为基础勾勒出一个关于自然界的知识体系。他的知识体系，从绝对精神的演化出发，经过逻辑阶段、自然阶段到精神阶段，与此相应出现的学科是逻辑学、自然哲学和精神哲学。其中，自然阶段又分为机械性阶段、物理性阶段和有机性阶段，出现的相应学科是机械性阶段（数学、力学），物理性阶段（物理学、化学），有机性阶段（地质学、植物学、动物学）。在精神阶段，则由主观精

---

① 叶澜.教育研究方法论初探［M］.上海：上海教育出版社，1999：234.
② 杨连生.科学学［M］.北京：科学技术文献出版社，1988：27.
③ 叶澜.教育研究方法论初探［M］.上海：上海教育出版社，1999：235.
④ 陈洪澜.论知识分类的十大方式［J］.科学学研究，2007（1）：26—31.
⑤ 转引自：叶澜.教育研究方法论初探［M］.上海：上海教育出版社，1999：239.

神阶段到客观精神和绝对精神阶段,出现的学科是人类学、心理学、精神现象学、国家学说、艺术与宗教等。他用哲学的发展观反映自然界和各门科学的内在联系和发展顺序。①

在对知识分类进行思考与探索的同时,工业革命的爆发导致对技术问题的关切,其一系列成果必然在很大程度上促进了科学的发展。随着一个个深奥和尖端问题的提出与解答,一整套专门的知识体系及其技能得以形成,从而不断把认识领域向纵深推进。于是,自然学科从哲学中开始逐渐分化出来,形成一个个特殊的知识领域,如物理学、化学、植物学、地理学等学科,初步形成今日的知识图像和学科图像。

德国哲学家威廉·狄尔泰在《人类研究导论》中,明确地把"自然科学"和"社会科学"两个范畴区分开来。以自然界为研究对象的知识成果就是自然科学,以人类社会为研究对象的知识成果就是社会科学。他认为,历史上遗留下来的种种典籍及其制度和习惯都体现了人的生命和精神,因此又把社会科学称作"精神科学"。这种划分后来被人们称为现代知识体系诞生的标志。②

从1850到1945年,历史学、经济学、社会学、政治学、人类学等社会科学也逐渐取得了独立的学科地位。应该说,在学科分裂和细化的过程中,大学起到了不可忽视的作用。可以说,大学自诞生之日起,就是一种共同探求高深学问的知识行会,鼓励在更高和更深的层面探讨知识问题,促进科学研究精深化,推进学术研究人员的专业化,必然会建立相应的制度对其内部成员的利益进行分配与保护。同时,学科分化也是学科发展的必然结果,随着研究的深入,相应的研究领域与关注的问题必然会越来越精细,由于时间、能力与精力的局限性,一个人不可能深入研究所有问题,只能聚焦一个比较细的领域。随着自然学科、社会学科、人文学科的纷纷独立,近代西方形成了以学科为分类标准建构起来的知识系统。

二、中国学科的历史演变与现代转型

当代有不少学者,在追溯知识分类历史时总认为古希腊的亚里士多德是最早对知识进行分类的人。事实上,我国有记载的知识分类要比西方早得多,汉语中的范畴概念来自于上古文献《尚书·洪范》。其中的"九畴"就是按知识的用途将其划分为天文、地理、农事、国政、人伦日用等部类的早期方式。③ 在殷周时代出现了知识分类的萌芽,《周礼·地官·保氏》云:"保氏掌谏王恶;而养国子以道,乃教之六艺。""六艺"即礼、乐、射、御、书、数。④ 其中,礼、乐、射、御四艺被称为"大艺",是六艺的核心,而礼和乐是核心中的核心。《礼记·文王世子》云:"凡三王教世子,必以礼乐。乐,所以修内也;礼,所以修外也。礼乐交错于中,发形于外,是故其成也怿,恭敬而温文。"⑤

春秋末年,六艺逐渐演变成孔子在讲学时所授的六艺:诗、书、礼、易、乐、春秋。孔子采用六艺分科教学是为了用以传授和研习。很明显,孔子的六艺不仅仅是6种典籍,也是作为一个君子所必须要学习的6种学术门类。六艺被后世尊称为"六经",其根源在

---

① 陈洪澜.论知识分类的十大方式[J].科学学研究,2007(1):26—31.
② 同上.
③ 同上.
④ 庞青山.大学学科结构与学科制度研究[D].上海:华东师范大学,2004:15.
⑤ 陈戍国.礼记校注[M].长沙:岳麓书社,2004:147.

于这六门学问所具有的社会教化功能。六艺后来演变成"孔门四科":德行、言语、政事、文学。可以认为这是对先秦及秦汉时期对于学术体系及知识分类系统的一个总结。

此外,我国古代以墨子为首的墨家学派,曾把知识的来源归纳为三种[①]:由传授得到的知识称为"闻知";由实践的经历和感受得到的知识称为"亲知";由已知推论未知称为"不瘴"。墨家学派的这种知识分类方法,已经清楚地揭示出知识与实践的关系。《墨辩》逻辑体系既是中国古代逻辑学的最高代表,也是世界三大逻辑体系之一。其《墨经》被誉为我国古代的百科全书。与此同时,我国春秋战国之际还有一种五行学说,认为世界上有水、火、木、金、土这五种物质,它们相生相克,周而复始,循环运动,生成万物。到战国末期,阴阳家邹衍把它发挥为决定历史上王朝兴衰和制度变化的"五德转移"说,西汉时董仲舒又把五行从"天次之序"的自然运动关系推进为"父子之序"的人际社会五伦关系,从而使五行的运动变化成为人们区别事物的逻辑基础和思维工具,不仅在天文、历数、医学等方面发挥重大作用,并且还使之成为一种统摄事物的基本分类模式,由此形成了"天下万物之理皆不出五行"的自然观。[②]

西晋文学家、音乐家、目录学家荀勖的《中经新簿》将七略改为四部,由此奠定了四部分类的基础,首创并逐步系统化和完整化了四部分类法。隋唐时期,《隋书·经籍志》开始正式标注经、史、子、集四部,并进一步细分为 40 个类目,外附道经、佛经,确定了沿用千年的四部分类,形成中国古代知识系统的原型,到明清形成了以四部分类为主体的较为成熟的学术体系。

中国古代知识系统和学术分科体系的基本框架是"四部",中国古代知识体系也被称为"四部之学"。所谓"四部",即《四库全书总目》类分典籍之经、史、子、集四部;所谓"学",非指作为学术门类之"学科",而是指含义更广的"学问"或"知识";所谓"四部之学",不是指经、史、子、集四门专门学科,更不是特指"经学"、"史学"、"诸子学"和"文学"等,而是指经、史、子、集四部范围内的学问,是指由经、史、子、集四部为框架建构的一套包括众多知识门类、具有内在逻辑关系的"树"状知识系统。有人精辟地指出:经部,为中国文化之根源,犹如中世纪欧洲之神学——新旧约全书;史部,为史实之记录;子部,为哲学家之思想;集部,为文学作品。"四部之学",即中国传统"全部知识之体系"。[③] 这套"四部"知识系统,发端于秦汉,形成于隋唐,完善于明清,并以《四库全书总目提要》之分类形式得到最后确定。

中国传统知识体系是一个以"六艺"为核心,经、史、子、集"四部"为基本框架的学科分类系统,对文史哲没有非常明确的学科区分,从而形成了研究对象相对,但研究主体不同的分门别类的学问。而西方的学科分类则是以自然和社会为主要研究对象,以"学科"为分科标准,其结果是形成了以研究对象区分的不同学科。[④] 晚清时期,"四部"知识系统在西学东渐大潮冲击下,不断解体与分化,逐渐被西方以近代学科为分类标准建构起来的新知识系统所替代。

[①] 陈洪澜.论知识分类的十大方式[J].科学学研究,2007(1):26—31.
[②] 同上.
[③] 左玉河.典籍分类与近代中国知识系统之演化[J].华东师范大学学报(哲学社会科学版),2004(11):48—59.
[④] 袁曦临.中国传统知识系统的转型与文献分类法的演化[D].南京:南京大学,2011:47.

三、学科群的缘起与学科融合之趋势

在 20 世纪中期，科学技术发展出现里程碑性的突破，爱因斯坦（Einstein）、欧本海默（Oppenheimer）、费米（Fermi）等著名科学家在科学理论研究层面实现重大突破，为人类带来核能技术（原子弹、氢弹）和宇航技术（卫星、宇宙飞船）。从 20 世纪后半叶开始，随着社会的发展、人类的进步，电子计算机的发明和人造卫星的上天，人类社会跨入信息革命和知识经济时代，掀起了第三次发展浪潮。

在这种社会大背景下，学科发展也出现新的趋势和特征。首先，单一学科知识已经无法很好地解决一些重大自然和社会问题。随着人类对自然和社会认识的深化，物质世界和人类世界的复杂性得以真实地显现。人类在各个方面都取得无与伦比的成就：经济迅速增长、科技快速发展、社会快速进步……但伴随而来的自然资源浪费、能源枯竭、环境污染、极端气候的经常出现以及社会生活中的食品安全问题、道德诚信缺失……这一切都让人类在以为可以主宰自己命运、为所欲为的时候，更加缺乏安全感和幸福感。为解决人类社会中种种复杂的问题，人文科学、社会科学、自然科学、技术科学必然要相互渗透、相互结合。从而导致"各传统（专业）学科间的界限也越来越模糊，各（专业）学科的概念、原理、方法的相互移植、借鉴越来越频繁。与此同时，分工却越来越细，研究课题越来越专门科学化。在每一个狭小的专业方面或领域内要取得任何进展，几乎毫无例外地要以宽广厚实的知识群作为后盾"。①

其次，为了适应人类社会经济的快速发展和科技的不断进步，传统经典学科之间的界限被不断打破，学科的边界被重新划分，一些交叉学科和多学科的研究领域开始大量出现，并逐渐确立了学科的合法性。"在 1850 至 1945 年期间，用以给社会科学知识活动归类的名称一直都在不断地减少，最后只剩下寥寥几个公认的学科名称。然而，1945 年以后却出现了一个反向的曲线运动，新名称层出不穷，并且都获得了适当的制度性基础……"②

从人类社会发展的大背景来看，学科群的出现顺应了社会的整体发展趋势，从学科内在的发展趋势和逻辑来看，学科群是学科在发展新阶段的必然产物。最早的学科群诞生于 20 世纪 70 年代的日本筑波大学。1973 年，日本国会通过《筑波大学法案》，以东京教育大学为基础扩建成立筑波大学。筑波大学是日本一所综合性高等学府，但它没有采用日本传统大学的学部、学科制，而是在继承东京教育大学的优良传统的基础上，对本身的教育组织和研究组织进行了彻底的革新，大胆突破日本大学传统模式，抛弃学部制和讲座制，打破学科之间的坚实壁垒，加强学科间的相互联系，实行了跨学科教学和研究。筑波大学首次明确提出"学科群"的概念，建立新的教学组织形式（包括群、学类和专攻领域等）和研究组织形式（学系），旨在培养视野广阔的学生和开展跨学科的科学研究。筑波大学以此独特的学科制度闻名于世，在短短的三十多年里就发展成为日本乃至世界一流高等学府，其独特的教学与研究组织形式引起了世界高等教育界的广泛关注，"学科群"制度的显著优势也得到了高等教育界的广泛认同。

---

① 徐东.论学科向学科群演化的必然规律 [J].现代大学教育，2004（6）：10—14.
② 华勒斯坦.学科·知识·权力 [M].刘健芝译.北京：生活·读书·新知三联书店，1999：51.

美国斯坦福大学电子学科群与硅谷的同步崛起则实践了学科群与社会的良好协作，并被美国国家科学基地负责人誉之为"未来科研的一种组合模式"。探索了一条高校优势学科群与社会经济协同发展的成功道路，也创造了一种高校优势学科群形成的重要模式。斯坦福大学从国家战略的高度来考虑大学发展问题，将该校的电子工程专业的发展与所在地区的工业园区及整个硅谷的发展同步，正是这种高校与国家需要的充分结合，既促进了硅谷的崛起，也促使斯坦福大学步入世界一流大学之列。电子学科群的教学和科研成果可以转化应用到硅谷企业的发展上，同时，这种发展又为该校电子学科群提供了更好的科研和教学条件，包括办学经费、实习基地建设与实验室建设等。这就使得斯坦福大学电子学科群与硅谷企业形成了协调发展、相互促进的良性互动循环。

美国斯坦福大学电子学科群的形成与发展与硅谷的崛起密不可分，可以说，没有斯坦福大学的电子学科群，就没有硅谷的产生，而硅谷的产生与发展，也促进了该校电子优势学科群的发展。斯坦福大学在电子学科群快速发展，并最终成为居于世界一流水平优势学科群的同时，也成就了美国硅谷的神话，使之在客观上成为美国高新技术的摇篮，成为美国高科技人才和信息产业人才的集中地、美国青年心驰神往的圣地。

由于学科群对科学研究、人才培养和社会服务的独特价值，国内外许多知名大学纷纷探索学科群建设，为高等学校的学科建设带来了勃勃生机。在我国，20世纪90年代，随着"211工程"的实施，许多高校开始实践学科群建设工作，不少一流大学兴起了学科群建设的高潮，并对我国高教理论界产生了强烈影响。学科群建设则成为我国高校发展的新动向，成为带有探索性、方向性的发展趋势，对学科建设理论发展具创新性的意义。

从目前的文献来看，国内较早对学科群进行研究的是俞长高先生。他在《学位与研究生教育》1994年第2期上发表的"一流理工大学学科群的特征与建设"一文中，结合当时国家正在着手实施的"211工程"建设，提出了学科群建设，同时结合理工大学的特点，对建设一流理工大学学科群的特征与建设思路进行了分析与思考。尔后，对学科群建设研究的文章如雨后春笋，从不同的角度进行了多方面的研究。对于前期的研究，从研究内容来看，包含了学科群内涵和特点、建设意义、组织形式及实践与经验总结等，对学科群的研究较为系统，同时也实现了理论研究与工作实践的有机结合；从研究主体来看，包括了理论研究者和管理工作者，形成了理论层面与实践层面相互支撑的可喜局面。

在学科群建设的实践层面，国内很多高校积极开展"学科群"建设工作，探索人才培养、科学研究和社会服务的新思路。例如，清华大学信息科学与技术学院从本学科特性出发，统一调配学院内相关学科的力量，发挥学科综合优势，体现集成效应，组建"信息科学与技术"学科群。组建后的学科群涵盖了信息领域的3个一级学科、7个二级学科，适应了当前信息领域发展速度快和多学科交叉的特点。学科群建设的3个实验基地分别跨越了信息领域的一级学科和二级学科，从而形成了3个工作平台，为相关学科的发展提供了良好的条件，更重要的是为学科交叉和跨学科的教学与科研创造了条件。通过学科群建设，充分发挥了信息科学与技术学院的学科综合优势，积极开展对高新技术的基础研究，增强了教学、科研和社会服务的综合实力，培养了大量跨学科、具有信息网络方面综合知识和能力的高水平人才，承担了多项国家大型综合性研究项目，推出了国际先进的创新成果，并积极将高新技术成果服务于社会发展。

在我国，一些新型大学在专业设置方面也开始了学科群的探索。南方科技大学校长朱清时亲临第八届上海市示范性中学学生会主席论坛时指出，目前国内高校的课程设置普遍存在知识陈旧、与实际脱节的问题。物理、化学、数学……这些专业设置都是按照100年前经典学科设置的，培养出来的学生虽然学到了基础知识，但进入社会却没有什么用。朱清时表示，南科大将按照当前世界科技前沿设置专业，将注重应用型、复合型知识的前沿交叉学科。据透露，南科大将发布具体专业，目前已经初步决定推出的四个专业是能源、未来城市、纳米加工与基因工程。以未来城市专业为例，现在中国到处在扩建城市，但是没有专业去研究城市应该怎么运作和建设。未来城市专业包括城市物流、城市人居环境、城市供水与废物处理，还有城市的社会学和心理学。这个专业毕业的人才将对城市有全面的认识。①

为适应社会现实需求和学科发展趋势，传统学科建设必然要进行转型，学科群必然成为其中一个重要的突破口。我们认为，学科是大学的基本要素，大学是以学科为基础建构起来的学术组织，学科是大学履行人才培养、科学研究和社会服务三大社会职能的重要载体。这都对高校学科建设提出了多维的要求，即高校要进行学科群建设，以新兴学科引领或促进高校体制机制改革，用新的学科增长点及其业绩提升学科群的整体实力。同时，通过跨学科平台开展多学科研究，不仅有利于高校优化学科结构、提高科研实力、培养复合型创新人才，更为关键的是，可以形成有效的核心竞争力，为社会的发展与进步提供强有力的支持。

第二节 教师教育学的学科基本框架

当人类明白即使未来有地球毁灭的威胁也不能取代当下儿童必须上学的现实时，教师则因其对儿童个体发展和社会整体走向的关涉，而成为人们所探讨的重要话题，如何培养教师也顺理成章成为学术界和实践界的研讨热点。关于教师教育的原初思考，就是如何通过规范的教师教育来保障教师质量，以对我们的下一代负责，这是教师教育学之所以成为一门教育学二级独立学科的现实基础。但原初思考和问题研究并不足以诞生一门学科。评判一门教育科学的分支学科是否成熟，其指标可从两方面看：一是属于"理论"方面的——对象、方法（及理论体系）；一是属于"实践"方面的——是否有代表人物、著作、学术组织、学术刊物等。② 因此，本节主要探究教师教育学的学科基本框架，在明确其学科属性的基础之上，以教师教育学的学科知识体系为切入点，思考教师教育学作为教育学二级新学科，在高等师范院校师资培养过程中以核心必修课程形式向师范生传授的知识形态、结构和框架，以作为探究教师教育学科群理论与实践的重要基础。

一、学科基本概念研究的源与流

对教师教育学学科基本框架的探究，必然与其学科属性密切相关，因此，明确学科概念的基本内涵与外延是深入探讨教师教育学知识体系的重要前提。正如经济学家哈耶克所

---

① 南科大校长：2012年欲招上海学生［EB/OL］. http://finance.sina.com.cn/roll/20110822/091910354634.shtml
② 瞿葆奎，唐莹. 教育科学分类：问题与框架［G］. 教育科学分支学科丛书. 北京：人民教育出版社，1998：5—27.

说："我们应该经常地拣出有争议的专门术语，并如实地追究它到底是怎么一回事。"① 对研究对象进行最原始的思考和梳理，总是会有意想不到的收获。显然，学界对学科这个广泛运用的基本概念并没有很明确的界定，一直众说纷纭，见解不一，各种相去甚远的理解与界定相互纠缠。因此，笔者认为有必要对学科的概念内涵进行原点式的思考和梳理。

中国唐宋时期就有对学科的文字记载，西方的学科一词则可以追溯到"乔叟（Chaucer）时代"。随着社会变革与时代发展，学科也不断被赋予新的内涵，外延也不断扩大，丰富的内涵和宽泛的外延拓展了学科的功能和价值。作为一个使用广泛而含义多重的学术术语，从不同的研究立场、视角出发，学科有着不同的定义和标准，各种界定的背后都隐含着特定的哲学假设和价值取向。梳理各种研究，可从微观、中观和宏观三个层面来思考学科的概念。

（一）微观层面的"教学科目说"

在微观层面上，从日常教学实践出发，学科可视为学科课程的组成部分，与"教学科目"通用。中国古代的"六艺"（礼、乐、射、御、书、数），欧洲古代的"七艺"（语法、修辞、逻辑或辩证法、算术、几何、音乐、天文学），都是当时学校设置的学科。近代学校教学内容日益丰富，设置的学科随之增多。但其内容受教育目标和学生身心发展水平的制约，并不完全随科学的分化而分化。科学按知识结构和逻辑体系展开论述；学科却要兼顾学习者的心理发展规律，以便于学生认知，提高教学效率。②

从中国汉语的词源学上看，中国古代学科的本意也是教学科目的意思。《新唐书》卷198《儒学传序》载："自杨绾、郑余庆、郑覃等以大儒辅政，议优学科，先经谊，黜进士，后文辞，亦弗能克也。"③ 这里的学科是指学问的科目门类。宋代的孙光宪在《北梦琐言》卷二中称："咸通中，进士皮日休进书两通，其一，请以《孟子》为学科。"④ 学科在这里是指唐宋时期科举考试的科目。无论是考试科目还是学问科目，都是把学科作为一门具体实施的教学科目。

《现代汉语词典》对学科的界定包括三点：1.按照学问的性质而划分的门类，如自然科学中的物理学、化学；2.学校教学的科目，如语文、数学；3.军事训练或体育训练中的各种知识性科目（区别于"术科"）。⑤ 其中一个基本意思就是指学校教学的科目。微观层面学科的含义最接近英文的"subject"，牛津高阶英汉双解词典（第四版）对 subject 的解释是：branch of knowledge studied in a school，etc 学科，科目。⑥ discipline 的解释中也包括 branch of knowledge；subject of instruction 学科；教学科目的意思。⑦

（二）中观层面的"知识体系说"

《现代汉语词典》对学科的界定包括：按照学问的性质而划分的门类，如自然科学中的物理学、化学；社会科学中的历史学、经济学等。⑧《教育大辞典》也把学科解释为一

---

① 詹姆斯·M.布坎南.经济学家应该做什么[M].成都：西南财经大学出版社，1998：24.
② 顾明远.教育大辞典（第一卷）[Z].上海：上海教育出版社，1990：258.
③ 词源[Z].北京：商务印书馆，1998：0431.
④ 汉语大辞典（卷4）[Z].北京：汉语大辞典出版社，1991：238.
⑤ 中国社会科学院语言研究所词典编辑室编.现代汉语词典[Z].北京：外语教学与研究出版社，2002：2178.
⑥ 霍恩比.牛津高阶英汉双解词典（第四版）[Z].北京：商务印书馆，1997：1522.
⑦ 同上，408.
⑧ 中国社会科学院语言研究所词典编辑室编.现代汉语词典[Z].北京：外语教学与研究出版社，2002：2178.

定科学领域的总称（如人文学科、数学学科等）或一门科学的分支（如自然科学部门的生物学、化学、物理学，社会科学部门的经济学、史学、教育学等）。① "学问（知识）门类"指分门分科的知识体系，"科学分支"仅指分门分科的科学知识。狭义的科学仅指自然科学，是通过观察、实验获得的解释或描述自然世界规律的知识体系；广义的科学泛指人们关于自然、社会和思维的知识体系。广义的"科学分支"与"学问（知识）门类"在科学和教育领域基本上是通用的，既可以指科研部门和大学所研究的知识门类或科学分支，也可以指教育部门传播的知识门类或科学分支。无论如何理解学科，学科都毫无疑问地指"知识体系"。②

很多学者都从知识体系的角度对学科进行界定。学科是指一定科学领域的认识过程及其知识门类，是既对应于又从属于某门科学的相对独立的研究活动及其方法体系和知识体系，是特定科学领域内的事实和概念系统，是具有相同或类似知识的集合体，是按一定原则和方法建构成的具有内在联系和彼此相关的有组织的活动及其成果载体的知识体。③ 学科是由专业人员以独有的领域为对象，按照专门的术语和方法建立起来的概念一致、体系严密、结论可靠的专门化知识体系。④

中观层面的学科概念最接近英文 discipline。从词源学上看，不同的语言文化环境中有不同的词语对应中文的"学科"一词，拉丁文、德文、法文、英文中"学科"对应的词分别是 disciplina，disiziplin，discipline 和 discipline。但是 discipline 具有多重而又相关的含义，包括学科、学术领域、课程、纪律、严格的训练、规范准则、戒律、约束以至熏陶等。汉语里没有相对应的词语能包含它的丰富含义。沙姆韦（David R. Shumway）和梅瑟—达维多（Ellen Messet-Davidow）在《学科规训制度导论》（Disciplinarity: An Introduction）一文中认为：

"学科"的字源探究显示出它种种意义的历史衍延，多于能够为它立下确实定义。该辞"源自一印欧字根……希腊文的教学辞 didasko（教）和拉丁文（di）disco（学）均同。古拉丁文 disciplina 本身已兼有知识（知识体系）及权力（孩童纪律、军纪）之义"（Hoskin and Macve, 1986: Pl07）。乔塞（Chaucer）时代的英文 discipline 指各门知识，尤其是医学、法律和神学这些新兴大学里的"高等部门"。据《牛津英语字典》，discipline（学科/规训）为门徒和学者所属，而教义（doctrine）则为博士和教师所有。结果"学科/规训"跟实习或练习有关，而教义则属抽象理论。有了这个分立，就能理解何以会选取"学科"来描述基于经验方法和诉诸客观性的新学科。称一个研究范围为一门"学科"，即是说它并非只是依赖教条而立，其权威性并非源自一人或一派，而是基于普遍接受的方法和真理。⑤

根据《实用英语词源辞典》的解释，discipline 一词来源于 disciple，意为"弟子、门

---

① 顾明远.教育大辞典（第一卷）[Z].上海：上海教育出版社，1990：258.
② 万力维.学科：原指、延指、隐指[J].现代大学教育，2005（2）：16—19.
③ 杨天平.学科概念的沿演与指谓[J].大学教育科学，2004（1）：13—15.
④ 同上.
⑤ 〔美〕华勒斯坦.学科·知识·权力[M].刘健芝译.北京：生活·读书·新知三联书店，1999：13.

徒",指接受一个学派(如哲学、艺术或政治)的教导并帮助传播和实行的忠实信徒。①《牛津英语字典》对 discipline 的解释是,为门徒和学者所属,基于普遍接受的方法和真理。在法国,学科最初指用来进行自我鞭策并进行自我约束的小鞭子(unpetit fouet),在这种含义渐渐消失之后,学科变成了鞭策那些在思想领域进行探索的人的工具,再后来,他们把学科看做科学领域的一个组成部分。②

法国学者莫兰(Morin·Edgar)指出:学科是科学知识领域内的一个组成部分,在科学范围内确定自己的研究领域和特长,迎合科学各方面的需要。尽管科学涵盖百科,但每一个学科由于有自己特定的边界,有自建的学术用语、研究方法和理论,因而都是独立的。德国学者黑克豪森(H·Hechhausen)运用经验和事实分析的方法来考察学科,认为它是对同类问题所进行的专门的科学研究,以便实现知识的新旧更替、知识的一体化以及理论的系统化与再系统化。法国学者布瓦索(M·Boisot)运用结构和形式分析的方法来考察学科,认为它是一个结构,是一个由可观察或已形式化并且受方法和程序制约的客体与作为客体间相互作用具体化的现象以及按照一组原理表述或阐释并预测现象作用方式的定律等三种成分组合成的集合体。③

国家技术监督局 1992 年 11 月 1 日批准,1993 年 7 月 1 日实施的《中华人民共和国国家标准学科分类与代码表 GB/T13745—92》对"学科"和"学科群"作了界定:学科是以一定共性的客体为研究对象而形成的相对独立的知识体系或分支学科。学科群是具有某一共同属性的一组学科,每个学科群包含了若干个分支学科。④

作为知识分类体系的学科有两层涵义。第一层指学科提供一定的逻辑以保存已有的实践知识,第二层指学科依据一定的逻辑结构来规范知识增长的分类体系。学科即一定知识范畴的逻辑体系,具有系统性和整体性。⑤

(三) 宏观层面的"学术组织(制度)说"

学科还有其延伸意,指把传播和发展同类知识的群体联结起来所建制成的一定的学术组织。中世纪拉丁语中的"faculty"(学部)原意就指某一学科领域。从 13 世纪中期开始,学部一词的外延扩大,指的是按某一学科设置的教学研究单位。可见,自中世纪开始,学科就既指某一知识领域,又指外延扩大了的学术组织。⑥

伯顿·R.克拉克认为,"学科明显是一种联结化学家与化学家、心理学家与心理学家、历史学家与历史学家的专门化组织方式。它按学科,即通过知识领域实现专门化。"⑦当我们说某人属于某学科时,此时的学科概念便延伸为由专门化知识群体结成的学界的或学术的组织,也称科学共同体(scientific community)。托马斯·库恩指出:"科学共同体是由一些学有专长的实际工作者所组成的。他们由他们所受教育和训练中的共同因素结合

---

① 小川芳男.实用英语词源辞典[Z],孟传良等译.北京:笛藤出版有限公司、高等教育出版社合作出版,1999:165.转引自:万力维.学科:原指、延指、隐指[J].现代大学教育,2005(2):16—19.
② 杨天平.学科概念的沿演与指谓[J].大学教育科学,2004(1):13—15.
③ 转引自:杨天平.学科概念的沿演与指谓[J].大学教育科学,2004(1):13—15.
④ 丁雅娴.学科分类研究与应用[M].北京:中国标准出版社,1994:38.
⑤ 宣勇,凌健."学科"考辨[J].高等教育研究,2006(4):18—23.
⑥ 万力维.学科:原指、延指、隐指[J].现代大学教育,2005(2):16—19.
⑦ 〔美〕伯顿·R.克拉克.高等教育系统——学术组织的跨国研究[M].王承绪,徐辉等译.杭州:杭州大学出版社,1994:34.

在一起，他们自认为也被认为专门探索一些共同的目标，也包括培养自己的接班人。"①

学者汪晖从学科与个体以及社会的关系出发，对学科进行阐释：

第一，学科不是囿于一所大学的社会形式；第二，学科甚至也不是囿于一个民族国家的教育和研究制度的社会形式；第三，学科首先是一个以具有正当资格的研究者为中心的研究社群。各个体为了利于相互交流和他们的研究工作设立一定程度的权威标准，组成了一个社群。换言之，学者作为学科工作者从事"分门划界"（boundary-work）的区分活动，这种活动内在地要求发展清晰客观的论据。学科专门化包含了排他性的原则或所有权的原则，即任何外人都无权进入这个专门领地。这里不仅包含科学与非科学的分界，而且也包含不同学科之间的权力关系的不断的斗争和重新界定。②

学科的分门别类方式是和现代社会建制直接相关的，它把社会的多样性和复杂性加以条理化，并用合理化知识的形式把它们转化成为学科的对象。控制稳定的对象及其对客观化方法的信赖（调查、证明、规范性判断、监控等）是学科规训机制和社会控制系统的共同特征。

比利时学者阿波斯特尔（L·Apostel）运用科学社会学的方法来考察学科，认为它是以建立模式为目的（基础学科）和以改变客体为目的（应用学科）的活动。中国学者陈燮君运用发生学的方法来考察学科，认为它是一种创造活动，是一个集学科精神、学科风格、学科价值、学科内容、学科方法、学科模式、学科素质、学科优势于一身的统一体，等等。③

学科制度是知识生产和知识创新的基础。在学科制度结构的建构过程中，作为社会行动者的研究者和学科培养制度（学生）、学科评价制度（出版物）以及学科基金制度（研究基金）四者之间，构成密切关联的知识生产和知识创新的动态网络，同时它也是学术符号资本的生产和再生产的动态网络。其中，研究者处于核心地位。学科制度必然与宏大的社会制度发生联系。因此，如何在宏大的社会结构和过程的背景下，建构既与外界环境有良性的互动，又能保证学科制度自身的自主性、权威和尊严的良好的学科制度，就成为值得关注的基本问题。④

从历史的观点来看，作为一种制度和结构，学科是作为大学制度的一个组成部分而形成和发展起来的，学科及其制度基本上以大学为存在的根据。而从大学结构的角度来考虑，学科系统构成了大学制度的主干。考察现代大学的发生史可以看到，学科首先是大学这个大厦的基础和框架，大学的其他结构、制度成分是围绕学科的制度化而形成的：首先有一个学科，然后才有一个专业，有一个系，有一个学院。现代大学专业、系和学院的分化应是学科发展的结果，而不是相反。⑤

我国高等院校的教学与科研建设中出现了一种引申和扩延的学科概念图式。它将学科作为知识体系的本体含义推展至划分和组合学术活动的基本方式，包括学科发展方向、学术梯队、人才培养、科学研究和基础设施等，并指向于以创造和发展知识为其内在职责的

---

① 〔美〕托马斯·库恩.必要的张力[M].福州：福建人民出版社，1981：292.
② 汪晖.死火重温[M].北京：人民文学出版社，2000：242—243.
③ 杨天平.学科概念的沿演与指谓[J].大学教育科学，2004（1）：13—15.
④ 孟宪范.学科制度建设研讨会综述[J].开放时代，2002（2）：134—143.
⑤ 同上.

专门化的组织系统。虽然万变不离其宗，其所谓专门化的组织体系也还是围绕着学科作为相对独立的标准化的科学知识体系的核心意义而展开的，但这样富有创意的指谓已越出传统学科定义的界阈，它不仅切合并准确反映了学科发展的规律及其进展，同时也足以与英人贝尔纳氏关于科学是一种建制的思想相呼应。因为这样的学科定义已与贝氏的社会建制思想相类通，具有异曲同工之处。它把作为知识系统的学科概念拓深拓展至发展知识和创造知识的专门组织系统。[①]

由此可见，学科是一个历史的范畴，它既是时代精神孕育的结果，又总是处于过渡和发展的状态，可以说是一个发展的、动态的概念。知识的保存、传播和生产贯穿于学科发展的始终，围绕知识的保存、传播和生产，衍生了学科组织和学科制度。其中，知识体系是核心，组织体系是基础，制度规范是保障。同时，学科又是一个社会的范畴，作为社会大系统中的子系统，不可避免地受到社会系统中各种因素的影响，社会需求和价值取向成为主导因素，在一定程度上或直接或间接地左右着学科的发展。此外，学科也是一个矛盾的统一体，在个体独立和群体关联的矛盾中寻求动态有序与自然恒稳的统一，在封闭性与开放型的矛盾中实现科学发展的内在逻辑和社会需求的统一；在理论性和实践性的矛盾中昭示社会价值、经济价值和科学价值的统一。[②]

二、教师教育学的学科基本属性

教师教育学作为教育学的二级学科，与教育科学的其他分支学科有何联系，在教育科学学科体系中居于何种地位，是思考教师教育学学科属性的首要问题。考察现已存在的教育科学各分支学科，大致有这样几种形成方式。[③]

第一种方式是：像教育哲学、教育经济学、教育心理学这些学科的形成，主要把所运用的学科——哲学或经济学或心理学——作为一种理论分析框架，它们所研究的对象就是通过这些框架所观察到的那部分教育现象；其论述方式是各自运用这些学科的解释，研究达到目的的种种条件，从某一角度在教育领域中创造性地提供一种好的方法或好的活动结构，把这些学科所作的一般承诺转化为对教育活动作出的特殊承诺。

第二种方式是：所运用的学科以一种具体的方法为特征，例如教育统计学。这些学科与教育的结合点在于：教育领域在哪些方面可以运用这些方法进行研究？如何运用？由此而形成的教育学科，其对象是这种方法所能达到的地方。

第三种方式是：综合运用多门学科的解释（或成果）来解决教育的某一相对具体的实际问题。这类学科带有较强的操作性。在这类教育学科中，又有两种不同的情况：一种情况是学科所研究的对象是属于教育领域内部的活动，是教育活动独有的问题，这群学科有课程论、教学论等；另一种情况是：学科所研究的对象并非是教育领域独有的问题，如管理、技术、规划等问题，这些问题是行政学、技术学、规划学的研究对象。但这三门学科在研究这些问题时本身就综合运用了多门学科的研究成果。因此教育行政（管理）学、教育技术学、教育规划学，看上去是一门学科（行政学、技术学或规划学）运用于教育领域

---

① 杨天平. 学科概念的沿演与指谓 [J]. 大学教育科学，2004 (1)：13—15.
② 瞿亚军. 大学学科建设模式研究 [D]. 中国科学技术大学博士学位论文，2007：30.
③ 瞿葆奎，唐莹. 教育科学分类：问题与框架 [G]. 教育科学分支学科丛书. 北京：人民教育出版社，1998：5—27.

的结果，而实际上是综合运用许多学科而形成的。

上述由三种形式形成的教育科学分支学科，都是以教育活动这一实践形态为对象的，最终以理论形态表现出来。随着这些学科在理论上的不断发展和逐步成熟，教育科学也同许多其他学科一样，产生了自我反思的需要，也就是要对教育理论本身进行研究和分析，由此一些新的学科正在形成，并跻身于教育科学的行列，如元教育学、教育学史。

通过分析教育科学各分支学科得以形成的具体路径后，我们可以发现教师教育学属于第三种路径，即综合运用多门学科的解释（或成果）来解决教师教育这一相对具体的实际问题，其研究对象属于教育领域内部的活动，是教育活动独有的问题。

通过对教师教育学学科形成路径的分析，可以发现，教师教育学科是介于宏观理论学科与微观应用学科间的一门中观学科，教师教育学科建设不是"为研究而研究"，而是为培养教师、不断研修、促进教师专业成长的实践行动提供指南。在此意义上，教师教育学科属于"实践教育学"范畴。① 由此来思考教师教育学的学科属性，可以得出如下结论。

1.教师教育学是一门以实践为导向的学科。这不仅仅是因为教师教育学的建立和兴起是由于教师教育实践发展的推动所致，而且从中西方的研究现状看，教师教育研究关注实践问题的解决。自教育产生以来，对教师教育的研究散见于各学术大家的经典著作。古罗马著名教育家昆体良的著作《雄辩术原理》（古代西方第一部系统的教学方法论著）是系统阐述其培养演说家的教育思想，在某种意义上，可以说是西方第一本关于教师教育的论著。儒家经典著作《论语》对教育、教师和教学方法都有经典的论述，也可以说是中国最早的关于教师教育的著作。

现代意义上的教师教育则是始于19世纪初的"贝尔—兰喀斯特制"（又称导生制），被看做英国教师教育的肇端。师范学校的建立则是美国教师教育发展的第一个里程碑：1823年，霍尔（Samuel R. Hall）开办了私立中等教师训练班；1827年，卡特（James G. Carter）创办了私立中等师范学校；1839年，马萨诸塞州教育委员会在列克星敦建立了美国第一所州立师范学院。中国的教师教育则发端于1897年的上海南洋公学师范院，清代末期制定《奏定学堂章程》，并照搬日本学制创立了近代师范学堂，1904年模仿日本的师范教育制度，1922年变为美国型师资培养体制，1951年又转成苏联型师资培养制度，现今力图构建具有中国特色的教师教育体制，其间经历了百余年风雨洗礼的变革沧桑。

从教师教育研究和实践的现状和历程来看，无论是中国还是西方对现实问题的关注始终是教师教育研究的动力和源泉，并不刻意追求理论的建构，在很大程度上是由实践驱动、以实践为导向的研究。应用学科的知识体系建构应是根据实践需要来构建，而不是像"纯"学科那样按照严格的逻辑体系来构建：基于一个明确划分圈定的客观、独特对象，运用一个唯一、独特的研究方法，衍生出一套特定的学科概念、范畴，形成了一个逻辑严密、内在凝聚性强、高度一致的成熟理论体系，从而拥有了一个学科的头衔和标志。同时，这一个学科又作为规训制度，以特定的学科教育形式培养学科人才并继承特定的学科知识和学科工作方式，保证了学科"法统"的纯正，从而保证学科的永久存续。②

2.教师教育学是一门"软"学科。因为教师教育学缺乏一个得到公认的研究范式和理

---

① 杨跃.关于教师教育学科构建的理性思考［J］.教师教育研究，2007（1）：1—5.
② 刘小强.学科建设：元视角的考察——关于高等教育学学科建设的反思［D］.厦门大学博士学位论文，2008：99.

论体系。这不仅仅是因为教师教育学的理论研究不成熟，而且还是因为教师教育研究所具有的内在的复杂性，即其研究对象的系统性、研究任务的多样性和研究方法的多元性带来了研究范式的多种多样。这就要求我们从不同的研究视角、不同的研究层面来对教师教育进行全面的考察，可以应用多学科的研究视角和方法论。可以说，教师教育学是一门多元研究范式并存的"软"学科。

三、教师教育学的学科基本框架

教师教育学的学科基本框架研究是以向"内"的维度来探究教师教育学科群的基本理论，教师教育学的基本框架与其知识体系密不可分，从某种程度上可以说，教师教育学的学科基本框架具体体现为教师教育学的学科知识体系。许多学者已经从学科建设的研究视角对教师教育学这门新二级学科进行了较为深入的思考，并提出很多非常有价值的观点。因此，本章节首先梳理各种研究成果，并在学科知识体系研究的基础上，提出教师教育学的学科基本框架。

（一）教师教育学知识体系研究现状

教师教育学知识体系研究散见于各种关于教师教育学科构建的研究中，主要包括以下几种观点。

有学者认为，作为"教师教育学"知识体系应有三大组成要素，即"培养"、"任用"、"研修"，三者是教师专业发展必要的基石并且相互连贯、不可分割。"培养"，通过跨越和沟通不同学历层次以及各种类型的养成机构，在课程上涉及师范专业和通识教育等方面；在方式上既包括理论引导也蕴含实践启迪；作为教师专业发展起始阶段和重要环节，在很大程度上决定了初任教师专业化水平更是奠定教师职业发展的根基，乃是教师"任用"和"研修"的基础。"任用"，衔接着教师的"培养"和"研修"，以制度形式决定了教师职业对优秀人才的吸引力和师资队伍的整体素质、结构、容量及稳定性，还牵动着在职教师的教学态度、研修热忱、对学校事务的参与积极性并全方位激励着教师专业发展。"研修"，则是"培养"和"任用"的升华，教师入职后的继续学习历程，是教师专业发展中最为重要的组成部分。理想的教师"研修"应贯穿于教师职业生涯的各个阶段，不仅能确保教师在教学的专业性方面不断发展，而且可促进教师在更为广阔的教育领域和教职生涯内实现可持续发展，以达终身学习之需求。可以不夸张地断言："培养"、"任用"、"研修"乃是一幅教师教育概观图，现今教师教育问题可以归入其中之一或之几。[①]

有学者则提出，教师是教师教育学科的核心概念，构建教师教育学科知识体系需要回答"教师是什么"（这是学科知识体系的灵魂和出发点）、"教师如何培养"（这是学科知识体系的主体，包括教师教育课程研究、教学研究、评价研究等）以及"教师由谁培养"、"如何为教师教育提供保障"等问题。[②]

也有学者认为，教师是教师教育学科的研究对象，是构建系统化知识体系的核心概念；教师教育学科建设是在"教育学"一级学科框架下，新建一个侧重研究教师教育实践问题、探索教师专业成长规律、具有鲜明实践导向性的二级学科；重点是构建具有自身特

---

① 陈永明，王健."教师教育学"学科建立之思考[J].教育研究，2009（1）：53—59.
② 惠中.关于教师教育学科知识体系构建的一点思考[R].南京：全国教师教育学科建设研讨会，2006：129.

色的研究内容，形成专门、系统的知识体系。①

有学者还尝试列出教师教育知识体系的初步框架：教师教育基础理论研究（教师职业特性、教学活动特性、教师知识特性等）；教师教育课程与教学研究；教师专业发展研究；教师教育制度与政策法规研究以及教师管理研究（资格认定、聘任、评价等）。并认为教师教育学科的知识体系应呈开放态势，坚持为教师教育实践服务；但无论如何，教师教育具有丰富的研究内涵，完全可以构建出有别于教育学其他学科的独特知识体系，成为我国教育学科中一个具有深刻理论基础和实践指导意义的独立学科。②

有学者认为，在当前尤应注重开展全球视野下的教师教育改革、教师教育制度、教师教育管理、教师教育文化与近现代中国百年师范教育的发展轨迹、新世纪教师教育的改革发展战略等专题研究，并认真组织教师资格制度与职业标准、教师资格认证与文凭政策、教师角色定位与角色扮演、教师考试机制与评估体系、教师社会地位与职业声望及教师专业的一般标准与特殊标准等专题研究，研究制定富有中国特色的中小学和幼儿园教师教育课程标准和教师教育质量标准，构建科学完善的教师教育标准体系和评估体系，进行教师培养培训模式的改革探索，建立多层次、多规格和多形式的教师教育服务体系。③

（二）教师教育学的学科基本框架

作为教育学下面的二级学科，教师教育学应当是具有相对独立研究对象的知识体系，面向教师教育实践，呈开放态势，以多层次、多类型的立体、多面、有机联系的形式存在，其学科基本框架包括四个层次：

第一个层次是教师教育哲学研究。主要是从哲学的层面来思考教师教育问题，主要包括：对教师是什么进行本源性思考，包括教师基本素养、教师德行、教师职业特性等；对教师教育的意义进行探寻，包括教师教育目的、教师教育功能、教师教育理论研究与实践的关系、教师教育的价值取向等；对知识的本质属性进行考察，包括教师知识特性、知识与行为的关系、实践性知识等。此外，教师教育伦理学应该是教师教育哲学研究的重要内容，在教师职业道德遭到严重冲击的现代社会，教师教学行为的过于随意性以及伦理性缺失对儿童的产生不可忽视的负面影响，因此，构建教师专业伦理体系，规范教师职业行为，提升教师专业水准则成为教师教育伦理学无法回避的重要问题之一。

第二个层次包括教师教育史学研究和教师教育国际比较。教师教育史学研究应包括两大类内容：一是教师教育学的学科史；二是教师教育的发展史。由于教师教育学尚未正式获得认可，仍处于探索、构建和讨论的过程中，故目前的教师教育史学研究的重点是教师教育的发展史研究，主要包括中外教师发展史和中外教师教育发展史，从最初的教师教育雏形到当下的教师专业化，从"贝尔—兰喀斯特制"（又称导生制）到教师教育培养体系的开放，均需从史学的研究视角对其进行思考探究。其中对中外教育家关于教师教育思想的研究，即中外教师教育思想史研究尤为重要。

教师教育国际比较研究指对世界其他国家教师教育的研究，具体包括：掌握国际上最新的与教师教育相关的理论研究前沿；了解其他国家在教师培养阶段所进行的教师教育课

---

① 杨跃，周晓静.全国教师教育学科建设研讨会综述[J].教育研究，2007（7）：95.
② 杨跃.关于教师教育学科构建的理性思考[J].教师教育研究，2007（1）：1—5.
③ 杨天平.呼唤建立现代教师教育学科[N].中国教育报，2007-5-22.

程、教学和实践模式的变革；思考在选聘和任用教师时所实施的教师资格制度和管理制度；尤其在教师研修阶段，应关注与教师专业发展相关的课程教学、政策、评价等研究，并能与中国教师教育现状进行比较，对中国开展教师教育变革有所借鉴。

第三个层次是教师教育专业领域研究，包括教师教育课程研究、教师教育教学研究、教师教育评价研究、教师教育政策研究、教师教育财政研究、教师教育技术研究。教师教育课程研究主要是研究教师职前培养、入职培训和在职研修三个阶段的课程设置问题，学科知识和教育基本理论知识之间的关系如何，如何提升教师教育课程设置的科学性。这都属于教师教育课程研究的范围。教师教育作为一个专业研究领域，具有其他学科所不具有的特性，因此，其教学也具有一定的独立性和特殊性。教师教育教学研究的主要内容包括：如何实施有效教学；教师教育教学对象的特殊性与教学方法的变革等。教师教育评价研究是对教师教育所涉及的教师、学生、教材、课程、教学、培养机构、效果等全面进行评估，以对教师教育改进有所反馈。教师教育政策研究主要包括：国家教师教育政策、法规；现行的各种教师教育制度，如教师教育课程标准、教师教育质量标准、教师资格认证制度等。开展教师教育需要强有力的财政保障，因此，教师教育财政研究非常重要，应包括：教师教育财政投入的模式研究、教师教育财政投入的规模研究、教师教育成本投入的分析、教师教育效益分析、教师教育资源配置研究、政府投入与非政府投入研究等。教师教育技术研究是关于如何在教师教育过程中，利用适当的技术来促进学习并提高绩效，主要包括：教师教育技术能力标准研究、信息化教育资源和工具的应用、信息时代的教学设计和课程设计等。

第四个层次是各学科知识研究。学科专业知识是教师知识的重要组成部分。笔者一直认为，教育理论知识和教学技能的训练可以缩短新入职教师的适应阶段，但是教师自身的学科知识素养则决定了教学的高度和深度，也是支撑教师日程教学实践的重要知识基础。关于各学科知识研究应属于对各学科的元研究，如数学学研究、化学学研究，主要是对学科的核心知识、价值、知识框架有所了解。处于知识爆炸的时代，穷尽一生也无法完成所有知识的学习，而且知识有新旧更替，今天拼命学习的知识，明天可能就会过时，无所用处。因此，要具备一种终身学习意识，在教学实践中，根据需要，有选择地进行学习。但这并不意味着教师教育可以推诿学科知识的教学职责，而是恰恰相反，应该在更高层面上进行学科知识教学。应选取学科知识体系中最前沿、最基础、最高位的知识进行教学，以了解学科的整体知识框架和核心价值，其主要目的是让学生在日后教学工作中，进行自学时，有学习的方向，即知道自己学什么和怎么学。这是各学科知识研究的主要内容。

总而言之，教师教育学的学科基本框架面向教育实践，呈开放态势，包括教师教育哲学研究、史学和国际比较研究、专业领域研究以及各学科知识研究四个层次。

第三节　教师教育学科群的建设路径

教师教育学自身的学科属性与复杂的社会需求都决定了教师教育学科群必然成为学科建设的现实路径。上海基础教育事业已取得前所未有的重大成就，这为新一轮发展奠定了良好的基础，但在以知识竞争和创新拓展为重要特征的信息化时代，要办好人民满意的教育，教师资质却面临着挑战，诸如：师资队伍的数量、质量与结构存在不均衡，无法满足现代社会对优质教育的需求；学科专业知识不扎实，知识结构单一；囿于经验的藩篱，缺乏创新意识；职业发展定位不明，自主发展能力不足，等等。作为国际化大都市，上海享有"综合改革试验区"先行先试的自主权，应当率先创新教师教育体制与机制，有必要突破传统师范框架的瓶颈，实现数量扩充向质量提高之转型，培养能适应日新月异的社会变革、具有综合素质能力的新型教师。因此，本节从基础教育领域的现实需求出发，来探讨教师教育学科群的理论体系和实践模式，并提出教师教育学科群建设的具体推进策略。

一、"教师教育学科群"理论体系架构

教师教育学科群的理论体系框架包括四个层次的研究。第一个层次是教师教育哲学研究，主要是从哲学的层面来思考教师教育问题。第二个层次包括教师教育史学研究和教师教育国际比较。第三个层次是教师教育专业领域研究，包括教师教育伦理研究、教师教育课程研究、教师教育教学研究、教师教育评价研究、教师教育政策研究、教师教育财政研究、教师教育技术研究。第四个层次是各学科知识研究，属于对中国语言文学、外国语言文学、数学、物理学、化学、历史、艺术学、体育学、地理、思政和生物学等学科的元研究。

"教师教育学科群"建设是新世纪一项综合性、战略性的重要基础性研究，如果没有一个合理的学科体系和一批在国内外有影响的重点学科，就难以形成有效的核心竞争力。从国内外不少名牌大学发展经验来看，一所大学不可能在众多领域同时达到国内外一流水平，一定会有先后顺序。优势学科是高校长期办学经验的积淀，也是大学实际社会地位和学术水平的集中体现。鉴于此，应当扬长避短，从优势学科入手，来创建教师教育学科群。

因此，在"教师教育学科群"基本理论研究层面，既要统合现有的教育学、心理学、语数外主干学科以及物理学、化学、历史、艺术学、体育学、地理、思政和生物学等支撑学科来实现为教师教育的优质资源组合，还要与中小幼特各学科教育相关联动，形成有的放矢为基础教育服务的综合效应。更要创建教师教育学、教育领导学、儿童学三门新兴学科，以充分发挥传统优势，整合优质资源，适应基础教育的现实需求，以新兴学科和新的学科增长点来提升"教师教育学科群"的理论研究水平。

新兴学科是"教师教育学科群"的特色和核心竞争力所在。教师教育学、教育领导学和儿童学是"教师教育学科群"需重点建设的新兴学科，其学科研究对象与实践对象直接指向学校教育中的教师、校长和学生这三个群体，并紧密相连，互相支撑，不可缺失，否则就无法实现整体意义上的优化与发展。

"教师教育学"是研究当代教师教育教学工作的一般规律及其作用的实践性科学，是一门有关教师教育活动和教师教学工作的基本原理或是方法论的学问，或者说，是以研究教师教育教学活动一般规律及其实际运作为己任的。"教师教育学"是致力于研究教师教育专业化的一门学科，属于综合性的新兴复合应用性学科，其学科研究的对象及学科实践服务的对象是学校教育中的教师群体。百年大计，教育为本。教育大计，教师为本。师资队伍的优劣关系教育事业的成败。所以研究师资队伍优化之学问的"教师教育学"至关重要，在当代社会具有重要地位。

"教育领导学"是研究当代教育领导的一般规律及其应用的实践性科学，是研究教育领导活动和教育领导工作的基本原理和方法论的一门学问;或者说,"教育领导学"是以研究教育领导活动一般规律及其应用为己任的。其学科研究对象及学科实践服务对象,是我们学校教育中的校长群体。校长是教师的教师,一个好校长往往就是一所好学校,把校长培养成卓越的教育领导者,将更有利于师资队伍的优化和学校办学的提升,从这个意义上来说,教育领导学的价值也很独特。我国各级各类学校的校长总数已经超过100万。但是,令人缺憾的是:号称拥有百多万名校长队伍的专业发展至今尚未形成一套面向新世纪的系统、成熟、完善的科学作为学科基础,因此,创建具有新世纪特征、中国特色的"教育领导学"当属当务之急。

"儿童学"这个新兴学科的研究对象及实践服务对象,是学校教育中的学生群体。处于儿童问题日益突出的当代社会,在儿童文化与成人文化的双向互动影响日益增多的今天,欧美及日本等国家出现旨在将医学、儿科学、发展心理学、教育学、社会学等自然科学、社会科学和人文科学结合起来,综合地探究和解决有关儿童的各种问题的综合科学——儿童学。"儿童学"的研究视角,即强调对儿童整体的把握,强调站在儿童的立场、从儿童的角度研究儿童与社会、环境的关系,立足个体的完整性观察和研究现实生活中的儿童。这种视角将有助于突破长期以来一直过分专注于细分领域,疏于对儿童整体进行把握的研究现状,有利于教育深化对儿童的理解,重新回归儿童。现代儿童学研究是旨在将医学、儿科学、发展心理学、教育学、社会学、文化人类学等自然科学、社会科学、人文科学结合起来,跨学科研究当今儿童面临的各种问题的研究领域。世界各地的研究重点各不相同,国内的研究和对国外研究的介绍具有零散、不系统的特点,主要原因是尚未建立学科体系。李伯黍先生开创的儿童品德心理发展、品德心理测评研究是传统优势研究领域,在国内外享有盛誉。因此,依托这一传统优势,整合教师教育学科群的跨学科优势,有利于占据国内儿童学学科创建之先机,并使儿童学学科成为教师教育的学科基础之一。

二、"教师教育学科群"实践模式探索

打造主动为基础教育服务的实践模式是"教师教育学科群"建设的现实意义和主要目的。因此,"教师教育学科群"研究要发挥在基础教育领域的传统优势,顺应当今世界教师教育改革趋势,以"主动为基础教育服务"为指导思想,在特色学科优势的基础上,面向中小学教育改革发展实践,在学校、区县和市三个层面,与中小幼特学校、区县教育局和教师进修学院以及市教育行政部门,开展合作共事,争取重要项目,扩大社会影响力,改变以往被动的学究式方法,积极探索主动为基础教育服务的实践模式。

上海师范大学"教师教育学科群"实践模式探索拟从三个层面进行,即学校层面、区县层面和市级层面。在学校层面,组建对外需求各具特色的创新团队,直接参与中小学课程建设与教学改革,并以科研引领教师专业发展。在区县层面,主要是和区县教育局和教师进修学院合作,关注教师和校长的学历提升和专业发展,共建幼儿园和小学,策划富有实效的教师、校长和园长的专题培训。在市级层面,探索教师教育创新模式,为基础教育培养高素质、具有研究生学历的复合应用型骨干教师;研制上海市中小学校长和教师的专业标准,为其专业发展提供制度保障;提升校长课程领导力,开展形式多样的主题研修;推动中小学开展校本化实施新课程的专题研究及实践,开展德育校长和教学校长的专项培训,旨在提升中小学校长对学校的领导力。

三、"教师教育学科群"品牌特色项目

"教师教育学科群"建设主要是以面向基础教育实践的项目为抓手,形成具有影响力和辐射力的品牌项目。主要包括:加强专业培训工作,提升教师队伍整体素质;依托教师教育网络平台,推动学校改革与创新;研制专业资格标准,健全教育管理体制机制;积极开展创新教育,增强国际竞争能力。

(一)加强专业培训工作,提升教师队伍整体素质

提升教师队伍整体素质是教师教育学科群建设的重要目的,主要包括六个具体的子项目。

1. "3+3"教师教育创新模式项目

上海师范大学利用在基础教育领域的传统优势,顺应教师教育改革的大趋势,以"主动为基础教育服务"为指导思想,在学科优势的基础上,依托中小幼特学校、区县教师进修学校及市教育研究机构的高级教师和研究人员,面向基础教育改革发展实践,实施"3+3"教师教育创新模式,力图为上海重点中小幼学校培育具有硕士学位的教师教育学术师资、"临床"教学能手和中小学"复合应用型"骨干教师,以满足社会对优质教育资源的需要。

2. 在职教师学历提升项目

根据2008年上海市教委的统计数据,全市基础教育(中学、小学、幼儿园)在职教师中具有本科学历的占教师总数的61.60%,还有相当一部分在职教师没有达到本科学历。因此,学校主动联系各区县教师进修学院,组织学历还未达标的教师报考成人高等教育专升本学习,并积极与教委相关部门沟通,调整教育类专业的招生计划数。力争在五年内使本市基础教育教师本科学历比例达到90%以上。

此外,全市基础教育(中学、小学、幼儿园)在职教师中具有研究生学历的占教师总数的2.28%,如果加上这两年的增长数及已经录取在读的人数,乐观的估计,到2013年可增加3000人左右,研究生比例可达到8%左右,但也远远低于其他发达的省市。目前国家学位办每年下达的教育硕士招生计划数是400名,学校应加大与各区县教育局、教师进修学院的联动,鼓励更多在岗骨干教师报考教育硕士,争取每年将80%以上的招生计划数用于本市基础教育师资高学历提升。

3. 在职教师专业培训项目

在职培训是教师专业发展的重要途径,在上海市师资培训中心划归学校管理和教师教育高地设在学校的有利条件下,上海师大将充分发挥上海市教师教育基地的培训功能,以弥补撤销上海市教育学院之遗憾。

开展教研员培训工作。针对目前本市各区县教师进修学院教研员知识结构较为陈旧、指导学科教师开展教研活动后劲不足的状况,学校将在开展"新农村教师培训"项目的基础上,总结经验,根据培训者的实际情况,开展本体性知识为主、条件性知识为辅、紧密结合中小学教材和课堂教学实践的教研员培训工作。

同时,中小幼教师的在职学习形式比较单一,部分区县的"240"培训都是由教师进修学院和校本课程培训自行组织,收效不大,对教师专业发展、职称晋升都帮助不大。我校可根据各区县的具体需求,围绕有效教学,以40岁以下优秀青年教师为主要培训对象,

制订科学的培养方案,并根据学科特点和教师实际需求,开展主题培训。此外,根据上海市教委的工作需要,将积极承担班主任和德育骨干队伍培训培养工作,提升和完善师德建设与人文素养。

4. 解决学前教师与小学教师缺口项目

上海逐渐进入人口出生的高峰期,幼儿园和小学生的数量将会逐步增加,幼儿园和小学以及相应的师资都将会出现很大的缺口。因此,在职前培养阶段,我校将每年增加300名左右的幼儿师资培训和小学师资培养,具体是扩大本科招生规模,将本科学前教育专业和小学教育专业的招生规模由现在的每年6个班180人增加到10个班300人。

在职后培训阶段,我校将继续保持每年招收夜大学学前教育专业和小学教育专业专升本学员600名左右的规模,并根据各区县的需求举办各种类型的幼儿园与小学骨干教师的培训。通过以上途径,不仅能满足上海幼儿园和小学师资补充的需要,而且能提升在职幼儿教师和小学教师的本科率,使之逐步达到90%以上,从而基本达到发达国家小学师资的学历水平。

5. 校长学历提升与培训项目

相对其他发达国家而言,上海中小学校长具有硕士学位的比例较低,还不能满足上海国际大都市的发展需求,故要采取措施,鼓励中小学校长攻读硕士学位。提升中小学校长的学历层次,理论上不应受到学科和形式限制,但基于校长的岗位要求,鼓励进行以教育领导和教育管理为重点的高一层次学历进修。本市中小学正副校长(或党组织正副书记),凡在岗任职超过三年,经地方教育行政部门同意,拥有相应的学位或学历,均可参加报考。招生采取地方特殊政策,探索采用特殊措施替代外语考试办法。施行双导师制,分别由高校正副教授和中小学特级校长担任,前者主要负责培养研究生的学术规范、形成研究风格,后者主要负责帮助研究生确立研究领域。

校长在职培训是促进校长专业发展的重要途径。但就目前而言,上海市还未成立专门的校长研修机构,校长学历偏低,校长培训缺乏特色、针对性和实效性。因此,我校可提供现代校长研修中心作为校长培训基地,按照上海基础教育现代化的发展目标,采取与国外著名高校校长培训中心联合的形式,提高中青年校长的学历水平,开发国外具有前瞻性的校长培训课程和教材,全面提升校长的专业素养,有力推动校长队伍建设工作。此外,将围绕提升校长课程领导力,开展形式多样的主题培训,推动中小学开展校本化实施新课程的研究和实践。同时,还积极开展德育校长和教学校长的专项培训,全面提升校长群体对学校组织的领导力。

6. 农村教师培训项目

在我校实施"新农村教师培训"项目的基础上,针对各年龄段农村教师,分别实施不同类型培训项目。针对1—5年教龄的教师,实施教学基本功培训项目,从实践性知识入手开展培训。针对5年以上教龄的教师,实施基本技能研修项目,使青年教师成长成熟。针对10年以上教龄的教师,实施水平提升项目,遴选有发展后劲、培养前途的教师由市级高层次教师以结对形式进行指导带教,使之进入高层次的培养系列。针对全体教师,开展专业学科培训项目,由相关高校量身定制培训方案和课程,分学科阶段性层层推进。

(二)依托教师教育网络平台,推动学校改革与创新

网络平台建设和学校改革与创新是教师教育学科群建设的重要保障,主要包括两个子

项目。

1. 教师教育共同体建设项目

教师教育网络平台是一个基于网络的、以 e-learning 为核心的实验教学和网络教学信息化系统。其功能主要有：为教师教育建设信息化的教育教学环境，开发信息化的教育教学资源，实施信息化的教育教学活动；建立网络教师教育共同体，加强大学与中小幼、师范生与中小幼师生、教育理论与教育实践的联系；指导师范生以未来教师角色开展基于 IT 的教育教学活动，探索基于 IT 的教育教学新方式，提高他们的信息化教育教学能力。

依托教师教育网络平台可以建设以师范大学为中心，包括中小学和教师进修学院的教师教育共同体。推进网上教研活动，构建扁平式的网上教研新模式，形成一批以信息技术和网络技术为支撑的现代化项目。还可推进学前教育信息化建设的力度，制定学前教育信息化标准。参与研究制定学校教育教学管理、学籍管理的信息化标准。参与研究基于信息化平台的课堂教学评价研究，开展评价指标研究。

2. 共建幼儿园、小学项目

上海师大可与区县教师进修学院共建幼儿园、小学，不仅解决幼儿园和小学缺口问题，还探索高校与基础教育共建办学的新模式，以职前、职后一体化师资队伍建设带动幼儿园建设，创建一流明星幼儿园和小学。上海师范大学教育学院学前教育专业和小学教育专业的教师担任共建幼儿园副园长和小学副校长，负责幼儿园和小学的师资队伍建设和教学管理、学前教育专业和小学教育专业师范生实践学习，探索学前教育和小学教育职前师资培养全程实践的新模式。并在共建学校创办儿童研究中心，开展针对 0—8 岁儿童身心发展的课题研究，并运用于教学实践。

（三）研制专业资格标准，健全教育管理体制机制

健全教育管理体制机制是教师教育学科群建设所不可忽视的重要方面，主要包括以下两个子项目：

1. 研制校长专业标准项目

校长专业标准是从校长所面临的工作挑战和社会期望出发，明确校长工作的重要领域以及相应的知识、态度和行为等内在专业结构，体现上海对优秀校长的基本要求，是制定资格、聘任、培训、考核、晋升、薪酬等校长管理制度的主要依据，旨在为校长专业发展提供目标愿景、行动框架和评价标准，通过促进校长个体和群体的专业发展来实现学校的变革与发展。

因此，上海师范大学根据上海教育发展的要求，组织专家、学者研究制定上海市校长专业标准，探索试行校长资格证书制度，制订校长任职条件和资格认定办法，颁布市级实验性示范性学校校长任职资格，为校长的选拔管理和教育家队伍的成长探索出路。通过明示校长资格标准及其选拔、任用途径、并能有效规范、约束或激励校长及利益相关主体的管理实践和控制行为，以实现教育人力资源的优化配置、以公平的政策环境和校长群体内部治理规范为特征的制度建设，建立一个系统、完整而科学的校长管理制度体系，为优秀校长成长为教育家营造良好的外部制度环境，构筑上海教育领导高地。

2. 参与研究制定质量保障标准项目

教育质量是教育工作的核心，因此，学校将开展基础教育质量监测研究，研究科学的教学评价指标，以规范区县对中小学教学质量的统一监测，以科学的教育质量观引导教育

教学改革，通过科学评价来改进教学，保障质量，推进素质教育的实施。同时，还积极参与研究制定幼儿园质量保障标准体系和教师专业标准等一系列标准。

（四）积极开展创新教育，增强国际竞争能力

面向国际，具备世界眼光和国际竞争力，这是教师教育学科群建设的高度所在，主要包括以下两个方面的子项目：

1. 创新活动基地建设项目

学校生物标本馆分设昆虫展区、两栖动物展区、爬行动物展区、鸟类展区、哺乳动物展区等。馆藏国内外动物标本二十多万件（号）。展区面积三百余平方米。生物标本馆是生命与环境科学学院生物学系开展教学和科研的重要基地，同时也向中小学和科研单位开放，2000年被上海市委宣传部等单位指定为"上海市科普教育基地"。在此基础上，学校拟与徐汇区共建，把生物标本馆移入康健园，使之成为上海基础教育科学课的实训基地，成为学生开展各种形式的探究和创新活动的重要平台，有效培养学生的创新实践能力。

2. "美国课程中心"项目

为增强基础教育阶段学生国际交往和竞争能力，学校拟与上海重点中小学合作成立"美国课程中心"，积极引进美国高中课程：美国加利福尼亚高中核心课程（SAT 或 ACT 作为其学业考试）；英国 A-level 课程：英国剑桥大学国际考试委员会设计制定的英联邦国家高中课程；美国 AP 课程：美国大学理事会设计制定的美国高中精英（大学先修）等一系列国外先进课程资源，加强国际理解教育，培养具有国际视野、知晓国际规则并能参与国际交流的国际化人才。

第二章 教师教育学科群之国际比较

当今世界教育改革成败的关键在于能否以践行实效的教师教育发展战略及其政策措施来促进师资队伍优化。主要发达国家（美国、英国、法国、德国、日本）为了更好地解决学校教育问题，都把师资队伍建设视为重要课题，力图从教师的养成、聘用、研修各个阶段有连贯性地提升教师的学历水平和资质能力，即从终身学习的观点出发有机地统合教师的职前教育和在职进修，使两者能在"教师教育"（Teacher Education）之概念上得以融合及升华。因此，要倍加重视东西文化和谐与古今师道弘扬，关注文理相通集聚优势和学科交融通识教育，齐心协力合奏唱响教师教育专业化、综合化、国际化的主旋律。提高学校教育质量须先优化师资队伍，这是各国教育改革的主要目标，也是世界教师教育发展的显著特征。

第一节 日本型样板大学学科群

面向21世纪，日本教育职员养成审议会"关于面向新时代教员养成的改善政策"公布的第一次咨询报告是从大学师资培养教育课程的视角、第二次咨询报告是从在职教师再教育的观点、第三次咨询报告是从教师的养成·聘用·研修一体化立场，对于新世纪师资培育课程的改善、大学教职课程教育的改善、促进社会人士到中小学执鞭任教的教师许可证制度灵活化、教师任用选考的改善、新任教师研修的充实、在职教师通过在大学研究生院的学习与研修取得教师"专修许可证"，在教师的养成·聘用·研修方面促进高等学府和地方教育委员会行政部门加强合作等，提出富有建设意义的政策性建议。当时，笔者正在国立筑波大学攻读教育学博士课程，该校被称为日本型"样板大学"，既是日本教师教育史上的第一所师范学校（1872年），又是日本面向21世纪的一所示范性新型大学（如学科群建设），它的141年发展历程记载着日本型师范教育百多年历史的沧桑演变及功过得失。

一、引领师范教育发展百年史

筑波大学的前身是日本最初的师范教育创始场所，也是日本最早的师资培养机构，于1872年5月在东京创办成立。这是因为"日本的近代学制是在1872年8月3日开始实施，也就是当时在没有教科书、没有学校、教师没有资格证书的情况下问世的。根据先于学制建立小学教师培养场所的建议，日本最早的师范学校在东京诞生。这所学校毕业生陆续不断地被送往全国各地的师范学校当教师，1886年由森有礼改为高等师范学校，成为有志于教职者憧憬的学校,这些都与现在的筑波大学相关联"。①筑波大学历经三个世纪的风雨洗礼,曾经有六次被更改校名及办学宗旨,其中大的变更时期可以列举出以下四次。②

1. 从师范学校升格为高等师范学校

日本第一所师范学校在东京创办,主要是为教授具有普通学科教学能力的小学教师掌握近代教授法。1873年在师范学校设立附属小学,附属小学的教学大纲被视为制定全国各府县小学教学大纲之模范,发挥了指导性的作用。1873年8月,大阪、仙台也相继设置官立师范学校,于是就把当时的师范学校改称为东京师范学校。1874年5月18日,明治天皇视察东京师范学校各年级课堂教学之后,进一步确立了东京师范学校成为"全国师范学校之师范"、"师范教育大本营"的地位。当时,急需培养大量熟习近代学校教育理论和方法的教师,东京师范学校的主要任务是向全国各地派遣毕业生传授和普及新的教授法。

1875年8月,为了适应新的中等教育制度,东京师范学校设立中学师范学科以培养中学教师,这使东京师范学校在中等教育领域发挥指导性作用的萌芽初露。然而,确定东京师范学校在全国教育中的权威作用,是与1879年10月从美国留学回来的伊泽修二、高岭秀夫所作出的努力密切相关。他们两人先后担任过东京师范学校校长,积极把美国学到的新知识运用于学校经营、教学管理及教育内容之中。③东京师范学校教育学讲义内容当时是以最新的心理学理论为依据,其教授的原理、方法及精致的内容,甚至可以说"是在今日大学教育水准以上"。④

在改革师范教育之际,明治政府首任文部大臣森有礼视察了东京高等师范学校。森有礼提出通过兵式体操的训练和军队式寄宿生活来培养师范生必须具备的"顺良、信爱、威重"三种气质,尤其对"本校的改革表示出异常的热情,试图以本校改革向全国的教育改革显示模范性作用"。⑤1886年,森有礼把师范学校分为寻常师范学校和高等师范学校,于是东京师范学校因此而升格为全国唯一培养中学教师(包括培养寻常师范学校校长)的高等师范学校。

1893年,建设日本近代教育基础的有功之臣嘉纳治五郎担任东京高等师范学校校长。他重视高等师范学校的学术研究和人格陶冶,提出高等师范学校和大学、高等专科学校的不同之处在于培养以教职为天职并专心致志于育英事业的人才。但从学制上看,高等师范学校难以募集与大学相匹敌的人才。尽管如此,嘉纳治五郎的人才选拔观却别具一格,认为"受过不正规教育者或者有些缺点者,只要有长处就采用"。嘉纳治五郎担任高等师范学校校长之后,就广集天下第一流学者,募招能与帝国大学相匹敌的人才,培养未来的教育者敢于同天下名人学者接触交流,力图形成高等师范学校特有的自信、自重和自爱的风尚及氛围。

1902年3月,文部省新设广岛高等师范学校,高等师范学校就改称为东京高等师范学校。按照1903年的《高等师范学校规程》,东京高等师范学校本科设有国语汉文部、英

---

① 〔日〕筑波大学就职委员会.平成五年度就职手册[M].筑波大学,1993:12.
② 〔日〕铃木博雄.东京教育大学百年史[M].东京:日本图书文化协会.1978:3—15.
③ 〔日〕棍哲夫.综合大学的教职教育研究——关于教育实习事前指导的综合性研究[M].1983:4.
④ 〔日〕铃木博雄.东京教育大学百年史[M].东京:日本图书文化协会,1978:62.
⑤ 同上书,100.

语部、地理历史部、数学物理化学部和博物学部；还开设修业年限为期 1 至 2 年的研究科，除了本科毕业生以外，专修科毕业者也能入学。当时，由于政府财政紧缩，从文部省和帝国大学不断传来要求取消高等师范学校的论调。明治时期有名的教育杂志《教育时论》也发表"是否可以废除高等师范学校？"的社论（1902 年 8 月 25 日）。乃至 1904 年，"高师废除论"成为震撼日本教育界的重大问题之一。

不管怎样论争，东京高等师范学校开发的新教授法当时确实是其他师范学校学习的模范。"其前身就是向各地派遣毕业生普及新教授法的大本营。""校长和未来的校长好像都被东京高师毕业者占有。东京高师出身的校长们遵照文部省的方针，着实地从事学校经营，对师范教育的开花结果寄予希望。"①

2. 由高等师范学校升格为文理科大学

在 1918 年召开的临时教育会议上，嘉纳治五郎提出设立师范大学的主张，遭到其他委员的反对而引起争论，师范大学设立案没有得到认可。大正时期随着高等教育的发展，帝国大学和高等师范学校之间的差别扩大，高师的学生和教职员联合行动，掀起要求高师升格为大学的师生声援运动。

东京高等师范学校是在 1929 年升格为文理科大学的。这一升格运动是与高等工业学校、高等商业学校的升格密切相关，也是强有力的教育团体积极行动对明治时期和大正时期不断兴起的"高师废除论"的一种强有力的反击。

东京文理科大学根据日本大学令而设，在建设独立的教育组织和研究机构，充实教学活动等方面作出了努力。文理科大学比高师更具备从事学问研究的深度与广度，设有教育学、心理学、哲学史、伦理学、国史学、东洋史学、国语国文学、汉文学、英语英文学、数学、物理学、化学、动物学、植物学和地理学 15 个学科专业。不论是文科还是理科，国民道德、哲学、伦理学、心理学和教育学是全体学生的必修科目。

一般而言，高师时代的教授可以视为天下一流之才，个人的学问和研究业绩令世界注目，但还没有建立完备的学术研究体制与机制。自从文理科大学建立以后，通过讲座制使各自研究具有特色，形成了在师范教育领域所看不到的重视学术研究及独立研究的学风。

3. 由文理科大学改名为东京教育大学

遵循第二次世界大战以后的教育改革精神，以东京文理科大学、东京高等师范学校为主，再并入东京体育专业学校和东京农业专业学校，1949 年创立了东京教育大学。

东京教育大学学则第一条规定："本校以从学术性高度专业研究教学和教育科学，培养见识高、视野广、能力强的教育人才为目的。"也就是说，东京教育大学试图集高等师范学校和文理科大学之长，既从事学术性研究和教育科学研究，又培养优秀的教育人才。两者目的不一，以什么为先？东京教育大学作为战后新制大学如何继承传统，在建校方针上出现了问题，因而引起争论。

尽管在办学方针上存有异议，但由四校合并而成的东京教育大学作为新制的综合性大学，设置研究生教育的研究科，这是旧制大学所不能相比的。学风也要比文理科大学、高等师范学校来得自由、严谨。还有，学生的就职不再局限于教育界，有不少毕业生进入政府部门、舆论媒体以及经济企业领域。因此，东京教育大学与其说继承文理科大学和高

---

① 〔日〕三好信浩.日本师范教育史之结构——从地域实态史解析[M].东京：日本东洋馆出版社，1991：49—52.

师范学校的传统,还不如说体现出战后新制大学的特色,它所走过的20多年历程可以说是战后日本大学变革的一个缩影。

4. 由东京教育大学改称为筑波大学

东京教育大学的迁址改名,是在20世纪60年代末期大学风潮之后。为了克服学潮造成的混乱,维持高等学府的传统尊严和秩序正常,适应国内外各种变化的需求,并为大学改革树立样板,日本政府不惜投入1000亿日元巨资,于1973年10月在筑波科学城创设筑波大学。筑波科学城当时有57所国立公立研究单位和二百多家民间研究机构,这些研究机构大致被分成文教系统、建设系统、理工系统、生物系统和共同利用设施五大类。文教系统是以筑波大学为中心,还包括国立图书馆情报大学、筑波技术短期大学、国立高能物理学研究所、国立科学博物馆筑波实验植物园、国立教育分馆等。筑波大学位于筑波科学城的中心地区,离东京60千米。

日本政府创办新设想的筑波大学,主要目的之一是为改变由于学问研究进入象牙之塔的讲座制所造成的停滞状况,通过综合化"开放性大学"使得学问研究产生新的活力;因此,废除原来的学部讲座制,便于内外研究者进行学术交流。主要目的之二,是为日本大学改革作先驱性试验。如实行推荐入学制度、大学公开讲座、接受海外归国学生、必修信息情报处理教育科目、在职人员研修、教职员的国际交流等。这些方面的成功对其他大学的改革产生积极的影响。① 但是,筑波大学对学生的管理要比其他大学来得严格,规定筑波大学"是研究和教育之地,不是政治运动场所。大学纷争是以特定政治势力为背景的政治运动,筑波大学不允许这样的政治运动"(三轮知雄校长在1974年4月25日第一届入学典礼上的致辞)。

当时的筑波大学也自称是在日本国立大学中最为开放、富有国际性,以"建立新的教育和研究机构"、"实行新的大学自治"的"开放性大学"为其特征,这些特征正受到"各方面关注,不断为大学改革发挥先驱性作用"。②

筑波大学的办学方针是:"本校旨在基础及应用科学诸多领域加强同国内外教育、研究机构以及社会各界的自由、密切的交流与联系,提高学科之间合作的成效,进行教育、研究,培养具有创造性智能和富有人性的人才;与此同时,有助于学术文化的发展。迄今的大学动辄封闭于狭窄的专业领域,使教育、研究停滞不前,乃至固定僵化,容易脱离现实社会。本校基于这方面的反省,向国内外开放为其基本特征。因而本校在不断地适应变化中的现代社会的同时,开发富有国际性、多样性和柔软性的新的教育和研究功能以及管理组织,尤其是确立负责实施以上诸活动的管理体制。"③

二、筑波大学创建学群·学类

新设想的筑波大学是以"学群""学系""学类"等诸学科交融汇集众长来替代传统大学"学部""研究科""讲座"等自行其道、各自为政的科研教学组织形式,在1973年设立第一学群、医学专业学群、体育专业学群;1975年设立第二学群、艺术专业学群;

---

① 〔日〕筑波大学十年史编集委员会.回顾篇·筑波大学十年史 [M].筑波大学,1984:34—35.
② 〔日〕筑波大学总务部广报调查课.筑波大学概要·平成五年度 [M].筑波大学,1993:2.
③ 〔日〕筑波大学研究协力部留学生课.留学生向导书 [M].1993:5.

1977年设立第三学群;2002年,因筑波大学和国立图书馆情报大学合并而设图书馆情报专业学群。伴随2004年日本全面推行国立大学法人化改革的浪潮,筑波大学在2007年把原设的七个学群改称为人文·文化学群、社会·国际学群、人类学群、生命环境学群、理工学群、情报学群、医学群,并为这些学科群建设注入新的活力及融合内涵。

1. 新设想的大学管理体制

筑波大学自建校以来,实行新设想的大学管理方式:一方面是在教育教学组织和科学研究机构中设立教师会议进行自主性管理,另一方面是为实施全校一元化的大学管理而在以校长和副校长为主的核心管理体制之下设立有关大学管理的审议机构——评议会以及全校性的人事委员会、财务委员会、国际交流委员会及各种审议会。管理体制不同于其他一般性国立大学,特设的5名副校长主要辅佐校长,分管教学、科研、医疗、福利保健、辅导和总务等。

筑波大学的评议会是大学的审议机构,负责审议大学管理的重要事项,行使法令所规定的权限。评议会由校长、副校长、学群群长、研究生课课长、图书馆馆长、附属医院院长、学系主任、学类主任以及校长提名者等60人组成,原则上每月举行一次会议。审议的主要事项:选举校长候选人,选举管理职教师,选举名誉教授,决定全校预算分配及概算要求,决定年度计划,制定和修正各种规则等,根据日本大学设置标准的大纲采取相应的措施,修改人事的手续,等等。

为实现"开放性大学"的办学宗旨,筑波大学还特设由有识之士组成的参政和议政机构——参与会,把来自社会各界的意见充分地反映到大学运营中来。还有,教学组织不采用一般大学的学部制和讲座制。为实现全校一元化自治,在人事安排方面设置人事委员会,负责对全校的教师人事进行必要的审议、选拔和任用。

2. 新型的教学与科研机构

筑波大学新型的教学与科研组织有"学群""学系""学类"等,与"学类"等的教学组织不同,科研组织主要由学系、特别研究项目和研究中心等组成。按照学问的研究领域设立26个学系,后又增设3个,改称1个。这些学系不是局限于狭窄的专业领域,而要求尽可能相互衔接和交流合作。教官根据研究领域在所属的学系从事研究,同时在属于教学科研组织的"学群"和"学系"研究科担任本科生和研究生的教学工作。

筑波大学的教学和科研相当重视与国内外的学术交流,积极举办各种面向社会的学术研讨会和公开性讲座。2010年,接受外国留学生1697人(研究生1139人),向国外派遣留学生256人(研究生73人);接受外国专家学者1720人,向国外派遣教师从事学术交流2092人;与世界各国二百多所大学和研究机构签署合作交流的协议书。

20世纪90年代,作为日本教育学研究领域主角之一的筑波大学教育学系拥有5个研究领域、19个研究部门和51名研究者。在一所大学里"具备如此范围广泛的研究部门以及为数众多的研究者的教育学研究组织,除广岛大学外在日本几乎没有,即使在世界上也很少见"。[1] 原在东京教育大学规则里所说的"培养教育者"的表述后来在筑波大学规则中被消除,这也说明筑波大学和东京教育大学的办学方针有所不同。再则,战后日本的师资培养教育发生了根本性的变革。按照日本《教育职员许可法》规定,筑波大学设置希望

---

[1] 〔日〕筑波大学教育学研究科编集委员会.教育学研究科[M].筑波大学,1992:6.

取得教师许可证者必修的学科专业科目。同时为在职教师提供研修机会，在教育学研究科设有硕士课程和博士课程。迄今活跃在日本教育领域并发挥重要作用的研究者不少毕业于筑波大学或东京教育大学。

3. 人类学群·教育学类特征

称为日本样板性综合大学——筑波大学具有三大特征：一是学科群的科研与教学新体制，二是实行新的大学自治体制，三是成为向国内外开放的大学。这些特征令人关注，也为促进大学改革不断地发挥先驱性作用。然而，社会对筑波大学有别于一般大学的管理体制仍旧褒贬不一。筑波大学虽在日本大学中率先采取新的管理体制和教育、研究方式，但难以摆脱传统的束缚，在人事方面尤为突出，深受日本文化影响，历来内外有别。因此，要求改变保守因袭的管理方式的呼声越来越高，在1992年的校长选举中希望改变现状的很多教师（尤其是中青年教师）投票选举一直被视为日本"头脑资源外流"的典型、长期居住在美国的江崎玲无奈（1973年获得诺贝尔物理学奖）出任筑波大学的第五任校长。这对日本教育界震动很大，新闻媒介也呼吁借此春风来推进日本大学的实质性改革。江崎玲无奈校长的抱负是要把筑波大学办成向内外开放，培养世界上通用的人才；表明"学问的领域若无竞争，就没有活力"；希望学生像哥伦布发现新大陆那样大胆去假设，大胆去创造；"日本教育是在把人视为均质的假设下，大量生产适应工业社会、互换可能、规格化而没个性的人才"；"我的教育方针：培养自己会写研究计划的能力"……①

2007年，新改称运作的学群9个和学类23个：（1）人文·文化学群（人文学类、比较文化学类、日本语·日本文化学类），（2）社会·国际学群（社会学类、国际综合学类），（3）人类学群（教育学类、心理学类、障碍科学类），（4）生命环境学群（生物学类、生物资源学类、地球学类），（5）理工学群（数学类、物理学类、化学类、应用理工学类、工学系统学类、社会工学类），（6）情报学群（情报科学类、情报媒体创成学类、知识情报·图书馆学类），（7）医学群（医学类、看护学类、医疗科学类），（8）体育专业学群，（9）艺术专业学群。② 原来的"第2学群"新改称为"人类学群"，设有教育学类、心理学类、障碍科学类。这是以"对人类、社会、自然的广泛兴趣与关注为基础，掌握如何促进有关人的发展与援助的科学分析、理解态度的专业知识和技能，并养成使之活用于会自主而又创造性地解决实际问题的能力"。现在"人类学群·教育学类"的教育目的，就是"灵活掌握并能加深理解有关人类广泛而有应用性的知识以及从事人类教育与援助的专业和技术，培育对社会有贡献的人才"。③

基于上述教育目的，力求达到如下四项水准：① 有关人类的综合性知识与教养：为了准确地理解处在复杂而又信息化现代社会的人们，有必要掌握包括教育学、心理学及障碍科学基础知识在内的跨学科综合性知识与教养；② 对教育具有广泛的学识及体系性观点与思考：掌握有关对教育现象敏锐的问题意识和教育学全局的广泛学识，习得把握教育现象的综合性并有体系的观点与思考；③ 教育专家的资质：通过对教育问题的理论性思考和现场实践性体验的交流与融合，在实践过程有效地运用教育学的专业知识，使得富有内涵

---

① 〔日〕月刊.Kei-danren［J］.1992（9）：31.
② 〔日〕平成22年度筑波大学概要（资料编）［M］，筑波大学，2011：26.
③ 〔日〕筑波大学第二学群人间学类35周年誌［M］，筑波大学，2010：1.

的实践能力得到发展,培养在学校、区域、国家·自治体、企业、国际机构等各种"教育现场"所必要的作为教育专家的资质;④ 教育学的基础性研究能力:设定教育的研究课题,收集与分析文献资料,形成有说服力结论的实证科学的思考能力,培养使之成果得以运用的表现能力,打好在教育学研究第一线成为有用之才的基础。新的"人类学群·教育学类"设有四个系列(① 人类形成,② 学校教育开发,③ 教育计划·设计,④ 区域·国际教育),这是因为"教育学的综合性,应与构成教育学的诸多研究领域相关联";"学生不是'所属'某个系列,与其说习得某一系列的知识与技术,还不如说应当全面地学习有关教育学的知识与技能,有助于将来成为教育领域优秀的理论家、实践家"。①

三、日本型师范教育功过得失

筑波大学 141 年的沧海桑田,标志着日本型师范教育演变的盛衰以及教师教育发展的春耕秋实,其功过得失如何论说评价?1999 年,日本教师教育学会召开题为"新时代的教育者形象——当今教师教育之所求"第九次全国大会,中野光会长在"作为教育研究者的教师"演讲中提出"全盘否定战前的师范教育是否为好"的疑问,认为现在教师教育必要的视点:"教师是实践者,同时也是教育研究者";"没有研究,即无教育";"不断地学习者才能胜任教学";"教师工作应是愉快的职业"。然而,当今教师的工作负担和精神压力越来越大,青少年教育却越来越令执鞭任教者感到困惑与不安。

1. 少年越轨拷问教师资质

在日本教师教育学会召开的第九次全国大会上,有一位家庭法院调查官根据自己接触过很多青少年犯罪越轨案例的工作经验,指出"对待有问题的少年,学校不是采取'排除论理',而有必要遵循'宽容论理'"。②

由于青少年犯罪越轨事件频发,这位调查官与有关学校教师打交道的机会颇多,并向学校教师提出 10 个方面的建议:① 由于少年事件一旦送到家庭法院,原来为挽救少年而拼命努力的教师也就把少年完全委托给家庭法院。实际上,来自教师的继续关心和教育极为重要。② 少年们诉说对教师的不满,如"戴着有色眼镜看人","不听我们说明其理由"。少年们与其说喜欢教师的教学技巧,还不如更注重教师的人格。③ 少年们犯了行为问题,有时对家庭、学校的反应无所谓,特别想对教师诉说,而教师往往不在意他们当时的心情。④"班级崩溃"已经成为问题,而教师只关心以集体为对象,忽视个人的作用与影响。⑤ 据观察,学校难以接受有行为问题的少年,往往采取"排除论理",而遵循"宽容论理"是非常重要的。⑥ 经常听到来自教师对"学生父母经常批判学校和教师,所以指导困难"不满的声音,而学校指导具有绝对性的时代已经结束,需求价值观正在发生变化。⑦ 学校在学习指导方面难以胜过社会上的私塾,地区社会也有青少年团体,重新审视学校教育作用的时期已经到来。⑧ 学校的学生指导涉及的范围很广,也有超越教师力所能及的方面,必须考虑增加教师以及教师工作量超额的津贴。⑨ 大人要多倾听孩子们的声音,停止乱给孩子戴帽子、上纲上线。⑩ 学校若在处理学生言行方面有问题,就要尽快与家庭法院联系,希望共同携手合作解决问题。

---

① 〔日〕筑波大学人间学群·教育学类(概要)[M].筑波大学,2012:2—3.
② 〔日〕高校教育[J].2000(1):93—95.

鉴于此，日本教师教育学会专门出版《教师教育学系列丛书》（3本），会长在刊行前言中指出："如果教师的力量增强，其作用受到尊重，教师的魅力能得以充分发挥，学校就能成为学生更加乐于学习的场所，'教育权益'得到满足，便能更好地适应家长和国民之期待。"①

2. 大学教职课程教学弊端

为了贯彻落实中小学课程标准，日本重视教师养成和研修课程的充实与完善，但在大学教职课程教学中存有不少问题。

诸如：① 大学没有具备应该培养什么样教师的哲学和理念，只是设定与取得教师许可证有关的教学科目，只是从能否担任设定的教学科目的角度来任用大学教师。② 大学开设的教职课程应以培养专门性职业的教师为目的，而在大学师资培养教育中从事细分化学问领域研究的大学教授过度地重视学科的专门性，而忽视以综合学科指导为主的教职的专业性。因此，偏重于大学教授研究领域专门性知识的教学多，缺乏同"面向孩子们教育"相联系的立场与视角。③ 教职课程应是有体系性知识与技能的教学，但在教职课程开设的教学科目之间，对教学内容的整合性、连续性缺乏考虑，特别是学科专业科目和教职专业科目没有关联地进行教学，两者没能得到必要的统合。④ 与教职课程教学科目的名称相应的体系性教育并没有表里一致或者充实完善。⑤ 教职课程也是知识中心教育占统治地位，没能成为充分进行培养学生课题探究能力的教育。⑥ 在职教师研修也存在问题，如对新任教师的研修，许多学校都有规定可以减轻负责的班主任、学科主任等的工作负担，但在具体的实施过程中并没有得到落实，这样会加重负责新任教师研修的指导教师的工作量；新任教师的研修时间得不到充分保证，难以专心致志于研修活动；有的学校还没有确立新任教师校内研修的实施体制，由于负责主管项目者和指导教师的指导能力不足，校内研修往往是有名无实；缺少指导新任教师研修的同一学科教师，又难以确保为减轻指导教师负担的临时教师，有些地方教育行政部门负责新任教师研修的实施体制不尽如人意。

日本大学审议会针对迄今从事教师教育的大学教师偏重于自己的科研成果发表而轻视教学工作实际效果的现状，向文部大臣提交的咨询报告建议：为提高大学教师的教学能力，必须纠正过于偏重教师研究能力的问题，今后大学教授和副教授的选聘条件应该由迄今注重科研能力向重视教学能力倾斜。

3. 日本型师范教育之启示

样板型筑波大学作为日本型师范教育的标志，历经师范学校、高等师范学校、文理科大学、东京教育大学、筑波大学141年的沧桑演变，虽有四次大的脱胎换骨，但每次都是通过自强不息的努力去争取更大的进展。这样的日本型师范教育，使人难忘的有以下三点启示。

(1) 传承与革新思想：筑波大学前身是1872年创立的师范学校，这先于日本首部学制，确实为日本近代教育的全面实施作了先驱性试行，在1973年新设想的筑波大学，又被视为日本面向21世纪探究高等教育改革的样板。筑波大学重视继承高等师范学校、文理科大学和教育大学百年来集天下英才之传统，但对传统意识不是固守而一成不变。犹如"有生命之物的发展和历史的进展那样，既是连贯的又是非连贯的，非连贯的又有连贯。

---

① 〔日〕日本教师教育学会.所谓教师（教师教育学讲座Ⅰ）[M].东京：学文社，2002：1.

事实上,高等师范学校、文理科大学和教育大学的关系也是如此"。①回顾筑波大学 141 年的发展史,观察筑波大学的办学方针,给人的启示是:为实现新的目标,敢于否定传统规范以求革新;为推进革新,善于保持传承特长使之新生。

(2) 开放性教学体制:筑波大学的主要特征是打破传统大学的封闭性,成为"开放性大学"。这不仅要消除迄今大学的学部和讲座制固有的封闭性的弊端,而且还积极地适应和满足因时代变化不断对大学提出的新要求。筑波大学建校 40 年以来,其开放性特征表现为:① 打破封闭性。废除过去的学部讲座制,对教师人事制度和学校预算等进行了全面的改革。② 积极开展教学和研究活动。设置全校共同利用的各种中心,完善研究组织和校内研究体制。③ 教学和研究活动向社会开放。作为国立大学应有的使命,以向社会公开或可以自由参加教学和研究活动的形式来适应社会对大学的期待,在这些方面富有成效。④ 教学和研究设施向校内外开放。为满足社会对教学和研究的各种需求,向社会开放教学和研究设施,除了举办面向社会的体育、艺术、教养等公开讲座以外,还积极向社会宣传教学和研究的新成果。⑤ 管理经营也向社会开放。为使教学和研究活动更有成果,邀请校外有识之士参加筑波大学的管理经营,设有当时其他国立大学所没有的"参与会"制度。⑥ 与国内外的教学和研究活动紧密联系。加强同筑波科学城诸多研究机构的合作关系,建立与全国大学和研究所传送研究情报的网络系统。志在"不仅对国内而且对国外也是开放性"的筑波大学,频繁地进行教学和研究的国际性交流,积极向国际社会提供人的资源和物的资源。例如,向海外派遣教师和学生,实施与国外大学进行学分互换制度,聘请外国人讲师,还积极接受外国留学生,筑波大学接受外国留学生人数仅次于东京大学,在日本国立大学中名列第二。

(3) 学科群育师理念:基于学科群的运作理念,筑波大学示范性倡导与实效性推进文理诸学科交叉及融合可为一大特征。记得 10 年前纪念筑波大学创立 130 周年之际,笔者以筑波大学纪念活动委员会海外理事的身份拜访校长,谈到筑波大学改革的愿景,时任校长表示:原来设定的学科群与其他大学的讲座制相比,还是较为超前的,但毕竟已经 30 年了,需要进一步有效地适应社会变革及发展需求;因此,考虑把原来的学科重新进行组合,合并为六大领域;积极鼓励教师,尤其是中青年教师去拓展新的文理交叉融合的学科领域。同理,教师教育也是如此。筑波大学曾经是日本"师范教育之母"以及"全国师范学校之模范",现今又是日本示范性引领教师教育综合化、专业化、国际化发展的旗帜;未来教师不能狭隘地从属于某一学科或专业,不再是简单地知晓某一系列的知识与技能,而必须全面地掌握适应知识型社会日新月异变化的通识及其智能,成为当今教育领域优秀的理论家、实践家。

纵观筑波大学的传承文化与革新思想、开放性教学体制以及学科群育师理念等,很有必要反思一下我国早在 109 年前先以日本为模式创立的日本型师范教育(1904 年)是否有必要继续固守其"师范性"?如果维持其"师范性"能培养出教育领域优秀的理论家、实践家,那为什么曾经被称誉为日本"师范教育大本营"的筑波大学却要改成新设想的综合性大学?与时俱进的学科群建设是否应当视为 21 世纪教师教育发展的最佳途径之一?②

---

① 〔日〕芳贺幸四郎.非连续的连续[J].茗溪,934.
② 〔日〕陈永明.中国和日本教师教育制度的比较研究[M].东京:日本行政出版社,1994:126—127.

第二节 法国式教师教育大学院

法国"教师教育大学院"(IUFM)的"3+2",是为优化师资队伍而从体制与机制改革着手全面地推进教师教育发展的一种新模式。所谓的"3+2",就是想当中小学教师的志愿申请者,大学本科3年(在大学第二学年对希望今后从事教育工作者进行"教师入门指导",并在将要取得学士学位的大学第三学年进行"体验学习的职前教育")毕业后还要在"教师教育大学院"(也可称为"师资培育学院"、"教师教育大学中心"或"教师培养大学部",类似于设置在综合性大学的"教师教育学院")继续学习深造,为此设定在"教师教育大学院"(IUFM)为期2年的教师教育课程。这是法国政府力图在研究生教育阶段进行中小学教师养成教育及其进修研习的一大政策措施。

一、"3+2"新模式实施背景

法国是一个重视社会身份和职业资格的国家,同样是公立学校的教师,所持的教师资格却有不同,这是资格社会多样化的真实写照。公立中小学的教师是国家公务员,必须经过严格的录用考试,合格者享有较高的社会地位和工资待遇。为此,在法国要当教师不是件容易的事,一旦拿到教师资格证书,才算捧上"铁饭碗"。教师的工资待遇、退休金及主要补贴由政府部门直接发放,只要没有重大失误或越轨犯罪,相关部门是不会轻易取消某个人的教师资格的。

由于学校教育多轨制而形成的学校种类不同以及教师资格不一(如学校分为担任教学指导的教师以及负责学生生活指导的专任教师),这就需要培养适合不同学校的教育、教学、管理、事务和不同职能的师资,过去初等学校师资主要由师范学校培养,中等学校师资由综合大学的文学院、理学院、高等师范院校以及各种教师培养中心等机构培养。长期以来,初等学校教师和中等学校教师在培养机构和学历条件等方面产生了较大差距。为了提升初等学校教师的资质能力,其养成和录用达到中等学校教师同等水平是必要的,再加上推进学校教育单轨制和师资培养统一化,这是实现教育民主化、均衡化所不可缺少的要素。深受政治理念和教育发展需求的驱动,1989年颁布的《教育基本法》倡导以学生为本,要让所有的青少年取得成功;在10年期间,要使所有的人取得职业资格;百分之八十的青年在取得高中毕业证书的同时,具有大学入学资格的水平;由旧教育基本法规定的儿童中心主义转换为重视青少年掌握实际本领的义务教育,重在打好学习适应社会发展并能取得成功所不可缺少的基础知识(包括法语、数学、外语、信息技术等)及其能力组成的共同基础。①

法国政府为使基础教育更新向上,就把学业不振、中途辍学等问题多发地区视为"教育优先发展地区",公布加强这些地区(当时在全国有531个)教育的政策措施,规定加强对分配到教育优先发展地区的教师进行必要的事先进修,改善他们的工资待遇;减少每个班级的学生数,提高学生的基础学力(说、读、写)。1999年公布的《建设21世纪学校》宪章,要求在中小学教育冲破传统班级的限制,善于最大限度地利用外部师资(如辅

---

① 〔日〕日本教育大学协会.世界的教员养成Ⅱ[M].东京:学文社,2005:54.

导员、音乐教师、造型艺术教师、体操教师）的能力；当时的国民教育部长雅克·兰鼓励年轻人投身于国民教育事业，关注教师终身研修的重要性；随着师资队伍的新老交替，希望今后社会上有足够多的候选人能参加教师应聘会考。

在欧洲开始实行统一货币——欧元之前，法国教育部就颁布促进教职员工和中小学生理解欧元的方针政策，为在职教师开设欧元讲座，在教师教育大学院（IUFM）和师资培养培训机构进行理解欧元的教育，要求全国各地中小学在历史、地理、公民等教学中讲授欧元的知识以及欧洲统一的意义。与此同时，中小学教育相当关注如何运用信息技术和多媒体教学。从 2001 年起，1200 万学生和教师每人都有一个免费的电子邮箱，这对进入新世纪的中小学教育会产生深刻的影响，尤其对执鞭任教者的资质能力有了更高期待和要求。

基于社会发展需求以及知识型社会到来，法国新教育基本法规定设置统一的师资养成研修机构，在制度上促使初等学校教师和中等学校教师的培养、录用以及进修始于统一。也就是说，参加初等学校教师录用考试的资格，由过去的高教机构 2 年毕业提升到同中等学校教师一样是大学本科 3 年毕业（取得学士学位）；废除原来培养初等学校教师的"师范学校"，从 1990 年开始创办能够一元化地承担初等学校教师和中等学校教师养成与研修的"教师教育大学院"（IUFM）。

二、教师教育大学院（IUFM）

在法国公立学校教师的培养机构，主要有"教师教育大学院"（IUFM）、"大学教职课程"、"高等师范院校"（ENS）等。"国立远距离教育中心"（CNED）开设面向自学者参加教师录用考试应考准备的函授课程，而"教师教育大学院"（IUFM）除了公立中小学师资的养成与研修以外，还要培养私立学校教师。

1. IUFM 的现状及其特点

"教师教育大学院"（IUFM）与国立大学是"具有科学性、文化性以及学术性的公共设施"相比，可谓是"具有更为强烈的国家管理行政色彩的公共设施"。[①] IUFM 隶属于教育部长所管的国立高等教育机构，具有法人资格以及财务自治权。IUFM 院长和事务局长由教育部任命，副院长由大学区的最高负责人任命。IUFM 的决策机构是由大学区总长主导的"管理评议会"，IUFM 院长有发言权而无决策权。作为"管理评议会"的咨询机构——"学术教育评议会"的主席由选举产生。"教师教育大学院"是 IUFM 院长和大学校长通过协定而成为一所或者几所大学的附属机构。法国有 96 个省，分为 26 个地方教育行政区（大学区），每个大学区必设一所以上"教师教育大学院"（IUFM）。2011 年，IUFM 共有 30 所，在校生 60000 人、平均年龄为 21~22 岁。[②]

设在各个大学区的"教师教育大学院"（IUFM）的职责与使命，主要从事小学、中学、国立高中普通教育、技术教育、职业教育、特殊教育的师资培养、学生指导专任教师录用考试的准备教育、学科教师的专业培训、经过教师录用考试合格的候补教师的研修实习、在职教师的继续教育以及开展与中小学教育相关的研究活动。一所"教师教育大学

---

① 〔日〕日本教育大学协会.世界的教员养成Ⅱ[M].东京：学文社，2005：57.
② 〔日〕文部科学省.文部科学统计要览（2012）[M].东京：日经印刷株式会社，2012：220.

院"并不完全提供取得所有中小学教师资格以及担任不同学科教学资格的课程,根据实际需求在有些省内还设 IUFM 分校,初等学校教师培养课程主要是在分校进行。由于中等学校教师资格和学科专业各种各样,因此在 IUFM 不设面向所有参加中等学校教师录用考试的应考课程,而提供必要的教学课程。根据协定,从事中等学校教师培养课程的教学主要由 IUFM 所属的一所大学或者几所大学进行。"教师教育大学院"在校生不仅在 IUFM,也可在既定协议的大学接受同教师养成与研修相关的教育。

法国有 130 所以上属于"教师教育大学院"的教育设施,各省 IUFM 分校主要设在原来的师范学校;约有 4500 名执鞭任教者(主要是 IUFM 教师、大学的教师和研究员),包括大学教授、副教授、助理教授、职业中学教师、小学教师、学生指导专员、大学区督学、国民教育部督导,还备有为数不少的兼职教师。

在"教师教育大学院"(IUFM)付诸实施的师资培养计划,先由各 IUFM 制订,得到教育部认可后再由 IUFM 贯彻落实。具体地说,IUFM 院长负责制订和实施的师资培养计划,该计划要经 IUFM 管理评议会和学术教育评议会的审议,然后向教育部提出"培养计划"方案,教育部根据相关法规以及既定的全国师资培养目标审查该方案,一般是以四年为期限予以批准。

按照培养计划,各 IUFM 的教育课程根据不同的教师资格(中等学校教师还按不同的专业学科、专门科目)而设置。教育部是以公文形式规定 IUFM 第二学年(候补教师研修)教育课程大纲的全国标准,而对 IUFM 第一学年(教师录用考试准备)不设教育课程的全国标准,各 IUFM 根据教育部规定的教师录用考试内容而制定与此相应的教育课程。

希望进入"教师教育大学院"(IUFM),首要资格条件是大学本科 3 年毕业并取得学士学位,包括具有同等资格者;还有,曾经培育过 3 个以上孩子者、申请时正在养育孩子的母亲被特别允许具有志愿资格;具有优秀的体育成绩者、已有三次报考国家行政学院(ENA)的不合格者也被允许具有申请资格。原来对申请者的年龄有规定在 40 岁以下,现今已经取消。申请报考 IUFM 的志愿者先要提出自己所希望取得何种教师资格或担任某学科教师资格的申请书(也可在网上提交),由 IUFM 招生委员会审查,根据实际需要进行必要的考核或者面试,然后决定合格的 IUFM 入学者。如果入学申请者超额,那就采用书面审查和面试等方法选拔申请者。志愿者可以同时向几所"教师教育大学院"提出入学申请,但不允许申请 IUFM 合格者具有双重学籍。

允许入学 IUFM 的合格者,以学生的身份开始准备接受教师录用考试。"教师教育大学院"设有面向全日制、在职人员(也有工薪职员希望取得教师资格者)、再次攻读者等的课程。但是,入学者没有义务一定要在 IUFM 接受教学课程,也可在大学听讲,只要在第一学年结束时参加教师录用考试并能合格。

各"教师教育大学院"(IUFM)开设的课程在规定的范围内,可以各具特色。第一学年除了开设考试准备课程,还相当重视实习,就是到普通学校从事师资培养实习工作的班级接受负责教师的指导,先是观察班级教学,然后逐步试行执鞭任教,如同当班主任一样上课,要求和中小学生一起上学放学,深入到学生群体之中了解、关心和爱护他们,乐意回答学生们的各种问题,积极参加各种班会活动,能独当一面地担任实际的班级工作;实习分两次,每次 3 周,共为 6 周;其目的在于通过结合教育实践的教学过程,让 IUFM

第一学年的学生熟悉中小学教授法、学校制度、教育行政,了解教师录用考试所需要的信息情报,知道班级教学的专门知识及实践经验。希望取得教师资格者,必须参加所在大学区的教师录用考试;若是初等学校教师,那就要求考虑到今后的教学工作单位在自己希望的大学区内参加教师录用考试。

经过教师录用考试合格者,被授予非正式公务员(候补教师)的身份,开始享受工资待遇。2005年,进入IUFM第二学年候补教师的月薪1273欧元,工作10年教师的月薪1750欧元,工作20年教师的月薪2320欧元,工作30年教师的月薪2630欧元。[①]但是,规定候补教师必须接受为期一年的研修,研修是在"教师教育大学院"第二学年(候补教师研修课程)。当候补教师研修结束时,要接受IUFM的审查,合格者才能取得教师资格,同时作为正式公务员(正式教师)被录用。

如上所述,"教师教育大学院"(IUFM)第一学年相当于教师录用考试的应考准备阶段,第二学年重在教师录用考试合格者的研修实践。也就是说,在法国要成为公立中小学的正式教师,必须参加以取得学士等学位为基本条件的教师录用考试,给予录用考试合格者作为"候补教师"(非公务员)的身份及其工资待遇,还要历经为期一年的研修,再经过审查合格者才能取得"正规教师"(公务员)的资格。

2. IUFM第一学年应考准备

以靠近巴黎的三个省所组成克莱蒂大学区的"教师教育大学院"为例,该IUFM第一学年设置的初等学校教师录用考试准备课程是与录用考试科目相适应。从2005年9月下旬进行第一次考试乃至2006年5月上旬的23周(每周4天)期间,要进行"法语"、"数学"、"历史·地理及理科·技术"、"教职科目"、"视觉艺术,音乐,儿童文学"、"教职面试模拟考试"、"外语"、"体育·竞技活动"等教学活动,一年中要有477课时(讲义74课时、演习403课时),根据不同的外语水平可以增加或减少其中的20课时。

由于中等学校教师资格和学科专业的多样化,在IUFM没能设置面向所有中等学校教师录用考试的相应课程,而是尽力提供与此相应的教学科目。从事中等学校教师培养课程的教学,根据协定,IUFM主要是在附属的一所或者几所大学里进行。

克莱蒂IUFM在第一学年设置的中等学校教师录用考试准备课程如下:"中等普通教育教师资格(CAPES)"的古典文学、近代文学、历史地理、经济社会、外语(德语、英语、阿拉伯语、西班牙语、意大利语)、数学、物理化学、生物地学、音乐声乐、美术、图书管理;"中等技术教育教师资格(CAPET)"的生命工学(生物化学)、经济经营(会计、经济情报管理)、技术;还有,为取得"中等体育教育教师资格(CAPEPS)"和"职业高中教师资格(CAPLP)"开设的一部分课程(13门课)进行应考准备指导。

克莱蒂IUFM招生定额最多的是"中等普通教育教师资格(CAPES)近代文学"专业,克莱蒂IUFM就向学生提供与巴黎第八大学和巴黎第十三大学共同讲义、与巴黎第十二大学共同讲义、与帕莱大学共同讲义的中等学校教师录用考试准备课程,各大学根据实际情况制定教学课程。

以巴黎第八大学和巴黎第十三大学共同讲义的课程为例,按照2005年度录用考试科目组织如下的教学:学科专业科目从2005年10月3日乃至第二次考试期间(通常为6个

---

① 〔日〕日本教育大学协会.世界的教员养成Ⅱ[M].东京:学文社,2005:66.

月),大学进行每周两天7.5学分(1学分为每周2.5课时,0.5学分为半个学期)的教学。另外,教职专业科目安排在1~2月以及第一次考试和第二次考试之间,在IUFM进行每周一天1学分的教学;一些与教师录用考试关系不大的教学科目,如在中等学校的体验实习可由学生自由选择。

克莱蒂大学区的教师录用考试由第一次考试(笔试)和第二次考试(面试或实技)组成,二次考试的准备教育实际上和IUFM第一学年教学同时进行。还有,为准备第一次考试在大学区内举行的共同模拟考试以及各省进行的法语或数学考试。另外,还要在初等学校进行为期2~3周的观察实习。

参加初等学校教师录用考试的合格者,根据本人的希望以及成绩会被安排在参加考试的大学区内某省当候补教师,进入设在同一省内的IUFM分校。参加专业学科的中等学校教师录用考试的合格者,根据本人的志愿、成绩、家庭状况(是否有和家族同居的必要性等)、IUFM第一学年所在地区作为候补职员在学校工作经验等的参考条件,被安排在全国某个大学区当候补教师,进入设在同一大学区的IUFM第二学年。

3. IUFM第二学年研修课程

根据教育部规定的全国标准,以初等学校候补教师为对象的"教师教育大学院"(IUFM)第二学年课程:(1)教育实习(12周)——①"责任实习"(9周),这是一项负有职责的重要实习,被称为"IUFM第二学年的中心要素"。一方面要接受具有实习指导资格的教师的引领,另一方面又要全责性地承担具体负责的教育实践事项。"责任实习"分为初步学习期(幼儿园低年级组·中年级组)、基础学习期(幼儿园高年级组—小学第二学年)、深化学习期(小学第3学年—第5学年)三个时期,每期3周(合计为9周)。②"给予指导的实习"(2周),安排在与经过9周"责任实习"不同场景的学校,从事观察及其实地研修。③"中学观察实习"(1周),以便了解或认识少年儿童的实际情况以及初等教育和中等教育的衔接问题。(2)教学(450课时)——在初等学校的各学科指导法和有关初等学校的教职科目,从外语、艺术、体育·竞技活动中选择"擅长领域"作为必修科目。(3)教职专业论文(毕业论文)——基于教育实践的分析及考察撰写而成。各IUFM规定毕业论文的目的、应达水平、指导方法以及评价标准。与关注学术性的学位论文不同,尤其是重视论文的通读易懂以及首尾一贯性。

按照教育部既定的全国标准,以中等学校候补教师为对象的"教师教育大学院"(IUFM)第二学年课程同初等学校一样分为教育实习、教学和毕业论文三个组成部分。但是,候补教师研修课程的制定,要根据取得教师资格的不同而异。如"责任实习"在一年36周中进行,而规定普通教育专业教师每周6课时,图书管理专业教师和学生指导专业教师(CPE)每周12课时,体育专业教师每周10课时,技术·职业教育专业教师每周8课时。技术·职业教育专业教师必须了解地方产业的情况,要安排一部分责任实习的时间到企业去实习。另外,还有"给予指导的实习"、"初等学校观察实习"、有关学科专业科目和教职专业科目的教学,以及撰写毕业论文。

"教师教育大学院"(IUFM)第二学年候补教师研修课程结束时,各IUFM要进行审查。这种审查依据由IUFM自己提出并得到教育部认可的"培养方案"。按照教育部公文下达审查大纲的全国标准,由各IUFM院长负责实施,设置①责任实习(IUFM教师要多次访问候补教师的实习学校了解研修情况)、②毕业论文(组成包括论文指导教师在内的论文审查委员会)、③ 教学(经常进行教学观察)三个审查委员会,各自向 IUFM 院长任命的"认定委员会"提出审查报告,认定委员会制定候补教师的"成绩报告书"(表明是否可以正式录用为教师或不合格者需要延长研修期限等意向)向大学区事务局提出。大学区的最高负责人根据 IUFM 的审查结果,再由大学区总长为主席的大学区审查委员会进行复审,然后决定正式录用。如果审查结果不合格,那就要延长候补教师一年的研修时间,取消资格或者回原单位(如现职公务员前来申请报考当教师者)。"审查是严格的,但不合格者较少"。①

进入 21 世纪,法国从 2001 年开始在几个大学区实行、从 2005 年开始在全国范围内对正式录用后的新任教师实施"初任者研修制度"。所谓"初任者研修制度",就是规定各大学区总长负责新任教师在被正式录用后的第一年要有 3 周以上、第二年要有两周以上的研修;一方面充分利用"教师教育大学院"、大学、督学机构等优秀人才群体的优势,另一方面特别重视与主要承担候补教师研修的 IUFM 的合作。按照"初任者研修制度"的全国标准,既要使通过研修活动学到的知识与经验运用于教学实践,又要把有助于教学分析、集体指导、理解区域特性、倡导职业伦理、研究教育内容等作为初任者研修之要素。

根据 2005 年 4 月制定的《基本规划法》精神,"教师教育大学院"(IUFM)统合于正规的大学教育管理运营之中。虽说原有的 IUFM 名称没有变化,但从 2006 年 9 月新学期开始,IUFM 正式组成教师教育新的模式,即:IUFM 由原来与大学区内一所或几所大学的协定关系转变为具有自治性的独立机构。IUFM 的实施及其不断改善,使得"法国教师培养在取得学士学位后进行,这次改革使 IUFM 统合于大学,中小学教师取得硕士学位变得容易,新教师可能都具有硕士学位"。②

三、法国式教师教育示范作用

法国"最近最大的师资培育改革是为了因应欧盟 2010 年欧洲高等教育区的学位学分转换制,而进行的师资培育学院并入大学,并实施师资培育'硕士化'的政策"。③ 政府部门力图通过创设"教师教育大学院"(IUFM)从事教师的养成及研修,旨在优化中小学师资队伍。这一教师教育新模式的主要特征有:"第一,是在高等教育层次从事成人职业专门培训,小学教师要达大学教育水平进行培养;第二,是根据交互作用教育原则的职业专门研修,交互地进行在班级教学的指导以及课外后动的体验;第三,撰写教职专业论文,养成客观地把握专门性实践(教育)特定问题的能力。"④ 第四,2005 年 4 月制定的《基本规划法》使得法国教育政策发生变化,由此而推进的教师教育改革使"IUFM 的性质也在改变,最大的改革是 IUFM 统合于大学。因此,从事教师教育的 IUFM 的使命、目的及其组织形式在 2005 年 9 月被明确地写入行政公文,经过新设的'教育高等审议会'审议,2006 年 9 月正式付诸实施。IUFM 统合于大学,取得硕士学位变为可能"。⑤ 从法国"教师教育大学院"(IUFM)的实际运作和成就业绩体现以下三点示范性作用:

---

① 〔日〕日本文部科学省.诸外国的教员[M].东京:国立印刷局,2006:136-137.
② 〔日〕日本教育大学协会.世界的教员养成Ⅱ[M].东京:学文社,2005:71.
③ 杨深坑,黄嘉莉.各国师资培育制度与教师素质现况[D].台北,2011:121.
④ 〔日〕日本教育大学协会.世界的教员养成Ⅱ[M].东京:学文社,2005:61.
⑤ 同上书,70.

1. 社会发展需求与师资队伍建设

为使面向 21 世纪的学校教育和人才培养能够适应日新月异的资讯社会发展需求，法国颁布的《教育基本法》提出以学生为本的理念，要求中小学教育打好适应社会发展并能取得成功的基础。为此，政府推进的教育改革尤为关注师资队伍建设，力图通过教师教育制度更新，如取消培养初等学校教师的师范学校以及创建"教师教育大学院"（IUFM），既可适应社会发展对基础教育质量提高的需求，又能方便中小学教师取得硕士学位并有效地促进师资队伍优化。这种与时俱进、更上一层楼的教师教育政策措施及其经验，值得借鉴。

2. 教师数量扩大及资质能力提高

随着现代社会对基础教育质量和小班化教育需求的增高，发达国家面临的共同问题是如何使师资队伍在数量扩大的同时又能提高教师的资质能力。还有，师资队伍老龄化问题越趋严重。据预测，在 2003—2010 年，法国中小学教师要有一半以上进行新老交替；女教师占小学教师的百分之八十以上；2005 年，55 岁的教师约有 2 万人到了即将退休的年龄。为此，法国政府主要是通过增加达到研究生教育水准的"教师教育大学院"（IUFM）招生名额，来解决既要扩大师资队伍数量又能提升中小学教师的资质能力。如波诶萨大学区 IUFM 管理委员会 2002 年决定在已有 3000 名在校生的基础上招收 1500 名新生，当再想增加招生名额时却遇到的实际问题是在学校指导学生实习研修的"负责教师"不够。尽管如此，法国政府主导的这场教师队伍"大换血"是从长而计的，旨在增进可贵的新鲜血液，接受先进的教育理念，优化中小学的师资队伍。

3. 学科群育师体制机制的一体化

与传统的师范教育不同，法国式"教师教育大学院"（IUFM）新模式是以不同学科专业、不同身份经历、只要取得学士学位并有志于攻读教职课程的交叉融合学科群理念有效地促进为师体制机制组合，有力地推进教师职前培养和职后研修一体化运作。为了优化师资队伍，法国政府重视面向新世纪教师教育需要把握好三个重要环节——教师的养成、录用与研修，通过"教师教育大学院"（IUFM）的创举及其业绩，基本上达到既定的目标。以学科群育师体制机制有效地组合运作来促进教师职前培养和在职进修一体化，这可以说是"教师教育大学院"（IUFM）最大亮点之一，其可贵之处在于：① IUFM 生源好，既有大学本科各专业 3 年毕业生志愿，又有同等学力的有志于教育事业的社会各界人士申请，甚至包括具有工作经历的现职公务员加入，使得中小学师资队伍建设能够左右逢源，广种博采。② IUFM 所设课程从第一学年就重视理论学习（教学）和教育实践（实习）的密切结合，既有规则，又具弹性，因材施教，各取所需。③ IUFM 是以诸学科专业知识或经历经验来构建未来教师（理论知识）和在职教师（实践经验）的教职课程及其交流平台，"教师教育大学院"无愧为 2005 年开始在法国全面实施"初任教师者研修制度"之重镇。

法国面向新世纪优化中小学师资队伍的一大政策措施——创建"教师教育大学院"（IUFM），这一当今世界教师教育新模式问世及其运作的主要功绩，在于改变传统师资培养培训机构不一的状况，以学科群交融升华的体制机制统合以往教师职前培养和职后进修机构的作用，实行从学前教育到后期中等教育的师资培养培训一元化，改革重组原来的师资培养机构（主要是传统的师范院校）；关注中小学教育实践，亲近教学对象，热爱教职事业，设置专门运用理论知识解决实际问题、加强学科之间相互渗透的模块课程（modules）；通过"3+2"，让想当教师志愿者具有爱生敬业之心，从大学第二学年起就开始接受"教师入门指导"和"体验学习的职前教育"。总之，法国"教师教育大学院"（IUFM）这样一种教师教育新模式的影响作用值得关注。

第三节　世界教师教育改革趋向

主要发达国家（美国、英国、法国、德国、日本）着力推进的教师教育改革是把学科群建设视为优化师资队伍的重要途径之一，犹如共享太阳光照恩惠的一面三棱镜：通过相互交融（国际理解）、磨合重组（东西师道）、内需运作（教书育人）而折射出不同的光泽（亮点特长）及愿景（研究课题）。

一、奥田真丈的国际理解教改

奥田真丈是笔者留学日本期间熟悉而又尊敬的一位学贯东西教育的资深学者，对他一直倡导面向21世纪教育改革必须基于东西文化的人才观、课程观及师道观之印象深刻。

1. 为师者必须开阔视野

1983年，笔者作为华东师范大学教师初到日本进修是以我国教育部派遣、日本文部省的"亚洲教员研修生"的身份进入横滨国立大学，奥田先生时任亚洲教员研修生指导委员会委员长。这位师长毕业于日本最高学府东京大学，在文部省工作了32年，担任过文部省大臣官房审议官以及东京都立教育研究所所长；又有在日本著名的东京大学、京都大学、筑波大学执鞭任教的经历，后任日本芦屋大学校长等。作为日本资深学者、教育界权威人士奥田先生在日本乃至世界教育领域享有盛誉；获得日本总理大臣颁发的功勋奖章，受到文部大臣的特别表彰："为我国教育研究作出卓越功绩"；他先后担任过日本以及世界上三十多个教育和学术研究机构的要职，特别是在教育课程、比较教育以及国际学术交流方面作出了重大贡献。新世纪到来之际，笔者邀请时任世界教育联盟总裁、日本芦屋大学校长的奥田先生前来我国演讲，几场面向华东师范大学师生的学术报告和研讨内容主要是论谈教育改革，现今回顾，仍有韵味，面临转型时期教育之异化及困惑，奥田先生的国际性理解教改观值得关注。

奥田先生认为：教育就是援助每一个儿童自我生长和发展。过去，一般都把教育视为教师站在前面指引儿童，或者站在后面拍打儿童的屁股推其前进，教师是课堂的权威和中心。但是，新的研究表明：儿童的发展是自身力量增长的过程。教育必须尊重儿童的个性，教师作为一个援助者、支持者站在儿童的背后扶助他们的自主发展，教育观念正在发生根本性转变。"从来没有像今天这样痛感到教育的重要性，未来时代能否将文化更加深入于人类生活，还是在争乱之中荒废？将如何向后代传递价值观、生存法、科学性？这些都与教育密切相关。""纵观现代教育研究全貌并非易事，应该打破过去思维的框架，基于世界性、学际性视野，创设各个不同的主题深究学问，既要保持学术性严谨，又能体现实践性意义。"

21世纪，信息情报通讯和生命科学等的科学技术以前所未有的速度迅猛发展，并直接联结整个世界，信息情报瞬间即可共享，这是一个全球化日新月异的资讯时代。若以思考伦理道德问题为例,大的就要从宏观宇宙问题着眼,小的应该从微观克隆等遗传因子及细胞问题进行思考,迄今的规范概念和思考方式可以说是不充分、不适当的。处于这样一种激烈变革时代,为了人类生存,具有基本而又准确的价值判断是极其重要的。当然也要有适当性评价,尤其是与每一个人在现实社会生存的人才培养教育问题有关,不仅是理论性思考,还必须付诸教育教学实践。

为师者对教育进行准确的价值判断,有必要基于时间性、空间性更为广阔的视野,如同当今所说的全球性观点是重要的。时间性视野,意指今天的教育问题不是突如其来的,而是具有时至今日的时间性经纬,所以有必要准确地回顾与把握现在问题的经纬及其变迁。所谓空间性视野,就是广阔的区域,不单是个人问题,教育问题涉及包括自己在内的家庭成员、地区社会,或者其他家庭、市町村、府县,或者更为广泛的其他国家,需要开阔眼界、高瞻远瞩。

上述的时间性视野和空间性视野对孩子们的教育尤为重要,基于全球性(glocal)立场不仅要开阔空间,还必须关注眼前孩子们的实际问题,不能忘记地方性(local)。为此,奥田先生经常是把全球性(glocal)和地方性(local)合为一体,自创"glocal"一词来强调其重要性,教师应以"glocal"把握教育教学问题;再三表明:教育改革既要有国际性视野,更需求付诸本土化行动。

2. 看儿童要有三个视窗

奥田先生强调:每个儿童长大成人,就是说他必须作为一个"人"在健康成长身与心。这个"人"是指什么?必须进行本质性的思考。提到教育,往往是从人的培养培训来考虑教育,论谈教育,实施教育,而如何考虑和把握人类(孩子)人格教育极为重要。认真地思考和促进人类(孩子)身心健康发展,应该从以下三个窗口(视角)来探究"人"的本质(人性)。

(1) 人是生存于自然界的主体:意指自然界有各种各样生物存活,人也是其中之一,特别是人居于主体地位,作为主体的人要与其他的共同生存,共生极其重要。也就是说,人必须与自然共同生存,不能无视这一重要性。教育是为每一个人身心的健康与安全必须与自然共存,鉴于此而培养人陶冶人。

(2) 人是营造社会生活的主体:是从俩人以上而集形成社会着眼,人的生存现实可以说是所有的社会生活。为在现实社会共同生存,就有必要分担责任,制定规范准则,重要的是具备遵循规范准则的责任与能力,这就成为人类社会共存共荣的重大课题。为使在有目的的组织中生存与发展,共存共荣成为原点,因此必须培养具有伦理道德并能合作互动的人。

(3) 人是继承、追求、创造文化和价值的主体:是为人的生存发展,首先有必要继承前人创造的文化和价值,也有必要使继承的文化和价值得到进一步发展,更有必要追求更高水准的文化和价值,由此创造新的更先进更高水平的文化和价值。为使之成为可能,必须理解知识和习得技能,这些正是教育作用,而教育课程使之具体化。也就是说,为了达到明确的教育目的,必须考虑各种各样方法及路径进行教育改革与改善。

鉴于上述的三个视窗观察人,谋求解决来自不同视窗(观点)的问题,有时三个视窗(观点)的问题不是孤立单独的,而是需要妥善协调和谐与综合。所以,人的教育必须从个别分析和全面综合两个方面进行考虑。正确地理解人类(孩子)的每一个人,尊重每一个人比什么都重要。在第二次世界大战结束后组织国际联盟，在第三次全体会议发表"世界人权宣言"（Universal Declaration of Human Rights，1948年），希望通过教育努力促进之。十年后又发表"儿童权利宣言"（Declaration of the Rights of the child，1959年），对此不再累述。但是，应当记住在巴黎召开第四次联合国教科文组织国际成人教育会议的宣言中把人的教育称之为"学习权"（The Right to Learn，1985年）的内容。在这份宣言中，强调"承认不承认学习权，对人类社会来说是前所未有的重要课题"。所谓的学习权，就是读写的权利，是质疑分析的权利，是想象创造的权利，是认识把握自身世界的权利，是编撰历史的权利，是得到教育的权利，是使个人与集体力量得到发展的权利。这种学习权，正如宣言所述的那样"是人类生存不可缺少的工具"，是人的"一项基本的权利"。

人类（孩子）作为生存于自然界的主体，就是指人必须与自然共同生存。不能允许环境遭污染、被破坏，要使每一个人像人一样地健康、安全地生存生活。关于人是营造社会生活的主体，意思是说，有两个人以上就形成了社会，首先人与人之间的关系（human relation）应该是良性的，因此必须重视互动协作。还要确立良好社会所必需的规则，并要遵守这种规则。也就是说，必须确立各种行为、伦理、道德的规范。虽说已经建立现实世界的各种伦理道德规范，但是随着空间技术和遗传科学的发展，极大世界和极微世界的伦理、道德问题也已摆在世人面前，应当认真思考和着实解决。

关于追求与创造文化和价值，若从教育上考虑就有特别重要的意义。继承文化，比如前人创造的文字、语言等等，当然是必需的，学校教育强调掌握基础学力的重要性毋庸置疑。但是，在此基础上，面向未来创造理想的新文化、新价值也是相当重要的。在学校教育中重视读、写、算能力的培养以及关注历史、地理、理科、音乐、美术等各门学科的综合性学习，应从这一角度来思考与规划。鉴于这种思想，也就不难理解"创造"一词为什么会成为21世纪教育的关键词。

在人类社会进入21世纪的今天，想起、认真思考、具体地付诸实施"创造"性教与学是必要的。再则，作为当今社会新的教育理念——"终身教育与终身学习"兴起，也要基于尊重人的精神；人诞生于这个世界，要经历乳幼儿期、少年期、青年期、成年期等各个身心发展阶段，必须与此相适应；学校教育的使命应当重新确认；学校教育不是万能之神，根据中小学生不同的身心发展阶段也要发挥家庭和社会的教育功能；通过学校、家庭、社会三者紧密的联携与合作式的互动协作，共同认真而又负责地对待人类（孩子）的教育。

3. 国际理解教育改革

在当今世界教育改革大潮中，人们往往注重对学校教育设施、教育多媒体技术和建设先进的教学、科研信息网络提出更高的要求，也就是只着眼于教育硬件的建设方面，从而忽视了对走进新世纪如何培养人才的教育理念、教育改革的思想作出变革性适应对策，即忽视对"教育软件"系统的建设要求。"教育硬件"的利弊得失主要是靠"软件"来驱动或主宰，如果有了精良的武器装备却掌握在缺乏素质能力训练的"士兵"手中，它也不过是一堆废钢烂铁而已。因此，比建设"教育硬件"更为重要的是，建设新型的"教育软件"系统，很有必要树立适应21世纪发展需要人才的教育改革新的思路、新的理念。

学校教育培养具备怎样资质能力的学生及创新人才，必须从社会的实际需求和新世纪发展的思想趋向来考虑问题和分析问题。要培养现代学生学会解决问题、学会自我思考、制订和实行计划和自我评价的资质能力。这些资质能力主要表现在以下几个方面：① 是具有与自然界共存，保护人类生存环境的素质和具有主体意识的人；② 所受过的学校教育，能使之具有良好的生活理念，自觉地适应社会生活；③ 能够积极地探索和创造新的文化价值，是具有确定主体创造能力的人；④ 在生活、学习的实践过程中，充满活力、体力，即具有生理健康的素质能力；⑤ 人际关系良好，社会生活适应性强，人格健全，即具有心理健康的素质能力；⑥ 尊重文化传统，努力成为基础宽、能力强、资质高的知识经济时代复合通用型人才。

当然，也不能忽视长期以来学校一直被视为担负一切教育重任（all mighty）的惯习，家长们以为只要把孩子送进学校，学校就会替他们承担全部的教育任务。但是，如果按照上述的教育观去思考的话，学校就不能再独自担负儿童的教育。应与家庭、与地区社会合作，共同保障每一个儿童成长为人。过去，儿童的学力即指知识，记忆知识就是所追求的学力。但是，今天学力的内涵发生了变化，它不仅指知识，而且指：① 学习欲望、学习意念。② 学习方法，也就是说首先要学会发现问题，为探究问题而产生学习欲望和学习意念，然后思考如何学习。学习方法是儿童自己产生的。③ 学习结果，即知识与理解。依据这种新的学力观，课堂教学就不能再以传授知识为中心，而必须让学生去发现问题、分析问题、解决问题。评价标准也必须与此相应地改革。过去评价的重点是学习结果，而现在评价的重点应当在于学习兴趣与学习方法。

若要树立学生的通识性素养教育观念，就必须具有多方向价值辐射度：一是环境向度，这是地球、人类生存、时代发展的需要；二是社会向度，是学校教育功能在社会生活的全方位体现；三是个性向度，即人的自我实现和人的自由全面发展的教育理念体现。"人才素质"观念，既有个性发展特殊层面上的素养（如身体素质、心理素质等），也有群体一般层面上的资质（如文化素质、专业素质和学校教育素质等）。

现代人的资质能力养成与学校教育很有关系，那么适应社会发展的学校教育改革该由谁来关心和考虑？这不能仅仅依靠各级各类教育行政部门指导决定，还要让社会各界，包括企业界及民间人士等共同参与，以求更新观念，拓宽思路。教育改革理念的核心就是为了发挥每一个学生个性，促进人的自由全面发展。

什么是"发挥个性"、"人的自由全面发展"的教育理念？教育是以人类个性的未完成状态为起点，以人的成长欲求和个体已有的发展机制为依托，去追求完美的身心和完善的个性这一最终目标。教育是一个引导人自我完善、自我实现、自由创造的过程，只有人的身心健康地发展，才能从这个发展过程中达成追求自由、全面发展的目标，教育功能就在于它具有陶冶、培养、造就一代新人的"孕生"理想达成机制。

推进传统的"一次性的学校教育"转变为终身的教育观念，向"社会化的终身学习"的发展性教育观念转变；致使"标准化教育"、以传播知识和文化为主的学校教育向重视"适应性或个性化教育"、创造文化价值和知识经济价值的学校教育转化；在管理体制上，将一元化办学、垂直管理体制的学校教育向拆除"围墙"、具有弹性和活力的多元化办学体制转变；把教育学生"升学谋职"、只注重学历的教育价值观念向注重经世济用知识、社会生活实践能力、综合性素质具备的复合型人才、创新型人才的教育价值观念转变；把闭关自守、狭隘的民族主义、单一文化的办学方向向国际性理解、开放化教育价值办学方向转变。

让学生在接受学校教育的同时,追求"自主自由的全面发展"是值得重视,但没有纯粹的"自由",自由是以自主、自立、自律为基础的。学生要勇于到社会上去实践,将书本上的知识运用到实践活动中去。学生有必要使自己成为基础宽、能力强、资质高的创新型人才,首先要陶冶自身具有以下三个方面的特长:① 具有广阔的视野以及综合分析问题的能力。这种综合能力是指从整个社会层次、从时空的发展上去把握现状的能力。② 具有更新自我观念,改变思考方式的能力。但要培养这种能力有时是很不容易的,这意味着向自我挑战,打破自我的惯性,而只有这样,才能培养自主的创新精神。③ 具有人本主义思想,也即具有良好的心理素质或人性。健康地体现出自我意识,道德修养与社会性和主体性的统一。

教育改革应当从全球化态势、国际性教育、多元化文化着眼,以及本土化行动,正如"国际能力"(International competence)、"全球市民性"(global citizen competencies)的新教育理念受人重视的那样,国际理解教育(global education)和多元文化教育(Multi-cultural education)等新的教育课程设计将成为促进教育事业发展和师资队伍建设的重点,也是教师教育改革的重要课题而备受有识之士关注。

二、发达国家教职观及其课程

发达国家都在积极推进新世纪的教师教育改革,其改革成败的关键在于所争取的政策措施能否真正有效地促进师资队伍建设,而深受东西文化影响的教职观、现行体制机制及其教职课程改革都是其中不可忽视的重要因素。

1. 东西方教职观演变

教职观(view of teaching profession),是教师职业观念的简称,意指法律规范的教师职能活动及其理想的社会性期待。与其他职业相比,教职观涉及领域广泛,诸如:① 怎样看待教育,作为实践主体的教职观因此而异;② 教师职业既有公共服务性质又为个人谋生之手段,如何调节两者关系而形成各种教职观;③ 若从职务论教职观,可能会偏重职业伦理,而"为人师表"则包括教师日常言行等全人格形象;④ 时代和社会发展促使教育需求变化,对教师作用的期待当然会与时俱进。教职观既有教育行政当局、教育学者、教师工会组织等公约成规的职业行为,又有现实社会(特别是学生家长)期待的职业形象(所谓的好教师),两者都会对教职观产生影响与作用。教职观当然有古今之分、中外之别,其演变过程大致可以归类为以下三种类型。

(1)视为天赋圣职者的教职观:一般指教育制度和教师职前培养教育的教职观念,其特征是强调天职观而忽视该职业的社会性。天职观又被称为圣职观,即视教职为天赋圣职,对于适当合理的工资待遇、明确规范的职务内容、客观评价的专业能力持暧昧态度,经常被统治当权者所利用宣扬或诠释定义。随着义务教育的兴起与普及,在欧美的教师职业被看成是一种具有特殊性质的职业,否定过去不讲究计时计量报酬的奉献性圣职观,重视教师劳动的社会作用及其回报价值。而东方的教职观深受儒家思想的影响作用,把教师与天、地、君、亲并列受人尊敬,以克己复礼、卧薪尝胆、勤于耕耘、甘受清贫、无私奉献、两袖清风那样的圣人贤者音容笑貌展现于世;"为人师表",必须具备"清贫""克己"的品格及境界;教师形象及其社会地位经常是以"园丁"、"春蚕"、"蜡烛"等美好比喻来公示于众、教化于民、律之于己。

（2）视为教育劳动者的教职观：随着义务教育的兴起与普及，教师职业被看成是一种具有公共性的特殊职业。教师之职包括职能活动内容和就业资格等方面，是一种知识的专门性职业，这在19世纪欧美国家就已达成共识。与其他专门性职业相比，社会需要的教师量大人多，教师工资基本上由公费支付，这对国家和地方政府财政的负担很大。正因为如此，教师职业虽说是知识的专门性职业，但实际上得到的报酬要比医生、律师等知识的专门性职业者低，因此促使教师为提高生活水平而要成为按劳取酬的知识型教育劳动者。19世纪后半期，欧美国家组成教师工会组织，为改善教师待遇而开展各种维权运动。1952年，在日本教师工会组织（日教组）公布的《伦理纲领》中明确规定"教师是劳动者"，试图通过教师工会维权运动来实现政治性主张和经济性要求。教师作为法律法规上认可的教育公务员，其职业身份、社会地位和生活水平需要得到一定保障。但是，把教师视为教育劳动者的教职观是与传统的圣职观相矛盾的，彼此间经常出现各种对立与冲突，两者都难以自圆其说。

（3）视为专门性职业的教职观：在世界各国劳工运动（包括教师工会组织的罢教罢课）风起云涌、教职观处于混乱的20世纪60年代，国际劳工组织和联合国教科文组织发表《关于教师地位的建议》，提倡"教育工作应作为专门性职业"，"具有个人和共同的责任感"。鉴于此，日本教员养成审议会建议"教职是一种高度专门性职业"。格林伍德（E. Greenwood）认为：专门性职业要求必备五项条件：① 履行职务是以有体系的理论为基础；② 由顾客公认其职业的权威性；③ 职业性权威作为一种公共性资格（如资格证书）；④ 确定职业伦理；⑤ 拥有明确提出对公共事业的权威和责任的职能团体。对此，虽说各自解释不一，但教师工作是一项专门性职业（Profession）的教职观被普遍认可，不论是当权执政的行政部门还是教师工会组织团体在彼此妥协、诠释存异、达成共识的现代社会舞台上都会强调教师专业化发展的重要性。

2. 现行教师教育体制

主要发达国家（美国、英国、法国、德国、日本）以法律政策和强有力的教育行政措施来推进教改，其共同特点是重视教师教育的一体化和专业化。也就是说，各国力图综合教师的养成、录用和研修各个阶段，通过严格实行教师的资格制度、不断提高教师的任用标准和工资待遇、完善教师教育制度来优化师资队伍。随着科学技术日新月异以及终身学习思想普及，要求教师职业应该同医生、律师、工程师一样是一门专门性职业（Profession）。过去，各国把提高中小学教师资质能力的重点放在职前培养教育上，认为经过一次正规性训练就可以培养出适合时代所需求的教师。现今，教师的在职研修已经被视为促进教职专业化的重要途径，在师资培养已经实现高等教育化的发达国家对于中小学教师的继续教育（如攻读研究生课程）更为关心，甚至比教师的职前培养教育还要来得重视。为了优化中小学师资队伍，提高未来教师的资质能力和学校教育教学的质量，发达国家在职教师研修方式甚多并有日益多样化的趋势，其中有长期的和短期的，有脱产的和不脱产的，有正规的和非正规的，有面授的和远程教学的，有校外的和校内的，等等。

发达国家教师教育现行体制大致可以分成三种类型：① 中央集权型——法国和俄罗斯的中央教育行政部门都负责全国教育事业的发展，同时为教师教育事业设有专门教育机构并积极组织推进各种中小学教师的在职研修活动。② 地方分权型——美国和德国都实施地方分权式的教育行政管理,中央政府不直接负责教师教育。美国联邦政府是以财政拨款资助教师教育计划,德国教师教育的职责在各州教育行政部门。③ 中央地方合作型——英国和日本实行中央和地方协调式的教育行政管理,英、日两国地方教育行政部门在中央政府的帮助下具有相当大的自主权来推进本地区的教师教育。英国中央教育行政部门利用皇家督学在各地发挥作用,《1988 年教育改革法》(Education Reform Act 1988)增强中央对地方教育事业的管理意识,每年公布学年度教师短期研修计划供各地参考之用。日本文部科学省负责制定全国大学师资培养教育课程标准以及协调各地中小学教师的在职研修,各都、道、府、县都有从事师资培养教育的国立大学,并设教育研修中心和教育会馆来具体组织安排教师的在职研修活动。

发达国家教师教育机构可以概分为五种类型:一是大学或者师资培养培训专门机构,如美国大学兼顾教师培养培训两大职能;二是专门的继续教育机构,如英国的"教师中心"是一种较为实用的教师研修机构;三是教师专业团体,如日本教职员工会组织举办各种研修活动;四是多媒体广播电视等远程教育设施,这些已经成为各国教师教育的重要机构之一;五是中小学教育实践现场,兼顾大学师资培养教育(主要是指导未来教师的教育实习)和在职中小学教师研修,现在发达国家都重视"以学校为中心"的教师研修,注重解决学校教育的实际问题,中小学在教师研修活动中所起的作用越来越引人注目。由于高等院校传统的师资培养培训过于理论化而脱离中小学教育实践,发达国家从 20 世纪 90 年代越加重视以学校为本的新教师培养教育,加强大学与中小学的合作关系,建立新型的教师教育专业发展学校(professional development school)。

据日本文部科学省公布的《教育指标的国际比较》(2011 年版)的统计资料表明:美国取得大学本科"教育和师范专业"学位的占总数的 6.6%,英国 4.2%,德国 14.5%,俄罗斯 11.9%,日本 6.5%,韩国 8.0%;美国取得研究生"教育和师范专业"学位的占总数的 23.6%,英国 21%,法国 11.2%(在校研究生),德国 1.9%,俄罗斯 6.9%,日本 5.8%,韩国 20.8%。美国每个教师担任的平均学生数:初等学校 14.3 人,中等学校 15.1 人;英国初等学校 20.2 人,中等学校 13.4 人;法国初等学校 19.3 人,中等学校 11.9 人;德国初等学校 18.0 人,中等学校 14.7 人;日本初等学校 18.8 人,中等学校 13.4 人;韩国初等学校 24.1 人,中等学校 18.2 人;经济合作与发展组织(OECD)各国的初等学校均为 16.4 人,中等学校 13.7 人。①

综观发达国家提升教师资质能力的策略及其师资培育政策,经过诸多研究的结论是:各国纷纷构建理想教师形象,作为规划教师专业标准或核心能力之依据;依其理想教师形象而设置教师专业标准,作为教师教育各阶段之依据;教师教育以多元培育为导向;各国尤其是欧盟,系以硕士学位为教师资格条件为方向;教师教育课程各有特色,建立课程模组以适应各地特色且以研究为导向;实习制度以阶段性、连续性、扩充性为规划特色;教师专业发展方式与途经多元,并重视以学校本位的实践方式;教师专业发展性质,与设定教师角色定位有关,且规划教师进阶或发展轨道;甄选师资生,重视是否具备教师特质,并以教师专业标准内涵为依据;为管控教师教育品质,进行师资培育机构评鉴或检查;为符合各地教师教育课程内容进行师资培育课程认可;筛选教师素质的检核方式多元,且联

---

① 〔日〕文部科学省.教育指标的国际比较(2011 年度电子版).

结实习的表现成果;为促进教师专业发展而进行教师评鉴;各有其法令规范不适任教师之界定与处理;等等。① 通过"探究分析各国最新官方政策与相关研究文献,综观多数国家系透过公共论辩凝聚理想教师图像,据以制定教师专业标准并建立研究导向之师资培育课程模组,经政府或公正独立机构认证后,由大学订定各项甄选学生修习课程之严谨措施,确保学生具备担任教师之特质与性向,并分阶段进行实习课程,深化学生教学相关知能与批判反省能力。在教师职前培育历程层面,先进国家或检核教师真实表现,或分阶段审核教师证书取得资格,或建立完善之师资培育评鉴制度,保障培育品质;在教师专业发展层面,则强调学校本位,设定多元模式并重视专业学习社群,同时办理教师评鉴以为调整薪资、职级与教学工作之参考。质言之,近年来先进国家均积极推动师资改革,以培育优秀师资、提升教育品质与国家竞争力"。②

现今学校教师的价值规范、意识态度、言行准则等都受到东西文化传统和政治经济体制的影响或制约,所以必须接受职前教育或在职培训。因此,与职前教育或在职培训内涵密切相关的教师教育课程改革越来越受到发达国家的重视。美国社会学家沃尔勒(W. Waller)把教师分为"人格性指导者"和"制度性指导者",即为教师者必备人格与资质等条件,这与我国自古以来"人师和经师二者合一"之说相似。统合教师的职前教育(师资培养)和继续教育(在职进修)是从20世纪60年代始成趋势,70年代以来,联合国教科文组织(UNESCO)和经济合作与发展组织(OECD)制定的教师培养培训一体化计划进一步促进教师教育的发展。现在美国影响力最大的"全美专业教学标准委员会"制定的教师评价标准一级指标包括:教师对学生及其学习尽心尽责;教师通晓所教学科的知识和教学方法;教师有责任管理和监护学生学习;教师能系统地反思,从经验中学习;教师是学习型团队的成员。"标准突出强调在变革的社会中,教师应具有领导力、社会交往能力,应当知晓如何积极建立与社区团体和企业的合作伙伴关系,能够正确评价学校的发展和对资源的分配是否合理等。强调21世纪的教师与以往教师的根本区别在于,不再只是课堂内的领袖,他们的活动舞台和视野应远远超越课堂和学校。"③正因为如此,教师教育(teacher education)就是职前(pre-service)和职后(in-service)一体化教育(训练)之概念,其一体化实际运作深刻地反映在发达国家教职课程改革之中。

3. 五国教职课程改革

教职课程(curriculum of teaching profession)意指从事教师职业者所要修学的规定课程,包括未来教师的养成教育课程和在职教师的继续教育课程。教职课程主要涉及两个方面:一是师资培养机构开设的为取得教师资格的正规课程,二是有关教师教育行政部门组织举办的有目的(如提高学历或取得证书)的研修课程。主要发达国家(美国、英国、法国、德国、日本)的教职课程正在逐步专业化、综合化以及高学历化(升格为硕士学位课程教育),力图统合教师的养成、录用和研修,有效地促进教师资质能力的提高。

---

① 杨深坑,黄嘉莉.各国师资培育制度与教师素质现况[D].台北市,2011:393—398.
② 同上书,i.
③ 孙河川.应对挑战:教师标准不断更新[N].中国教育报,2012-02-18.

(1) 美国：约有 1300 所大学开设教职课程，培育师资是以不断地高学历化来促进未来教师综合性水平的提升，设有 4 年制本科课程、延长型 5 年制课程和研究生课程，近年来开设 5 年制（如 4+1）授予专业领域的学士学位以及有关教授法的硕士学位，还注重以学士学位取得者为主要对象在研究生阶段实施教职教育和教育实习等。① 4 年制本科课程的前两年为通识教育，后两年设专业教育和教职教育，在毕业时所需的 125 学分中，初等学校教师必修 50 学分、中等学校教师必修 26 学分与教育学有关的科目；延长型 5 年制课程的前两年为通识教育，后三年设专业教育和教职教育，尤其是第五年重点在于教职教育和教育实践；研究生课程重在于实践性指导技能的课程以及充实深化与教育学和学科有关的知识。

大学的教职课程同美国的教育体制一样因州而异、因高等院校而不同，一般可分为三大类：一是基础课程，占总课时的三分之一以上，开设的教学科目很多，重视文理科相互渗透；二是学科专业课程，占总课时的 25%～45%，为未来教师今后任教的学科而设各种专业必修课和选修课；三是教育专业课程，占总课时的五分之一以上。既要培养未来教师具有宽厚的文理科基础知识，又要求未来教师至少具备一门精深的专业知识。不少高等院校是通过延长学习年限来加强教师教育课程建设，大学四年学习其他文理科专业课程，之后的一年或两年学习教师教育专业课程，并把课程作为一个有机的整体，通常开设的课程有教育基础理论（教育基础、教育导论、教育史、中等教育原理）、教育方法与技能（教育心理学、发展心理学、教育测量与评价、教材教法和视听教育等）、教育实践活动（占总学分的 11%），教育实习平均为 11 学分。有的大学还为未来教师开设社会文化类的课程，包括英语、文学、美术、音乐、戏剧、外语、生物、数学、物理、化学、人类学、社会学、经济学、遗传学、地质学、空间学，等等。教职课程的内容较为丰富多彩，以大学开设的师资培育课程为例，包括：① 专业教育课程：主要讲授教育哲学、教育原理、教育心理等专业理论课，以提高教师的专业素养及专业技能。② 教学方法课程：主要指导教师研究如何把学生教得更好，如何实施启发式教学，提高教学艺术。③ 特殊教育课程。④ 教育硕士课程、教育博士课程。⑤ 学术课程：学习法规制度。随着现代科学技术的迅猛发展，还增加计算机原理和应用、生态学、信息情报学、年龄生理学、人际关系和现代文化等新内容。这些内容有的与中小学教育教学没有直接的关系，但对拓展教师知识面，增强教师责任感是有积极性意义。

现在美国奥巴马政府把全面提高教师的指导能力作为重要课题，在重视支持确立教职是专门性职业的同时，关注教师对教育教学活动成果的职责，要求贯彻落实基于工作实绩评价结果的工资待遇制度，确保培养优秀教师。联邦政府推出的"力争上游计划"可以说是奥巴马教育理念的一个具体亮相，其中很重要的一项内容是推行教师绩效工资，引入同行评议、学生学业成果、课堂评估等指标。② 因此，大多数州在教师取得资格证时要求其必备有关读、写、算的基础能力考试合格证书，致使大学的教职课程增加基础能力的教学内容。为了确立教职是一门专业性很强的社会地位，美国非营利团体从 20 世纪 80 年代以

---

① 〔日〕文部科学省.诸外国教育改革之动向［M］.东京：日本行政出版社，2010：8.
② 高靓.美国教育改革的三大有利因素［N］.中国教育报，2012-02-18.

来倡导全国"优秀教师认定制度",截止到 2004 年,设置 24 种不同学科、不同领域、不同发展阶段的全国资格,共有 40 209 名取得此项殊荣。① 现在美国所谓的重视学校现场研修的教师养成计划(teaching residency program),就是以医生培养的临床研修制度为典范,计划在籍者通过在公立学校当教师执鞭任教,一方面接受在职教师的指导和援助,一方面利用工作以外的时间在大学接受取得硕士学位课程教育。②

(2) 英国:开设教职课程的有 83 所大学、58 所"在学校的师资培养中心"(SCITT:School-centered Initial Teacher Training),国家规定教师教育课程标准,大学等教育机构设置的教育课程基本上可以分成两大类:一是本科水准专业课程(取得 BEd),主要培养初等学校教师,设有 4 年制或 3 年制的课程;二是面向本科毕业生的教职专门课程(取得 PGCE),主要培养中等学校教师,取得本科专业学位后重点研修教职课程。进入 21 世纪,实施面向教师志愿者的基本技能考试、高级教师和优秀教师的新级别、能力工资制度、评价过程确立(评价与待遇)等政策措施,不把高等学府作为教师教育的唯一机构,着力促进教职课程多样化,也把中小学教育实践作为教师培养培训的重要场所。③ 其主要目的在于提高教师的资质能力以及师资队伍的质量,富有个性和创造性的教师需要多种途径进行培养培训。

与迄今大学的教师教育不同,英国中等学校从 1993 年、初等学校从 1994 年开始实施"在学校的师资培育"(SCITT:School-centered Initial Teacher Training)制度。这一制度不是在传统大学等的教师教育,而是在中小学准备师资培育课程,有计划地为大学毕业后想当教师的志愿者取得教师资格开辟新的途径,对于弥补中小学教师的不足、促进教师教育的多样化、个性化、效率化起到了创新作用。SCITT 的运作,一般是 3~8 所学校联合共同进行的,还尽量与附近的高等学府和地方教育当局保持协力合作,但并不是绝对的前提条件。SCITT 的联合体设在中心学校(Lead School),由其负责联系和协调。SCITT 的最大魅力是绝大多数时间在中小学教育实践之中,教育内容及其活动内容委托给各联合体自主决定,但要接受教育水平监察院的监察。从 1999 年开始,每年举行一次"优秀教师奖"(National Teaching Awards)表彰仪式,2008 年颁布 11 项全国"优秀教师奖",通过表彰优秀教师普及教师卓越的教育实践以及提高作为专业性职业的教师地位。④ 从 2010 年起,教师资格证书必须每 5 年更新一次。对教师的专业发展进行了全程规划,将教师职前培养标准和在职教师各个发展阶段的专业标准整合起来,构建了"一体化"的教师专业标准框架。⑤

英国政府 2007 年公布的《儿童计划》政策白皮书提出要把教职作为硕士水准上的专门性职业,2010 年正式实施授予教育与教学的"教员硕士"(Masters in Teaching and Learning)学位制度,这是以新任教师为主要对象、重视教育实践的硕士课程,其费用由国库财政支援,首次就有 4000 多人申报"教员硕士"(MTL)登记备案,从 2010 年 4 月

---

① 〔日〕文部科学省.诸外国教育改革之动向 [M].东京:日本行政出版社,2010:64.
② 〔日〕文部科学省.诸外国的教育动向(2009 年度版)[M].东京:日本明石书店,2010:53—54.
③ 〔日〕文部科学省.诸外国教育改革之动向 [M].东京:日本行政出版社,2010:113.
④ 同上书,119.
⑤ 孙河川.应对挑战:教师标准不断更新 [N].中国教育报,2012-02-18.

开始履修MTL课程的特点是：重视实习、内容、进度、评价有弹性，与新任教师研修（录用的第1年）联携互动，安排有经验的教师担任指导。MTL计划分为4个领域及3个阶段。MTL计划"虽与原来面向教师的硕士课程的教育内容较为相似，但这是国家级的硕士教育水准计划，是以学校的教育实习为主。在学校现场的实习，配置有经验的导师进行有把握性需求的建议与支援。还安排高校教官引导，与现场导师一起指导和评价。高校教官负责MTL教师进度的评价。"① 目前英国在评估学校教师表现、决定教师工资高低方面，有一套非常复杂的评级晋升制度。按照新计划，这套复杂的评级制度将更为简化——最有经验、教学表现最优秀的教师，在达到一系列严格的标准之后，不必论资排辈，可以直接晋升为"大师级教师"（Master Teacher），工资也会相应提高。②

（3）法国：要成为一名正式教师，必须是国家两次考试的合格者。因此，国家对教职课程有明确的规定。从1990年开始创设"教师教育大学院"（IUFM），主要目的在于统筹全国教师教育事业均衡发展以及推进中小学教师培养培训一元化，这样即可弥补从事初等教育教师和中等教育教师的学历差别，又能缓和各地教师教育机构的教学差异。1998年，在IUFM实施教师研修；2006年，制定10项"教师职能要求"（① 作为国家公务员有伦理性负责任的行为，② 掌握为学习指导和思想沟通的法语，③ 掌握学科内容和保持为师者应有的教养，④ 进行学习指导的立案并付诸实施，⑤ 班级的学习活动组织化，⑥ 关注儿童、学生多样性发展，⑦ 行之有效的学生评价，⑧ 掌握信息情报通讯技术，⑨ 与同事齐心协力并能同家长及校外者合作，⑩ 不断促进自身成长及改善指导方法），面向所有的中小学教师；2007年，IUFM改为大学的附属机构，旨在加强大学和教师教育的合作。

"教师教育大学院"（IUFM）教育课程主要分为必修课、选修课和自由选修课，重视立足于教学实践，设置专门运用理论知识解决实际问题、加强学科之间渗透的模块课程（modules）。以布瓦提埃学区IUFM培养初等教育师资的教学计划为例：第一学年的总课时444～528学时，其中学科和教学法培训340～404学时（法语100，数学90，体育50，选修一60，选修二40，自由选修的外语40，学科补充的法语或数学24），普通培训104～124学时（儿童心理学20，教育哲学20，语言发展20，实践分析20，技术模块20；自由选修的口语交际20），教育实习1周，指导实习4周；第二学年的总课时330＋130＝460学时，其中学科和教学法培训330学时（法语60，数学40，体育50，选修一100，选修二60，自由选修的外语20），普通培训118～134学时（阶段模块的协调12，专门或共同的普通培训96，自由选修模块12，陪同组10），指导实习5周，责任实习8周，职业论文100学时，等等。

在充实与完善教师研修（尤其是新任教师研修）的同时，重视调整作为国家公务员的公立中小学教师的录取名额，还要积极从民间职业者中选任教师志愿者。法国政府提出要与欧盟（EU）各国政府一起共同提高教师资格水准，从2010年度开设有志于教职的硕士课程。过去要参加教师录用考试必须具备学士课程毕业的学历，合格者才能进入"教师教

---

① 〔日〕文部科学省.诸外国的教育动向（2009年度版）[M].东京：日本明石书店，2010：73、97.
② 王英斌.英国将修改教师评级制度拟评定"大师级教师"[N].中国教育报，2012-01-31.

育大学院"（IUFM），当了一年候补教师之后，经过考核才能成为正式教师。现在新制度规定：参加教师录用考试的资格必须是硕士课程二年级在校生或者硕士课程毕业者；成为正式教师，必须取得硕士学位。也就是说，当教师者必须经过学士的三年课程、硕士二年课程以及新任教师的一年研修课程，其目的在于全面地提升从事教育教学工作者的专业水平和实践能力。与此同时，法国政府宣布近二百家国立文化设施及其展览免费向中小学教师开放，以便参观访问。①时任总统萨科齐在写给全体"教育者的信"中明确表示要把改善教师工资待遇等"教职的价值向上"作为任期内的优先课题。②

（4）德国：教职课程主要设在综合性大学，通过各州教育部长会议设定教师教育课程标准，当候补教师必须是第一次国家考试合格者。进入新世纪，授予教师教育课程毕业者硕士学位，又从2004年开发新的教师教育课程。③

教职课程主要包括普通教育学、学校教育学、心理学、哲学、政治学、神学、学科教育学、教育心理学、普通教学论、教育社会学、教育经济学、教育人类学、教育哲学、比较教育学、教育史、教育实习与实践，等等。教师职前培育课程大致包括三个方面：① 核心课（教育科学、社会科学），主要有普通教育学、心理学或政治学、社会学、哲学或神学等科目；② 专业学科和专业学科教学论课（一般是2～3门专业学科及其教学论），主要根据今后执鞭任教的学科而定；③ 学校实践课（教育实习）。过去比较偏重于学科知识，现在重视开发和设置能适应中小学生身心健康发展的教育课程。

2004年，各州教育部长会议（KMK）把"提高教职专业性"作为优先课题，提出在四个领域对教师教育的愿景：① 课堂上课：教师应是教育的专家；② 教育教学：教师应发挥独具特色的教育性作用；③ 分析判断：教师应判断公正并有责任感；④ 创新进取：教师应不断而又自觉地提高自身能力。④ 另据各州教育部长会议（KMK）预测：德国到2015年约有371 000名教师要退休，而教职课程毕业者只有296 000名，将面临75 000名教师的不足，尤其是普通教育学校的数学、自然科学、音乐以及职业教育学校的经济、法律、工学等学科的教师明显不够。因此，在采取多样化并有效性的政策措施充实师资队伍的同时，提高教师资质能力，如在大学本科三年制的基础上开设二年制硕士教职课程，或者加上教师实习期统一为六年制教职课程，授予教职课程毕业者硕士学位。

（5）日本：设有能取得专修（研究生）、一种（本科）、二种（专科）教师资格证书的教职课程，文部科学省规定与此相应的标准，不断地更新《教育职员许可法》，现在日本70％以上的研究生院（424所）、大学（591所）、短期大学（273所）设有教职课程。重视教师与学生的亲近交流，为培养具有使命感的中小学教师，改革大学师资培育课程，诸如：① 充实"有关教职的科目"，② 新设"综合演习"（2学分），③ 充实初中的"教育实习"（未来初中教师培养由过去的2周改为4周），④ 充实"有关学生指导、教育商谈以

---

① 〔日〕文部科学省.诸外国的教育动向（2009年度版）[M].东京：日本明石书店，2010：132—133.
② 〔日〕文部科学省.诸外国教育改革之动向 [M].东京：日本行政出版社，2010：166—168.
③ 同上书，9.
④ 同上书，217—220.

及出路指导的科目"（中小学由过去的 2 学分改为 4 学分，教育商谈包括心理咨询），⑤ 必修"外语交际"、"信息情报机器的操作"科目（各 2 学分），⑥ 采用师资培育课程的选修方式等，大学师资培教课程改革事项全面地付诸实施。上越教育大学施行 4 + 2（本科 + 硕士）的师资培育课程。积极鼓励在职教师攻读硕士课程，试图改变迄今硕士课程规定要取得 24 个学分的做法，在职教师若有 3 年教龄者，可以 15 个学分结束硕士课程；如果有 6 年教龄者，6 个学分就可以完成硕士课程；对在职教师来说，进入硕士课程最棘手的是外语考试，因此允许以其他科目的考试来取代外语考试；东京学艺大学开设面向在职教师一年制的硕士课程；交通不便地方的在职教师可以接受卫星通信的远程硕士课程教育；硕士论文也可以课题研究来替代，期望到 2020 年具有硕士学位和专修许可证的约占中小学教师总数的 40%~45%。日本在 2001 年就实施"大学院修学休业制度"，鼓励在职教师去国内外大学研究生院攻读学位，允许休假 1 年。① 为了确保教师资质能力的向上，"作为专门性职业的教员养成，很有必要在大学本科 4 年的基础上设置 1~2 年的硕士水准等的学修课程"。

现在日本规定教师资格证书每 10 年更新一次，也就是教师在工作后第 10 年，必须在文部科学省指定的机构接受 30 个课时以上的研修；教师在完成所规定的研修之后，还需要接受使命感、人际关系能力、对学生的理解力、对所教学科的专业知识、学科的指导能力等指标的资质考核评价；"要求教师具有全球视野及行动力，能妥善理解个人与国家、人类和地球的关系，树立在社会和集体中的规范意识，还要具备适应时代变化的社会人必需的素质能力，包括自我表现能力、情感交际能力、多媒体运用能力、适应国际化的外语交流能力、基础的电脑操作能力、解决问题的能力、创造力、应用能力、逻辑性思考能力、可持续性自我教育能力、合作伙伴共事能力等"。②

从 2008 年正式启动的"教职研究生院"教育，2010 年有 25 所大学开设"教职研究生院"、840 人攻读教职课程；1367 名具有民间企业工作经验者进入师资队伍，占 2010 年新任教师总数的 5.9%；有 106 名来自民间担任公立学校校长、52 名担任副校长。③ "教职研究生院"教育与迄今硕士课程教育不同的特色是：① 法令规定：40%以上的专任教师是"实务家教师"（对教职等具有实际经验者）；② 在 45 学分中，须有 10 学分以上是在学校等进行实习；③ 迄今攻读硕士课程的研究生主要从事专业领域的研究，而"教职研究生院"学生并不一定要接受研究指导和提出硕士论文；④ 其他大学机构每 7 年必须接受认证评估，而"教职研究生院"必须每 5 年就要接受认证评估。④

---

① 〔日〕八尾坂修.志向于教员之读本［M］.东京：日本成美堂出版社，2011：102—103.
② 孙河川.应对挑战：教师标准不断更新［N］.中国教育报，2012-2-18.
③ 〔日〕文部科学省.文部科学白皮书（平成 22 年度）［M］.东京：佐伯印刷株式会社，2011：203.
④ 〔日〕中央教育审议会.关于通过全体教职生活提高教师资质能力的综合性方策［R］.2011：38.

五国教师教育课程比较 ①

国家	内容
美国	设有4年制大学本科课程，也有延长型5年制课程和研究生教育课程；不少州规定的教育实习在12周以上；各州设有不同内容的教师资格考试和教师资格证书制度；大学的中小学师资培养教育课程基本上最初2年是通识教育，后2年是专业教育以及教职教育。 以亚拉巴马州为例： • 初等教师：① 通识教育60学分，② 专业及教职教育69学分（教育实习9学分） • 中学教师：① 通识教育60学分，② 专业及教职教育75学分（教育实习9学分） • 高中教师：① 通识教育60学分，② 专业及教职教育69学分（教育实习9学分）
英国	规定教师资格证书必须每5年更新一次，设有取得教师资格的标准，认定师资培养教育课程；大学师资培育课程一般定为3～4年，也有面向取得学士学位者的一年制教职专门课程，设有教学与学习硕士学位；四年制师资培育课程的教育实习在32周以上，教职专门课程的教育实习一般是18～24周。 中小学师资培养教育课程及其标准如下： • 初等教师（4年制培养教育课程）：① 在学校的教育实习32周以上，② 学科专业教育（全国统一课程核心学科即数学、英语、理科）各150课时以上，③ 学科教育没有特别规定。 • 初等教师（教职专业课程）：① 在学校的教育实习18周以上，② 学科专业教育（两门学科以内）2年，③ 学科教育没有特别规定。 • 中等教师（4年制培养教育课程）：① 在学校的教育实习32周以上，② 学科专业教育（两门学科以内）2年，③ 学科教育：1～3年。 • 中等教师（教职专业课程）：① 学科专业教育（两门学科以内），② 学科教育只有实施的规定，而无时间分配规定
法国	教师教育大学院（IUFM）教育课程经国家认可，由各IUFM独自决定及其运作。 经过二次国家考试、授予硕士学位的教师教育大学院（IUFM）教育课程的国家方针： • 初等教师培养教育课程（2年）：① 总课时1500～1700课时，② 教育实习500课时（18～19周），③ 学科教育：第一学年占教育实习以外的60%，第二学年占教育实习以外的50%，④ 教职专业教育：第一学年占教育实习以外的40%，第二学年占教育实习以外的50%（包括毕业论文）。 • 中等教师培养教育课程（2年）：① 教育实习300课时以上，② 学科教育400～700课时，③ 教职专业教育：300～450课时。
德国	大学设有3.5～5年制师资培养课程，教育实习定为18周（3年制学士课程14周、1～2年制硕士课程4周）；第一次国家考试合格者或取得硕士学位者才有资格当候补教师，第二次国家考试合格者才能当上正式教师，教师资格由州政府认定，也有些州根据不同的教育阶段认定不同的教师资格；大学的由教育科学（教育学、心理学等）、专业学科（至少两门学科，包括学科教授法）、教育实习三个领域组成；教育科学和专业学科领域由各州教育部长会议制定最低教学标准。 • 基础学校教师资格证书：① 教育科学22～28课时，② 专业学科70～76课时，③ 总课时98课时。 • 高级中学教师资格证书：① 教育科学8～18课时，② 专业学科：120～130课时。

---

① 〔日〕中央教育审议会.关于通过全体教职生活提高教师资质能力的综合性方策〔R〕.2011：34.

续表

日本	国家规定教师教育课程标准，大学师资培育课程以4年制本科课程为主，攻读幼儿园、小学、初中教师培育课程的教育实习4周、高中的2周，规定教职研究生院在45学分中必须有10学分以上在学校等进行教育实习；教师资格证书分为三大类：专修（研究生课程）、一种（本科）、二种（专科），由各都、道、府、县教育委员会授予；规定新任教师有义务参加为期一年的"初任教师者研修"，教师资格证书每10年更新一次。 取得当教师必备基本资格的硕士、学士、准学士的学位称号，必须达到文部科学省规定的师资培养教育课程标准： 有关教职科目（教育职员许可法规定的基本资格和最低学分数），例如： • 小学教师"一种许可证"：① 基本资格：学士，② 学科科目18学分，③ 教职科目41学分。 • 初中教师"一种许可证"：① 基本资格：学士，② 学科科目40学分，③ 教职科目19学分。 • 高中教师"专修许可证"：① 基本资格：硕士，② 学科科目40学分，③ 教职科目19学分， ④ 有关的学科及教职的科目24学分。

当今世界发达国家教师教育学科群内涵建设的重要组成部分——教职课程正在趋于高度综合的整体化，主要体现在两个方面：一是学科之间的相互渗透，不仅是文理科的相互渗透，而且也有文科各学科之间和理科各学科之间的相互渗透，在现代科学高度分化基础上造成的学科之间的绝对分明的界限越来越模糊。二是科学技术日新月异需要多学科的通力合作来解决两难性问题，因此发达国家的教师教育课程设置重视吸取科学技术和文化艺术的最新成果，加强基础理论课的作用与地位。美国的基础课程占总课程的40%，日本占37.7%，德国占33.3%；在教育专业课程方面也增加课时，德国的教育理论课程占总学时的25%，英国占25%，法国占20%。"随着社会变化而与多样化儿童教育相适应的知识必不可少，现今教师养成课程必须适应变化的科目多样化。这是社会需要的变化，当然也要求大学科目随之而变。""如果教师缺乏共同所需的知识或技术，就会使教师团体在推进学校教育的合作活动过程中产生故障。"因此，"教师的可持续成长要有使命感和精神准备，不仅要在更新教师资格证书制度和教职研究生院教育方面关注，而且也有必要适应学生父母的学历（知识和价值观）越来越高"。①

三、知识型社会教书育人课题

处于日新月异的知识型社会（knowledge-based society），深受东西文化及其师道观影响的教师教育也难免在资讯化全球化时代经常会遇到摩擦与碰撞，"东亚人们共有类似的教育观和教师观，与西欧观念不同。西欧的教师观根植于基督教文化，教师的主要职责是向年轻一代传授客观性真理即科学性知识等，执鞭任教者要成为教学专家。对此，东亚的教师观注重称之为师者的人格方面，比教学专家更具有广泛的内涵。东亚特有的教师观受到儒家文化的影响，作为教师的主要职责是自身律己持之以恒好学的人格魅力，身教重于言教，示范引领青少年儿童成长"。②

1. 资讯社会诸多挑战

知识型社会，也可称之为知识信息情报高度发达的资讯社会。"随着国际化、全球化的进展，知识主导型经济的渗透和以信息情报通讯技术为首的科学技术的迅猛发展等，教

---

① 〔日〕八尾坂修.志向于教员之读本[M].东京：日本成美堂出版社，2011：102—103.
② 〔日〕周刊朝日.大学排名2012年版[J].东京：朝日新闻社，2011（25）.

育周边状况正在急剧变化。人与物，超越国境的服务业兴盛，致使各国经济、社会、文化富有活力。"因此，"必须妥善地顺应世界性潮流，提高以基础·基本为前提的学力，增加更高一级资格和学位的取得者，充实面向社会人的继续教育，努力确立能从事高尖端科研与技术革新的人才培养和研究基础。具体地说，就是能否促进各国经济发展，为教育'量的扩大'（扩大教育机会及其设施设备，充实与完善教师、教材等）和'质的提高'（改善教育课程，教育机会多样化，扩大地方政府和学校的权限等）增大对教育的投资"。①

席卷全球的资讯革命正在改变世界，有人把 21 世纪称为激烈变革的未知世纪。处在日新月异的信息化时代浪潮之中，在给人类社会带来前所未有的便利与恩惠、促进彼此沟通、理解共识和相互交流的同时，也给人们生活带来前所未有的负面影响或相反作用，甚至会在玫瑰般的陶醉中自我消亡。处在甚至连成年人也难分辨自律的五彩缤纷世界，为师者该怎样正视和把握教育信息化这把"双刃剑"？若把教育信息化视为一把"双刃剑"，它既会造福于人类社会生活，又能危害到原是纯洁干净的校园。致使学校危机警报此起彼伏，不少学生热衷于上网，沉迷于网上游戏甚至是色情网页，身心健康受到网络虚拟世界的影响甚至毒害；青少年作为被害者的可能性在不断增大，滥用计算机和因特网走上越轨犯罪道路的学生也在大幅度增加；由于掌握相当高度信息技术的学生越来越多，今后对中小学生"传道、授业、解惑"的可能不再是站在讲台上执鞭任教的教师，而是笔记本电脑会成为 21 世纪的教师。

伴随知识型社会盛兴，教师原有的各种权威（如知识权威、专业权威）正在受到质疑或严峻挑战。教师已经不是知识的唯一载体，也难以把不断创新的知识传授给学生；"教师成了机械的贯彻者、执行者，成了没有独立思想与创造、没有独立意志和人格的按图制作的真正的'教书匠'。不是教师愿意如此，而是体制需要如此。"②资讯社会的多媒体技术将迫使以往教育模式发生革命性变革，这对教育而言已是刻不容缓。由于教育观念落后，有的教师对高新技术会产生一种心理性障碍，即"技术恐惧症"。因此，肩负教书育人重任的教师必须具备与资讯社会相适应的教育理念及体制机制，把握信息技术并将其作为促进教育现代化的手段。

2. 教书育人新课题

发达国家面临不少亟待解决的教书育人课题，有的甚至是新旧两个世纪一直在关注的两难性问题。由于各国政治经济、社会文化、教育发展的实况不一，所采取的政策措施各异，这些已经在各国教师教育现行体制方面体现出异同。如倡导以教师享有教育权（如明确教师的权利与义务、专业自主）为立校精神、办学理念、校园文化之本，曾经有过劫难性和封闭式的沧桑经历，现今还是以公开性招聘和民主型管理作为主旋律。发达国家师资队伍建设虽说有较好的法规政策和辉煌业绩，但在促进教师教育进一步发展方面确实面临不少有待于解决的问题，仍有一些两难的发展性课题值得关注与探究，诸如：

（1）教职的专职性与教师的专业化问题：国际劳工组织和联合国教科文组织在《关于教师地位的建议》中把教职视为一种专门性职业（Profession），而事实上并没有达到所期待的理想目标。尤其需要指出的是：教师即使取得和持有教师资格证书，但还不能说已经

---

① 〔日〕日本文部科学省.诸外国教育改革动向——解读6国在21世纪的新潮流 [M].东京：日本行政，2010：1.
② 钱理群.做一个"可爱的"思想者 [J].教育参考，2008（17）.

具备专职性所必需的资质能力。所以，教师在取得教师资格证书、通过录用考试以及成为正式教师之后，应当继续遵循并自觉落实终身学习理念。随着科学技术日新月异带来的信息化、网络化、全球化社会出现，时至今日的教职专业化正在不断面临新的课题与挑战。

（2）教师资格"证书主义"的意义与界限：在学术研究和实践活动等领域，今后的学校教育随着终身学习化体系的构建、同家庭与地区加强联系和合作的需要不断在增大。贯彻落实教师资格"证书主义"在有限的学校教育范围内对保证一定的教学质量是有效的，但难以适应资讯社会日新月异的多样化需求和个性化发展。因此，教师资格"证书主义"在何种程度上最为合适以及最为有效，值得深入探究。

（3）任用社会人士充当教师的意义与界限：为了适应教育内容的专业化、综合化、多样化、社会化和国际化，任用社会上一些见多识广的能工巧匠但不具备教师资格的有识之士到学校执鞭任教具有一定意义和促进作用。然而，这种有违于法定规则（教师资格证书制度）的做法能否真正为促进教育改革带来良机、给学生身心发展增添新的活力，还有待于教育教学实践进一步证明。

（4）在职中小学教师研修的制度化课题：从政策法规而言，要求中小学教师在职期间带薪脱产参加研修本来是件好事。然而，新老教师的研修计划如何安排，每一阶段的研修内容如何准备，采取什么方式研修最为妥善，能否因此提高学校教育教学的实际效率，这些都是有待于认真思考和着力解决的难题。

（5）教师教育课程设置的重点课题：在教师教育课程设置中，经常容易把学术性和专业性对立起来，如何在未来的师资培养教育课程设置中兼顾两者之长又能避其所短，怎样通过在职教师教育课程及其奠基性专业的前瞻性、可持续性和实效性，这仍然是在新世纪促进教师教育事业发展的一大重点课题。

（6）正视教师教育改革的财政问题：强有力的行政规则和政策措施有利于改善教师教育质量，与此同样重要的是"不用钱，动头脑"（如先进理念、校园文化、人文关怀、素质智慧）去改善和促进教师教育事业健康向上发展，因此不能一味苛责财政投入不足，物质富裕繁华有时并不一定真能提升精神文明水准，而是应当努力推进精神和物质有效结合来探究师资队伍优化的最佳途径。

（7）评价教师与自主的专业性发展：教师评价制度是一把双刃剑，如何建立合理的教师评价制度并能有效地促进教师专业化发展？这要同理想与现实的教师形象相一致，应当与时俱进。真正能够促进师资队伍优化和教师专业性发展的关键在于教师自身觉悟、开拓进取，而不是官制版的强权严律重压或司空见惯的规范考核评估。

（8）教职员工会团体如何维护教师权益：教职员工会团体是保证教师权益的必要组织，期望的是如何从防范性管治走向责任性自治，进而实现建设性善治，应当在强调自由自主自治和维护权益公道的同时，教师也须时常自律自省自立，有义务自觉地树立良好的社会形象。

（9）学校教育"以法治校"还是"以德治校"：更新教育法律法规，这既可能成为教师专业水平提升的推动力或者安心工作的镇静剂，也有可能会演变成影响或制约教师教育自主发展的紧箍咒，学校教育的管理经营应当如何对待"以法治校"与"以德治校"的现实矛盾或必要界限？构建"和谐校园""和谐班级"该怎样具备或展呈"和"（以和为贵的民生问题）与"谐"（师生都有话语权的民主问题）两大要素？

（10）教师工作是一门职业，还是专业，或者是事业：教师是促进社会文明进步之精英，理应以身作则为人师表，并在日新月异的信息化时代积极主动地成为创建人类社会终身学习体系之先驱，那教师专业精神及专业水平理当达到怎样的基准或高度？新世纪的教师工作到底是一项拿工资奖金、养家糊口的普通型职业，还是像医生律师一样必须与时俱进的教职类专业？或者是"学高为师，身正为范"的理想性事业？[①]

3. 教师教育发展趋势

发达国家进入新世纪的教师教育正在出现令人关注的三大发展趋势：一是改变传统的学校教育把教学对象作为被动的接受体，激励执鞭任教的中小学教师能善于运用信息技术引领学生成为主动的发信体，积极创造有利于每个人潜能得到充分发展的生活环境和学习环境；二是充实与完善"学社联携"（学校、社会和家庭合作）组织，重新认识信息化时代社区文化教育的功能，努力创建"学社融合"新体系，以培养适应知识型社会发展的高素质人才；三是纠正迄今学历化社会应考制度、选人机制的弊端，倡导终身学习的理念，促使偏重学历变为注重养成未来教师的实际能力、重视每一位在职教师专业发展的学习经历。期待与理想的教师培养培训已经由过去培养"技术员型教师"（20世纪70年代）、"工程师型教师"（80年代）演变为"反思型教师"（90年代），"反思型教师"有助于发掘、启导、培养、发展青少年儿童的兴趣爱好和创造能力，这是进入21世纪发达国家教师教育改革的新起点和着重点。

2012年2月，美国联邦教育部正式启动一项旨在提升教师专业地位的"尊重项目"（RESPECT Project），这是"确认教育成功，专业优异和合作教学"英文首字母的缩写；联邦教育部部长邓肯强调："我们的目标是与教育家一起来重建他们的专业，并提升教师在联邦、州和地方教育政策形成过程中的参与度。我们更大的目标是使教师职业不仅是美国最重要的职业，而且是美国最受尊重的职业。"[②]

2012年11月，日本东京学艺大学举行题为"教师教育的素质质量保障"的第七届东亚教师教育国际研讨会。由于笔者是参加由东京学艺大学倡议组织召开首届东亚教师教育国际研讨会专题的发表者，也是第二届东亚教师教育国际研讨会的组织者，还是以学者身份参加的"东亚教师教育国际联盟"发展过程的见证者，亲身体验及耳濡目染现今东亚教师的酸甜苦辣，并由衷地感悟到处在知识型社会教书育人的任重而又道远。正如东京学艺大学鹫山恭彦校长在2006年召开首届东亚教师教育国际研讨会致词中所强调的那样："21世纪称之为'知识型社会'，这是政治、经济、文化、科学技术等所有领域都深受高新知识、信息情报、科学技术决定性影响的社会。其核心作用在于高等教育，而支撑高等教育的是中小学教育，主导中小学基础教育的则是教师。因此，知识型社会建设，我们培育师资的大学肩负着重大的社会使命。"[③]

本章通过"教师教育学科群之国际比较"，可以看出，发达国家为行之有效地促进教师教育事业发展相当重视师资培育课程的学科交叉、文理融合及其升华、力图养成胜任教书育人职责的复合通用型教师等三个方面的经验值得关注。具体地说，一是倡导学科群育

---

① 陈永明等.当代教师读本[M].北京：中国人民大学出版社，2008：20—23.
② 赵中建.让教师成为最受尊敬的职业[N].中国教育报，2012-02-18.
③ 〔日〕东京学艺大学.东亚教员养成国际研讨会：东亚教员养成问题的现状（概要）[C]，东京：2006.

师理念并使之得到弘扬光大，通过学科交叉融合新设通识性教育课程，以形式多样的教育教学使师资培养培训更为有效化、灵活化或综合化，推进教师职前培养和职后研修一体化，注重师资培育与时俱进，培养适应能力强、资质能力高、复合通用型的优秀教师，近年来发达国家获得硕士学位者到中小学任教的人数不断在增加，具有 141 年师资培育经验的筑波大学目标在于培养教育领域优秀的理论家、实践家。二是创新学科群育师体制并付诸实践，有效地促进教师教育体制机制协调而统筹运作，师资培养培训趋向于综合性大学化，把教师职业作为专门性职业并使之得到强化。如法国全面实施的"教师教育大学院"（IUFM），这种"3+2"教师教育新模式问世及其运作的主要功绩在于改变传统师资培养培训机构不一的状况，统合以往教师职前培养和职后进修机构的作用，实行从学前教育到后期中等教育的师资培养培训一元化，改革重组原来的师资培育机构（主要是传统的师范院校）；设置专门运用理论知识解决实际问题、加强学科之间相互渗透的模块课程；通过"3+2"，让想当教师志愿者具有爱生敬业精神，从大学第二学年起就接受"教师入门指导"和"体验学习的职前教育"，类似法国设立教师教育大学院（IUFM）实施一元化师资培养培训体制机制的经验引人注目。三是构建学科群育师终身学习体系，让学生树立终身学习理念，教师首先要以身作则、为人师表，发达国家关注有系统地统合教师的职前教育和在职进修，从养成、录用、研修各个阶段有效地提高教师的资质能力，师资培养培训既看学历更重资质能力，并普遍而又严格地实行教师资格制度；采取有效的政策措施促使学习化社会所要求的终身学习首先在师资培养培训中得到体现与贯彻，如日本从新世纪实施旨在开阔教师视野的"长期社会体验研修"和支援教师自主研修停薪留职上"研究生院修学休业制度"，又从 2008 年正式启动面向在职教师的"教职研究生院"硕士学位教育，将与时俱进的教师教育视为推动整个社会终身学习事业发展的先驱模范。近年来，我国几所部属的师范大学相继成立"教育学部"。对此，很有必要进行反思的是：我国先以日本为模式创办的师范教育一直是在模仿或学习主要发达国家的经验，但并没有像日本那样因时代变革而更改名称及性质；作为日本第一所师范学校又是面向 21 世纪教师教育之样板的筑波大学，它的 141 年发展历程记载着日本型师范教育→教师教育→学科群建设的沧桑演变及其功过得失值得借鉴参考。

第三章 教师教育学科群之理论基础

教师是实现教育事业科学发展的重要资源。建设一支优质的教师队伍,需要创新教师教育思路,推动教师教育的改革与发展。中国百余年的教师教育发展历史,尽管发展历程曲折,但是,它解决了因教师队伍数量不足严重制约中国教育发展的瓶颈问题,为教育事业发展奠定了坚强的人才支持与智力支撑,为科技创新、文化繁荣、经济发展、社会进步和民生改善作出了不可替代的重大贡献,这是中国教师教育发展取得的伟大成就。

当前我国教育发展的困难较多,还不能适应国家经济社会发展和人民群众接受良好教育的要求。① 要解决教育事业发展面临的问题,迫切要求建设一支优质的教师队伍。就当前教师教育改革形势与发展任务来说,依然面临着如何有效提升教师队伍内涵的困难与矛盾。这必然要求改革、调整与完善教师教育的教育理念、管理体制、运行机制、培养模式,建构与完善培养卓越教师需要的教师教育体系。其中,建设教师教育学科群,是教师教育理念变革的必然要求,也是教师教育体制与机制创新的重要内容。

为此,本章专题讨论构建教师教育学科群的认识问题,即为什么要构建教师教育学科群、构建教师教育学科群的依据以及建设原则。首先,考察20世纪90年代以来我国教师教育改革的主要举措,以此为基础反思当前教师教育缺什么,正是这种缺失,意味着教师教育改革最紧迫与必要的任务、目标。其次,对推进教师教育改革的不同、认识思路作出分析,指出准确把握教师专业化理论,是建构教师教育改革政策与改革实践的前提。再次,在上述两方面基础上,提出以建设教师教育学科群促进优质教师培养,是教师专业化的内在要求,并分析教师教育学科群建设的资源构成与基本策略。

第一节 省察教师教育举措以求突破口

探索培养高素质教师队伍的思路与举措,造就一支素质卓越的优秀教师队伍,以担当我国建设教育现代化之重任,确保教育事业的持续发展。对此,就需要总结我国教师教育的百年传统与经验,评析与借鉴西方发达国家教师教育的理论研究与实践成果,更新我国的教师教育理念,把握教师教育发展趋势,明确教师教育改革重点,为深化教师教育改革思路提供理论准备。就此,本节简要回顾与检讨20世纪90年代以来我国推行教师教育改革与发展的主要举措,从中检讨教师教育改革亟待加强的重点领域。

一、调整布局结构以提升培养层次

新中国成立以来,我国设置了中等师范学校和高等师范学校等教师培养机构,重点任

---

① 国家中长期教育改革和发展规划纲要(2010—2020年)[R/OL].中国政府网(www.gov.cn).2010-07-29.

务是培养职前师资,其中高等师范学校分成师范学院和师范专科学校两类。这样职前师资的培养形成了中专、大专、本科三级层次,相对应的培养机构设置是中等师范学校、师范专科学校和师范大学(学院),分别承担小学、初中和高中教师的培养任务。根据这种教师培养体系的设计,意味着教师队伍中有相当数量的教师首次获得学历处于专科及其以下程度。以1980年的高初中教师为例,全年共有74.1万名高中教师,其中34.8%是专科学历的教师,高中及高中阶段以下学历程度的教师占了29.2%;在244.1万名初中教师中,高中阶段及高中以下学历的教师占了87.3%。① 这是改革开放之初我国教师队伍的学历结构基本状况,是当时教师队伍的"家底"。而要提高教育质量,发挥教育促进社会进步的作用,迫切需要优化教师队伍的学历结构,改善教师队伍学历偏低的状况,它成为确保我国教育事业持续发展的紧迫任务。

除了迫切需要解决教师队伍学历提升任务外,解决教师队伍数量不能满足教育发展的矛盾,也是涉及教育事业发展的基础性课题。1951年召开的第一次全国师范教育会议,指出当前师资培养数量既小,质量又差。这次会议给政务院文化教育委员会提供的《关于第一次全国师范教育会议的报告》中陈述了师资培养中存在三方面突出问题。②

一是从事教师培养的机构不足、办学条件差。"就高等师范教育来说,29所高等师范学校中实际上独立的高等师范学校只有17所,其余则为属普通大学的,内容极为空洞芜杂的教育学院、师范学院之类。"在这些师范教育机构中,师资、设备都依靠其他学院,大学文学院的教育系则更差。中等师范教育机构603所,程度相当于高级中学的师范学校占30%,初级师范学校占70%,这些学校中,有一些办得有成绩,但一般质量还差。

二是师范教育机构的方针、任务、学制、教学计划等,各地多不一致,都无一定标准,因而很紊乱。

三是毕业生数量既小,质量又差。1951年高等师范学校毕业生仅1349人,占全国高等学校毕业生7.7%。中等师范学校毕业生约有3万多人,不到全国中等学校毕业人数的十分之一。

因而,会议认为当前教师培养的核心课题是如何解决大量而迫切需要的师资问题。为此,会议提出要明确师范教育工作方针,调整、整顿和发展各级师范学校,坚持正规师范教育与大量短期训练相结合,以解决新中国教育发展迫切需要师资的突出矛盾。③

其实,师资数量不足的问题,并没有随着国家社会经济发展得到很好解决。一直到20世纪90年代,中国的教育仍然是穷国办大教育,教育规模大、发展不平衡是中国教育的基本特征。1996年9月9—12日在北京召开的全国师范教育工作会议上仍然强调大力发展师范教育,为中小学培养数以百万计的合格师资的重要性、紧迫性,强调各级各类师范教育机构要面向基础教育,以服务中小学为前提,特别是要满足"普及九年制义务教育"对教师的需求,这是中国教师教育的基本国情。在此认识前提下,会议指出教师培养工作要坚持两个基本稳定:一是基本稳定独立的师范教育体系,使庞大的中小学教师队伍

---

① 国家教育发展研究中心.中国教育绿皮书——中国教育政策年度分析报告[M].北京:教育科学出版社,2008:38.
② 《当代中国》丛书教育卷编辑室编.关于第一次全国师范教育会议的报告(1951年11月22日)[M].当代中国高等师范教育资料选(上)[C].上海:华东师范大学出版社,1986:16—19.
③ 同上.

的培养和在职教师的培训有稳定的基地；二是基本稳定中师、师专、本科三个层次，适度发展本科，按需发展专科，调整加强中师，并强调不应追求教师高学历，教师学历层次的提高只能是一个有序渐进的过程，不应一哄而上追求师范教育结构层次的升级，而是应稳定在各自层次上办出水平办出特色。①

这次会议充分肯定教师培养和在职教师培训工作的重要意义，它关系到教育事业兴旺发达，关系到国家和社会的各项事业的健康发展，关系到全民族素质的提高。会议提出要把发展师范教育放在优先的战略地位，这对稳定师范院校，提高师范教育地位产生积极影响。但是，随着社会经济发展，在解决教师队伍数量不足的矛盾前提下，迫切需要调整师范教育培养层次，优化教师队伍整体素质，即要从解决教师队伍数量"足不足"向"优不优"的目标过渡。事实上，教育部在1997年的工作计划就提出贯彻全国师范教育工作会议精神，抓紧制订有关法规文件；稳步推进中师、师专学制转制工作，这是20世纪90年代中后期实施的师范教育机构改革与师范教育布局调整工作是有关联的。

因而20世纪90年代中后期以来的教师教育改革目标的重大转变，是发展我国教师教育事业的时代课题，它集中表现在这一点上，从解决教师队伍数量"足不足"向解决"优不优"的问题聚焦。为解决这个问题，对教师教育培养机构采取的主要改革策略是：通过取消或调整或合并中等师范学校，调整三级层次的教师培养体系，推动师范院校布局结构调整，支持与鼓励综合性大学参与教师教育，提升小学和初中教师队伍的学历层次。

虽然如此调整与改革教师培养机构，对改变教师队伍学历偏低问题有一定积极作用，但是，要做到像西方发达国家那样培养一批具有硕士研究生乃至博士研究生，并不断提高研究生学历教师队伍比例，这仍然是一项十分艰巨的任务。对此，顾明远教授在《我国教师教育改革与反思》的文章中就指出了这一点，认为当前教师教育改革工作存在的主要问题之一是"还没有真正理解教师专业化的整体内涵，因此在我国教师教育改革上出现一些偏差"，并且指出这三个转变只是体现在教师学历层次、培养教师机构的变化，却没有反映这种转变的实质。由此他指出教师教育改革不在于形式，关键在于提升水平。② 这就是说，教师教育改革是一项系统工程，不仅要调整教师培养机构，而且重构教师教育理念，重构教师培养内容、课程体系，加强教师教育学科学位点建设，建构新的教师培养模式，提高师资培养的学术水平。

提高师资培养的学术水平，既要求教师掌握相应的学科知识，增强传授学科知识的能力与技能，又要求教师掌握育人的本领。德国哲学家雅斯贝尔斯说得非常明确：教育过程首先是一个精神成长的过程，然后才成为科学获知过程的一部分。因此，要求学校应为每一个人创建一个智力和精神的基础。这一基础对掌握其他的知识和技能是必不可少的。可是，他认为当前学校教育并没有做到这一点，相反，不断增加所谓必需的讲座和练习，像填鸭般地用那些诸如形而下之"器"的东西，塞满学生的头脑，而对本真存在之"道"却一再失落，这无疑阻挡了学生通向自由精神之通衢。不成系统的专业和知识，削弱了学生的反思能力，以及独立自主的个性和对一个问题反复思考的习惯。③

---

① 本刊评论员.优先发展师范教育 建设高素质教师队伍[J].人民教育，1996（10）：3—4.
② 顾明远.我国教师教育改革与反思[J].教师教育研究，2006（6）：3—6.
③ 〔德〕雅斯贝尔斯（Karl Jaspers）.什么是教育[M].邹进译.北京：生活·读书·新知三联书店，1991：33.

正如雅斯贝尔斯指出使学生成为一个具有独立思考能力、能够承担责任的"人",是教师应该担当的"育人"职责。要使教师掌握"育人"本领,它不是像自然科学那样可以照搬照抄、重复实验,它需要每一位教师的探索与创新。正如波兰尼所说,这是一种默会知识,"纯粹的客观是一个神话","长久以来,人们把科学当做知识与融贯的纯正、晶澄泉源。科学并不是这种东西。它的方法并不是'超脱'的方法,而是涉入的方法;其依赖我们个人的种种认定,正不亚于我们其他获取意义的方式。在科学里,我们以牵连到我们个人的创造性、想象性方式运用这些认定。我们已经看过,即使是我们在数学与物理学中所综合成的意义,也根本需要个人内敛于事物"①。波兰尼说个人获取知识,即便是自然科学知识,也不是一个客观的过程、客观的活动。它需要知识学习者的主动参与,包括个人的想象力、激情、志趣等。其实,这一道理也为思考怎样更好地培养教师提供启示。比如怎样妥善处理教师培养过程中存在的学科专业教育与教师教育专业分离的现象,如何通过加强教师教育学科建设,解决教师培养等同于学科知识教育的现象。

结合这一点,不少高师院校和部分综合性大学已经为此进行了探索与改革。对此,有研究者把它总结成是 20 世纪 90 年代中后期以来我国教师教育发展的四种模式。一是改制模式。即师范大学向综合性大学发展,试图增强学科实力,提升学校培养教师的能力。二是改革模式。这种模式是指实行学科教育与教师教育的分离,走发达国家综合大学设教育学院培养教师的模式。目前,我国已有众多的综合大学设置了教育学院或师范学院开展教师教育工作。三是改良模式。即继承中创新的发展模式。在实践操作上,是指一批研究型综合性的师范大学,在继续强化教师教育优势和特色的基础上,根据教师专业化的需要,发展相关的非师范专业。新专业的发展,一方面为大学走向综合性奠定基础;另一方面更加有利于学生的专业发展。四是传统模式。即单一的教学型师范大学模式。② 不论采取哪一种教师教育模式,它证实了这样的一个事实:教师教育改革前提是适应社会变革需要,以社会发展与教育水平提升为目标,立足已有的教师教育改革基础,探索更能够体现教师专业化理论要求的教师教育举措,在重构教师教育体系中实现造就卓越教师的培养目标。

二、逐步实践职前职后一体化思路

依据教师专业化理论,从入职到专业成熟,乃至成为优秀、卓越教师,需要长期的专业培养与训练,这是教师专业成长的基本条件。就此,有研究者对教师专业成长发展阶段作了具体说明。首先是职前学习时期。重点是学习学科专业知识和教育学科基础知识,并需要经历短时期的教育岗位实习与锻炼,为成为一名新教师做好知识准备。二是新教师入职初期。大约 2 至 3 年为教师岗位适应期。对新教师来说,这一时期主要目标是适应任职岗位,并逐步胜任教师角色,俗称"站稳讲台"。三是专业成熟时期。大约需要 3 至 5 年,通过自己的教育实践和持续的进修学习,熟练地掌握教育教学的技能和技巧,成为一名成熟的优秀教师。

面对培养周期长、专业内涵丰富的教师培养工作,既给教师教育机构提出不断提高办学层次与水平的要求,又给教师教育机构提出了要统一职前教育与在职教育,使教师教育

---

① 〔英〕波兰尼(Michael Polanyi).意义 [M].彭淮栋译.台北:联经出版事业公司,1984:75.
② 史宁中,柳海民.我国教师教育发展模式的选择 [J].中国高等教育,2004 (19):28—29.

贯穿在教师职业生涯的整个过程之中。为此，以教师专业发展思想作为设计与制定我国教师教育改革政策的重要依据，着力推进职前与职后一体化的教师教育改革实践。

所谓教师教育一体化，主要是指以终身教育思想为指导，根据教师专业发展理论，对教师职前、入职和在职教育进行全程的规划设计，建立起教师教育各个阶段相互衔接的，既有侧重又有内在联系的教师教育一体化思路。①

实现教师培养职前与在职教育的一体化，体现着教师教育变革与发展的历史过程。早期成立的师范学校，主要任务是培养小学教师，招收初等学校毕业生，各所学校的修业时间并不统一，短期的仅数星期，长期的约两年。培养中学教师的机构，除法国设置巴黎高等师范学校之外，大多数国家通过大学或文理学院开设教育方面的课程来承担培养中学师资任务。到了19世纪末20世纪初，各国才建立师范学院。如美国第一所师范学院纽约州立师范学院是于1893年在奥尔巴尼市成立的，以后各州纷纷建立。英国在颁布《1902年教育法》后，才授权地方政府兴办地方公立师范学院。② 20世纪40年代以来，随着科学技术的发展，教师职业地位的提高，改革师范教育，提高教师培养水平，是世界教师教育关注的焦点。在这项教师教育改革的热潮中，落实教师专业发展思想，提出打破职前与职后分离的培养模式，为教师专业化目标的实现创造条件。

其实，教师职前培养与在职教育分离的现象，我国的教师教育工作中依然存在。从1949年新中国成立以来，职前培养与职后（在职）进修培训是由两个不同教师培养机构承担。后者往往是由省级教育学院、地市级教育学院、县级教师进修学校以及中小学校承担。这样就造成了教师培养中职前学习与职后提高之间的脱节，不利于教师教育机构完整地设计教师专业发展的培养方案，也不利于职前师范生去深入了解与接触教育第一线，不利于在职教师更深入地了解、接触专业理论。事实上，对教师专业成长来说，职前培养与职后培训是不可分离的，需要完整地统一在教师职业生涯全过程。

为此，从20世纪90年代后期开始，适应国际教师教育发展趋势，我国提出并着力实践教师教育一体化的改革思路。

一是按照教师教育一体化思路，整合职前教师教育与职后教师教育机构，完成教师教育机构的一体化。到2004年初，共有11所省级教育学院并入师范大学、师范学院或综合大学，40所地市级教育学院与师范高等专科学校合并组建师范学院或综合学院。③ 到2010年，由1983年283所省市级教育学院只剩下四十余所。④

二是按照教师教育一体化思路，重构教师教育目标，制订培养方案，更新课程内容、建构课程体系。比如有的教师教育机构采用主辅修专业的做法，使师范生掌握本专业之外的学科知识；也有的学校利用培养硕士研究生的优势，采用"4+1"、"3+1"、"3+2"、"3+3"等模式，使一部分优秀本科生直接进入硕士研究生阶段学习。也有的教师教育机构吸引一线教师回高校学习、提升学历与学位层次，开设教育类研究生课程，设置教育硕

---

① 师范教育一体化课题组.上海市教师教育一体化的战略思考［J］.高等师范教育研究，1998（5）.
② 顾明远.师范教育的传统与变迁［J］.教师教育研究，2003（3）：1—6.
③ 荀渊.教师教育一体化改革的回顾和反思［J］.教师教育研究，2004（4）：8—12.
④ 孙宏安.地方统筹与标准引领——教师教育一体化的一个实施策略［J］.当代教师教育，2010（4）：6—9.

士、教育博士专业学位，以实现培养专家型教师和教育领导人才。①

又如国家教育部"农村学校教育硕士师资培养计划"是体现职前与在职教育统一的硕士师资培养举措。教育部在经过两年试点基础上，于2006年全国普遍试行"农村硕师计划"。这项"农村硕师计划"实行"3+1+1"的方式为农村培养硕士学历的新教师，是国家为解决农村师资薄弱问题，创新农村教师培养和补充机制，提高农村教师师资水平而实施。这一培养模式具体来说：前三年，取得农村学校教育硕士入学资格的学生由省级教育行政部门安排到签约农村学校任教。第四年，回到培养学校注册研究生学籍，脱产学习教育硕士专业学位研究课程。第五年，返回农村学校任教，边工作、边学习，通过现代远程教育等方式继续课程学习，并撰写学位论文。通过论文答辩后，由学校授予教育学硕士学位，并颁发硕士研究生学历证书。②

三是按照教师教育一体化思路，探索多样化的教师教育行动策略。比如引用美国教师专业发展学校（Professional Development School，PDS）的做法，尝试高校与中小学联动促进中小学教师专业发展，也有的学校采用顶岗实习支教改革师范生实习办法，使师范生深入到教育一线，使原岗位教师回流到大学接受继续教育。

从上述关于教师教育一体化改革举措看，提升教师培养的专业素养与学术水平、能力，是教师教育一体化试图达到的目标。

三、挑战与应对教师教育的大学化

教师教育大学化成为20世纪90年代以来教师教育改革的一项重要目标。它是指综合性大学参与教师教育，逐步使综合性大学变成教师培养的重要机构。有如研究者指出要利用综合性大学的多学科优势来开展教师教育，③也有研究者指出教师教育大学化是探索综合性大学组建教育学院的模式与机制。④

教师教育大学化趋势的出现，是教师教育水平逐步提升的必然要求。早在20世纪40、50年代，世界主要发达国家的教师教育，实施师范院校向综合性大学转型。但是，这种转型并非取消师范教育，而是以提高师范教育水平为目标，即必须经过四年的本科学习，再接受1至2年的教师专业训练才能担任教师职责。问题在于，教师培养机构面对着综合性大学毕业且取得教师资格证书的"准教师"时，怎样开展培训与培养，实施完整的、系统、科学的教师教育课程，就需要建设属于教师培养所需的教师教育学科。这个学科，它不仅是指教育学一门学科，而是包含着能够满足培养不同类型与层次教师需要的教师教育学科群。

---

① 2008年12月国务院学位委员会第26次会议审议通过了《教育博士专业学位培养方案》。方案指出教育博士专业学位的设置，进一步调整和优化教育学科类型、结构和层次，目标是为了培养和造就教育、教学和教育管理领域的复合型、职业型的高级专门人才。并规定教育博士专业学位课程体系应符合教育发展对专业化管理者和决策者、专家型教师及教育家培养的总体要求，课程内容要反映当代教育理论与实践的前沿水平；课程结构应体现综合性、专业性和实用性；课程学习采用模块课程和学分制；课程教学要重视团队学习、专题研讨、现场研究、案例分析及教育调查等方法。佚名.教育博士专业学位培养方案[R/OL].教育部学位与研究生教育中心主办中国学位与研究生教育信息网（http：//www.cdgdc.edu.cn）.2012-04-12.
② 教育部网站"查询向导"下"教师"栏目中"硕师计划"（www.moe.gov.cn）.
③ 王端庆.教师教育改革的新视野[J].辽宁教育研究，2005（4）.
④ 朱旭东.如何理解教师教育大学化[J].比较教育研究，2004（1）.

所以，教师教育大学化，它不是否定传统师范大学培养教师的积极作用，也不是说师范大学是办学水平偏低的大学，而是要有机融合师范性与学术性，既要求突出教育学科的特殊价值，又要强调学科专业在教师专业发展中的地位。这就提供了理解教师教育的一条有价值的思路：建设适合新时期培养教师需要的学科与专业，必须改革人才培养模式，调整学科专业结构，加强学科建设和科学研究，在开放的环境和多学科综合的背景下，在高水平的学术平台上培养高素质的教师，从而实现提高教师教育学科专业水准的目标。

有研究者考察与分析了美国佐治亚大学小学师资培养方案。文章指出佐治亚大学小学教师培养分成四个层次，即本科学士学位、硕士学位、专家型硕士学位（教育硕士）、博士学位。其中，硕士学位主要针对没有获得教师资格证书的大学本科毕业生，必须全职学习两年，获得51学分，毕业获得硕士学位与教师资格证书。专家型硕士学位（教育硕士）则针对已经具有教师资格证书的小学教师，它不需要全职学习，但需要在5个学科领域完成36个学分。学分所涉及的不同类型的课程与教学内容比例：小学学科领域的教学内容以及相应的课程与教学理论占总学分的比率高达53%，实习的学分占总学分的比率为29%，而教育理论与心理学的学分比率为18%。具体见表3-1"硕士生培养课程领域"。

表3-1 硕士生培养课程领域

序号	课程领域（中文）	课程领域（英文）	学分数
1	教育学基础	Educational Foundations	6
2	课程与教学	Curriculum and Teaching	12—15
3	心理学基础	Psychological Foundations	3
4	小学学科领域	School Subject Areas	12—15
5	研究与评价	Research and Evaluation	3
6	实习	Student Teaching	15
	合计	Total Hours	51

在每一课程领域中，学校提供的课程范围相当广泛，以便于学生选修。如教育学基础，学校提供了22门课程供学生选择。包括特殊教育调查、家庭、学校、社区相互作用的研究与理论、非裔美国人的教育经验、教育哲学、家庭、学校与社区、对处境不利少儿的早期教育干预、教育社会学理论、实用主义与教育、儿童社会生活、少儿（0—8岁）教育的社会、经济与政治视角、教学的社会与文化背景、教育的社会与政治哲学、学校文化与语言多样性的理解、1865年之前的美国教育史、美国的多元文化教育、伦理学与教育、社会建构主义理解课堂动机的方法、1865年之后的美国教育史、教育与民主、教育社会学、跨文化视角下的青少年儿童的学习环境、性别与教育、课堂中的语言与文化等课程。[①]

从佐治亚州大学培养小学教师开设的课程看，这所大学已经注意到了如何把不同本科专业毕业生培养成合格教师的问题，重点是解决四大核心命题：一是怎样使本科毕业生能够掌握小学教学需要的专业知识；二是怎样使没有获得教师资格证书的本科毕业生获得教育技能，怎样使已经获得教师资格证书的本科毕业生具有教育技能；三是怎样使教师具备关心教育从事教育的教育伦理与职业意识；四是怎样培养教师掌握评价教育研究的知识与技能。围绕这四大核心主题，设计了教育学基础、课程与教学、心理学基础、小学学科领

---

① 刘德华，仇冰洁.佐治亚大学硕士层次小学教师培养方案评析[J].集美大学学报，2010（2）：1—8.

域、研究与评价等五大领域的课程体系，为小学教师培养提供系统的、综合的、多元的学科知识，使小学教师培养工作纳入学科范畴。

事实上，各国对此非常重视，在研制教师教育课程标准时都会考虑到这一点。比如英国本科层次职前教师教育课程内容分为"核心课程研究"、"专业研究"、"专门学科研究"、"学校体验"四大模块。"核心课程研究"指每位师范生都要研究英语、数学、科学三门国家核心课程。"专业研究"目的是培养师范生对教育科学的理解和基于教育实习经验反思。"专门学科研究"指师范生要根据自己的兴趣选择小学阶段的一门学科作为自己的专门领域。处于核心位置的"学校体验"课程则"提供了一种情境，使整个培养计划形成一个有意义的整体"。①

又如新加坡的教师教育课程模块，它体现着灵活多样、选择性强的特点。各种文凭的两年制教师教育课程下设七大领域：教育研究类、课程研究类、课程内容类、学术科目类、语言与学术论文类、一般选修类，每领域下面设若干模块。前三类课程都是教职类课程，其中使未来教师掌握主要的教育概念与原理，教育研究类领域就设置了诸多模块供学生选择。②

从上述佐治亚州和新加坡设置的教师教育课程结构看，要求教师教育课程是不同学科与专业的组合，是多学科融合，这是教师教育大学化的体现。由此给予教师教育大学化的启示是，要推进教师教育大学化的实践，落脚点是改革教师教育课程体系，而指导课程体系改革的关键之处是教师教育理念的变革，即从单学科培养向多学科、综合化学科教育方向发展，使教师掌握的学科知识与技能达到专业精深与知识的通识宽泛的有机结合。

为回应教师教育大学化的呼吁，我国不少师范大学、师范学院探索综合性大学的办学模式以完成师资培养任务，同时，有一些综合性大学、特别是高水平的综合性大学参与教师教育。具体体现为部分师范大学（学院）通过"共建、调整、合作、合并"改建为综合性大学，有些学校校名都去掉了"师范"两字，如"西南师范大学"改成"西南大学"则是一例。有些学校即使学校校名不变，但向综合性大学发展则是事实，教师教育只是这些学校体现办学特色的一面旗帜或一个口号，这使教师教育大学化面临着诸多挑战，比如学校综合化发展是否必然会使教师培养综合化，综合化大学的教师教育工作的主体地位如何确立，师范院校综合化发展的内部管理问题，教师教育课程问题等。③

本节三部分内容梳理了20世纪90年代以来我国教师教育改革创新的主要举措，这些举措的形成与实践，是有效地应对社会经济发展对学校教师培养提出的挑战，它对推进教师教育创新发展、提升教师教育质量产生积极影响。同时它也说明了研究教师教育改革策略是一项十分紧迫的任务。这就需要进一步深化教师教育内容与模式的改革，调整、完善职前与职后一体化的师资培养体系，提升教师培养的学术水平，为教师教育提供厚实的学科依托与学术支持，从而使教师教育工作成为名副其实的"专业的"、"学术的"活动，这是当前及今后一段时期我国教师教育改革与发展的基本主题与时代特征。正因此，提出建设教师教育学科群，为教师教育创新与持续发展提供思路。

---

① 张文军，王艳玲.职前教师教育中的"学校体验"：英国的经验与启发［J］.全球教育展望，2006（2）.
② 《教师教育课程标准》专家组.教师教育课程标准的国际比较研究［J］.全球教育展望，2008（9）：25—36.
③ 赵长林，王瑛.教师教育大学化：必然的趋势与现实的问题［J］.现代教育论丛，2007（12）：5—8.

第二节 凸现教师教育学科性以解难题

回应时代的需要,切实推进教师教育改革,前提是要明确教师教育改革目标,它的核心是培养怎样的教师以及怎样培养教师。在我国教师教育发展过程中,围绕教师培养内容与模式等基本问题,开展了关于教师培养的"师范性"与"学术性"的争论。在国外,集中讨论怎样处理教师学科专业教育与教育学科专业教育之间关系。伴随这些争论,教师教育改革实践过程中遇到了不少困难。要解决困难,关键是理清认识教师教育的思想路线,把握教师专业地位的实质以及专业化的内涵,形成教师教育的思路与工作策略。

一、教师教育改革实践面临的困惑

进入新世纪以来,我国教师教育处于快速发展之中,取得了显著业绩。表3-2是教师队伍学历分布基本情况。

表 3-2 普通中小学(幼儿园)专任教师学历情况

	总数	研究生毕业	本科毕业	专科毕业	高中阶段毕业	高中阶段以下
普通高中	1 518 194	55 151	1 384 203	77 116	1 646	78
普通初中	3 523 382	22 681	2 234 092	1 219 068	46 577	964
小学	5 617 091	6 407	1 325 247	3 065 721	1 192 735	26 981
幼儿园	1 144 225	1 151	135 921	552 880	414 547	39 726

(数据来源:教育部网站2010年教育统计数据)

上表可以看出,各级各类学校教师队伍学历普遍提高,研究生毕业的教师人数获得较大幅度增长,教师学历合格率快速提升,高中阶段以下教师数据所占比例缩小。至 2010 年,我国幼儿园、小学、初中、高中专任教师的学历合格率达到了 96.53%、99.52%、98.65% 和 94.81%,而且大学专科、本科学历的教师为新增教师的主体。[①] 至 2011 年,全国小学专任教师 560.49 万人,比上年减少 1.22 万人。小学专任教师学历合格率 99.72%,比上年提高 0.20 个百分点,小学师生比 17.71:1,与上年的 17.70:1 基本持平。全国初中专任教师 352.45 万人,与上年的 352.54 万人基本持平。初中专任教师学历合格率 98.91%,比上年提高 0.26 个百分点。生师比 14.38:1,比上年的 14.98:1 有所降低。普通高中专任教师 155.68 万人,生师比 15.77:1,比上年的 15.99:1 有所改善,专任教师学历合格率 95.73%,比上年提高 0.92 个百分点。[②]

教师教育改革取得显著成绩,对我国全面完成"两基"战略任务发挥着不可或缺的作用。但是,在推进教师教育改革实践中,遇到了不少问题,下述三个方面是其中较为典型的问题。

(一)教师教育的认识问题

在我国,具有近现代意义的教师教育经历了百年的发展历史,至今依然保持了独立设置、定向培养的教师教育模式。即便如此,还不能确保高等师范院校关于培养教师的思路

---

① 吴晶,刘奕湛.弘文励教播种未来 [OL].中国政府网(www.gov.cn).2011-09-09.
② 2011年全国教育事业发展统计公报 [R/OL].教育部网站(www.moe.gov.cn).

是清晰的、采取的培养举措是切实可行的。相反，存在着认识的模糊现象。比如有些高等师范院校着力摆脱"师范"两字，认为"师范"限制了学校的发展，只有综合性大学才能培养"教师"，学校虽然招收师范专业学生，但是，怎样使"师范生"与"非师范生"有着培养目标、培养模式的实质性差异，并不清楚，甚至出现"师范不师"的现象。

关于教师教育出现的认识问题，还有一种现象依然存在，一方面认识到教师是专业工作者，另一方面却又自觉或不自觉地把教师教育工作当做是非"专业"活动，比如出现中等职业学校、高等职业学院开设师范专业培养教师的现象等等。这些做法，不仅不能吸引最优秀的学生报考师范专业，而且教师培养过程达不到高水平师范大学培养教师的水准。无疑，这些现象的出现，是误读教师教育现象的具体体现。

（二）教育教育课程设置问题

我国教师培养的课程设置主要分成四个模块：专业必修课、公共必修课、选修课和教育实践课。这是以知识习得为视角完成的课程设计，目标是解决作为一名学科教师所需要的知识。比如以数学教师培养为例，我国职前中学数学教师的教育课程都是以数学专业课程为主的，职前的中学数学教师都要学习很多高等数学的课程。这部分课程所占的比例很大。大多数高等师范大学数学专业师范生要求完成151学分，其中公共课（政治、外语、体育等）44学分，数学专业课85学分，专业实习与毕业论文11学分，其他为任意选取修课学分。因此，专业师范生学习的课程与数学专业非师范生学习的专业课程并无差异，在此前提下，增加教育学、心理学、中学数学课程教材教学及教学实践，就完成数学教师职前培养任务。

事实上，这种培养职前师资的课程设置，与培养高素质、具有专业视野的教师是不相适应的。如课程设计中缺少培养职前师资实践能力的相关课程，比如教学设计、教学方法、教学评价、教师伦理等。而且，即便是学科专业课程的学习，也应尽力适应基础教育课堂教学的需求，体现中小学学生学习能力特征的师范生"数学专业"学习。

针对这个问题，有研究者已举实例作了说明。以高等数学的专业课程为主的课程计划并没有提高中学数学教师的学科知识。学习微积分并不能为教师提供重新思考或者扩展理解中小学数学的机会。也就是说，学习高等数学，与加深教师对中学数学的理解没有内在关联性。有研究者在完成一项"专家教师与普通教师的学科知识的比较研究"后指出，被试教师的中学数学学科知识的来源，都不是在大学学到的，虽然这些被试教师都毕业于师范大学或师范专科数学系，但是，无论是教龄短的年轻教师，还是教龄在10年以上的教师，都一致认为自己对中学数学知识的理解主要来自工作以后自己的学习与反思，以及同事之间的交流与阅读专业书刊。为此，这项研究建议在教师教育中应当重视对教师开展整个中学数学学科知识的培训与训练。[①]

（三）教师培养模式问题

我国教师培养模式比较单一，在3年专科或4年本科学习年限中完成学习任务，毕业后成为入职教师。这种培养思路体现着专业教育＋师范课程的模式。所谓专业教育，是把主要时间比如3年中的2年、4年中的3年用于专业课程的学习，留出一小部分时间用于教学实习（一般是6—8周）以及师范课程学习。事实上，这种培养模式，师范生的专业

---

① 韩建伟.专家教师与普通教师的学科知识的比较研究[M]//卢乃桂,操太圣.中国教师的专业发展与变迁.北京：教育科学出版社,2009：74.

学习也不扎实，与中小学教学实际难以接洽与对应，而且成为一名合格教师需要的教育学科的专业知识与专业实践也不扎实。

针对传统职前师资培养模式存在的问题，国内一些重点师范大学探索职前教师培养模式的改革。北京师范大学从2001年开始采用4+2培养模式实施新型的教师教育体系，随后提出"大学＋师范"的教师教育体制改革和"4+X"人才培养模式。2006年华东师范大学提出"4+1+2"的师范硕士生培养体系，用人学校全程参与招生与培养过程，在全国高校开创高学历教师教育新模式。东北师范大学实施"本硕一体"的师范专业人才培养模式，即实施"3+0.5+0.5+2"的"优秀教师和教育家培养工程"（"3"是指前三年为基础理论学习阶段，主要学习内容包括通识教育、专业教育，同时也要完成部分教师职业教育课程，前一个"0.5"是指半年的教育实习阶段，后一个"0.5"是反思性、发展性学习阶段。"2"是指两年教育硕士的学习阶段）。[①] 上海师范大学从2007年开始实施"3+3"创新师资培养班的职前教师培养改革实践。前一个"3"是指三年本科阶段的学习，按"学校—院系—专业"三个平台设计"平台—模块"式课程结构体系和相应的课内外学习活动，使学生具有宽厚的学科专业基础和基本素养、较强的创新意识和研究能力；后一个"3"是指后三年研究生阶段的课程设置，以教师教育课程和教学实践内容为重，并开设深化学科专业基础的必修课程及教职课程，使课程结构优化与优秀师资人才培养相辅相成，凸现新模式课程的合理性、实践性、灵活性与前沿性。

尽管各有关教师教育机构积极探索与改革教师教育培养模式，但是，能从培养模式改革中受益的师资生的人数并不多，这一点在各校改革方案设计中就体现非常明确，对愿意参加培养模式改革学习的学生，要经过校内或校外的层层选拔、考核，最后录取的只是少数优秀学生，这就影响了这些培养模式的应用前景。同时，在实际操作过程中，不少高校对培养模式的改革并没有一以贯之，而是随着培养模式管理团队成员的更换或调整，出现了培养模式改革不了了之的现象。这反映了有关教师教育机构对教师培养模式的认识并不深刻，改革培养模式的自信心不足。

总之，教师教育改革面临的问题，是与认识教师教育的理论思路密不可分的。而形成教师教育的认识思路，前提是对"教师"的认识。简言之，怎样理解教师的职责，怎样理解培养专业化的教师的基本要求，就会出现不一样的教师培养思路及举措。

二、反思教师教育困惑的认识原因

上述讨论已经凸现当前教师教育改革迫切需要解决的课题，这就是要明确辨析怎样培养教师的认识思路，这一问题的解决，为深化教师教育改革确立前提。就此，不同的研究者提出了不同的看法。概述起来，主要有行为主义、教育艺术、道德主义及社会文化等观点。

（一）行为主义的观点[②]

19世纪末到20世纪70年代期间，对教师的认识以及研究教师怎样成长的课题，受到行为主义心理学研究成果的影响。其中，有一种研究思路就把"教师的教育行为效能

[①] 郑渊方.对我国高师教师教育改革的思考[J].全球教育展望，2011（5）：50—54.
[②] 本部分内容详细论述参见《教师教育哲学》第九章。舒志定.教师教育哲学[M].北京：北京大学出版社，2012：165—180.

(有效性)"或者称是"教师影响"确定为教师教育行为的研究重点,重点是研究教师教育、教学行为与教学效果(学生学业成就)之间的关系,试图揭示两者之间的变化规律,建构一整套程序化、标准化的教师教育与教学技能,既能为培训教师的教育与教学行为提供依据,又能规范与评判教师教育行为,提高教学效果。

对此开展的教育研究,"过程—结果法"(process-product approach)是主要的研究方法。其基本程序大致如下:"首先详细描述教学过程中的教师行为,而后将其与后期测量的教学结果(如学生在认知、情感和态度等方面的变化)联系起来。研究前后的教学结果是否有显著变化。教师行为与教学结果的变化之间是否存在特定的联系,则通过 T 检验、F 检验、X2 检验和相关检验等统计技术来确定。"①

这一研究方法的特点是嫁接和移植自然科学和心理科学研究理念与方法,结合教育统计学的各种检验手段,揭示出一大批与教学行为有关的知性规律,以达到深化人们对教师、教学和教学行为认识的目的。② 马德琳·亨特(Madeline Hunter)和她的同事在加利福尼亚大学的研究,是坚持这种研究方法的代表性观点。她们的研究成果被称为"亨特模式"。这是一种基于理论的观察教学的方法,它植根于学习论中的行为主义观点。从诸如动机、记忆、迁移等学习概念进行推断,提出了一系列规范的教师行为,这些行为可以改进教师决策和加强学生的学习,并形成了一种"以教学为主"的教师专业发展趋势。③

指导与形成教师研究的行为主义观点,理论前提是从实证科学的角度把教师教育活动当做是一门自然科学,试图把教师教育行为分解成可以控制、调节、变通的若干环节或程序,并且研究这些不同行为环节对教学教育效果的影响,它对规范教师教育行为、提高教师教育教学效率是有帮助的。就此意义上说,这些研究是富有积极意义的。但是,教师教育行为是由教师发生的,教师是一个鲜活的生命体,像研究"机器生产产品"那样研究教师,其局限性是可想而知的。因而,从 20 世纪 80 年代以来,有研究者就提出要重视教师行为复杂性特点,不能简单地把教学行为当成是可以科学测量、调控的类似机器流水线那样的机械行为,而是需要从社会文化角度考察教师行为,它是复杂的,因而提出从教师行为的认知研究转向生态研究。④

(二)教育艺术的观点

注重教育艺术维度研究教师教育行为,不是否定师教育行为的"科学"性,而是指出教师的教学活动,不失是一种需要教师"匠心独运"的"艺术",需要教师发挥创造力。⑤因而,从教育(教学)艺术维度研究教育行为,研究者往往从技艺(巧)、教学艺术的角度理解教师教学行为。⑥

---

① 白益民."过程—结果"教学研究范式"科学"承诺的再审视[J].河北师范大学学报(教育科学版),2000(2):60—66.
② 盖立春,郑长龙.美国教学行为研究的发展历史与范式更迭外[J].国教育研究,2009(5):33—37.
③ 〔美〕丹尼尔森(Charlotte Danielson)〔美〕麦格里(Thomas L. McGreal).教师评价——提高教师专业实践能力[M]陆如萍,唐悦译.北京:中国轻工业出版社,2005:11.
④ 盖立春,郑长龙.美国教学行为研究的发展历史与范式更迭外[J].国教育研究,2009(5):33—37.
⑤ 陈桂生.师道实话[M].上海:华东师范大学出版社,2009:12.
⑥ 教学是教育的一个特定领域,也是一个特殊的重要的领域。研究者在讨论教师教育行为时,会把注意力聚焦在教师的课堂教学行为上。如果教师教学行为观念与方式实现了优化与完善,有助于变革教师的教育行为。也是这一原因,在下文内容陈述时,主要是分析教师的教学行为。

对于教师教学艺术的认识，早在17世纪，捷克大教育家夸美纽斯就试图阐明教学是一门艺术的论断。在《大教学论》开篇就说大教学论"它阐明把一切事物教给一切人们的全部艺术"。① 的确，从教学艺术角度认识教师教育与教学行为的观点，容易被教师和教育研究者所认同与接受。这主要是因为教师教育与教学活动，面对的学生是丰富多样的、是变化的，而要求学生学习的科学知识是客观的、普遍的存在，要使客观知识能够被学生接受，能够使课堂教学生动、丰富、活跃、富有情趣，它需要教师运用一定技巧处理各种教育、教学问题，比如根据学生的特殊性如何规划课程的实施方案、怎样应对课堂教学中出现的各种临时性问题、如何掌控班级？怎样批评或表扬学生？要解决这些问题，对教师来说，没有现成的答案，也没有可以照搬照抄的一套方案，只能依靠教师更灵活、更多样化地提出解决策略。

比如20世纪90年代初，美国学者唐纳德·E. 兰露易斯和夏洛特·拉普·扎莱斯曾统计了七千多篇论文，概括了优秀教师的一般特征，认为成为优秀教师的关键取决于教师能否把大部分有效时间用于教学并让学生参与教学。比如能否善于控制时间、能否精心设计处理日常工作的程序、能否建构有效的师生交流模式、能否尝试运用循环教学法，比如安排新课教学任务时，把学生完成作业的情况有机地结合进去等。② 此外，也有研究者指出，教师能否发挥与提高教学艺术水平，是资深教师与教学门外汉（入职教师、教学新手）的重要区别。后者难以从学生的旧经验中找出关联，新旧知识无法联结。换句话说，教师对学生的了解，决定教师怎样把知识转化为可教授的内容，如果不了解学生学习与思考的特性，以及不了解他们对新知识的反应，教师在表达新概念时往往会难以把学生已有的经验结合起来。③

从教学艺术的角度论及教师的教育行为，它有助于塑造更适宜学生学习的教学情境，易于把抽象、枯燥的学科知识、教育过程转化成生动、形象、更容易被学生吸收的学习过程。

但是，艺术的特征是感性化，教师的教育、教学活动，它不仅是一个"教学程序"，而且是严谨的科学知识、复杂的师生生活经验、多变的学生认知能力等多方面的"综合体"。如果单纯地把教育看做一门艺术，这是不完整的认识。正如有研究者所指明的："即令教学是一种工艺，一种技术，它也应当有形而上的思索。同样，这种思索应当能使教学多几分深刻，少几分肤浅。如果说教学是工艺，是技术，那么教学也应当是最复杂、最难以把握的技艺，以至于，把教学仅仅视为一种技艺已不甚妥当。"④ 这就是说，不能把教学艺术变成是教育技术、教学方法、教学技巧，就如夸美纽斯虽然是以阐明教学方法、教学技艺为目标，但是，他不是就"方法"谈"方法"，而是在《大教学论》中建构理论基础。比如开篇第一章就讲到人是造物中最崇高、最完善、最美好的存在物，每一个人心中都具有"学问、德行、虔信"三种种子等。这些阐述是为"人是可教的动物"，教师能够运用一定技艺提供理论的假设。如此理解教学的思路，即使把教学理解为技艺、艺术的思路，已经为"技艺"、"艺术"提供了理论前提，而不再是就方法谈方法、就技艺谈技艺。

---

① [捷] 夸美纽斯.大教学论 [M].傅任敢译.北京：教育科学出版社，1999：1.
② 〔美〕唐纳德·E.兰露易斯 夏洛特·拉普·扎莱斯.有效教师的教学艺术 [J].李皖生译.比较教育研究，1994（2）：42.
③ 〔美〕Shulman, L. S. Those who understand: Knowledge growth in teaching [J]. Educational Researcher. 1986（2）：4—14.
④ 张楚廷.课程与教学哲学 [M].北京：人民教育出版社，2003：16.

(三) 道德主义的观点

对怎样有效地实现教师专业发展目标的认识，总是与学校教育目的相联系。在教育思想史上，把学校教育看做人的自我完善的观点，影响广泛。古希腊柏拉图就主张教育要完善人的德性。中世纪宗教教育观同样强调教育与人的完善的密切联系，教育被看做救赎苦难人生的"诺亚方舟"。文艺复兴之后的人文主义教育观、启蒙思想家的自然主义教育思想以及此后的存在主义教育思想、永恒主义教育流派等教育思潮，十分重视教育与人的德性、人的自我实现之间的关系。只是，这些教育思潮就教育促进人的完善的出发点的认识是不一样的，但是，肯定人的完善是教育目的，倡导教育的道德立场，则有着共同的旨趣。

对此，德国19世纪著名教育家第斯多惠作了概括，他说存在着两种教育思想，一种教育思想是在人以外存在的自我完善，人把这一完善作为奋斗的典范和目标；另一种教育思想认为教育是一种通过发展逐渐自我成长的现象。这两种教育思想不但在本质上和目的上存在着差异，而且在起始点和方向上就是截然不同的。前者阐明个人通过努力奋斗发展自身生活，从而实现自我完善；后者主张发展个人的自由思想，作为理性和完善的结果。这样，前者是上帝的意志，把人类神化，后者是人以道德为本，升华道德，执行上帝的意志。前者是以上帝来教育人，后者是教育人执行上帝的意志，前者是宗教博爱思想，后者是哲学和人类学观点。[①] 如果依据第斯多惠看法，虽然关于教育促进人的完善的出发点和依据不同，但是，对于学校教育承担完善人的使命的认识是相同的。

重视教育的道德使命，教师成为完成这一道德使命的主体力量。因而，"道德"是检测与评价教师行为及专业发展水平的重要指标。在中国，对此有更加形象的说法，即把教师比喻成是"蜡烛"、"园丁"，称颂教师的无私、奉献的崇高品质，因而主张教师要教书与育人的统一，既要成为"经师"，更要成为"人师"，这样，教师提高专业化水平成为一项社会道德义务。

重视提升教师道德品质以完成教师专业化发展目标，有其合理之处。但是，更要关注这种思路隐含的问题，即没有严格、规范地区分教师专业发展的要求与教师职业入职要求之间的差异。教师要履行与遵循职业道德要求，这是教师入职必须具备的条件。问题在于完善教师职业道德修养，提升个人道德水平，受到现实社会条件的制约。如果不能正视道德的社会基础，过度夸大教师个体的道德形象，要求教师超越一般市民的道德要求，成为崇高道德理想的维护者、实践者。事实上，在多元化的社会道德环境中，对大部分教师来说，是非常困难的，甚至会受到教师的抵触。

受这种思路的影响，教师注重专业发展的目的是为了改变自身的身份，以获得被社会认可的形象。换言之，教师促进与提升自身专业水平，并不真正关心专业水平是否得到进展，而是通过专业发展实现自身身份的变革，比如能够晋升高一级职称，获得优秀教师、劳动模范等各级各类荣誉，甚至会被作为"干部"加以培养与使用。这些目标的取得，除了荣誉，还能获得相应的经济利益，形成了教师追求专业发展目标的功利取向。

出现教师把专业发展与自身身份联结考虑的现象，这受制于中国文化传统的影响。众所周知，中国教师生长于伦理为中心的文化氛围中，比较注重群体（组织）对教师个体的评价，诸多教师把这种评价看成是教师生命意义、生存价值的体现。过去用于教师培养培

---

① 〔德〕第斯多惠. 德国教师培养指南［M］. 袁一安译. 北京：人民教育出版社，1990：18.

训的经费较为紧张,推动教师专业发展的渠道不多,促使教师继续学习、继续深造的机会比较少,许多教师把能够参加培训看成是组织的信任。对举办教师专业发展研讨班的单位来说,如果能够把各种研修班(培训班、培训项目)冠以骨干班、高层次研修班、名师培养班等类似名称,更能吸引教师参加培训与学习,其重要原因就在于这些名称极易满足教师求逐身份的需求。①

(四)社会文化的观点

教师的教育活动是一个由众多参与者参与、受到社会文化与环境因素影响的复杂的社会活动,教师的生活世界是充满生机和活力的现实社会存在。因而,有研究者从社会文化视角考察教师及其专业成长的实质、条件与策略。

所谓社会文化视角论述教师专业成长,认为理解教师专业学习、专业成长与专业实践,就需要研究教师与所处环境之间的关系,并提出研究目标是阐明人类心理机能发生与社会文化、制度和历史情境之间的关系。正如建构主义理论所宣称学习是一个主动参与建构的过程,而不是一个被动获取的过程,因而,强调依赖个人对内容的参与而不是单纯的模仿或重复,强调主动学习,反对外在机械灌输。

从社会文化视角理解教师专业发展,有研究者从社会文化制度层面、人际层面、个人层面等三个方面讨论影响教师成长的社会文化机制。研究者指出,无论哪一个层面,都强调教师参与他人的活动、参与社群中获得发展,依赖社会文化制度、人际、个人等三个层面的考察,只是表明教师个体可以在这三个层面建构相互交往的社会文化活动,三个相互关联的过程,有助于教师掌握和发展新的专业知识。比如针对社会文化制度层面,学徒制、文化参与是教师与社会环境之间构成的相互交往的重要类型。②

以上简要概述了教师专业发展的四种不同观点。其实,这四种不同观点,只是抓住了教师专业发展的四个不同重点,把重视知识学习、强调教学方法的技能技巧、推崇道德价值、关注社会环境的基础作用等四个方面作为阐释教师专业发展的重点领域,这样理解教师专业发展,不是完整、全面把握教师专业化的思路。因此,它需要整合四方面观点,重新审视与建构教师专业发展的理论思路。

三、把握教师专业性拓展变革思路

从上述分析可知,要改革教师教育,造就一支优秀的教师队伍,关键是要正确理解"教师"。上面介绍的行为主义、道德主义、教育艺术论、社会文化论等认识思路都没有正确把握"教师"的本质特征,这是影响与制约教师教育工作的认识障碍。要解决这一认识障碍,需要回顾与评述教师专业化的理论观点,从中发现教师专业成长的基本思路与规范要求。

专业的源初意义是指公开地表达自己的观点或信仰。社会学家弗雷德逊(Freidson)提出将专业看成服务于大众需要的荣誉公仆,设想它们与其他职业的主要区别在于特定的服务定位,即通过学者式地应用它们非同寻常的深奥知识和复杂技能服务于公众的需

---

① 舒志定.教师成长文化动力论[J].教育导刊,1998(2—3).
② 钟亚妮.协作的教师学习:社会文化理论的视角[M]//卢乃桂,操太圣.中国教师的专业发展与变迁.北京:教育科学出版社,2009:169—199.

要。① 进而，弗雷德逊更明确地强调，存在着理解专业概念的两种思路：一种是将专业看成一个较为宽泛、具有一定威信的职业群体，该群体成员都接受过某种形式的高等教育，成员身份的确定主要根据学历而不是他们专有的职业技能。第二种是将专业界定为一个有限的职业群落，这一群落中各个个体都有特定的、或多或少类同的制度（institutional）和意识形态（ideological）属性。弗雷德逊认为，只有这第二种理解，我们称作是"专业主义"（professionalism）。② 这一定义的形成，区分了专业与一般职业之间的差异，并且指出，作为"专业"的特征是需要以特定知识和复杂技能作支撑，即每一个专业都有一个科学的知识体系，而这些知识和技能可以通过教育和训练而获得；专业应该向它的客户和公众提供高质量的、无私的服务。

布朗德士（Brandeis）对专业概念作了如下描述："专业是一个正式的职业：为了从事这一职业，必要的上岗前的训练是以智能为特质，卷入知识和某些扩充的学问，它们不同于纯粹的技能；专业主要供人从事于为他人服务而不是从业者单纯的谋生工具。因此，从业者获得经济回报不是衡量他（她）职业成功的主要标准"。③ 布朗德士对"专业"的定义，主要强调三点：专业首先是一种正式职业；其次，从事这一职业的人有特殊的要求，即需要接受深奥的知识和复杂技能的教育与训练；再次，要体现专业的价值取向，即以服务社会、服务公众作为评价专业人员是否成功的指标而不是经济回报。

在汉语中，"专业"的概念包含着"专门从事某种学业或职业的专门学问"两层意思。如《辞海》就将"专业"定义为"高等学校或中等专业学校根据社会专业分工需要所分成的学业门类"，并指出"各专业都有独立的教学计划，以体现本专业的培养目标和规格"。

不论对"专业"作怎样的理解，专业的出现和存在，是社会经济发展、知识成果不断丰富的结果。如果从教师职业发展历史看，也印证了这一点。在原始社会，教育活动是与人的日常生活和生产劳动结合在一起，没有独立设置的学校，也没有专门从事教育活动的专职"教师"，教育是以"长者为师"，年长者负有将生产劳动和社会生活经验传递给子女及其他幼小社会成员的责任，年长者是完成教育活动的主体。

这种现象在社会生产力不断发展的前提下得到了改变。到了奴隶社会，教育开始从体力劳动中分离出来，产生了专门的教育机构——学校，同时也产生了以教育教学为职业的教师。不过，教师职业并没有完全独立，被社会政治或宗教所管辖，变成了社会政治或宗教的一部分。就如中国古代社会长期存在着"官学一体"、"官师合一"的现象，国家统治者实施"以吏为师"、"以法为教"的文教政策，建立政教合一、官师一体的体制，社会并没有把"教师"确定为独立的职业，也不需要专门机构培养教师。这种现象，在中国社会存在了数千年，直至1897年盛宣怀创办师范教育馆。

而在西方社会，加快了教师培养工作的步伐。随着工业革命的完成，社会提升了普及知识与教育的需求，以及工业革命带动社会财富的积聚，既要求社会提供高素质的教师，又为培养高素质教师创造物质条件。1681年法国天主教神甫拉萨尔（La. Salle）创立世

---

① 转引杨芳勇.试论社会工作专业与职业的关系及其转化 [J].社会工作（上半月），2010（12）：4—6.
② 赵康.专业、专业属性及判断成熟专业的六条标准 [J].社会学研究，2000（5）.30—39.
③ 转引赵康.专业、专业属性及判断成熟专业的六条标准 [J].社会学研究，2000（5）.30—39.

第一所师资培训学校，之后，欧洲各国加大教师培训力度，同时，在人文主义思想、启蒙运动思潮的影响下，一批具有新人文精神的教育思想家如夸美纽斯、卢梭、裴斯泰洛齐、赫尔巴特、斯宾塞、第斯多惠、乌申斯基等提出了具有时代特征的教育思想，这为培养新教师创造了理论基础。

从农业时代到工业革命，乃至进入到当代的知识经济、信息时代，社会各个职业、各种工作领域普遍要求提高从业人员的专业水平，以专业（专家）形式管理社会成了社会现代化的特征之一。因此，对社会及社会成员提出专业要求也是十分自然的事情，而推动社会及其成员专业发展，便是日常所说的专业化。

在社会对从业人员专业化要求的背景下，为现代社会培养人才的教育活动，自然成为一项专业活动，因而，对从事教育活动的教师专业化要求也被提到议事日程。

早在1966年，联合国教科文组织和国际劳工组织在《关于教师地位的建议》中就强调了教师的专业性质，认为"教学应被视为专业（Teaching should be regarded as a profession）"。1996年联合国教科文组织第45届国际教育大会，提出九项建议，其中第七项建议就是"作为改善教师地位和工作条件之策略的专业化"。报告认为改善教师地位是加强教师作用的必要条件。在提高教师地位的整体政策中，专业化是最有前途的中长期策略。①

至今，要求提升教师专业水准，实现教师专业发展，已经获得了共识。但是，对怎样更有效地推进教育专业发展，却存在着不同的理解。

有研究者从教师专业结构构成要素的角度指出教师是一名专业人员，其专业结构除专业理念、专业知能和专业服务精神外，还应包括教师自我专业发展意识的维度。② 其目标是提高教师的教学水平以及扩展教师个人知识与技能，实质上变成是教师的教学专业化。结合这一点，有研究者把它分成专业知识和服务理想两大部分。③ 也有研究者作出更具体的区分，认为教师专业发展包括专业知识、专业技能、专业信念、专业动机、专业态度、专业情感、专业期望、专业发展意识等方面。④

与这一观点的不同思考，美国教育协会是从社会与教师专业相互关系的角度分析教师专业发展目标，除了对教师专业结构的规定外，还增加了专业组织建设、在职进修等要求。因此，美国教育协会指出教师专业发展主要方向包括：高度的心智活动、拥有特殊的知识技能体系、经过较长时间的专门职业训练、不断的在职进修、提供一种可终身从事的职业活动和永久的成员关系、制订专业自身标准、倡导服务社会高于个人私利的精神、拥有强有力紧密联系的专业组织等。⑤

对教师专业内涵的认识，当代美国学者舒尔曼（Lee Shulman）的研究最具影响力。他认为教师必须知道如何把他的所知转换为学生能理解的表达形式，才能确保教学的成功。它包含着三方面知识：一是教师必须知道学生在学习该学科时特有的理解方式以及常

---

① 加强教师在多变世界中的作用之教育（1996年）[R].全球教育发展的历史轨迹—国际教育大会60年建议书[C].赵中建主译.北京：教育科学出版社，1999：534.
② 叶澜.新世纪教师专业素养初探[J].教育研究与实验.1998（1）.
③ 曾荣光.教学专业与教师专业化：一个社会学的阐释[J].（香港中文大学）教育学报.1984（1）.
④ 宋广文，魏淑华.论教师专业发展[J].教育研究，2005（7）：71—74.
⑤ 参见陈永明主编.现代教师论[M].上海：上海教育出版社，1999：176.

见的错误与困难,而且必须知道如何协助学生克服这些学习困难;二是教师在面对不同的学生时,必须知道如何以不同例子、不同的比喻、不同的表达方式、不同的活动方式来帮助学生理解该学科的知识内容;三是教师必须知道该学科的教材结构、教材来源、教材选择的各种可能方式。同时,舒尔曼指出,学科教学知识往往会被教师淡忘。其实,这部分知识要求教师掌握这样七部分内容:一是学科内容知识;二是一般教学法知识,主要是指班级管理、教学组织管理方面知识;三是课程知识;四是学科教学知识;五是了解学生的知识;六是教育环境的知识;七是教育目标及教育价值的知识等。①

有研究者从教师怎样完成专业发展目标角度提出建构教师反思能力是解决教师专业发展核心问题,是实现专业发展的先决条件。美国学者布鲁克菲尔德在《批判反思型教师ABC》中指出:由于我们从来不可能真正了解自己的动机和意图,会出现"天真的教学"。它意味着我们总能正确地理解自己在做什么,或者以为自己的教学行为会对学生产生重要的意义或者认为我们的教学要求符合学生的需要。事实上,我们的教育改革正需要打破这种"天真"的"教育想象"带来的"恶性循环"的怪圈。这正是批判反思的习惯在教师生涯中极其关键的原因。② 并且有研究者指出教师在课堂教学中的反思有三个层次:首先是个人在教室中的生存技艺,偏重于教室管理技巧,其次是教学内容和教学方法的反思,再次是针对学生的学习能力、兴趣等。

结合上述关于教师专业内涵的不同观点,有研究者指出探讨教师专业内涵要抓住影响教师专业发展的最主要因素,且能促进教师专业的持续发展,并能够适用于各种教学情境之中,适用于中小学各个学科教师。因此,研究者提出教师的专业内涵应划分为"教师通用知能"、"学科知能"、"教育专业知识"、"教育专业精神"等四大类,每一大类又有若干项的"知能"具体要求。如图3-1所示。

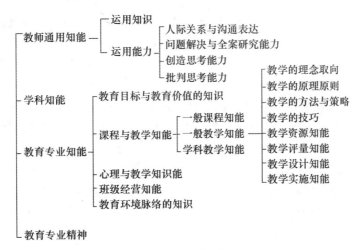

图 3-1 教师专业发展内涵体系③

---

① 参见.饶见维.教师专业发展——理论与实务 [M].台北:五南图书出版股份有限公司,1995:153—154.
② 〔美〕布鲁克菲尔德(Brookfield S. D).批判反思型教师 ABC [M].张伟译.北京:中国轻工业出版社,2002:2.
③ 饶见维.教师专业发展——理论与实务 [M].台北:五南图书出版股份有限公司,1995:173.

在这张教师专业发展内涵体系图中，很清楚地表达了教师需要掌握"通用知能、学科知能、教育专业知能、教育专业精神"等四种知能（精神），以应对教育环境的复杂性、多样性与创造性的特征。其中，教师通用知能是指适用在各种情境的一般性知识与能力。学科知能是指教师任教某一学科时，对这门学科内容所具备的知识与技能，并能整体掌握学科精髓，以便深入浅出地帮助学生发展相关的知识与技能。教育专业知识，是指中小学教师特别需要强调的一项专业内涵。这主要是因为教师是教育工作者而不只是承担传递某一学科知识的传授者，而"教育"所关切的是如何涵养完整的人，而不是专注某一学科领域的知识和技能。所以，强调教师除了掌握传播任教学科知识之外，更需要掌握育人的知识与技能。除了上述三种教育知识与技能外，对教师来说，要切实提高教育质量，还需要教师对教育工作保持热情、认同、坚持与专注，这就需要提及教育专业精神是教师专业内涵的重要内容。所谓教育专业精神是指教师对教育工作产生认同与承诺之后，在工作中表现出认真敬业、主动负责、热诚服务、精进研究的精神。[①]

如上简要介绍了不同研究者对教师专业内涵提出的不同看法，虽然这些观点有些差异，但是，这些不同观点中都隐含着一个共同目标、共同的价值指向，即希望通过教师专业发展，增强教师从事教育工作的能力，改善教师整体素质，提高教学教育质量，促进学生发展，提升教师的社会声望。

因而，怎样确定教师专业发展目标，依据教师专业发展理论顶层设计教师教育改革方案，这就凸现了创建教师教育学科是教师教育改革切入点的合理性与紧迫性。

由于长期以来我国教师教育缺乏规范的、系统的、科学的学术研究与学科制度建设，使高等院校的教师（教育）学院也没有获得相应的学术地位，虽然提到教师教育一体化，但是在教育学科里也没有教师培训的学术方向，导致教师培训人员始终没有学科依托，教师教育工作也被看做一种事务性的教育管理工作，[②] 实质上没有把教师教育看做基于学术研究的专业活动。因此，通过建立教师教育学科，建构以学科为依托的教师教育制度，规范教师教育的学术方向，确保教师教育的学术地位，并以此推进完善教师教育体系、模式、体制的步伐。

当然指出建设教师教育学科促进教师教育的专业化，提升教师教育水平，也要避免把教师教育培养工作局限于教师的"教育学科"现象。这是指随着教师资格证书制度的实施，准教师或想做教师的大学生，必须通过参加教师资格证书考试获得"资格"，结果就会出现"资格考试"变成"应试教育"的现象，考什么、就教什么、学什么，而目前的"资格考试"的主体学科是教育学，自然就会影响学习专业学科的兴趣与积极性。以此为前提，建设培养教师的学科，它包含的学科面是宽泛的、综合的、多样的，是不同学科的有机融合，并且在有机融合中，不断衍生出新的学科或研究领域。

第三节 创建教师教育学科群基本原理

上文简要介绍了近期教师教育改革的主要措施、面临的困惑，以此阐析了理解与把握

---

① 饶见维.教师专业发展——理论与实务[M].台北：五南图书出版股份有限公司，1995：173—205.
② 朱旭东.论我国农村教师培训系统的重建[J].教师教育研究，2011（6）：1—8.

教师专业性是消除教师教育困难的基本观点，进而强调以教师专业性为规范与推进教师教育改革的依据，确立改革教师教育、培养优质师资的行动准则。

依据教师专业发展理论，构成教师专业知能是多方面的，因而，教师教育活动将涉及不同专业、不同学科，它是多方面的、综合的活动。如此，通过加强教师教育学科建设，促使教师教育活动拥有厚实的学科基础，切实体现教师教育的专业性、学术性。

基此提出了怎样建设教师教育学科的紧迫课题。对这个问题的解答，无疑是以多门学科知识的融合、教育理论学习与学校教育实践结合为前提，教师教育学科不只是一门学科，而是若干门相近或相关学科的融合与贯通，是以构建教师教育学科群为目标的学科建设活动，这就明确了教师教育学科建设的基本特征及现实要求。为此，从以下三个方面作进一步讨论：一是创建教师教育学科群的价值；二是创建教师教育学科群的理论思路；三是加强教师教育学科群建设的基本原则。

一、创建教师教育学科群的价值

对高等学校来说，学科建设关系着学校的生存与发展。高校要履行人才培养、科学研究、社会服务的基本职能，与学科建设密切相关。正是依据学科，高等学校制定了人才培养方案，以及相应的课程管理、专业建设、学系与学院结构等高校内部运行机制。既然学科与高校的存在与发展关系密切，因而就要关注与研究高校怎样建设学科、怎样更有效地管理学科，以凸现高校办学特色与办学实力。

其实，从中外高等教育发展历史看，高等教育的发展、高等学校的学科建设，既受到社会的制约与影响，又对社会的进步与发展发挥着极其重要的作用。在科学知识不断丰富、新兴学科、交叉学科不断产生的当前社会，高等学校学科建设的理念、思路、策略、方法、资金保障等都会发生相应的变化。其中，以学科群为纽带促进高校学科建设，越来越受到高校学科建设的重视，成为高校学科建设的重要路径。美国著名高等教育研究专家伯顿.R.克拉克就指出，世界高等教育发展经历着横向分化与纵向分化的变革，促进高等教育与社会的协调发展，从而发挥高等教育的职能。他通过分析"讲座制"的变化情况阐述了这一观点。认为早期高等教育实行讲座制，但是，"各国讲座制在现代都经历了一个扩充的过程；它们的共同特点是教授负担过重——光靠一个人已经无法有效地应付逐渐增多的教学计划、助教人数和学生人数。教授负担的过重大大地削弱了讲座制的合理性"。在这种情况下，克拉克指出欧洲大陆国家的教育系统在20世纪60年代和70年代开始从讲座制向系科制的演变，以适应日益专业化以及教学科研规模日趋庞大的局面。[①]

在这里，克拉克提出了一个命题：高等学校的发展，要主动适应社会变化作相应的创新与调整。依克拉克的这一观点，对当前处于信息社会之中的高等教育来说，变革是必然的。信息社会的重要特征之一是知识总量和知识更新速度超过历史上的任何一个时期，而且由于互联网技术的广泛运用，促进了知识获取、学习、传播方式的变革，更为重要的原因是，当代社会越来越重视人的尊严、人的价值，突出人的主体地位，避免人成为现代科学知识的奴隶。在此背景下，高等学校要实现创新性人才的培养目标，就不能像早期讲座

---

① 〔美〕伯顿·R.克拉克（Burton R. Clark）.高等教育系统——学术组织的跨国研究［M］.王承绪等译.杭州：杭州大学出版社，1994：209—211.

制与传统的系科制那样,让大学生的学习领域仅仅局限于一个学科、一个专业领域,而是要构建有助于学生学习与成长的跨学科、多学科的氛围与条件,共同为创造性人才成长提供知识服务与智力支持。从此意义上看,建设学科群是十分重要的议题。

因为学科群是若干相互联系、具有相关性学科的集合,是由相同或不同领域内研究内容相关、相邻或相近的学科相互联系、相互作用、彼此融合而形成的多学科集群。高校重视学科群建设,使不同学科或相近学科有机整合或联动发展,它适应了学科发展、人才培养、教师的科学研究和社会服务的需要。因此,从事教师教育机构,也要适时改革,通过整合、融合、调整、发展的手段,与教师培养相关、相近的学科联合成学科群,为优质师资培养构建学术支撑与学科依托,这是适应教师教育改革需要的必要举措。

对此,在第一节反思当前教师教育培养模式中就能清楚地看到这一点。当前的教师教育改革并没有完全脱离"学科专业+教育学科专业"的教师培养模式,而这种模式建构的逻辑思路是与近代学科概念是一脉相承的。近代是从知识分类的角度提出"学科"概念。如果按近代的学科概念,从知识分类理解教师培养工作,学习学科知识等同于教师培养,显然这是对教师教育的误读与简单化理解。

这种理解教师教育的思路,深刻地影响着当前教师教育改革实践。比如出现这样的教师教育改革做法:教师教育改革变成调整高师院校,把高师院校变成综合性大学。其实,这样的改革,没有把握教师专业发展的特征,没有把握教师教育改革的实质。对此,顾明远教授在《师范院校的出路何在》一文说得很清楚:"师范教育的转变,确实给师范院校带来了极大挑战。但是,有挑战就有机遇",这就要求"充分发挥师范院校的原有优势,努力提高教育质量",同时要求师范院校"要调整专业,改革课程。师范院校现有专业和课程太陈旧落后,它是按照中小学的课程对口设置的。固然,中小学教师也是按学科承担任务的。但是,当代科学的发展已经打破了旧式学科的分类界限,学科发展越来越分化,也越来越综合,而总的趋势是综合"。[1] 顾明远教授提出教师培养打破学科界限,走向学科综合的培养思路,是符合知识与学科发展的特征,也是符合教师专业发展的要求的。

其实,西方有学者反思了学科整合与学科融合发展问题。在他们看来,异常纷繁复杂的学科分工是一分再分,专业之下又分出小专业,常常一直分到难以进行横向学术交流的地步。学科一旦成形,边界随即硬化,变得自行延续,依靠官僚主义幽闭在学术机构和研究项目的"神龛"之中,成为制约人的发展的重要因素。[2]

因此,要培养高素质教师队伍,需要建设教师教育学科,改变专业学科与教育学科教育分离的现象。当然,强调专业学科教育与教育学科教育的整合,不是把专业教育从专业学院中分离出来,纳入教育学院或教师教育学院,比如有的高校把从事学科教学法的教师从专业学院中剥离,归入到教育学院或教师教育学院。这种做法合理与否,必须思考这样一个问题:学科教学论的教师能否全面担当学生学科专业素质发展的任务。显然,这个答案是清楚的。因为任何一个学科,它的知识体系是庞杂、宏大的,"学科教学论"课程是难以使教师掌握精深的专业知识,拓展教师宽广的专业视域。因而,对专业学科教育与教育学科教育整合与改革,需要全面谋划、系统部署、整体安排。因此,提出建设教师教育

---

[1] 顾明远.师范院校的出路何在[J].教师教育研究(高等师范教育研究),2000(6):3—6.
[2] 〔美〕戴维·E.阿普特.通往学科际研究之路[J].国际社会科学杂志(中文版).2010(3):6—16.

学科群，是强调在学科多元融合与交叉创新的背景下，切实按照教师专业发展要求，主动创新教师教育学科建设的重要举措。

首先，创建教师教育学科群，搭建更加符合教师专业发展需求的成长平台。

从学科建设的理论角度思考，任何一门学科的生成与发展，都是一个不断创新、累积的过程。有学者指出，在社会科学领域，在学科际研究这个大方向下，下一步怎样走才合乎科学发展的逻辑？答案之一是按照其各自体系的属性重组各种理论。"重组"是指一套可以逻辑地加以整合的东西，以期通过对同样的或大体类似的问题做出不同解释，进而形成相互间的竞争，而这种竞争的结果，至少有一部分体现为创造性的新理念。① 对这个观点作通俗解释，是指不同观点之间的对立、争论、辩驳愈激烈，则愈有可能激发、激活创造性的思维。结合这一观点，倡导教师教育学科群建设，实质是为高素质教师队伍成长搭建多学科相互交流、融合与争辩的平台，在这种多元学科争论、共存的文化氛围中，获取专业发展的资源。

然而，已有的教师培养工作则是处于学科分化的"碎片化"的格局之中。以教育学科为例，就下设教育学原理、课程与教学论、比较教育学、教育史、学前教育学、高等教育学、成人教育学、职业技术教育学、特殊教育学、教育技术学等10个二级学科。学科的分化，是学科知识增加、学术研究发展的重要体现，学科分化越细，学科具体研究领域就越具体，越容易解决实践中遇到的烦琐问题，这对教育研究工作变成是一门高深学问是有积极意义的。但是，在实际运行中，出现了学科内部之间分割的现象，再加上评审重点学科、精品课程，申报博士学位点、硕士学位点等"利益"的诱使，学科之间的"围墙"不断增厚，甚至出现了围绕若干学术带头人而形成的"学术山头"，"各自为政"，讨论教师教育改革方案，则以各自学科或专业为出发点发表意见，缺少学科之间的对话与交往，并不考虑一名优秀教师的专业知识结构、知能结构、素质发展的实际需要，影响到人才培养的专业设置、课程开设。因此，通过建设教师教育学科群，消除学科之间形成的壁垒，促进学科之间的交流与协同。

以教师专业化发展需求为前提开展教师教育学科群建设，融合教师教育相关、相近学科，使学科群内部呈现多种学科共存、依赖、补充的形态，以促使不同学科之间的交叉渗透、优势综合，提高学科整体实力，发挥完成高水平科学研究和高层次社会服务的功能，从而为培养综合性人才和孕育知识广博的高层次创新人才奠定基础。因此，通过学科群建设，使创新人才培养始终处在学科多维发展的过程之中，处在多学科综合知识的冲击和融合之中，② 使人才在学科群良好的学术氛围中不断拓宽知识面，从多学科交融中汲取营养，在学科的交叉、渗透中得到新的启示和发现，从而催生出新观念、新思想。③ 由此使学科群成为人才成长的基地。

其次，创建教师教育学科群，是推进教育学科建设的重要路径。

根据教师专业发展理论，培养一名合格教师，教师教育的内容是十分宽广的。建设教师教育学科群，是解决这一问题的有效思路。因为，一方面，学科发展迅速，不断地改变

---

① 〔美〕戴维·E.阿普特.通往学科际研究之路［J］.国际社会科学杂志（中文版）.2010（3）：6—16.
② 凌永明，王焰新.创建高水平的学科群是高等学校培养 创新人才的有效途径［J］.科技进步与对策，2000（4）：104—106.
③ 同上.

着传统学科,改造着传统的、陈旧的知识体系;另一方面,进入20世纪中叶以来,知识发展出现了高度分化和高度综合的有机统一的格局,两种或多种学科相互交流、交融、改造,产生了一大批横断学科、综合学科、交叉学科,使学科知识体系变得更加庞大、复杂。

诚然,教育学科的发展也面临着分化、综合、更新、改造的挑战。虽然教育学作为一门独立学科的建设与发展历史并不长。但是,教育学科发展十分迅速,已经衍生了众多的二级学科、三级学科等新兴的、交叉学科。如果说从赫尔巴特开始,哲学和心理学被广泛认同为教育学建立的基础,此后社会学加入进来,到20世纪下半叶(在中国是1980年始),教育学的基础学科增加了"人类学"、"伦理学"、"脑科学"以及心理学的许多分支学科。基础学科的拓展,不但改变了视野,而且为开展微观层次的教育学研究工作创造了条件。

这就要求教育学科的发展,要及时总结丰富的教育实践经验,不断拓展新兴的研究领域与研究方向,完善与丰富教育学知识,创新与建设新兴教育学分支学科。

但是,当前教育学科快速发展的过程中,教育学科建设存在着突出问题,即教育学研究范围主要局限于普通中小学教育。如果教育学跳出服务于师范教育的局限,把它拓展成对作为人类实现文化传承与创造的机制研究的教育之学,作为实现父母必尽之责的教育之学和作为个人在不同人生历程和环境中实现创造、自我完善和有意义的人生所必不可缺的教育与自我教育之学,那么,教育学的发展方向、学科价值与地位就不会是如今的状态,它将成为人之为人所必需的学问和能力之一。① 在这个意义上建设教育学科,它的意义首先是为教育学科建设提供宽广的视域,确立了一条"跳出教育看教育"的学科建设思路。

由此看来,加强教师教育学科群建设,则是这一思路的具体实践。比如上海师范大学教育学院提出"十二五"期间教师教育学科群建设目标主要是由"主干学科、新兴基础理论学科、支撑学科、相关学科"等四大层次组成。它包括:教育学、心理学、中国语言文学、外国语言文学和数学等主干学科,为教师教育发展提供理论和实践的支持;教师教育学、教育领导学和儿童学三大新兴基础理论学科,面向学校教育中的校长、教师和学生这三个群体,以新兴学科引领或促进师范院校的体制机制改革,用新的学科增长点及其业绩提升"教师教育学科群"的整体实力;涉及物理学、化学、历史、艺术学、体育学、地理、思想政治教育和生物学等8个支撑学科;中学小学的幼儿园特殊教育等各学科教育联动的相关学科。② 可见,加强实践教师教育学科群建设,对促进不同学派、不同学术思想的交汇提供了可能性,促进传统教育学科与其他学科的融合与交叉,有助于建设一批新兴的教育学科。

再次,创建教师教育学科群,推动教师教育机构创新内部管理机制,提高教师教育的实力与水平。

建设教师教育学科群的立足点是培养优质教师。对教师专业发展来说,掌握学科专业知识是教师专业培养的内容之一。因此,我国教师教育机构开展教师培养工作时,根据培养教师的学科需求,建立相应的专业系科或学院,职前师资或在职教师进入到相应的学科

---

① 叶澜.中国教育学发展世纪问题的审视[J].教育研究,2004(7):3—16.
② 教师教育学科群资料来源于上海师范大学教育学院"十二五"发展规划相关材料。

或专业参加学习，培养工作由各学科或专业承担或管理。在这种教师培养观念影响下，各所师范大学的学科设置基本相近，培养模式与途径基本接近。

在这种管理机制控制下，需要从事不同学科与专业研究工作的教师做到互相合作、共同研究培养方案与举措，因为它涉及学院、部门或教师个人利益，这在高校实际运行中是非常关键的问题，还有教师职称评审、业绩考核，也强调第一作者、第一负责人，无疑会影响到教师之间开展合作研究或合作教学的积极性与主动性。针对这一状况，如果要立足教师专业发展需要建设教师教育学科群，它必然要求改革传统的教师培养学科与专业设置及管理思路，为顺利建设与发展教师培养需要的新兴学科、交叉学科创设平台。

就此来说，推动教师教育学科群的建设，会带来高校学科建设制度与管理机制的创新。

第一，它要研究建立学科群内部管理制度。建设学科群，就是确保学科之间的对话与交流的顺畅，学科之间资源的共享，共同开发跨学科的课程与专业，这需要通过创新学科群管理机制。

第二，它将变革学校院、系、所的组织体制，建立适应学科群特征的学校内部管理体制。如果不是学科群，不同的学科分布在不同的学院、系所，而通过学科群建设，使不同学科聚集在一起，它要求调整原有的院系管理模式。

第三，它将建立新的学科群评估指标体系，定期或不定期监测人、财、物等学科建设要素的配置及运作状态，尽可能使学校人、财、物等因素发挥最大作用。

二、创建教师教育学科群的理论思路

通过创立教师教育学科群，推动教师教育创新，目标是通过改善教师教育环境，为教师专业成长提供更加丰富的学习与实践的空间、机会，从而真正使教师在理论学习、理性反思、社会交往、教育实践的体验中得到成长，使教师既能获得宽广的学科专业知识，又能与教育实践、社会生活建立密切的互动关系，为教师提供多元性的、挑战性的学习活动，避免教师教育变为学校课堂学习的"理论活动"。为此，组织建设教师教育学科群，前提是要从理论上明确教师教育学科群建设的基本思路。

（一）从学科发展的不同理论假设中寻求教师教育学科群建设的理论思路

从理论上探讨学科群概念提出的原因，以及把它变成是构建学科建设重要策略的认识根源，不同学者提出了不同的观点。比如中国科学院物理研究所赵红洲教授提出学科发展的"采掘模型"，认为学科发展类似矿工挖矿，一步一步逐步推进。学科建设的深入发展，新兴学科也随之产生和发展。著名科学家钱学森则提出学科发展的层次结构模型。他指出众多学科可以划分成三个层次，即哲学为第一层次，数学、社会科学、自然科学为第二层次，而由这些学科交叉发展形成的学科为第三层次，主要是技术学科、工程学科等。而库恩则提出学科发展的"范式"革命理论。他在《科学革命的结构》一书中提出科学发展的范式理论。所谓范式，是指与科学发展有关的人的心理因素，比如信念、直觉、审美、灵感、顿悟、价值取向等等，在科学、学科发展的某一历史时期，这些因素往往被该学科领域的科学共同体所共同拥有，在特定学科内部达成共识，并对学科发展产生着潜移默化的影响，同时，范式还指学科成员所建立的理论和方法论，是学科共同体对该学科领域所建构的共同理论模型和解释框架，比如概念、原理、定律、公式、实验技术等。因而，根据范式是否形成以及范式的变革，库恩把科学发展分成"前科学"、"常规科学"、"科学革命"等三个基本阶段。

简要介绍上述关于学科、科学发展的理论假设，虽然观点不同，论证思路有别，但是，对推进学科与科学发展的信念是一致的，而且肯定学科的综合、多元、交叉发展趋势。这给教师教育学科群建设提供三点理论启示：

第一，教师教育学科群建设要处理好不同学科构成的关系问题。既然是学科群，就有不同学科构成，这是学科群建设的客观前提。为此，要对这些学科进行分类，确定哪些是基础学科、哪些是应用学科；哪些是理论学科，哪些是技术学科。并根据学科的不同性质，给予不同的资源配置，从而形成优势与特色学科。

第二，教师教育学科群建设要构成特色鲜明的"范式"。"特色鲜明"就要求从事教师教育的不同机构，在开展建设教师教育学科群工作时，要体现学校原有的教师教育传统以及特色、特长，不能盲目跟从其他学校的做法，同时，要把特色与学科群建设理念内化到全校师生心中，使师生对教师教育学科群建设达成共识，进而自觉转化为指导与规范自身日常教育行为的准则与信念。只有全校师生形成较为一致的学科群建设"范式"，才能形成学科群建设的内在动力，才能有利于形成富有学校特色、适合教师学术能力的教师教育学科群。

第三，切实有效发挥教师教育学科群建设功能。目前教师教育学科是比较分散的，专业学科主要分布在专业学院，教育学科分布在教育学院（教师教育学院），要做到这两支力量的有效整合，有一定困难。即使是同一学院内部，学科力量也不容易整合。长此以往，就会影响学科建设功能的发挥。为此要研究各教师教育机构内部管理机制的改革，创造有利于发挥学科群建设功能的学科管理机制。

诚然，要求发挥教师教育学科群建设功能，还要强调教师培养机构与中小学（幼）一线的联系，怎样在大学与中小学（幼）相互联系中实现双方共赢目标，使学科建设功能最大化，这也是必须要关注的现实课题。

（二）要正确认识知识教育在教师教育中的地位问题

在知识与教师培养关系认识上，研究者都肯定学科专业知识在教师培养中的重要性。教师的学科知识是影响教师能否成功实施课堂教学的重要因素。但是，强调知识教育的重要性，不能只是强调某一学科知识，而是要求运用学科综合优势培养教师，使教师掌握更加宽广的学科专业知识、教育学科知识以及作为现代教师必备的其他学科知识。

这就是说，既要求教师掌握学科专业知识和教师教育专业知识，又要培养教师获取知识的能力，使教师更有能力适应变化了的教学与环境，达到高质量完成教学任务的目的。就此，有研究者从社会敏感度发展、学科知识发展、教学知识发展、认知发展等四个维度比较分析新入职教师（门外汉）与较为成熟教师的差异，既说明学科知识、教学知识、认知发展是教师发展的重点，又强调指出，教师仅仅掌握学科知识、教学知识、认知发展是不够的，因为随着教学工作的深入以及教学经验的积累，教师对这些知识的需求重点与内容发生相应调整（如表3-3所示）。

表 3-3　教师发展模式简表①

	社会敏感度发展	学科知识发展	教学知识发展	认知发展
门外汉	依赖可行的制度/座右铭	集中学习成果	用很长的时间设计教案；引进清楚明确的指引；管理学生的行为；喜用记诵方法；集中力放在学生作业上	太少经验可进行反思；停留在技术层面对什么教学可行的理解；无法把知识抽丝剥离
专家	留意学生的角度	教学以学生明白为本；集中学生学习的过程	管理学习活动时以学生利益为先；集中在发展全面的课室策略上，集中在学生主动投入学习的时间。	测试理论；反应教学；认清问题并以相应对策解决。
从门外汉到专家过程中的认知转变	由学生的成长去肯定自己的表现	由强调学习项目与结果到强调学习过程与学生需要	由管理学生行为到管理学生的学习	由先想到自己、到考虑工作、再到关注学生；把知识和经验抽丝剥离找出背后的理念并加以解释

诚然，表 3-3 材料是对已经入职的教师专业发展重点与取向的比较。从中也为思考怎样培养职前教师提供很好的借鉴。对此，研究者研究了培养高效能教师的素质及培养问题。

有研究者提出培养高效能教师的概念。所谓高效能教师是指教师视学生为独特的生命体，教师为了增进每个学生的成就，积极主动地建构有成效的班级环境，精心创造计划、执行、评价的教学机会，促进学生的知识学习与身心成长。基此，研究者从六个方面列出高效能教师素质指标。如表 3-4 所示。

表 3-4　高效能教师的素质与教师素质指标②

素质面向	素质指标
高效能教师的先备条件	口语能力；学科内容知识；教与学的知识；教师认证状态；教学经验
个人特质	关爱；公平与尊重；与学生互动；热情；动机；奉献教学；反省实践
班级经营	班级经营；班级组织；学生管教
教学计划	确认教学的重要；时间分配；教师经验；教学计划
教学实施	教学策略；教学内容与期望；方法的复杂度；发问；学生投入学习
评量	家庭作业；监控学生的进步；符合学生的需要与能力

无论是表 3-3 的教师专业发展阶段，还是表 3-4 的高效能教师素质指标，都充分肯定了知识在教育活动中重要地位，同时又强调教育活动的复杂性，以及促进学生多方面需要是教育活动的基本要求。这也说明单纯关注知识传授、知识学习的教育活动是不全面的、

---

① 李婉玲.教师发展——理论与实践 [M].台北：五南图书出版股份有限公司，2005：38.
② 〔美〕J. H. Stronge & J. L. Jindman.教师素质指标——甄选教师的范本 [M].赖丽珍译.台北：心理出版社股份有限公司，2008：11.

不完整的。

（三）教师教育学科群建设要规避学科＝知识、学科化＝知识化的认识思路

学科建设与知识关系十分密切。它是知识的一种集合，知识是学科建设的具体体现。但是，促进学科建设，除了研究通过合理组织"知识"以促进学科建设发展之外，还要研究学科建设的"条件"，要研究学科的体制、机制问题。因而，学科群建设要规避学科＝知识、学科化＝知识化的认识思路。有研究者描述了学科群建设的结构图（如图3-2所示），对推进教师教育学科群建设是富有启示的。

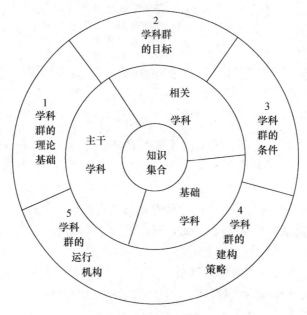

图 3-2 学科群结构示意图①

图3-2说明，学科群是一个复杂的多因素组成的系统结构。人类创造的各种知识是学科生长与发展的基础，以知识为单元组合成不同的学科，并依据学科研究方向确定学科性质以及在学科群中的地位。而学科群建设条件、目标、理论基础、运行机制、建设策略等则是学科群建设的保障条件，不可缺少。

所以，随着知识量的丰富、知识领域的不断扩增，必然要产生新兴学科，因而就要研究如何更快更好地建设好新兴学科，发挥新兴学科的优势、价值。结合教师教育学科来说，就要研究发展哪些教师教育学科，这些学科怎样有机组合，以便产生教师教育学科的最佳功能。就此而言，确立教师教育学科群建设思路，是创新教师教育学科建设的尝试，是鼓励与支持学科交叉发展、跨学科发展的一种探索。因为建设教师教育学科群，要求在社会变革、教育与社会互动的视域中分析教师教育学科群建设的理论路线，避免把学科群建设等同于不同学科知识的简单拼接，或者是不同学科的机械聚合。

回顾教育学科发展历史，可以看出，促进教育学科科学化是教育学科建设的基本议题之一。早在20世纪20年代我国就有研究者指出教育学是一门科学，"教育学术在学术上的地位一天不确定，教育事业便不能赎回固有的独立性质，用科学方法增进教育效率的理

---

① 谭镜星等.试论大学学科群结构化及其建制：问题与策略［J］.中国高教研究，2008（6）：31—35.

想永远不能实现";从这个意义上看,"教育学术科学化问题,不独是我们少数人事业成败问题,乃是教育事业成败问题"。①

必须指出,简单地追求教育学科的科学化发展目标,会影响教育学科的建设。因为教育学科的性质及其建设思路的构成,不是"科学"两字就能涵括"教育学"的丰富内涵。换言之,教育学科的发展,与社会发展密切相联系,它要充分反映社会变革的特征,反映社会人才培养的基本要求,否则,难以适应现代社会对人才培养的需要。正如梁漱溟对教育内涵所作的分析,他认为"教育就是帮助人创造。它的工夫用在许多个体生命上,求其内在的进益开展,而收效于外。无论为个人计,或为社会打算,教育的贵重,应当重于一切"。②梁漱溟对教育的思考,主张教育是一种文化,需要从社会文化视角认识教育、理解教育,这样,教育与人生密切相关。

这虽然是梁漱溟从文化视角对教育内涵的解读,但是,这一解读教育的思路则为学校的学科建设理清了思路,既要考虑学科本身发展规律,又要考虑新型人才素质要求整合不同的学科,使不同学科经过科学地、有机地整合与组合,为人才培养提供完整的知识体系、技能体系与价值体系。

三、加强教师教育学科群建设的基本原则

结合上述观点,我们提出加强教师教育学科群建设的基本原则。

(一) 坚持教师教育学科群建设的方向性原则

所谓方向性原则,就是要明确教师教育学科群建设不是两种或多种学科的简单拼贴,而是不同学科的交叉、融合与创新的再生过程。这就是说,教师教育学科群主要是与培养教师相关的不同学科的有机联合与学科资源的汇集、优化与重新配置的过程。正是通过多种学科的交流、汇集与融合、分化,产生新学科、强化优势学科实力、催生特色学科。同时,通过学科的创新,实现学科人才培养的创新。正如托马斯·库恩的《科学革命的结构》所指出的,学科建设是"典范性"知识模式的转换。库恩强调"范式"转换造就学科变革和科学发展,它表明优秀的学科研究活动并不靠借用专业理念,甚至也不靠并列联合(hyphenated combinations),而是靠相对独立、富于生命力、经过整合的科学体系的形成和转型,以及与其相应的方法论战略。由此要求在建设教师教育学科群的工作中,要切实做好教师教育相关学科的科学规划工作。

提出教师教育学科群构建的方向性原则,是因为培养优秀师资,需要培育与创新一批服务优质师资培养需要的新兴学科。一般来说,社会科学领域中的学科建设,主要有两种思路:一是在常规的学科中进行内部的深化;另一个是从外部引入。后者倡导学科建设的外部引入,总是在学科性的理论为事实所压倒、无力做出常规性的解释之际。依靠引入理论,对老问题做出新的界定,新的研究资料也就可以得而用之。③

无论坚持哪一种学科建设思路,首要工作是做好教师教育学科发展规划,这是工作前提,也是坚守学科群建设方向性原则的具体要求。既然是学科规划,就应该遵循教师专业

---

① 夏承枫.教育学术科学化与教育者 [J].教育杂志,1926.
② 梁漱溟.梁漱溟教育文集 [M].南京:江苏教育出版社,1987.221—222.
③ 〔美〕戴维·E.阿普特.通往学科际研究之路 [J].国际社会科学杂志(中文版).2010 (3):6—16.

发展基本规律,把分散的学科资源进行重新整合与汇聚,进而形成富有中国特色与各培养机构特征的教师教育学科分支学科建设目录,在此前提下,开发教师教育课程系统。

诚然,加强教师教育学科群的规划,还应该以职前师资培养与在职教育统一的整体角度为规划立足点,密切职前师资培养与在职教育的关系,使师资培养具有过渡性与连续性,也有利于统一教与学、理论学习与教师教育实践体验的统一,更有利于教师的成长。正如有研究者所说:"教师教育应该是涵盖了职前、职后教育在内的一体化的教育,单靠职前的一次性终结型的师范教育是不够的。教师的专业发展贯穿于职前培养与职后进修的全过程,一体化是教师专业发展的必然要求。"[①]

(二)教师教育学科群建设的现实性原则

坚持教师教育学科群建设的现实性原则,是指教师教育学科群建设要紧密联系学校与社会发展实际,联系教师培养工作实际,以及不同教师教育机构的实际情况,体现学科群建设的扶特、扶强、扶需的原则,提高学科建设绩效。

提出教师教育学科群建设的现实性原则,是因为学科建设是高等学校提高办学层次、保障办学质量的关键因素与重要支柱。因此,它要求各高等学校在开展学科建设工作中,要做到学科专业设置妥当、归并正确、结构合理,既有本学科独特的基础性和广泛的应用性,又有与其他学科的交叉性和互补性,有利于边缘学科的发展,有利于培植新的学科生长点。

就此来说,开展教师教育学科群建设工作,就要满足学校学科发展与人才培养的现实需要,通过教师教育学科群建设,促使学校教育学科发展重点突出,优势学科明显,又能借机培育新兴学科,扶持急需学科,从而带动课程与教学内容、教学方法的改革,促进人才培养模式的转型,提升人才培养水平。

提出教师教育学科群建设的现实性原则,还源于当前教育改革与发展的现实需要。从世界教育发展历史看,义务教育从九年制向高中阶段发展,高等教育从大众化向普及化发展,民众受教育年限不断提高,这是教育事业向前发展的生动体现。当然,适应教育发展要求,要对教师从事教育工作提出更高的素质要求,一些发达国家把提高教师学历和受教育年限作为教师教育改革的着眼点与着力点。我国也早在2002年召开的全国教师教育工作会议上已经明确提及培养高学历教师。在这次会议上就指出中小学新教师培养要有计划、有步骤、多渠道地纳入高等教育体系,逐步形成专科、本科、研究生三个层次的教师教育,以全面提高中小学教师的学历层次。

其实,培养具有硕士研究生、博士研究生教育程度的教师,能够提高教师的接受系统、规范的国民教育的年限,提升学力、学位层次,更重要的原因是依据研究生培养方案为依据,对教师教育进行系统、全面、完整的顶层设计,对教师教育模式、教育目标、教育内容、教育手段等一系列问题作出规划、调整、充实与完善。

(三)坚持教师教育学科群建设的创新性原则

教师教育学科群建设的创新性原则,要求以创新的思路及时主动地调整学科建设策略,对重点学科、优势学科、特色学科采取重点扶植的政策,避免学科建设的平均主义做法,这也是创新学科绩效的考核与评价机制的具体体现,它能够鼓励学科在竞争中发展、

---

① 瞿葆奎.中国教育研究新进展·2000[M].上海:华东师范大学出版社,2001:351.

在竞争中共赢。

坚持倡导教师教育学科群建设的创新性原则，是合乎社会发展、人才培养与学科发展的本质要求。

一是倡导教师教育学科群建设的创新性原则，适应了学科发展基本特征与客观要求。进入21世纪以来被称作是迈入了知识经济与信息时代，知识生产和传播的速度非常迅猛，这是当前学科建设与学科研究的客观基础和前提条件。应对社会变革的挑战，学科建设的两大特征或趋势非常明显：一方面学科划分越来越细，另一方面成立跨学科研究机构、研究中心，开展交叉学科、跨学科研究，试图从不同学科相结合的视角解决人类社会发展中的遇到的新问题。因此，如何使学科建设遇到问题有效解决，学科群则是提供了一个很好思路。通过学科群建设，它有助于消除传统的学科划分的界限，促进学科人员、实验设备、科研场所、科技资料等教育科研资源的共享，同时又利用学科群内的优势学科带动相对薄弱学科的发展，也能利用学科之间的交融产生新兴的优势学科。但是，这些目标的实现，需要不断地创新。

二是倡导教师教育学科群建设的创新性原则，是推进教师教育学科建设与管理的需要。教师教育是一项复杂的、综合性的活动，它涉数学、物理、化学、地理、历史、文学、外国语、哲学、管理、教育等学科，研究有效整合学科力量以促进优质师资培养，这是深化教师教育改革基本要求，它要求以改革的思路重建教师教育机构的学科管理机制，比如对分布在教师教育机构内部各个部门或机构的教师教育力量进行整合与重构，以达成调整与充实学科力量、增强学科力量的目的，这需要认真研究、缜密规划，才能有助于教师教育学科群的组建与持续运行。

三是倡导教师教育学科群建设的创新性原则，既为学科发展形成新的思路，又是推动学科持续发展的动力之源。只有在"变革"中才能发展，即使继承优秀的教育传统、整合传统教育资源，也要有新的思路、新的方法、新的技术，实现推陈出新的目的。

（四）坚持教师教育学科群建设的整体性原则

坚持教师教育学科群建设的整体性原则，是指教师教育学科群建设要着眼于教师培养的全过程，着眼于教师专业成长的全过程，着眼于教育系统内外的整体关系中研究教师教育学科建设课题，既要体现教师专业发展的核心知识领域、教育技能领域，又要关注社会与时代变革对教师专业发展提出的新要求，进而能够主动适应学科变化发展新特征，及时调整旧学科、充实完善新兴学科，使教师教育学科群在动态中保持稳定，在稳定中培育学科发展的新增长点。

坚持教师教育学科群建设的整体性原则，是尊重学科发展自身规律的必然要求。每一门学科是相对独立、完整的知识体系，都具有各自的学科定位和自身发展规律。教师教育学科群是围绕教师教育的相关、相近的多个学科的组合。因此，推进这些学科的建设，必须全面兼顾，动态平衡，适时调整。只有这样，教师教育学科群的组织才有生气与活力。

教师教育学科群建设能够落实与体现整体性原则，是以培养高素质教师为立足点。建设与发展哪一门学科、调整哪一门学科，培养高素质教师是基本准则。围绕社会变革和科学发展基础上提出教师培养目标，以教师培养目标为指导思想，实现不同学科与知识的相互交叉与相互融合，以此体现教师教育学科群建设意义与价值。

坚持教师教育学科群建设的整体性原则，要注意完整发挥教师教育学科群的功能。要求处理重点学科与非重点学科、基础理论学科与应用学科、教育学科与非教育学科之间的关系。作为学科群建设，"群内"学科是多种多样的，对教师培养来说，它们都具有同等重要的地位。要结合教师培养的实际需要，使各种类型的学科获得区别对待，各占一定比重，获得发展机会与条件。

依据教师教育学科群建设基本原则，在推动教师教育学科群建设，切实提高教师教育学科群建设成效方面，要注意以下几点：

第一，正确定位教师教育学科群建设目标。

加强教师教育学科群建设，要明确目标，统一思想，转变观念，要把学科群建设与强化学校办学特色与优势相结合，以实现培育优势学科、强化学科特色、塑造高素质教师队伍目标。

第二，加强教师教育学科群建设的科学规划。

学科群绝非是几门学科的简单或机械的组合。它是学科在高度分化基础上高度综合的产物，是学科纵横发展、交叉渗透和综合集成的结果。教师教育学科群建设要遵循教师专业发展的基本规律，围绕培养优秀教师核心目标，科学规划与合理布局。为此要求教师教育机构要及时有效地整合各种教育资源，妥善处理教师教育学科群的构成体系，处理学科群中的核心学科、主干学科及从属学科之间的关系，突出与强化优势与重点学科，全面、系统地整体推进教师教育学科群建设。

第三，采取切实有效举措推动新兴学科的培育与创建。

教师教育学科群建设，是对传统教师教育理念与模式的创新，它不仅要为新教师的培养提供更宽广的学科知识背景，而且要适应教师教育需要，创建新的学科，以更好地适应和满足社会变革对教师教育提出的新要求。

第四，切实推进教师教育学科群的管理体制改革。

实施学科群管理，它是一种消解学科边界局限性的知识组织设计方式。[①] 同样，教师教育学科群也是由不同门类的学科在交叉融合过程中构建而成，因而提出构建有效的学科群管理模式问题，从而使学科群所属的分支学科之间能够有效地融合，使不同学科人员、设备及其他相应资源能够顺利整合，以提高学科整合的最大效益，促进新兴分支学科的快速发展。无疑，研究建立适应教师教育学科群建设的管理机制，充分调动教师教育学科建设力量，是教师教育学科群建设的一项重要任务。

---

① 谭镜星，陈梦迁.学科群与大学教育知识自我组织［J］.高等教育研究，2009（6）：74.

理论探究篇

　　创新性地实践教师教育学科群建设举措，前提是要阐释教师教育学科群建设思路的构成缘由、实质及其特征，这构成"理论探究篇"的研究重点。本篇共有三章，分别就社会变革中教育学科的元研究、教师教育学科群的组织形式、教师教育学科群的文化特质等三重视域回答规范教师教育学科群建设的机制、教师教育学科群建设策略的构成要素等基本理论问题，为把握与实践教师教育学科群提供理论引领的作用。

第四章　教师教育学科群元问题探索

教师教育学科群属于教育学学科建设，切入教师教育学科群这个话题，首先有必要探讨教育学学科的元研究问题。本章试从概念着手，理清"元"的定义，然后回顾教育学元研究在中国本土所走过的道路以及所存在的问题，最后通过教育学元研究指出教育学作为学科的合法性危机。

第一节　教育学学科之元研究

学科作为一种学术系统，对其自身问题的审视需借助外在力量如相关学科或上位力量如认识论、方法论，这便是元研究。元研究可由下列三大对象构成：对象理论、认识论与方法论、学科论与学科史。元研究是对学科本身的认知与批判，力求把学科本身引领到一个"自为的状态"，是学科建设不可或缺的组成部分。而一系列元问题构成元研究。

一、从元理论到元研究元问题

"无论是在逻辑中，在数学中，还是在化学中，在生物学中，在语言学中，在经济科学中，都出现了元概念、元理论。"[①] 因为任何公理系统都无法证明自身的无矛盾性，于是，它必须开放系统来接受更为普遍的系统之验证。这就是所谓的根据奥地利数学家哥德尔命名的（Kurt Gödel，1906—1978）哥德尔定理（Gödel's Theroem）或哥德尔不完备性定理（Gödel's Incompletability Theroem）。数学的不可完全性正是其所揭示的最深刻的元数学本质。国际学术界把哥德尔定理同弗洛伊德的心理学、爱因斯坦的相对论、玻尔的互补性原理、海森堡的测不准原理、凯恩斯的经济学和DNA双螺旋结构理论并称20世纪人类思想史上的奠基性贡献。[②] 由此便可如此判断："元"概念（meta，在拉丁语中本意为"在……之后"或"超越于"），产生于对内省法的自我证明悖论的哲学思索[③]。

受分析哲学的影响，"元语言"、"元伦理学"（亦称为"分析伦理学"或"语言分析伦理学"）、"元历史学"、"元文艺学"、"元社会学"、"元教育学"等一系列以"元"命名的学科涌现。纷繁复杂的"元"称谓被赋予不尽相同的内涵，而其立身之本无非依赖于逻辑分析（元分析）与语言分析（元语言）。问题在于，并非每门学科都能进行元分析或元语言层面上的推断。由此，"元"概念更多地引发人们对"科学理论"（Theory of Science）的理解，尤其是当把焦点汇聚于教育学，而科学理论恰恰是教育学发源地德国的教育系学

---

① [苏] 库兹涅佐夫. 认识的价值 [M]. 孙慕天译. 北京：中国人民大学出版社，1987.
② 刘晓力. 理性的生命——哥德尔思想研究 [M]. 长沙：湖南教育出版社，2000.
③ 汪玲，方平，郭德俊. 元认知的性质、结构和评定方法 [J]. 心理学动态. 1999 (1).

生之必修课程。

对于"科学理论"这个概念,学术界没有给出一个明确的定义,就连以"科学理论"命名的工具书和教科书也没能提供学术共同体较为认可的定义。撰写《科学理论小辞典》词条的四十余名专家就这个定义基本上达成共识,即科学理论"就是(任何)科学的理论"[1],就是说,它是以科学体系中任何学科为关照对象的。科学理论通常面对这三个核心问题:部分与整体;特殊与普遍;价值关涉与价值无涉。[2] 在《科学理论入门(教育学)》中,作者克罗恩(Friedrich Wilhelm Kron)是沿着下列思路来把教育学系学生和师范生引入科学理论的。[3]

- 科学家是如何获得"可靠的"知识的?
- 哪些方法适合于获取这些知识?
- 对于这些知识的科学性,人们需要依据哪些准则?
- 人们根据哪些标准来对理论进行批判?
- 人们如何来应对众多相互竞争的理论?

克罗恩认为,"科学理论"概念在认识论上可追溯到19世纪认识论的法兰西学派。他把科学理论的含义归纳为以下四种[4]:① 科学理论是一种基本原理:在此,科学理论扮演着哲学在历史上作为所有学科以及其自身基本原理的角色,它包括认识论、本体论、形而上学、人学(Anthropology)、逻辑学、伦理学。20世纪70年代,把科学理论当做科目(学科)教学论的基本原理,在德国教育科学流行一时。② 科学理论是理论之理论即元理论:其目的在于对现存的对象理论加以验证并赋予合法性。对于元理论,学术界比较能够获得共识,它是对对象理论的检验、规范并使之合法化即具有普遍意义,同时促进对象理论的完善与创新。针对对象理论,元理论可以考察其主客观、思想、社会、文化、政治、经济等条件及其关联;可以审视其研究对象的构建;可以检测其科学认识途径及其方法;可以拷问其理论的逻辑起点以及在解释现实过程中理论所展现的内涵与外延;可以检验理论的描述力、解释(说明)力和预测力等等。③ 科学理论作为对科学的分析:科学理论可以理解为对教育学作为学科的分析,而前提条件是,每个学科放弃哲学作为其基本原理,从而开发适合于本学科的学科理论体系。科学理论可以面对这些问题如概念、假设和理论的构建,实证研究中的逻辑论证,证实与证伪中的问题,认识途径的准则等等。这里所理解的科学理论往往以自然科学为取向,表现在哲学上就是触发以"元"命名的学科兴起浪潮的分析哲学。④ 科学理论作为方法论:科学理论在此被理解为对学术研究过程与方法的分析。在有关专著与教科书中,科学理论与方法论往往一并使用,比如《学科理论与实验方法——心理学方法论教材》[5]。

---

[1] 〔德〕Seiffert, H.; Radnitzky, G.. Handlexikon zur Wissenschaftstheorie [Z]. 2. Aufl., München: Deutscher Taschenbuch-Verlag, 1994. 4.

[2] 〔德〕Seiffert, H.. Einführung in die Wissenschaftstheorie. Bd. 1: Sprachanalyse-Deduktion-Induktion in Natur— und Sozialwissenschaften [M]. München: C. H. Beck, 1991 (11). 17—22.

[3] 〔德〕Plöger, W.. Grundkurs Wissenschaftstheorie für Pädagogen [M]. Paderborn: Wilhelm Fink Verlag, 2003. Vorwort.

[4] 〔德〕Kron, F. W.. Wissenschaftstheorie für Pädagogen [M]. München/Basel: Reinhardt, 1999. 67—71.

[5] 〔德〕Westermann, R.. Wissenschaftstheorie und Experimentalmethodik: ein Lehrbuch zur psychologischen Methodenlehre [M]. Göttingen: Hogrefe, 2000.

由此可见，以"元理论"（Meta-Theory）概念难以涵盖上述内容。于是，学术界试图使用"元研究"（Meta-Study）概念，一种建筑在包容上述四种含义的科学理论之上的研究。借鉴西方社会学元研究的内涵，即以既存社会学理论为对象的社会学元理论（metatheory）研究、以既存的社会学研究方法为对象的元方法（metamethods）研究和以社会学文献分析结果为对象的元资料分析（meta-data-analysis）三大板块，① 元研究可由下列三大对象构成：对象理论、认识论与方法论、学科论与学科史。

社会学元理论面对的是社会学内部有关"真"、"客观性"、"验证性"和"社会现象本性"等问题。② 叶澜在编辑"教育学科元研究"丛书中为教育学元研究既定内涵也点明实质，即"反思、批判、吸收、建构"。③ 其实，这与布雷芩卡（Wolfgang Brezinka）的论点心照不宣。布雷芩卡认为，"（教育学）元理论是一种对论及教育的原理体系作出描述、批判和规范的理论"④。

无论观点如何分歧、立场如何对峙、争论如何激烈，元研究在某个学科的出现本质上是这个学科繁荣的表征，在一个墨守成规、静如一潭死水的时代，元研究只会被扼杀在摇篮之中。

综上所述，把在元理论层面展开的研究称作为元研究，这样既可在概念上避免混乱与纷争，亦可化解学科称谓的棘手问题。这类研究包容科学哲学、科学学与元科学等以科学本身为研究对象的学科。哥德尔曾道出自己对世界真义的独特领悟："世界的意义就在于事愿分离（或事与愿违）"⑤，就是说，在科学世界，任何学科均已探究与捕捉真理为己任，而事实上，所探究与捕捉到的真理与愿望保持着相当一段距离，可以说是难以弥合的距离。这种"事愿分离"的状况呼唤着一种来自系统之外的审视。元研究便是这么一种视角，学科系统之外的，也可以说是更高一层面的。总之，通过元研究，这种"事愿分离"即"世界的意义"方才得以显现。可以说，元研究是通过对学科的解构以期达到建构的目的。⑥ 元研究是学科的"问题之源与方法之镜"⑦，是对学科本身的"行有不得者皆反求诸己"⑧。如果借鉴元认知，把元认知分成元认知知识、元认知体验和元认知监控三大部分⑨，那么，元研究也应具备这三大成分，即针对某学科的元知识（认识论与方法论）、对所关照学科的切身体验以及对该学科的监控（规范性反思与批判）。

---

① 〔美〕Ritzer, G.. Sociological Metatheorizing and A Metatheoretical Schema for Analyzing Sociological Theory [A]. 〔美〕Ritzer, G.. Sociological Theory [G]. New York：McGraw-Hill, 1996. 622.

② 〔美〕Fiske, D. W.；Shweder Richard A. Metatheory in Social Science：Pluralism and Subjectivities [G]. Chicago：University of Chicago Press, 1986.

③ 叶澜. 序——为了教育学科"明天"的反思 [A]. 叶澜. 教育研究方法论初探 [M]. 上海：上海教育出版社, 1999：1.

④ 〔德〕Brezinka, W.. Metatheorie der Erziehung. Eine Einführung in die Grundlagen der Erziehungswissenschaft, der Philosophie der Erziehung und der praktischen Pädagogik [M]. 4. vollst. neubearb. Aufl., München；Basel：Ernst Reinhardt, 1978.

⑤ 刘晓力. 理性的生命——哥德尔思想研究 [M]. 长沙：湖南教育出版社, 2000：前言.

⑥ 〔美〕Ritzer, G.. Sociological Metatheorizing and A Metatheoretical Schema for Analyzing Sociological Theory [A]. 〔美〕Ritzer, G.. Sociological Theory [G]. New York：McGraw-Hill, 1996：632.

⑦ 周作宇. 问题之源与方法之镜：元教育理论探索 [M]. 北京：教育科学出版社, 2000.

⑧ 孟轲. 离娄上 [A]. 朱熹. 四书章句集注 [G]. 济南：齐鲁书社, 1992：95.

⑨ 汪玲, 方平, 郭德俊. 元认知的性质、结构和评定方法 [J]. 心理学动态. 1999 (1).

所谓教育科学之元研究指的是"教育科学对自身的研究和认识",是"教育学'困惑时代的哲学',它给教育学反观自身带来了一定的启示,从而为教育学的进一步发展理清思路、拓展时空"①,是对学科"自我意识"的唤醒,② 是"教育科学工作者的精神自我批判的明确化"③,具体说,是"以已有的教育学陈述体系为分析对象,实际上是按照分析的——认识论的标准与规则,对教育学陈述体系展开的逻辑分析与语言分析"④,它使那些潜藏在对象理论背后的观念突现出来,成为任何理论探索者不可回避的问题。⑤ 总之,元研究是对学科本身的认知与批判,力求把学科本身引领到一个"自为的状态"⑥。

当然,也不是所有学者都追随这种以"元研究"来冠名的方式,比如夏之放与孙书文主编的《文艺学元问题的多维审视》⑦以及俞可的博士后研究工作报告《社会化研究元问题的教育学审视》⑧就采用"元问题"概念。"元问题"概念可以回避"元研究"概念的学科化之嫌疑,而重在问题取向。

二、教育学元研究本土化历程

元研究不是也不可能与所对应的学科同时起步,但对于非原创的而是引进的学科来说,便另当别论。教育学在中国便如此。随着依附于西方教育学的学科建设、教材编写、理论探索在中国的展开,对于教育学元问题的思考也接踵而至,如教育学起源、教育学的范畴及其与相关学科的关系(张子河编写的《大教育学》,商务印书馆1914年)、教育学的研究对象、教育学的学科分类(王炽昌编写的《教育学》,中华书局1922年)、教育研究的方法论(舒新城的《教育通论》,中华书局1927年)、教育原理的属性(钱亦石撰写的《现代教育原理》,中华书局1934年)。⑨ 然而,从系统性上来观察,罗廷光的《教育科学纲要》论及"何谓教育学"、"教育学的演进"、"教育学的科学特征"、"教育科学与教育哲学"、"教育学与他种科学"等等教育学中的元问题,⑩ 可以说是中国教育学元研究的开山之作。

教育科学的元研究在中国直到20世纪80年代中期才受到学术界的关注,是"三中全会"后几年关于"教育的本质与属性"的讨论以及与之紧密关联的学科危机意识之产物。⑪ 叶澜认为,"元教育学的研究以《教育学逻辑起点的历史考察》一文发表为标志性起点,并以瞿葆奎、陈桂生等教授为代表,持续深入开展至今,形成了我国元教育学研究领域;教育学科的元研究可以《关于加强教育科学"自我意识"的思考》一文为标志,从

---

① 瞿葆奎.前言[A].瞿葆奎.元教育学研究[G].杭州:浙江教育出版社,1998.
② 叶澜.关于加强教育科学"自我意识"的思考[J].华东师范大学学报(教育科学版).1987(3).
③ 周浩波.论教育学的命运——与吴刚、郑金洲同志商榷[J].教育研究.1997(2).
④ 陈桂生:"元教育学"问对[J].华东师范大学学报(教育科学版).1995(2).
⑤ 〔美〕赵单阳.当代西方社会学中的元研究[J].国外社会科学情况.1993(2).
⑥ 叶澜.关于加强教育科学"自我意识"的思考[J].华东师范大学学报(教育科学版).1987(3).
⑦ 夏之放,孙书文.文艺学元问题的多维审视[G].济南:齐鲁书社,2005.
⑧ 俞可.社会化研究元问题的教育学审视(博士后研究工作报告)[D].上海:华东师范大学,2008.
⑨ 瞿葆奎,郑金洲.中国教育学百年[M].北京:教育科学出版社,2001:100.
⑩ 罗廷光.教育科学纲要[M].上海:中华书局,1935.
⑪ 叶澜.总论:在裂变与重聚中创生——2001—2005年中国教育学科发展评析[A].//叶澜.中国教育学科年度发展报告2005[R].上海:上海教育出版社,2007:3.

教育学科整体发展的角度开展反思性探讨，并持续至今，形成了教育学科元研究领域"。[1]要是从时间顺序上来看，可以视《试论我国教育学的发展》为学科反思的发端[2]，随后有学者提出创建"教育学的科学学"[3]，《华东师范大学学报（教育科学版）》从1985年第一期开始开设的"元教育学"专栏。1990年出版的《元教育科学导论——教育科学研究的理论与方法》[4]可谓我国第一本教育科学元研究的专著，尽管其内容仅限于方法论上的探讨。1993年8月12日《中国教育报》上刊登唐莹与瞿葆奎的《元教育学的兴起与展望》，文中提出中国元教育学研究的"个性特征"。[5] 20世纪90年代关于"元教育学"的成果被收集在瞿葆奎主编的《元教育学研究》[6]中，这是对"文革"后复苏的中国教育学20年来发展的反思与评论，[7]尤其是对新中国成立以来所谓的"大教育"展开回顾与批判。[8]在此期间对于"教育科学学"的思考被汇编成《教育科学学引论》[9]。20世纪90年代，"元教育学"可谓学科的一大热点，"这种通过自身反思以求自我超越的教育理论及其研究取向，可以说是对'人的自觉反思'这一时代主旋律的一种折射"以及"教育自我超越的价值选择"[10]。世纪交替之际，出现零星的课题，如由全国教育科学规划办公室组织的"教育学学科调查"[11]（其子课题"教育基本理论"学科调查的成果被汇编成《教育基本理论之研究（1978—1995）》）；叶澜主持的教育部师范司重点研究项目"面向21世纪高等师范院校教育系科改革研究与实践"[12]（教育部"高师课程与教学改革研究"的指定项目，1998年3月正式立项，成员单位是10所师范大学的教育系）的子项目"中国教育系科发展研究"。[13] 自成体系的课题是叶澜主持的全国哲学社会科学"八五"规划重点课题"教育学科体系的建设与发展"，其成果汇聚在由其主编的"教育学科元研究"丛书中，该丛书共六册：叶澜的《教育研究方法论初探》、金林祥的《20世纪中国教育学科的发展与反思》、王坤庆的《20世纪西方教育学科的发展与反思》、夏正江的《教育理论哲学基础的反思——关于"人"的问题》、李政涛的《教育学科与相关学科的"对话"——从知识、科学、信仰和人的角度》以及叶澜的《回到原点的思考》。这是"我国第一套以教育学科自身为研究对象的学术性丛书"。作为瞿葆奎主编、教育部"九五"规划重点图书《教育

---

[1] 叶澜.总论：在裂变与重聚中创生——2001—2005年中国教育学科发展评析［A］.//叶澜.中国教育学科年度发展报告2005［R］.上海：上海教育出版社，2007：3.
[2] 雷尧珠.试论我国教育学的发展［J］.华东师范大学学报（教育科学版）.1984（2）.
[3] 陈元晖.科学与教育学［J］.教育研究.1985（6）.
[4] 姚文忠.元教育科学导论——教育科学研究的理论与方法［M］.成都：成都科技大学出版社，1990.
[5] 唐莹，瞿葆奎.元教育学的兴起与展望［N］.中国教育报.1993-08-12.
[6] 瞿葆奎.元教育学研究［G］.杭州：浙江教育出版社，1998.
[7] 唐莹，任长松，王建军，郑金洲.教育学的反思与元教育学的兴起［A］.//瞿葆奎.元教育学研究［G］.杭州：浙江教育出版社，1999.
[8] 陈桂生.教育学的迷惘与迷惘的教育学——建国以后教育学发展道路侧面剪影［J］.华东师范大学学报（教育科学版）.1989（3）.
[9] 安文铸.教育科学学引论［G］.南昌：江西教育出版社，1997.
[10] 黄亚妮.教育的自我超越——透视元教育热的思考［J］.教育研究，1997（8）.
[11] 瞿葆奎.教育基本理论之研究（1978—1995）［R］.福州：福建教育出版社，1996.
[12] 叶澜."面向21世纪教育系科改革研究与实践"结题总报告［J］.华东师范大学学报（教育科学版）2000（3）.
[13] 郑金洲.中国教育系科百年［A］.//瞿葆奎，郑金洲.中国教育学百年［M］.北京：教育科学出版社，2001：292—351.

科学分支学科丛书》的一种，2002年，唐莹的《元教育学——西方教育学认识论剪影》一书出版，① 由此标志"元教育学"正式被纳入教育科学体系。②

唐莹在回顾我国学者1978年以来对教育学的反思中罗列以下"关注"点：③① 教育学的本土化；② 教育学的科学化；③ 对中国现行教育学（含教材）体系的批判与建设，包括对中国现行教育学（含教材）体系的批判、当代中国"教育学现象"的透视、教育学的逻辑起点、教育学体系的构想；④ 教育学的历史发展，包括近代西方教育学的历史发展（特别是教育学发展的动力）、中国教育学（教材）的历史发展、现代教育学发展的分化与综合；⑤ 教育学的理论性质问题，包括教育学的科学性与实用性、教育学的结构与分类、教育学的理论基础、教育学的学科称谓、教育理论与教育实践；⑥ 教育学研究的方法论问题，包括教育学研究方法的移植、教育学研究的范式、教育学研究方法的历史与特点；⑦ 教育学研究的社会学问题，包括教育学研究的社会功能、教育学研究成果的评价与推广、教育学研究的共同体。对于上述焦点的关注通常从如下五个视角来展开：逻辑—语言学意义上的认识论分析取向、研究方法论意义上的认识论分析取向、历史学的分析取向、社会学的分析取向和价值—规范分析取向。④ 其实，以上所罗列的元研究的"关注"点在已普遍出现在学科或其分支的教科书中，比如《教育史学》所探讨的研究对象、学科发展百年历程、学科体系、学科与相关学科的关系、研究方法等等均属于该学科的元问题。⑤

早在1987年，叶澜就提出"在教育科学的内部学科群中，还应有一个相对独立的学科群，即以教育科学本身为研究对象的元科学群。在这个群体中，至少应包括三方面的学科：教育科学发展史（包括总的教育科学发展史和教育科学内的基础学科的发展史）、教育科学学（对教育科学结构和发展机制的研究）和教育科学方法学（包括研究的方法论与方法体系）"。⑥ 她主编的"教育学科元研究"丛书一套六册对应着教育学元研究的五个研究对象：教育研究方法论、教育学科发展史、教育理论哲学基础、教育学科与相关学科的关联以及教育学元问题。⑦ 王坤庆认为，教育科学元研究最为基本的内涵，可以从三个视角来加以界定：第一个是从哲学的视角来研究教育学的方法论，第二个是从历史的视角来研究教育学的演变，第三个是从科学的视角来研究教育学的体系结构与分类。⑧

尽管对于教育学元研究的研究对象尚无统一的定论，不过，在这一点上还是能够达成共识：其研究对象不是教育现象或教育的实际问题，而是教育学这门学科⑨，尤其是对象理论、认识论与方法论、学科论与学科史，用中国特有的表述方式，即学科建设。当然，这里所指的并非严格意义上的学科，可以是准学科，包括有待成熟的新兴学科、交叉学

---

① 唐莹.元教育学——西方教育学认识论剪影［M］.北京：人民教育出版社，2002.
② 同上书，40—41.
③ 同上书，10—11.
④ 同上书，29—32.
⑤ 杜成宪，邓明言.教育史学［M］.北京：人民教育出版社，2004.
⑥ 叶澜.关于加强教育科学"自我意识"的思考［J］.华东师范大学学报（教育科学版）.1987（3）.
⑦ 叶澜.序——为了教育学科"明天"的反思［A］.//叶澜.教育研究方法论初探［M］.上海：上海教育出版社，1999.
⑧ 王坤庆.教育研究方法论论纲［J］.华中师范大学学报（哲学社会科学版）.1996（3）.
⑨ 郑金洲."元教育学"考辨［J］.华东师范大学学报（教育科学版）.1995（3）.

科，如教育领导学，也可以是不以学科自居而通常被冠名为研究领域，如青少年研究。

总的来说，进入新世纪之后，我国教育学元研究由高潮走向回落，有学者认为，这是由于我国研究者有着与西方不同的治学思想。① 当然，分析这种衰落还得联系其兴起，即教育学原理或教育原理进入中国。教育学原理或教育原理于 20 世纪初从日本引入，与教育原理与教育学、教育理论、教育原则等同义，自改革开放以来逐渐受到学者的青睐，大量教育学教科书以"教育原理"来命名。教育学原理或教育原理通常有四种涵义：教育哲学、"教育基本理论"或"教育理论"、在理性层次上研究教育的主要关系以及揭示教育基本规律。② 在编撰《中国教育学科年度发展报告》过程中，叶澜也不得不承认，"在理论研究类中，教育学原理与教育哲学的关联性是明显而无疑的，但它们在研究对象、目标和旨趣的区分方面并不十分了然。……两门学科常有材料选择上的重复。"③ 作为教育学科发展特定历史阶段的产物，教育学原理和教育原理该寿终正寝。其涉及这些部分可以归于教育哲学，而绝大部分可以称得上教育学的元问题，应该纳入学科的科学理论范畴。这条路径既应对了教育学原理和教育原理的生存危机，同时也促使学科元研究走上正轨，不至于昙花一现。

三、教育学的学科合法性危机

教育学元研究在中国最大的困惑就在于研究对象存在的合法性，即教育学的学科合法性危机。如果教育学正如有些学者所认为的，尚停留在实体论、知性认识阶段，在哲学上属经验论；④ "中国目前的教育学缺少教育规律的表述，多的是教育价值和规范的表述。因此，它基本上是实践教育学"；⑤ 在高等教育研究方面，工作经验总结式的论文和著作导致高等教育研究的"泛化"现象；⑥ 更何况，我国的教育学学科体系几乎被教育学教材体系所垄断甚至取代。在联合国教科文组织国际教育局（UNESCO International Bureau of Education）编制的《国际教育标准分类》（International Standard Classification of Education）中，没把"教育学"作为标准学科列入其中，代替它的是教育学的子学科和分支学科。

对于教育学在中国学科体系的定位问题，叶澜曾对教育学的窘相作过细致罗列：教育学"显然不被人们当做自然科学，但教育学系的招生却文理科兼收；教育学通常被分在社会科学的领域里，但是在中国社会科学院的建制中，却不设教育学研究所。教育科学研究的课题由全国教育科学规划办统管，虽然同为高校教师申请的教育研究课题，但若在教育科学规划办立项，地位似乎低于哲学社会科学内立项的同类课题；在不少大学中，不把教育科学规划办立项的课题当做全国哲学社会科学同级课题处理"。⑦ 教育学游离于社会科

---

① 韩炳黎.中西学者治学思想差异对我国元教育研究发展的影响——从"布雷岑卡"的学术思想说起 [J].理论导刊,2005 (2).
② 方展画.关于"教育原理"的一种新诠释 [J].教育研究与实验,2001 (1).
③ 叶澜.总论：在裂变与重聚中创生——2001—2005 年中国教育学科发展评析 [A].//叶澜.中国教育学科年度发展报告 2005 [R].上海：上海教育出版社,2007:2—3.
④ 方展画.教育科学的演绎结构和教育范畴 [J].教育科学,1990 (4).
⑤ 冯建军.关于"有中国特色的教育学"口号的再辨析 [J].平顶山师专学报,1996 (2).
⑥ 胡建华.试析高等教育研究的"泛化"现象 [J].现代大学教育,2003 (1).
⑦ 叶澜.教育创新呼唤"具体个人"意识 [J].中国社会科学,2003 (1).

学的建制过程之外，对其他学科的知识增长并不构成警示意义。① 所以有学者建议，"打破'学科'情节，将教育作为一个领域开放出来，让其他各种学科携带自己的方法论武器来加以耕耘"。②

一门学科能否独立，当然要看它可否有专门的研究对象和独特的研究方法，可否有代表人物、学术组织和学术出版物，③ 而最为关键的标志是包括理论体系和概念体系在内的知识体系，否则的话，它要么成为子学科，如教育学中的特殊教育学、成人教育学，要么被视作一个研究领域如青少年研究、儿童研究、性别研究。子学科在知识体系方面依附的是其母学科，而研究领域采用的是跨学科。

关于教育学是科学还是领域，国内外学者争论已久，有学者认为："教育学的问题既不单纯是逻辑实证的问题，也不单纯是语义分析的问题，而首先是历史观、价值观的问题，是社会批判和文化批判所依据、所坚守的理想与信念的问题。就此而言，教育学并不是严格意义上的一门科学，而是一个专门化的研究领域，或者更确切地说，教育学既是一门科学，又是一个专门化的研究领域"，然而，随着由解释貌似自然的事实背后的利益关系而产生的价值选择的多种取向，教育学注定会成为一个边界不断扩大的专门化多学科研究领域。④ 布雷芩卡指出，"作为一种学术性学科，教育学陷入深刻的危机，在这门学科中，人们更多看到的是互相矛盾的意见而非知识，是一厢情愿的思辨而非现实主义的态度，是意识形态和世界观而非科学。没有哪一门学科像教育学这样泛滥着非科学的废话、派性的热情和教条主义的狭隘性"。⑤ 另有学者宣称，教育学将"从'殖民地'向'帝国'转变，突破学科局限，变成一个多学科交流的领域，从而成为一门汇纳百川的智慧学问"。⑥ 伊曼努尔·华勒斯坦（Immanuel Wallertein）对教育学更是不屑一顾："教育学是一种次等学科，把其他'真正'的学科共冶一炉，所以在其他严谨的学术同侪眼中，根本不屑一顾。"⑦ 学科还是领域，在高等教育学研究中争论较为广泛，从早年的德雷斯尔（Paul Leroy Dressel）和梅休（Lewis B. Mayhew）⑧ 到近来的阿尔特巴赫（Philip G. Altbach）都否定高等教育的独立学科地位。阿尔特巴赫提出，"高等教育无疑是一个可探究的交叉学科领域，它将不会以一个独立学科的形式出现"。⑨ 相对于知识体系对学科独立的重要性来说，是不是直面教育、有没有生活基础⑩就显得不足挂齿。况且，不少学者反对以独特的研究方法作为学科鉴别标准，"不但独特的研究方法不再是学科得以成立的必

---

① 〔美〕华勒斯坦. 学科·知识·权力 [M]. 刘健芝译. 北京：生活·读书·新知三联书店，1999：43—45.
② 周浩波. 教育哲学 [M]. 北京：人民教育出版社，2000：272.
③ 瞿葆奎，唐莹. 教育科学分类：问题与框架 [J]. 华东师范大学学报（教育科学版），1993（2）.
④ 劳凯声. 中国教育学研究的问题转向——20世纪80年代以来教育学发展的新生长点 [J]. 教育研究，2004（4）.
⑤ 〔德〕Brezinka, W.. Metatheorie der Erziehung. Eine Einführung in die Grundlagen der Erziehungswissenschaft, der Philosophie der Erziehung und der praktischen Pädagogik [M]. 4. vollst. neubearb. Aufl., München; Basel: Ernst Reinhardt, 1978.
⑥ 王洪才. 教育学：学科还是领域 [J]. 厦门大学学报（哲学社会科学版），2006（1）.
⑦ 〔美〕伊曼努尔·华勒斯坦. 学科·知识·权力 [M]. 刘健芝译. 北京：生活·读书·新知三联书店，1999：43.
⑧ 〔美〕Dressel, P. L.; Mayhew, L. B. Higher Education as a Field of Study. San Francisco: Jossey-Bass Publishers, 1974.
⑨ 〔美〕阿尔特巴赫. 世界高等教育研究与培训的现状与展望 [J]. 李勇译. 高等教育研究，2001（5）.
⑩ 侯怀银. 20世纪上半叶中国学者对教育学学科独立性的研究 [J]. 教育研究，2003（4）.

要条件，相反，单一研究方法的成效越来越受到怀疑"。①

布雷芩卡把作为研究对象的教育现象区分为实质对象与形式对象，实质对象指的是所研究的具体题材，相同的题材可以成为一系列学科的实质对象；形式对象指的是独特的研究视角，每门学科都拥有各自独特的形式对象。其实，所谓的实质对象就是通常所说的研究领域，而形式对象无非就是学科。比如，教育可以成为教育学、社会学、心理学、经济学、政治学、管理学、哲学、伦理学甚至医学等学科的研究对象，其中，每门学科均以各自独特的视角来分析教育。于是便出现"教育研究"与"教育学"的区分。至于教育学作为独立学科，其学科的独特视角到底是哪个，目前仍众说纷纭。以某种行动为手段达到对他人的心理素质结构产生持久性改变之目的②，便是教育学的独特视角。布雷芩卡的这种观点当然有失偏颇，不过，他对实质对象和形式对象的区分，对辨别领域与学科还是具有重大意义。其意义在于，仅仅凭借研究对象与研究方法难以对学科进行科学界定，也就是说，学科无特定研究对象与研究方法，即在研究对象与方法上无排他性。学科与学科之间的界说关键在于学科独特的知识体系（包括话语体系）以及此体系所提供的视角，就是如何针对一个对象提出、分析、解决问题。

由此看来，独特的知识体系以及此体系所提供的视角就显得愈发至关重要，它是学科与学科之间界说的关键，若只是强调视角，那么，所界说的也只能是一个学科内部一种理论与另一种理论的区分。然而，当知识在不断分化的过程中也急剧融合，它对学科的支配性作用也不得不被打上问号。在教育学，一系列相关学科的专业知识已经走进教育学的知识体系并固化为教育学学科基础知识，比如哲学、社会学、心理学和人学等等学科的知识。华勒斯坦曾对学科边界加以阐述："不可渗透的边界一般说来是紧密扣连汇聚的学科规训社群的要素，也是那个知识范围的稳定性和整合的指标。可渗透的边界伴随而来的是松散、分布广泛的学术群，亦标志更分散的较不稳定的和相对开放的知识结构。"③ 由此看来，教育学更是一个学术群，一个由哲学、社会学、心理学和人学等相关学科组成的"较不稳定的和相对开放的知识结构"。

在知识体系的基础上，需要话语体系来勾勒学科的独特性。所谓的话语体系，受规则支配的话语构成（discursive formations），它是一个散布系统（system of dispersion），支配话语的规则主要存在于这个散布系统的四个构成维度之中，即对象（objects），表达形式（enunciative modalities），概念（concepts）和主题选择（thematic choices）。福柯（Michel Foucault：1926—1984）认为，在众多陈述中，只要能够描述散布系统，能够在对象、表达形式、概念和主题选择之间确定某种规律性，所涉及的便是话语构成，这些形成的规则也就成为话语存在的条件。④

教育学学科合法性危机不但表现在其知识体系依附于相关学科，从赫尔巴特（Johann

---

① 陈桂生. "教育研究方法"辩 [A].//陈桂生."教育学"辩——"元教育学"的探索 [G]. 福州：福建教育出版社，1998：65.
② 〔德〕Brezinka, W.. Metatheorie der Erziehung. Eine Einführung in die Grundlagen der Erziehungswissenschaft, der Philosophie der Erziehung und der praktischen Pädagogik [M]. 4. vollst. neubearb. Aufl. , München；Basel：Ernst Reinhardt, 1978：45.
③ 〔美〕伊曼努尔·华勒斯坦. 学科·知识·权力 [M]. 刘健芝译. 北京：生活·读书·新知三联书店，1999：22.
④ 〔法〕福柯. 知识考古学 [M]. 谢强，马月译. 北京：生活·读书·新知三联书店，1998：47.

Friedrich Herbart, 1776—1841)当初的哲学（伦理学）和心理学到今日的社会学、经济学、政治学、管理学等等，而且还显露在话语体系受制于那些相关学科。学术界对权力话语、大众话语、先验预知话语只得展示其无奈。[①] 不仅仅叶澜列举的那些事实形象地揭示学科的合法性危机，国内教育学学术刊物中，以教育学命名的屈指可数，此外，学科的学术团体叫做中国教育学会而非中国教育学研究会。然而，教育学学科合法性危机并不会使元研究陷入无本之木、无源之水之困境。哪怕教育学未被确认为学科，教育至少作为一个研究领域，所形成的教育研究必然拥有对象理论、认识论与方法论以及其发展史，而这些内容恰恰是元研究的研究对象。而引发我国教育学元研究的也是教育学的危机论[②]、困惑说[③]、困境说[④]甚或终结论[⑤]。"危机是科学的正常状态：一种科学感觉不到危机，说明它正处于停滞状态。"[⑥] 正因为元研究，教育学学科合法性危机方能被揭示、被探讨或许被化解。

第二节 全球化时代呼唤学科群

在20世纪最后10年，国际21世纪教育委员会推出的报告《教育——财富蕴藏其中》指出："教师作为变革的因素，其作用的重要性从未像今日这样不容置疑。这一作用在21世纪将更具决定意义。"[⑦] 教师专业成长既无法孤立于整个教育体系，也难以脱离时代的羁绊。如今，人类已进入全球化时代，经济、生态与安全早已成为全球话题，使得广大教师"从此不得不接受这样的事实，即他们的入门培训对他们的余生来说是不够用的：他们必须在整个生存期间更新和改进自己的知识和技术"。[⑧] 2010年全国教书育人楷模于漪曾指出，一辈子做老师，一辈子学做老师。以育人为己任的教师须重建自己的知识结构，由此催生教师教育学科群。

一、社会环境之变迁与学科群

全球化并非新概念，何况跨越国界的经济活动自古就有。这一概念得以广泛应用是在冷战结束之后，其内涵从经济活动扩大到社会活动和文化生活。起决定性作用的不但是国家财政经济调控功能的下降，国家概念的淡化，更是以因特网为代表的信息技术的迅猛发展。所以说，全球化是个错综复杂的因果关系的产物[⑨]。把全球化理解为贸易和投资的自由化和国家主权的弱化以及民族文化的解体是片面的，当然，由于新自由主义（Neoliber-

---

① 栗玉香.实现教育学话语根本性转换的途径 [J].教育评论,2003 (4).
② 杨建华.论教育理论与教育实践的交互制约周期——教育理论危机的根源和元教育理论的误区 [J].教育研究,1998 (3).
③ 瞿葆奎.前言 [A].//瞿葆奎.元教育学研究 [G].杭州：浙江教育出版社,1998.
④ 徐中仁.困境中的探索：中国教育史学元研究管窥 [J].西南师范大学学报（人文社会科学版）,2004 (3).
⑤ 吴刚.论教育学的终结 [J].教育研究,1995 (7).
⑥ 鲍绍霖.西方史学的东方回响 [M].北京：社会科学出版社.2001：208.
⑦ 国际21世纪教育委员会.教育——财富蕴藏其中 [M].北京：教育科学出版社,1996.
⑧ 同上.
⑨ 〔德〕Pinzani, A..Demokratisierung als Aufgabe. Laesst sich Globalisierung demokratisch gestalten? [J]. Aus Politik und Zeitgeschichte. 2000 (B33—34).

alism)意识形态从中兴风作浪而加深了贫富鸿沟这一事实,① 全球化常常被演绎为西方现代性的全球扩张,② 但其本身"在许多方面不仅是新的,而且是革命性的",并"重塑我们的生活方式"。③

鉴于知识的发现、传播、分配和使用作为大学的三大基本职能活动,④ 本身就具有相当程度的全球性,高等学校的国际活动和知识的跨边界交流已成为高等教育研究的一大课题,⑤ 高等教育国际化也是对经济和信息全球化的必要回应,是历史的必然。⑥

从国际化和全球化之间的概念替代中不难看出,⑦ 21世纪的教师教育作为高等教育的重要组成部分是在竞争中求生存,在竞争中求发展,并伴随着国际性与产业性。⑧ 而且,只有把教师教育放置于全球化背景下来审视,才能发现自身体系中的不足甚或优势。

在对50多个国家的学校教育系统进行研究分析的基础上,麦肯锡公司在2010年发布一篇美国教育改革政策建议报告——《缩小人才差距:吸引并留住成绩名列前三分之一的大学毕业生担任教师》⑨,报告指出,教育系统的质量不可能超越教师的质量,通过提高教师工作效率来提高学生成绩已逐渐成为美国教育改革的重要主题。该报告发现,拥有优秀教育系统的国家在师资建设方面显示如下共同特征:① 教师培训课程都极为严格,大学生就读教师培训课程的门槛很高;② 政府为师范生提供学费及其他费用,并在培训与实习期间提供工资及生活补贴;③ 政府密切监控教师需求信息与供给,保证完成高选择性培训课程的教师能够获得工作;④ 提供有竞争力的工资,以便在高度流动的劳动力市场把这些名列前三分之一的大学毕业生吸引并留在教师行业;⑤ 为教师提供各种晋升及专业发展机会,并赋予教师崇高的社会地位;⑥ 政府将优秀的年轻教师视为国家最宝贵的财富。

教师职业的后备力量困扰着各国,是一个全球性问题。在中国,选择教师职业也并非优秀学子。第三方教育咨询研究机构麦可思公司的《2009届教育类专业大学毕业生就业

---

① United Nations Development Programm. Bericht ueber die menschliche Entwicklung: Globalisierung mit menschlichem Antlitz [R]. Bonn: Deutsche Gesellschaft für die Vereinten Nationen e. V., 1999. // Weltbank. Weltentwicklungsbericht 1999/2000: Globalisierung und Lokalisierung [R]. Bonn: Deutsche Gesellschaft fuer die Vereinten Nationen e. V., 2000.

② 〔德〕Hengsbach, F.. Globalisierung "-eine wirtschaftsethische Reflexion [J]. Aus Politik und Zeitgeschichte. 2000 (B33—34).

③ 〔英〕安东尼·吉登斯.失控的世界——全球化如何重塑我们的生活 [M].周红云译.南昌:江西人民出版社,2001:6.

④ 潘懋元.走向社会中心的大学需要建设现代制度 [J].现代大学教育,2001 (1).

⑤ 〔德〕Teichler, U.. Internationalisierung als Aufgabe der Hochschulen in Europa [C]. Joerden, Jan-C. et.. Universitaet im 21. Jahrhundert [A]. Berlin: Springer, 2000.

⑥ 〔荷〕Vught, F. van; Wende, M.-Ch. van der; Westerheijden, Don-F.. Globalisation and Internationalisation: Policy Agendas Compared [C]. Enders, J.; Fulton, O.. Higher Education in a Globalising World-International Trends and Mutual Observations [A]. Dordrecht: Kluwer Academic Publisher, 2002.

⑦ 〔英〕Scott, Peter. Massification, Internationalization and Globalization [A]. Scott, Peter. The Globalization of Higher Education [G]. Buckingham: Open University Press, 1998.

⑧ 〔德〕Kehm, B.-M. Beziehungen zwischen Internationalisierung und Hochschulqualitöt [A]. Olbertz, J.-H.; Pasternack, P.; Kreckel, R.. Qualitaet-Schluesselfrage der Hochschulreform [G]. Weinheim: Beltz, 2001.

⑨ 唐科莉.让最优秀的大学毕业生做教师 [N].中国教育报,2010-11-23.

分析报告》显示,① 2009届教育类本科毕业生更多来自农民与农民工家庭（45%）以及无业、退休人员家庭（13%），与非教育类专业毕业生相比分别高出5个和3个百分点；来自管理阶层家庭的（9%）比非教育类专业毕业生低6个百分点。在高职高专领域也呈现类似趋势：教育类专业毕业生更多来自无业与退休人员家庭（14%），比非教育类专业高职高专毕业生高出4个百分点。同时，教育类专业毕业生对母校的满意度也较低。

尽管中美两国面临类似的教师教育生源问题，但学生学业成就作为教师教育的成效却在中美之间大相径庭。比如2010年12月7日经济合作与发展组织（OECD）公布，在阅读、科学和数学全部三项测试中，首次参赛的上海15岁学生均雄踞榜首，而美国仅排名第17、第23和第31位。上海学子尽管首度参与国际学生评估（PISA），却雄踞三甲。就此，美国总统奥巴马年初例行在国会发表《国情咨文》，分析国内国际局势，阐述施政方针。2012年1月25日，这份《国情咨文》的关键词无疑是"赢得未来"，奥巴马竟然壮士扼腕般地抛下悲情之言："这是我们这一代人的斯普特尼克时刻（Sputnik Moment）"。②全球争霸也已聚焦于人才与教育。

显然，不同的教师教育体系难以拿同一尺度来衡量。作为大规模国际教育评估，PISA的效应仅限于学生在阅读、科学和数学三个领域的测试成绩。教师教育的评估工具还有待开发。但关键的是，教师教育的改革与发展必须基于该体系所在国度的教育传统与社会变迁，也基于当下国际的动态。比如在德国，承担师范教育的高校设置教师教育中心，其特点是，把原本分散在各个院系的学科教学论专家以及教育学系承担师范教育任务的相关师资整合在一起，以便在校内全局性地统整师范教育，还聘请所在地区相关教育团体（教师协会、校长协会）负责人为咨询委员会。③

当下，社会环境变迁的一大动因是信息化数字化。人类已进入一个由互联网建构而成的开放式、交互式、虚拟化、数字化的生存时空。人类有史以来有三项标志性发明，即火、文字和网络技术。它们分别对应着三种本质性的文明形态：器物文明、符号文明、数字文明。尤其是以数字化信息技术为支撑的国际互联网加剧多元文化的互相激荡，成为信息传播和知识扩散的新载体，并重塑现代人类的生活方式，也重塑包括教师在内的教育体系各个成员的生活方式。如美国社会学家曼纽尔·卡斯特（Manuel Castells）所言："作为一种历史趋势，信息时代支配性功能与过程日益以网络组织起来。网络建构了我们社会的新社会形态，而网络化逻辑的扩散实质上改变了生产、经验、权力与文化过程中的操作和结果。虽然社会组织的网络形式已经存在于其他时空中，新信息技术范式却为其渗透扩张遍及整个社会结构提供了物质基础……网络化逻辑会导致较高层级的社会决定作用甚至经由网络表现出来的特殊社会利益：流动的权力由于权力的流动。在网络中现身或缺席，以及每个网络相对于其他网络的动态关系，都是我们社会中支配与变迁的关键根源。"④

然而，通过"上海市中小学二期课改网络互动平台"对网络教研进行专题调查，上海

---

① 谢洋.教育类专业大学生就业情况不容乐观［N］.中国青年报,2010-09-02.
② 俞可.教育,走进战国时代?［J］.北京大学教育评论,2011（2）.
③ 俞可.德国：走提高师范教育效能之路［J］.上海教育,2011（6A）.
④ 〔美〕曼纽尔·卡斯特.网络社会的崛起——信息时代三部曲：经济、社会与文化（第一卷）［M］.夏铸九,王志弘译.北京：社会科学文献出版社,2001.

市教委教研室发现，①90%以上的中小学教师每天使用计算机的时间超过1小时，但只有三分之一的教师经常进行网络教研。教师平均每天使用计算机、上网、网络教研的时间分别为3.8小时、2.0小时、0.63小时。教师还主要以从网络中获取信息和资料（如查看教研信息和下载教学资源）为主要目的，而"发表、共享"相对较少。这也是当前网络教研"围观很多，互动不足"的现状。当然，越来越多的教师把教育博客（BLOG）视作教师专业发展的途径。②

互联网犹如一扇窗户，需要呼吸新鲜空气，便将之打开，需要抵御寒冷，又可随时将之关闭。大众传媒只是一种媒介，所以，应该是人操纵大众传媒，而非大众传媒控制人。教师身在数字化世界，如何去把握这扇窗户的启闭，而不至于陷入媒体批评家尼尔·波斯曼（Neil Postman）在《技术垄断：文化向技术投降》中所描述的人最终变成机器的恐怖景象，③而是成为自主、自立、自我定位和自我取向的终身学习者，这是新时期的重大课题。

国际社会已对此作了积极回应。2007、2008年交替之际，联合国教科文组织发布《教师信息通信技术胜任力标准》（UNESCO ICT Competency Standards for Teachers）。④该标准的开发得助于思科、英特尔和微软等跨国公司等信息技术跨国企业与国际教育技术国际协会、美国弗吉尼亚理工大学等学术机构的精诚合作，旨在为教育决策者和课程开发者在确定教师的信息通信技术胜任力的过程中提供指南。标准由政策框架、能力标准和实施指南等三部分组成。政策框架旨在解释项目的基本原理、结构和策略；能力标准试图将教育改革的具体内容与政策结合起来，为教师提出一整套具有可操作性的胜任力指标；实施指南详细罗列教师应该掌握的具体胜任力。这套标准不仅针对教师在信息通信技术胜任力方面的技术性要求，而且还关乎教学与课程、学校管理以及教师间合作与互助的多层面需要。《教师信息通信技术胜任力标准》无疑为数字化信息化时代的教师专业发展明晰价值指引方向，同时也是教师教育模式的更新。

尽管教师教育改革深陷于本土与国际、传统与当代的矛盾之中，然而，全球化敦促教育者与受教育者"不忘人类发展的大目标"，就是要意识到当代人生活中正在出现并扩大着的并必须承认和遵守的人与人之间的共同利益、共同价值，以及正在形成着的共同规则、共同伦理。⑤对人才培养的全球共识无疑助推教师培养全球共识的达成。鉴于文化差异，这种全球共识不可能产生于教师教育模式，而只可能在超乎文化的"元"层面上实现，这个"元"层面就是教师教育学科群。

二、知识结构之重组与学科群

就在PISA2009结果全球公布前两周，2010年11月21日，《中国中小学教师专业发

---

① 苏军.教师网络教研亟待加强[N].文汇报，2011-6-20.
② 金陵.教育BLOG：教师专业发展的推进器[N].中国教育报，2007-10-23//教育博客促进农村中小学教师的专业发展[EB/OL].http://www.jyb.cn/china/gnxw/201107/t20110719_443829.html
③ 〔美〕Postman, N.. Technopoly: The Surrender of Culture to Technology [M]. New York: Alfred A. Knopf, 1992.
④ United Nations Educational, Scientific and Cultural Organization. UNESCO ICT Competency Standards for Teachers [Z]. Paris: UNESCO, 2008.
⑤ 费孝通，李安国.中国文化与新世纪的社会学人类学[J].北京大学学报（哲学社会科学版），1998（6）.

展状况调查和政策分析报告》出台。这是由华东师范大学教育科学学院牵头，联合9所师范大学，历时3年，遍访全国市县乡镇三百余所中小学，抽样调查1.12万个样本而结出的硕果。[1] 作为"全国教师教育政策研究数据库"项目的第一项重大研究，这份42万字的"师资家底"调研报告，填补了中国教师教育研究的一项空白。报告发现，目前42.7%的教师具有初级职称，46.1%的教师具有中级职称，而具有高级职称的教师占6.6%，还未获取职称的教师占4.6%。与职称相比，我国教师学历水平更有待提高。在目前全国中小学专任教师中，拥有大专、本科及研究生学历的教师分别有35.7%（约363.1万）、55.7%（566.0万）和0.8%（8.3万），其总和已超过所有教师的九成。

尽管学历未必等同于教学能力，但两者之间存在相当程度的正相关。报告显示，学历越高，教师自备资料与藏书比例就越高；而学历越低，教师对教师用教学参考书的依赖就越大。同时，低学历教师对教育信息技术的应用普遍比高学历教师少。低学历教师的知识结构难以满足日新月异的时代发展，随着教学时间的推进，知识枯竭日益显现。尤其是新课改对教师知识结构形成严峻的挑战，这突出表现在学历普遍低下并难以分享全球化与现代化成果的农村教师。比如，高中新课改推行后，高中增加一门旨在培养高中生科技兴趣的《通用技术》课程。"全自动洗衣机的工作原理是什么？音乐喷泉能喷得更高吗？诸如此类与生活息息相关的问题都是这门课程探究的对象，好多农村老教师自己都没用过全自动洗衣机，又如何教给学生呢？"农村教师对《中国教育报》记者诉说无奈。[2]

或许，高学历能化解知识枯竭的困境。在学历达标上，上海显然走在全国前列。"十五"期间全市小学、初中和普通高中教师学历合格率分别达到99.6%、99.6%和97.5%。上海初中专任教师具有大学本科学历占90.75%，研究生学历占2.48%；高中专任教师具有大学本科学历占92.03%，研究生学历占7.41%；小学具有大学专科以上学历也逾92%。所以，不难理解，对于个人能力的培养和提升，上海中小学教师把学历列在第七位。[3] 然而，"一些教师原来以为解决学历可以解决问题，可是近年来不断提升的教育教学要求，让他们在补'先天不足'后更有'后顾之忧'，因为学历达标，并不能解决他们在前行中的许多问题。一位经过不断努力终于达标的小学老师说：'学历达标，只解除了我教师资格的近忧，但难以消除持续发展的远虑。'"这是上海一位不愿透露姓名的中学校长对《文汇报》的坦言。[4] 据《文汇报》报道，2010年暑假，"某知名小学教语文的小张老师却很'空闲'。因为学历达标了，又完成了240小时的教师培训，看起来，做老师所需的硬件，她'一点儿也不缺'。不过，她心里仍有'空荡荡'的感觉，'做老师的压力越来越大，挑战也越来越多，不知道明天的课堂会变成什么样子，整天提心吊胆。'她很想继续'充电'，但又苦于找不到合适的门路"。"苦于找不到合适的门路"是对教师教育质量的质疑。

《中国中小学教师专业发展状况调查和政策分析报告》显示，职后教师教育大多数是与日常课堂教学有密切联系的培训，而在"现代科技与人文社会科学知识"和"教育科学

---

[1] 华东师范大学教育科学学院.中国中小学教师专业发展状况调查和政策分析报告[Z].上海：华东师范大学，2010.
[2] 程墨，罗曼.老教师适应新课改，难在哪儿？[N].中国教育报，2010-02-24.
[3] 苏军.86.6%的教师感觉工作压力大[N].文汇报，2011-09-07.
[4] 苏军."后学历"教师培训路在何方[N].文汇报，2010-08-24.

研究"方面则比较欠缺。① 这意味着，在知识结构上，职后教师教育缺位。职后教师教育也缺乏针对性与有效性。上海一位资深的数学老师曾对《文汇报》记者这样评价职后教师教育："'专家报告+名师讲座+撰写体会文章'，整个过程比较简单，整个流程趋于形式化。"② 这份报告同时指出，我国目前的职前教师教育也乏善可陈，更擅长培养教书匠，而通识教育和研究型教师的培养急需加强。即便是教学方式，也是传统教学方式占主流。第三方教育咨询研究机构麦可思公司的《2009届教育类专业大学毕业生就业分析报告》显示，2009届教育类专业本科毕业生对母校的满意度（72%）低于非教育类专业本科毕业生（76%）4个百分点。在教育类专业毕业生眼中，师范教育亟待改进的是"实习和实践环节不够"（35%）、"课程内容不实用或陈旧"（24%）和"课程数量和类型不合理"（17%）。③

此外，一味以高学历为取向的教师教育强化了教师知识结构上的严重偏科。一方面，缺乏通识教育的职前教师教育，另一方面，以应试教育为导向的职后教师教育。比如，《文汇报》记者发现，"重理轻文"和"重文轻理"不仅遍存于学生，而且，教师的偏科有过之而无不及。④

当下，人类社会正从工业社会走向知识社会，即一个以创新为主要驱动力的社会。在丹尼尔·贝尔（Daniel Bell）眼中，知识是后工业社会最重要的资源。⑤ 欧盟在过去10年里最宏伟的计划"里斯本战略"（Lisbon Strategy）便旗帜鲜明地提出，打造"世界上最具竞争力和最富活力的知识型经济体"。⑥ 知识社会呼唤教师知识结构重组，更期待教师教育的革新，而作为知识体系的学科，其重组如教师教育学科群的创建无疑为教师教育的革新创设必要而充分的条件。

三、现代主义之困境与学科群

生态危机、全球经济危机以及跨国恐怖主义网络在全球化的推动下制造出遍布全球的现代性困境，另一种被广为接受的表述方式是全球性风险出自德国慕尼黑大学社会学教授乌尔里希·贝克（Ulrich Beck）在出版《风险社会：走向另一种现代》⑦ 一书。1986年，前苏联切尔诺贝利核电站第4号机组发生重大核泄漏事故，所造成地区性的核灾难以及生态灾难影响欧亚大陆数十国。对技术进步所伴随着的风险，全球陷入反思。同年，该书出版。"风险社会"在20世纪90年代进入学术话语，"9·11"事件后进入公众话语。

贝克认为，科学技术发展，生产效率提高，物质生活改善，这些均不足以化解伴随着工业社会而产生的技术性风险，如核风险、化学产品风险、基因工程风险、生态灾难风险

---

① 华东师范大学教育科学学院.中国中小学教师专业发展状况调查和政策分析报告［Z］.上海：华东师范大学，2010.
② 苏军."后学历"教师培训路在何方［N］.文汇报，2010-08-24.
③ 谢洋.教育类专业大学生就业情况不容乐观［N］.中国青年报，2010-09-02.
④ 王柏玲.教师"偏科"比学生更严重［N］.文汇报，2011-05-03.
⑤ ［美］Bell, D.. The Coming of Post-Industrial Society. A Venture in Social Forecasting［M］. New York：Basic Books, 1973.
⑥ ［法］Rodrigues, M. J.. Europe, Globalization and the Lisbon Agenda［A］. Cheltenham：Edward Elgar, 2009.
⑦ ［德］Beck, U.. Risikogesellschaft. Auf dem Weg in eine andere Moderne［M］. Frankfurt/M.：Suhrkamp, 1986.

等。这些风险彻底颠覆了现代制度应对风险所依托的理念与方法：风险计算或计算理性。贝克于是把风险社会视作现代性的更高阶段，即反思性现代性阶段或第二现代性阶段。与之相对的是工业社会的现代性，即简单现代性或第一现代性。在风险社会中，社会的核心问题从之前的财富分配与权力均衡转变为风险缓解。风险社会面对的是不确定性，而其任务是批判和改造"简单现代性"，尤其是对陷入"有组织的不负责任"的困境进行现代制度的批判与改造①，由此把握不确定性。规避和管理风险也意味着对权力和权威的重组。

风险打破了阶级、民族、国家的界限。尤其是在全球化浪潮的推波助澜之下，风险社会即为全球风险社会。② 全球风险社会是在三个层面上展开，即生态危机、全球经济危机以及跨国恐怖主义网络所带来的危险，并具有两个特征：地球上每个群体和每个个体原则上均无法逃避，全球治理是唯一应对途径。

既然全球风险社会涉及地球上每个群体和每个个体，那么，中国的教师也难以逃避，尽管有学者认为，"在我国的语境中，现代性本质上还不在'场'或尚未形成。也就是说，现代性尚未作为一种主导性文化模式和文化精神全方位地渗透到社会运行和个体生存之中"。③ 但风险社会投射到教师群体的风险具有一定的特殊性：作为后工业社会的知识社会对教师知识结构要求的不确定性；知识社会对人才定义以及人才培养模式的不确定性；青少年行为规范与心理素质的不确定性；学生、家长与整个社会对学校教育的期待的不确定性；教师群体对教学认识的不确定性（尤其是学校领导与教师之间、两代教师之间对教学认识的差异性）；教师个体对教师职业认同的不确定性。在上述诸多风险下，教师的职业倦怠凸显为一个焦点问题。上述六点充分体现在上海市教育科学研究院普通教育研究所 2009 年推出的一份题为《城市中小学教师工作压力的现状与对策》的调查报告中。④ 报告指出，77.5%的教师感到工作压力"比较大"和"很大"；如果能重新选择职业，37.3%的教师表示自己不会选择当教师。教育的高关注度也是教师压力的来源之一。74.5%的教师赞同"现在各方面对教师的要求越来越多，我都不知道怎么做教师了"；91.6%的教师认同"社会对教师的要求高于常人，使教师感到压力"，85.9%的教师赞同"当前社会对升学率过度重视，使教师感到迷惘"，92.4%的教师表示"学生、家长、学校和社会对教育的要求不尽一致，教师难以使他们全都得到满足"。90.1%的教师认同"学生差异较大，教师很难使每个学生都达到充分发展"。同年，天津市南开区教育中心在由北京市海淀区教委主办的京津沪渝 2009 年教育研讨会上发布的"关于教师专业发展现状"调查报告也显示类似趋势。这份以中小学校长、教务主任以及教师等为调查对象，历时近一年的调查共回收有效问卷 1214 份的调查报告显示，三分之一以上的教师暴露出职业倦怠的倾向，从而导致懒散、不求进取、缺乏学习意识、不负责任、混世等消极情绪或行为，直接影响教学质量和教学结果。⑤

2011 年 9 月 6 日公布的上海市中小学教师幸福感状况调查再次证实之前的结论。这

---

① 〔德〕Beck, U.. Gegengifte. Die organisierte Unverantwortlichkeit [M]. Frankfurt/M.：Suhrkamp, 1988.
② 〔德〕Beck, U.. Weltrisikogesellschaft：Auf der Suche nach der verlorenen Sicherheit [M]. Frankfurt/M.：Suhrkamp, 2007.
③ 于伟. 教育观的现代性危机与新路径初探 [J]. 教育研究, 2005 (3).
④ 王柏玲. 八成教师感觉工作压力重 [N]. 文汇报, 2009-09-22.
⑤ 桂杰，王存福. "无兴趣病"困扰中小学教师 [N]. 中国青年报, 2009-05-09.

项由《东方教育时报》和复旦大学新闻学院联合开展的最新调查显示，上海中小学教师对自己的幸福状况平均打73.6分，86.6%的教师感觉工作压力大。[①]

不仅在上海、天津等大都市，在全国范围内亦然。国家中小学心理健康教育课题组曾对全国14个地区168所中小学的教师展开抽样调查，调查发现，51.23%的教师存有心理问题，属于"轻度心理障碍"和"中度心理障碍"的教师分别有32.18%和16.56%，2.49%的教师已构成"心理疾病"。早在2005年，中国人民大学公共管理学院组织与人力资源研究所和新浪教育频道联合对全国近9000名教师开展"中国教师职业压力和心理健康调查"。结果显示，感觉压力非常大和比较大的教师有34.60%和47.60%；38.50%的教师的心理健康状况不佳；职业倦怠程度为轻微、中度和严重的教师分别为86%、58.50%和29%。

既然专业发展是化解职业倦怠的有效途径，那么，职业倦怠在很大程度上是一个职业认同问题。如果教师把其职业视作一种谋生手段，工作压力只是源自外在性的职业要求，那么，一旦应有的报酬、职称、荣誉等缺失，随即便失去对教师职业的价值认同；如果能够通过职业来自我实现并彰显生命价值，那么，教师对职业便拥有高度的认同感。可见，提升职业认同感，或者俗话所说的工作积极性，以促进教师专业发展为目的的发展性评价来替代以奖惩为目的的评价方式，使职业认同成为教师实现专业成长的内在动力，由此来应对现代性困境中教师所面临的一系列不确定性。一方面，这些举措须以多学科知识的储备为基础，另一方面，告别现实生活中教师的自然主义与经验主义的自在、自发的生存方式，须呼唤文化启蒙、制度规范、社会评价、自我反思[②]，显然，教师教育学科群责无旁贷。

第三节　教师教育学科群元问题

任何学科均有一个孕育、萌芽与开花结果的成长周期，其枝繁叶茂的一个重要表现形式是涌现一系列分支学科、交叉学科、边缘学科、基础学科，由此形成学科体系。学科体系须加以科学分类，以便梳理其对外对内的关系。然而，体系的确立往往会产生虚假繁荣之假象，并由此导致学科危机。历时性的教育知识类型的共时性存在意味着，学科发展以综合为主，分化为辅。学科内部学科群的出现，如教育学学科诞生教师教育学科群，便是一条走出教育学终结论的有益尝试。教师教育学科群重在问题取向，这些问题存在于教育现象与教育活动，而作为教育学学科体系的一部分，教师教育学科群必然会凝聚一系列元问题，这些元问题隐藏于学科群。本章把教师教育学科群的元问题归纳为五大领域，而其中五个元问题的研究亟待展开与深入。

一、学科群与教育学学科分类

"十九世纪思想史的首要标志就在于知识的学科化和专业化，即创立了以生产新知识、培养知识创造者为宗旨的永久性制度结构。多元学科创立乃基于这样一个信念：由于现实

[①] 苏军.86.6%的教师感觉工作压力大[N].文汇报，2011-09-07.
[②] 张传燧等.论教师生存方式及其现代转型[J].教师教育研究，2007(5).

被合理地分成了一些不同的知识群,因此系统化研究须要求研究者掌握专门的技能,并借助于这些技能去集中应对多种多样、各自独立的现实领域。"① 学科发展过程中会出现林林总总的分支学科、交叉学科、边缘学科、基础学科等等。久而久之,围绕着一个学科的学科体系便应运而生。

既然作为一个体系,学科必然在外部被纳入学术大家庭,在内部对其枝叶展开梳理,即所谓的学科分类。在我国,教育学的学科分类主要遵循以下三大标准(目录):

(1) 按照国家技术监督局于1992年11月1日颁发的国家标准《学科分类与代码》(GB/T13745—92)②,一级学科"教育学"(学科代码:880)共拥有18个二级学科,即教育史、教育学原理、教学论、德育原理、教育社会学、教育心理学、教育经济学、教育统计学、教育管理学、比较教育学、教育技术学、军事教育学、学前教育学、普通教育学、高等教育学、成人教育学、职业技术教育学、特殊教育学。

(2) 国务院学位委员会与教育部联合颁发的作为国务院学位委员会学科评议组审核授予学位的学科、专业范围划分的依据的《授予博士、硕士学位和培养研究生的学科、专业目录》③。该目录是在1990年10月国务院学位委员会和国家教育委员会联合下发的《授予博士、硕士学位和培养研究生的学科、专业目录》的基础上经过多次征求意见、反复论证修订而成,并于1997年颁布。1998年10月和2005年12月两次修订。授予学位的学科门类12个,一级学科89个,二级学科(学科、专业)386种。目录中教育学包括3个一级学科,17种学科、专业。列于"教育学"门类的一级学科"教育学"(学科代码:0401)之下,有教育学原理(含:教育社会学)、课程与教学论、教育史、比较教育学、学前教育学、高等教育学、成人教育学、职业技术教育学、特殊教育学、教育技术学等10个二级学科。此目录最近刚刚修订,但最新修订版尚未正式公布。

(3) 全国教育科学规划领导小组办公室下属的学科组的设置分类为:教育基本理论与教育史(代码:A)、教育心理(代码:B)、教育技术与传播(代码:C)、比较教育(代码:D)、德育(代码:E)、教育经济与管理(代码:F)、教育发展战略(代码:G)、基础教育(代码:H)、高等教育(代码:I)、职业技术教育(代码:J)、成人教育(代码:K)、体育卫生美育(代码:L)、民族教育(代码:M)、国防军事教育(代码:N)。④ 教育社会学赫然列入其中。

此外,1985年版的《中国大百科全书·教育》与1998年版的《教育大辞典(增订合编本)》对教育学的学科分类亦具有一定的指导意义。

如今,蒸蒸日上的教育研究业已催生一个庞然家族,包括业界公认的(即被上述三大目录所接纳的)学科分支、新兴学科与交叉学科,以及尚待成熟的准学科。除了那些以论文或其他文字形式呼吁或设计的教育学分支、新兴学科与交叉学科,已经通过公开出版专著的形式所确立的教育学分支、新兴学科、交叉学科与边缘学科大体可分为以下几类。

---

① 〔美〕伊曼努尔·华勒斯坦,I.开放社会科学:重建社会科学报告书[R].刘锋译.北京:生活·读书·新知三联书店,1997:8—9.
② 学科分类与代码[S].北京:中国标准出版社,1993:86.
③ 教育部学位与研究生教育发展中心.学科、专业目录(1997年颁布)[EB/OL].http://www.moe.edu.cn/publicfiles/business/htmlfiles/moe/moe_834/201005/88437.html
④ 全国教育科学规划领导小组办公室.学科组[EB/OL].http://onsgep.moe.edu.cn/xuekezu.htm

（1）以"教育"作为研究对象或理论应用领域来划分：教育社会学（从中又分化出高等教育社会学、家庭教育社会学、德育社会学、班级社会学、学校生活社会学、课堂教学社会学、课程社会学）、教育心理学（从中又分化出家庭教育心理学、独生子女教育心理学、幼儿教育心理学、成人教育心理学、学校教育心理学、小学教育心理学、高等教育心理学、师范教育心理学、职业教育心理学、职工教育心理学、中小学教育心理学、儿童教育心理学、中学生教育心理学、民族教育心理学、女性教育心理学、士兵教育心理学、部队管理教育心理学、职工思想教育心理学、爱国情感教育心理学、思想教育心理学、语文教育心理学、数学教育心理学、外语教育心理学、物理教育心理学、化学教育心理学、生物学教育心理、体育教育心理学、音乐教育心理学、学校心理学、高等学校管理心理学、学校管理心理学、教育社会心理学、情感教学心理学、认知教学心理学、课堂教学心理学、德育学科教学心理学、对外汉语教学心理学、体育教学心理学、外语教学心理学、物理教学心理学、思想品德教学心理学、历史地理教学心理学、音体美教学心理学、小学语文教学心理学、小学数学教学心理学、小学科学教学心理学、英语教学心理学、语文教学心理学、中学科学教学心理学、中学数学教学心理学、中学语文教学心理学、工程制图教学心理学）、教学心理学、教育史学、教育哲学（从中分化出基础教育哲学、数学教育哲学、教师教育哲学）、教育伦理学、教育逻辑学、教育美学、教育文化学、教育经济学（从中分化出高等教育经济学、职工教育经济学、民族教育经济学）、教育财政学、教育政治学（从中又分化出高等教育政治学）、教育管理学（从中分化出高等教育管理学、研究生教育管理学、小学教育管理学、班级教育管理学、成人教育管理学、职业技术教育管理学、农业教育管理学、艺术教育管理学、临床医学教育管理学、中医教育管理学、高等教育行政管理学、学校管理学、高等学校管理学、普通学校管理学）、教育法学（从中分化出高等教育法学）、教育人口学、教育人类学/人学、教育民族学、教育生态学、教育统计学、教育测量学、教育评价学、教育信息学、教育实验学、教育卫生学（从中又分化出学校卫生学）、教育行政学、教育政策学、教育地理学、教育技术学、教育未来学、教育时间学、教育发展战略学、教育传播学、教育领导学。

（2）以学科直接衍生出来的分支学科或以教育某一要素作为研究对象来划分，这类学科被叶澜称作为"局域分支型学科"[①]：教学论（从中又分化出各类学科教学论）、课程论、教材学、教师学（从中又分化出大学教师学）、校长学、家长学、科举学。

（3）以认识论和方法论来划分：元教育学、教育科学学、比较教育学、普通教育学、实用/实践教育学、宏观教育学、微观教育学、广义教育学、制度教育学。

（4）以人的生理发展的轨迹来划分：幼儿或儿童教育学、成人教育学、老年教育学。

（5）以相互衔接的教育机构来划分：学前教育学、小学教育学、中学教育学、基础教育学、高等教育学、成人高等教育学、研究生教育学、职业教育学、特殊教育学。

（6）以基础教育阶段学校所开设的科目或课程来划分：政治教育学、语文教育学、英语教育学、数学教育学、物理教育学、化学教育学、生物教育学、历史教育学、地理教育学、体育教育学、音乐教育学、艺术教育学、书法教育学、舞蹈教育学、健康教育学（从

---

① 叶澜.总论：在裂变与重聚中创生——2001—2005年中国教育学科发展评析［A］.//叶澜.中国教育学科年度发展报告2005［R］.上海：上海教育出版社，2007：7.

中又分化出妇幼健康教育学）、性教育学。

（7）以具有教育功能的机构或场所来划分：学校教育学、班级教育学、社会教育学、家庭教育学、社区教育学、少先队教育学、军校教育学。

（8）以教育方法或手段或目标来划分：复式教育学、异步教育学、视听/电化教育学、信息技术教育学、远程教育学、（思想）道德教育学、素质教育学、人格教育学、审美教育学、科技教育学、创新教育学、创业教育学、家庭创造教育学（从中又分化出家庭创造教育学和语文创造教育学）、国防教育学。

（9）以教育对象的特殊性来划分：特殊教育学、职工教育学、民族教育学、超常教育学、护理教育学、军事教育学、竞技教育学、工业教育学、师范教育学、教师教育学、领导教育学。

教育学如上述之繁荣，与其说是一个强烈的学科意识使然，不如说是一种对学科立场缺位的过度补偿，实在虚幻的繁荣。比如，刘永瑞的《经济教育学》[①]旨在以经济学的视角来探讨教育发展与经济发展之间的内在规律，彭世华的《发展区域教育学》[②]着眼于区域间教育发展不均衡的经济基础，从而试图揭示教育投资的区位选择等区域教育运动的基本规律。两者实则为教育经济学著作。"教育学和商科一样，都只是各种'真正'学科的大杂烩……当中涉及心理学、哲学、社会学、历史学……这各种学科都有适宜我们挪用之处，只要加上'教育'这个前缀词便可。"[③]正如有学者针对教育学与所谓的文化学之间的综合与交叉所指出的，"教育学在借鉴和引进文化学时，也存在诸如想当然的理论演绎、'引进'的兴趣大于研究教育问题的兴趣等现象，学科借鉴不能代替教育学自身的发展"。[④]若是对这种"大繁荣"不屑一顾的话，就会出现赫尔巴特所关注的教育学命运问题："医学仍如此脆弱，以致恰恰是它变成了各种最新哲学理论现在在其中繁茂地丛生着的疏松土壤。教育学不久也将走向这种命运吗？它也将成为各学派的玩具吗？"[⑤]

二、学科群与学科分化及综合

对于我国教育学的学科分类，瞿葆奎与唐莹在《教育科学分类：问题与框架》一文中作出开拓性尝试。[⑥]鉴于此文是由瞿葆奎主编、教育部"九五"规划重点图书《教育科学分支学科丛书》的"代序"，这种学科分类尝试的学术价值便不可小觑，尽管列入该丛书的均为交叉学科而非由教育学科本身衍生出来。其分类依据首先是研究对象，由此把教育学大家庭分为两大群体：一个群体以教育活动为研究对象，另一个群体以教育理论为研究对象。

[①] 刘永瑞.经济教育学[M].石家庄：河北教育出版社，2004.
[②] 彭世华.发展区域教育学[M].北京：教育科学出版社，2003.
[③] 〔美〕伊曼努尔·华勒斯坦.学科·知识·权力[M].刘健芝译.北京：生活·读书·新知三联书店，1999：44.
[④] 吴黛舒.文化学和教育学中的"文化研究"[J].华东师范大学学报（教育科学版），2005（3）.
[⑤] 〔德〕赫尔巴特.普通教育学·教育学讲授提纲[M].李其龙译.杭州：浙江教育出版社，2002：11.
[⑥] 瞿葆奎，唐莹.教育科学分类：问题与框架——《教育科学分支学科丛书》代序[A].//唐莹.元教育学——西方教育学认识论剪影[M].北京：人民教育出版社，2002：18.

表 4-1 教育学学科分类

以教育活动为研究对象；以不同方式运用其他学科	把被运用学科作为理论分析框架	分析教育中的形而上问题	教育哲学　教育逻辑学 教育伦理学　教育美学
		分析教育中的社会现象	教育社会学　教育经济学 教育政治学　教育法学 教育人类学　教育人口学 教育生态学　教育文化学
		分析教育中的个体的"人"	教育生物学　教育生理学 教育心理学
	采用被运用学科的方法	运用方法直接分析教育活动	教育史学　比较教育学 教育未来学
		研究如何运用方法来分析教育活动	教育统计学　教育测量学 教育评价学　教育实验学 教育信息学
	综合运用各门学科，解决教育的实际行动问题	分析与其他领域共有的实际问题	教育卫生学　教育行政（管理）学 教育规划学　教育技术学
		分析教育领域独有的实际问题	课程论　教学论
以教育理论为研究对象			元教育学　教育学史

资料来源：瞿葆奎，唐莹.教育科学分类：问题与框架——《教育科学分支学科丛书》代序［A］.唐莹.元教育学——西方教育学认识论剪影［M］.北京：人民教育出版社，2002.

上述所罗列的涉及教育的所谓"学科"，除元教育学与教育科学学之外，均建立在对象理论基础上，所谓的元教育学与教育科学学依傍的是科学理论，应属另一层次。这些对象理论中不小一部分远远未能自成理论或学说，遑论学派，最多是某种见解与思考，难以自成体系，更有待学界公认以及历史筛选，通常冠以"方案"、"思路"、"观点"为好，所有这些都在为学科知识的增长添砖加瓦。此外，上述交叉学科均为其他学科的知识体系（理论体系、话语体系等）在教育领域上的应用，或者说，教育成为这些学科的研究对象，它们既可亦不必纳入教育学学科体系，就是说，不应该完全隶属于教育学学科体系，从交叉学科的别称"边缘学科"就可看出其"边缘"的性质。由学科分类而引发学界对学科的分化与综合的思考。

从教育学走向教育科学是一个学科自身既综合又分化的过程。国内有些学者颇为推崇复数形式的"教育科学"，即"所有有关教育知识体系的总称，由若干学科构成，这些学科从不同的研究角度或不同层面来认识和改进教育活动"[①]。"教育科学"无论是单数形式还是复数形式，其内部关系与外部关系均需加以规范。然而，苦心交叉甚至随意混杂得出的所谓"新学科"往往被尽可能拉入"教育科学"，随后便大张旗鼓推进学科建设。此种做法必将导致"教育科学"重蹈当初"大教育学"[②]的覆辙："大教育科学"的悲剧。在古希腊语中，科学（episteme）这个词的词根便指坚固性和稳固性。按照这种理解，科学的进程导向一种稳

---

① 吴康宁.我们究竟需要什么样的教育研究取向［J］.教育研究，2000（11）.
② 陈桂生.略论"大教育学现象"［J］.教育科学论坛，1994（4）.

定的平衡，导向人类的知觉和思想世界的稳定化和稳固化。① 对于相对稳定的科学来说，学科的分化与综合是个漫长过程，短时期内学科的过度膨胀必然蕴含危机。

回溯学科史，教育学的学科发展是与高校专业设置紧密关联的。有学者指出，受苏联的影响，我国学科与专业划分具有一种管理上的规范功能，它规范着高校的专门人才培养的口径和领域；而在西方国家，这种划分只是便于高校对其专门人才培养结果进行统计归纳。在时间顺序上，前者主要是在人才培养过程开始之前和这一过程中来使用这种划分，后者主要是在人才培养过程结束之后来使用这种划分。②

德国"教育科学入门课程"丛书主编克吕格尔（Heinz-Hermann Krüger）建议把教育学分支学科划分为两个层次③，一个是长期的教育学系开设的并已形成一定规模的专业研究群体的分支学科，其中又可分为两个部分，一部分是学科基本理论比如普通教育学、比较教育学、教学论、课程论等，这些也可称为教育学的基础学科，另一部分是对应相应的并且具有相对稳定性的教育实践领域的，如学校教育学（包括小学教育学、中学教育学、基础教育学）、特殊教育学、学前或学龄前教育学、成人教育学、职业技术教育学、社会教育学等，这些不妨叫做教育学的应用学科；第二个层次涉及的是那些新创设的但尚未在学科共同体达成共识的分支学科，或准确地说，是准分支学科，如艺术教育学、健康教育学等，这些准分支学科要么是教育学对其他社会领域的扩张或对其他社会现象的关注，要么是其他社会领域或其他社会现象对教育学的渗透，可以说是大时代，即经济全球化、信息技术革命、知识经济等吉登斯（Anthony Giddens）所说的"第二次现代化"之产物。准分支学科一旦发展成熟，它们便可上升到第一层次。

《中国教育史学九十年》一书认为："中国教育史学科的诞生有两个标志，一是学校中有了中国教育史课程，二是有了对中国教育历史的专门研究。前者出现在 1904 年颁布并实施的《癸卯学制》以后，后者出现在 20 世纪的第一个 10 年中。"④ 专门的课程和专门的研究不足于作为学科成立的标志，这里的问题在于"专门研究"如何定义，也就是说，研究到什么程度才算作学科的成立。有课程，必然就有编撰或翻译教材的人员，教材的编撰便可视为专门研究。比如，早在 20 世纪初叶中国的各级师范学堂便开设"教育法令"、"学校管理法"等课程，⑤ 难道当初教育法学和教育管理学便已诞生？在此，不妨借鉴潘懋元的观点，他认为，"一门社会科学的学科，可有三种相互联系的本体体系：第一，理论体系；第二，知识体系（经验体系、工作体系）；第三，课程体系（教材体系）"。⑥ 潘懋元所提及的"知识体系"中的"知识"为狭义概念，仅指经验与实践。

学科的分化与综合其实与广义的"知识"有关，不仅包括学科的理论体系、经验体系、工作体系和教材体系，更有学科的认识论与方法论体系。学科的分化与综合，其背后

---

① 〔德〕恩斯特·卡西尔.人论 [M].甘阳译.上海：上海译文出版社，1985：263.
② 王伟廉.高等学校学科、专业划分与授权问题探讨 [J].高等教育研究：2000（3）
③ 〔德〕Krüger, H.-H.. Erziehungswissenschaft und ihre Teildisziplinen [A].//Krüger, H.-H.；Helsper, W..Einführung in Grundbegriffe und Grundfragen der Erziehungswissenschaft [G]. 5. Aufl., Opladen：Leske + Budrich，2002：303—318.
④ 杜成宪，崔运武，王伦信.中国教育史学九十年 [G].上海：华东师范大学出版社，1998.
⑤ 郑金洲.中国教育系科百年 [A].//瞿葆奎，郑金洲.中国教育学百年 [M].北京：教育科学出版社，2001:297.
⑥ 潘懋元.关于高等教育学科建设的若干问题——在全国高等教育学科建设研讨会上的报告 [J].高等教育研究，1993（2）.

隐藏着一个"知识型"的变化。"一定的知识类型的划分总是以一定的知识型为思想前提的"。所谓"知识型",是由对与知识概念有关的四组问题具有逻辑一致性的回答所构成和产生的具有结构特征知识形态,也可称为"知识的模型"或"知识的范式"。那四组问题分别是:知识与认识者的关系、知识与认识对象的关系、知识作为一种陈述本身的逻辑问题,以及知识与社会的关系问题。① 于是,不同的历史发展阶段就有着不同的知识类型:在知识历史的推进中,教育经验最先失去知识的资格;进入科学主义的时代,形而上学的知识资格也受到严峻挑战;而在后现代主义者眼中,所谓科学知识的主宰地位至少遭受怀疑。教育知识类型的丰富,意味着新的教育知识类型出现并不能宣告旧的教育知识类型彻底消亡,只是共同构成新一时期教育知识的整体。教育学发展到一定阶段,教育经验、教育思想、教育理论几种教育知识类型共时存在,尽管教育理论的发展轨迹展现的是一条从教育经验到教育思想,再到教育术,最后到教育学的历史线索。② 历时性的教育知识类型的共时性存在,此现象无疑昭示,学科发展以综合为主,分化为辅。

教育学的体系是教育学的思维路线或思维模型,这个思维模型是"教育"这一范畴的展开而形成的问题链。③ 这个思维模型一旦被确定,教育知识的秩序也就相应被厘定,教育学学科体系的聚合效应便得以彰显。而这些纷繁的分支学科、交叉学科、边缘学科、基础学科,其各有特色的贡献最终会被在更高的水平和层次上进行综合,从而提升教育学学科的建设与发展。这个出于更高水平上的综合之"器"便是元研究。在"元"层面上,针对教育现象与教育理论,教育学学科内部可以排列组合而成几大学科群,有如叶澜1987年提出的"相对独立的学科群,即以教育科学本身为研究对象的元科学群"④,也有相对依附的即以教育现象为中心的学科群,如社会化学科群⑤、高等教育学科群、教育领导学科群、教师教育学科群。这些学科群至今通常以"某某研究"(××Research 而非××Study)来命名,如社会化研究(Sozialisation Research)、高等教育研究(Higher Education Research)、教育领导研究(Education Leadership Research)、教师教育研究(Teacher Education Research)。学科群的出现是学科分化与综合的结果。

教师教育学科群就是围绕着教师职前职后专业化发展以及教师的教育活动所展开并形成的问题链,囊括各种类各层面的"知识的模型"或"知识的范式",即摩尔(Terence W. Moore)在《教育理论导论》中对有关教育的活动按逻辑水平划分的三个层次:第一层为包括教与学的教育活动;第二层是教育理论活动;第三层为教育哲学。⑥

三、学科群与元问题基本框架

与其他学科如史学相比,教育学的"学科意识"尤为强烈,不少学者就某个专题研究便能创设一个分支学科来。1929 年,杨贤江在其《新教育大纲》的序言中曾批判当时已

---

① 石中英.知识转型与教育改革[M].北京:教育科学出版社,2001:20—21.
② 成有信.简论教育学的形成和发展——兼论教育经验、教育思想、教育政策和教育科学的关系[A].//瞿葆奎,沈剑平.教育学文集·教育与教育学[G].北京:人民教育出版社,1993.
③ 刘庆昌.教育者的哲学[M].北京:中国社会出版社,2004:404.
④ 叶澜.关于加强教育科学"自我意识"的思考[J].华东师范大学学报(教育科学版),1987 (3).
⑤ 俞可.社会化研究元问题的教育学审视(博士后研究工作报告)[D].上海:华东师范大学,2008.
⑥〔美〕Moore, T. W. Educational Theory: an Introduction [M]. London; Boston: Routledge & K. Paul, 1974:8.

公开出版的各种版本的"教育概论":其"内容虽然不尽相同,但可以说大同小异;而且这所谓异者仅仅是章节文句之异,而所谓同者却是根本立场相同"。① 这段80年多前的评语完全适合于当今各种以"某某教育学"来命名的专著。杨贤江所说的"根本立场"就是秉承赫尔巴特的带有强烈哲学"知识论"的"学科主义"。而这种秉承背后隐藏着近现代中国人对科学的盲目崇拜。有学者在考察中国现代思想(1900—1950)中的唯科学主义后指出:"一般地说,唯科学主义是一种从传统与遗产中兴起的信仰形式,科学本身的有限原则,在传统与遗产中得到普遍应用,并成为文化设定及该文化的公理。更严格地说,唯科学主义可定义为是那种把所有的实在都置于自然秩序之内,并相信仅有科学方法才能认识这种秩序的所有方面(即生物的、社会的、物理的或心理的方面)的观点。"② 另有学者主张教育学应该采取"问题取向"模式,其目的"不是学科的知识积累或学科体系的完善,而是为增进、更新、深化和扩展对特定问题的认识,从而有助于人们对该问题的解决"。③ 如果说,美国当代哲学家莫尔顿·怀特(Morton Gabriel White)宣扬告别"学科帝国主义"④,教育学却迎来其"学科帝国主义"时代。"学科主义"已成为学术界的一大公害⑤,任其发展势必造成各种教育基本概念的泛化⑥,甚至迫使教育学走向历史必然性的终结⑦。从元研究的视角,20世纪90年代中期关于教育学命运的争论⑧,其意义颇为重大。而且,美国社会学家沃勒斯坦联合多国多学科学者撰写的《开放社会科学——重建社会科学报告书》,回顾了1945年前社会科学的体制化进程,评述战后社会科学发展所遭遇的重大理论疑难,提出打破原有学科界限、放弃以国家为主的分析框架,重建社会科学的要求。然而,这个报告却只字未提教育学发展状况。⑨ 面对教育学学科如此窘迫的命运,以问题为取向的教师教育学科群便是一条走出教育学终结论的有益尝试。

教师教育学科群重在问题取向,这些问题存在于教育现象与教育活动,而作为教育学学科体系的一部分,教师教育学科群必然会凝聚一系列元问题,这些元问题隐藏于学科群,归纳起来有下列五大领域。

(1) 认识论研究:教师教育学科群的知识体系。这个领域包括概念、命题、话语、逻辑结构、理论与学说的哲学基础、对象构建、结构与分类、科学性、价值与学科立场问题、教师教育理论与教师教育实践的关系、学科群独立性、教师教育学科群与相关学科及学科群的关联、学科群的国际比较。

(2) 方法论研究:教师教育学科群的方法体系。这个领域包括范式、学科群的方法论、学科群本土化、学科群原创性。

---

① 杨贤江.新教育大纲[M].上海:上海南强书局,1929:2.
② 郭颖颐.中国现代思想中的唯科学主义(1900—1950)[M].上海:上海人民出版社,1995:17.
③ 张斌贤.从"学科体系时代"到"问题取向时代"[J].教学科学:1997(1).
④ 〔美〕怀特.分析的时代——二十世纪的哲学家[M].杜任之译.北京:商务印书馆,1981:243.
⑤ 周作宇.元教育理论及其危险[J].教育研究,1997(8).
⑥ 陈桂生.略论教育学同其子学科之间的关系问题[J].高等师范教育研究,1995(4).
⑦ 吴刚.论教育学的终结[J].教育研究,1995(7).
⑧ 郑金洲.教育学终结了吗?——与吴刚的对话[J].教育研究,1996(3);周浩波.论教育学的命运——与吴刚、郑金洲同志商榷[J].教育研究,1997(2).
⑨ 〔美〕华勒斯坦.学科·知识·权力[M].刘健芝译.北京:生活·读书·新知三联书店,1999:43—45.

（3）学科群发展史研究：学科群的历史体系。这个领域包括学科群发展史、学科群国际交流史、海外中国教师教育研究、学科群系科史、学科群教材发展史、学科群课程史、学科群共同体活动发展史、学科群学术史或学术研究史、学科群思想史。

（4）学科群的学术制度研究：学科群的制度体系。这个领域包括系科建设、课程建设、教材建设、学术共同体建设、学术出版、学术制度。

（5）学科群的系统性研究：学科群的规整体系。这个领域包括学科群年度发展报告、学科群学术年鉴、学科群工具书。

基于教师教育学科群元问题体系的广博性，一方面，每位学者穷毕生之精力只能对其中某一或几个元问题进行探究，另一方面，学界难以全线作战，而是随着学科群的发展逐一攻坚，不积跬步，无以至千里，更何况，有些元问题是在学科群发展过程中渐次显露出来。当前，以下五个方面研究亟待展开与深入：

（1）教师教育学科群的范式研究。范式（paradigm）这一概念是由托马斯·库恩（Thomas S. Kuhn）于1962年在其《科学革命的结构》（The Structure of Scientific Revolutions）[①]一书中提出的，有学者统计，其在此书中所使用的"范式"概念至少有21种含义。[②] 在我国，对这一概念的理解也呈纷繁之态，比如教学与课程范式的诸种分类，[③] 教育研究与高等教育研究对范式的不同划分。[④] 由于《教育学文集——教育研究方法》收录的瑞典学者胡森（Torsten Husen）的《教育研究的范式》把教育研究中使用的两个主要范式概括为实证主义范式（定量研究）和人文主义范式（定性）[⑤] 以及我国学者就此所做的进一步考察，[⑥] 对范式的这种解读方式在我国教育学界产生深远影响。[⑦] 就教师教育学科群而言，范式研究往往包含在学科群发展史、教师教育学科群与相关学科的关联和方法论之中，但作为科学体系研究中的重大命题，对范式在教师教育学科群的形成与演变应该作为专题深入而系统探究。范式研究可以是认识论的，也可以是方法论的。

（2）教师教育学科群的课程建设与发展研究。课程论自20世纪70年代从日本引入我国，迅速发展并正走向学科独立。然而，学界在把注意视线聚焦在课程研究的同时，却往往疏忽对教育学学科和教师教育的课程展开研究，其实当初《教育杂志》上就曾刊登一些相关文章，[⑧] 台湾学者曾探索教育史在师范课程中的百年演变。[⑨] 教师教育学科群确立必

---

① 〔美〕库恩. 科学革命的结构 [M]. 李宝恒, 纪树立译. 上海：上海科学技术出版社, 1980.
② 〔美〕玛格丽特·玛斯特曼. 范式的本质 [A] //〔美〕马斯格雷夫, A., 拉卡托斯, I. 周寄中译. 批判与知识的增长：1965年伦敦国际科学哲学会议论文汇编（第4卷）[G]. 北京：华夏出版社, 1987：76—84.
③ 崔允漷. 范式与教学研究 [J]. 课程·教材·教法, 1996 (8); 靳玉乐. 当代美国课程研究的五种范式简析 [J]. 课程·教材·教法, 1996 (8).
④ 王兆璟. 我国教育研究中的四种范式及其批判 [J]. 兰州大学学报（社会科学版）, 2002 (5); 王洪才. 论高教研究的四种范式 [J]. 北京师范大学学报（人文社会科学版）. 2002 (2).
⑤ [瑞典] 胡森, T. 教育研究的范式 [A]. 唐晓杰译. // 瞿葆奎. 教育学文集——教育研究方法 [G]. 北京：人民教育出版社, 1988：179—187.
⑥ 沈剑平, 瞿葆奎. 教育研究范式简论 [J]. 华东师范大学学报（教育科学版）, 1990 (1).
⑦ 叶澜. 教育研究方法论初探 [M]. 上海：上海教育出版社, 1999：256—304.
⑧ 王秀南. 师范学校教育课程的批评与建议 [J]. 教育杂志, 33 (5); 华超. 大学教育用书问题评议 [J]. 教育杂志, 1918 (3).
⑨ 周愚文. 百年来"教育史"在我国师资培育课程中的地位的演变（1897—1998）[A]. // 林玉体. 跨世纪的教育演变 [G]. 台北：文景出版社, 1998.

将推动学科群课程建设与发展研究。

（3）教师教育学科群的国际比较。全球化引发教育多样性与趋同性的悖论，然而，以全球的广角度、多维度和全向度来审视本土教育，不啻为提升本土教育质量、效率与国际竞争力的有效途径，尽管对比较研究方法普适性以及比较教育学的学科身份的质疑不绝于耳。教育借鉴是比较教育学立足于教育学的根本。① 1904 年颁布并实施的《癸卯学制》即《奏定学堂章程》，其制定原则便是"中学为体，西学为用"。② 钟启泉近年来提出的教师教育课程标准三原理，即儿童本位、实践取向、终身学习，完全基于对基础教育发展的全球性把握。③ 通过参加 PISA，张民选发现发达国家在推进公平而卓越的教育方面所做的努力，从而为我国教师专业发展献计献策。④ 借鉴日本筑波大学以"学群"、"学系"、"学类"来取代大学传统的"学部"、"研究科"、"讲座"等学术组织形式，陈永明在上海师范大学创设教师教育学科群。⑤ 当前，比较法已经历朴素比较、系统化比较和解构比较三个历程。然而，文化差异性时常困扰着比较研究。如果把比较教育视作国际教育交流平台，在理论、观念、价值、制度、政策和实践领域展开互动，那么，教师教育学科群的视野便可极大拓展。⑥

（4）教师教育学科群的学术共同体活动发展研究。"就'理论'而言，不光要从'名词'的角度来把握，而且要从'动词'的角度来把握。这样，理论就是由主体从事的活动。"⑦ 因而，有学者指出，教育科学理论应有两种状态：系统状态和过程状态。"在教育科学学理论孕育、产生、发展的过程中，存在着教育科学理论生命的全部机制，只有弄清这个过程，才能真正把握教育理论的系统现状。"⑧ 如果说，上述内涵是建立在学科知识的陈述体系（系统状态）基础之上，⑨ 那么，元研究的外延便是以学科活动的形态体系（过程状态）为支撑，⑩ 包括对学科内部某个学术共同体及其学术交流的分析与考察，这里所指的学术共同体可以是某组学术梯队，某个学术流派，某个学术社会团体，也可以是某个科系院所，以中国的高等教育学学科为例，就很难回避对潘懋元创建的厦门大学高等学校教育研究室的考察，或许在若干年之后，对教师教育学科群的元研究将无法绕过对上海师范大学现代校长研修中心的历史性考察。其实，学科史已经涉及元研究的大量外延问题，只是目前还没有对这些外延问题展开专题研究。从学术团体的沿革、学科教学和科研机构的设立与演变、学科刊物与工具书的出版以及学术交流等方面，叶澜对学科的学术制度研究跨出开创性一步。⑪ 如果说，一门学科成熟与否的标志是，可否有专门的研究对象和独特的研究方法，可否有代表人物、学术组织和学术出版物，⑫ 或者如费孝通所说的：

---

① 褚远辉，辉进宇.比较教育学科视野中的"教育借鉴"[J].中国人民大学教育学刊,2011 (2).
② 吕达.中国近代课程史论[M].北京：人民教育出版社，1994:51—53.
③ 胡惠闵，崔允漷.《教师教育课程标准》的研制历程与问题回顾[J].全球教育展望.2012, (6);计琳.为了未来教育家的成长：华东师范大学教授钟启泉解读新出台的《教师教育课程标准》[J].上海教育,2012 (5).
④ 张民选，陆璟，占盛利，朱小虎，王婷婷.专业视野中的 PISA[J].教育研究,2011 (6).
⑤ 陈永明.从比较教育角度看教师教育[N].文汇报,2008-05-27.
⑥ 顾明远.比较教育与国际教育交流论坛[J].比较教育研究,2011 (11).
⑦ 周作宇.问题之源与方法之镜：元教育理论探索[M].北京：教育科学出版社，2000：59.
⑧ 胡德海.教育学原理[M].兰州：甘肃教育出版社，1998：85.
⑨ 陈桂生."元教育学"问对[J].华东师范大学学报（教育科学版）,1995 (2).
⑩ 唐莹，瞿葆奎.元理论与元教育学引论[J].华东师范大学学报（教育科学版）,1995 (1).
⑪ 叶澜.二十世纪中国社会科学·教育学卷[G].上海：上海人民出版社，2005.
⑫ 瞿葆奎，唐莹.教育科学分类：问题与框架[J].华东师范大学学报（教育科学版）,1993 (2).

"一个学科的建立，至少要包括五个部分，即：学会组织、专业研究机构、各大学的社会学系、图书资料中心、出版物"①，那么，预示这学科成熟的元研究②，其研究对象也应该由理论与实践这两部分组成。通过对理论过程状态的研究，研究者能够使自身自觉地意识到各种性情倾向，各种与其社会出身、学术背景、性别归属维系在一起的性情倾向。③

（5）教师教育学科群的学术制度研究。学术制度的核心是学术规范，与（婚姻）家庭制度、政治制度、司法制度、经济制度、教育制度等并列，其失范表现在剽窃、故意捏造、篡改研究成果、实验数据以及研究方法运用的专业性缺失等现象，还有通过非正当的途径获取信息、资料、科研项目。所有这些既可称之为学术失范，也用政治话语把它叫做学术腐败。而学术标准往往是遵循学术规范的有效机制。2004年6月22日教育部社会科学委员会第一次全体会议讨论通过的《高等学校哲学社会科学研究学术规范（试行）》由该委员会历时三年研制而成，内容包括：基本规范（涉及《中华人民共和国著作权法》、《中华人民共和国专利法》、《中华人民共和国国家通用语言文字法》等相关法律、法规）、学术引文规范、学术成果规范、学术评价规范以及学术批评规范。④ 教育部学风建设委员会于2006年5月23日在北京成立，该委员会是全国高校哲学社会科学学术规范、学术道德、学术风气建设的指导机构和咨询机构。⑤ 尽管学术制度的建设不能游离于政治制度、司法制度、经济制度等之外，但是，学术失范不能仅仅依靠政治、司法和经济的手段来应对。所以，学术失范呼唤学术制度的研究与批判。有学者把学术规范从形式规范和制度规范扩展到学科立场、学科的科学性和原创性等内容规范，并总结目前我国教育学学术规范所存在的几大问题：学术规范谈论与研究的缺失；学科学术体系中教育学学科的缺位；学术独立性缺少；学科原创知识缺乏。⑥ 教师教育学科群虽处于萌芽阶段，但学术制度保障是其良性发展的必要而充分的前提。

15年前便有学者指出，"21世纪教育理论研究正在酝酿着一场带有根本性的突破，其可能的突破口是对教育理论结构体系的理性重建，从概念到原理，从内容到形式对教育理论进行更为抽象的整合"。⑦ 教师教育学科群可以被视作"结构体系的理性重建"和"更为抽象的整合"。而这种重建与整合一头连着实现层面，即教育现象与教育活动，另一头连着"元"层面，即学科反思与学科规范。教师教育学科群业已起航，认识论研究（教师教育学科群的知识体系）、方法论研究（教师教育学科群的方法体系）、学科群发展史研究（学科群的历史体系）、学科群的学术制度研究（学科群的制度体系）和学科群的系统性研究（学科群的规整体系）将肩负起保驾护航之职责。

---

① 费孝通.社会学的探索[A].//费孝通.费孝通社会学文集[G].天津：天津人民出版社，1985：27.
② 叶澜.序——为了教育学科"明天"的反思[A].//叶澜.教育研究方法论初探[M].上海：上海教育出版社，1999：1.
③ 〔法〕皮埃尔·布迪厄，（美）华康德.实践与反思——反思社会学导引[M].北京：中央编译局出版社，1998：379.
④ 教育部.教育部关于印发教育部社会科学委员会《高等学校哲学社会科学研究学术规范（试行）》的通知[EB/OL].2004-8-16.http://www.moe.cn/edoas/website18/info7727.htm
⑤ 翟帆，时晓玲.教育部成立学风建设委员会[N].中国教育报，2006-05-26.
⑥ 朱旭东.教育学视野中的学术规范[J].北京大学教育评论，2005（2）.
⑦ 方展画.教育理论研究的历史、现状与展望[J].华东师范大学学报（教育科学版），1997（1）.

第五章 教师教育学科群之组织形式

教师教育学科群的组织形式是教师教育学科群建设的物化表现。在对大学学科群组织形态的相关理论进行梳理的基础上，我们对国外著名大学的学科群建设案例、国内研究型大学及机构的学科群建设案例、国内部分高师院校教师教育学科群建设的案例进行考察，从教师教育学科群组织理念、机制及结构形式等角度提出了若干对策建议。

第一节 大学学科群组织形态理论

教师教育学科群是大学学科群组织的一类组织形式，要科学设计当代教师教育学科群的组织形式，需要认真考察大学学科群组织形态的相关理论。

一、大学学科群组织的本质要素

我们在考察大学组织的本质与要素、学科组织的本质与要素的基础上，来深入思考大学学科群组织的本质与要素问题。

（一）大学组织的本质与要素

1. 大学组织的本质

大学这一组织的存在，是因为大学满足了人类的某些永恒的需要。正如哈佛大学前副校长 A. L. 洛维 1934 年所说，"在人类的种种创造中，没有什么东西比大学更能经受得住漫长的吞没一切的时间历程的考验"。[①] 大学这一组织的本质究竟为何，也一直是学界研究的经典话题。呈现学界对大学组织本质研究的各种观点，也有益于我们去深刻把握学科群组织作为大学内部组织的本质。

概述地说，国内外对此研究主要集中在四个方面：一是从大学运行管理的角度来研究大学是什么，认为大学的本质是学术自由；二是从大学组成要素的角度来看大学的本质：从人的要素来说，认为大学的本质是学者的社团，从组织机构的要素来说，认为大学是一个由多种组织所形成的集合体；三是从大学功能的角度来探讨大学的本质，有的人认为大学的本质是探索和传授普遍知识的场所，有的人认为大学的本质是探索和传授高深学问的机构，有的人认为大学是培养高等专门人才的机构，有的人认为大学是社会服务站；四是从综合的角度，认为应该用多元的观点来看待大学的本质。具体观点有以下几点。

（1）大学最根本也是最重要的本质，应该是作为知识的殿堂。大学师生只有坚持大学的知识殿堂之本质，大学才可以是一个理智的共同体。[②]

---

① 转引自：郑文全.大学的本质［D］.大连：东北财经大学，2006.
② 黄俊杰.论大学的知识社群特质［EB/OL］.http://nsy1002.blog.sohu.com/872141.html.2012/04/15.

(2) 大学是以自愿求公益的，以知识为基础的，具有非营利组织特征的学者社团。①

(3) 现代大学的本质与教育的本质的主要区别在于：教育的本质是一种培养人的社会文化活动，而大学的本质是一个文化单位，二者的结合点是人才培养。严格地说，大学不仅是一个教育机构，进一步发展也可能成为一个知识产业。②

(4) 大学的本质在于其学术性。大学正是以人才培养为主线，将其他学术活动有机联系起来的机构。③

(5) 大学的本质就是自由与受控性的对立统一。④ 大学学术自由性和受控性的对立是绝对的，而统一性是相对的。这种绝对的对立表现在，由于大学的学术自由性就其本性来说它是不受任何约束和控制的，而受控性是指大学的学术自由必须要受来自外部和内部因素的约束和控制，因此自由性和受控性双方是相互排斥和相互对立的；这种相对的统一表现在，自由性和受控性双方是相互联系、相互依存的，只要大学运行，大学学术的自由性与受控性就不可能分开，它们在一定条件下共处于大学这一共同体中；不仅如此，自由性和受控性还相互渗透，在一定条件下相互转化。可以说，正是大学学术的自由性和受控性的矛盾运动，构成了大学存在与发展的根据和原因，推动着大学不断地向前发展。

2. 大学组织的要素

大学组织要素是指组成大学组织中相对稳定的成分，它决定着大学组织的主要特性。伯顿·克拉克对大学组织的基本要素进行了概括，提出了工作、信念、权力三要素的著名观点，本文正是基于这一观点对大学的组织要素进行分析，由此归纳出大学组织的特性。伯顿·克拉克的大学三要素的观点主要包括如下内容。

第一个要素是工作。工作表达和安排方式是围绕知识的特性进行劳动分工，这种分工在整个高等教育系统形成学科与院校纵横交叉的结构模式，在大学内部形成以研究和教学为基本活动内容的学术结构；第二个要素是信念。组织成员主要的行为规范和价值观，或称之为大学的组织文化，在大学中发挥着巨大的影响，是激发组织活力、维系组织生存与发展的核心象征；第三个要素是权力。主要包括以层级制度为依托的行政权力和以知识的占有优势为基础的学术权力，在大学中，两者应该适当分离，但并非截然分开，在目标一致的前提下互相补充、互为基础，组织行为的选择是两者共同作用的结果。⑤

从工作要素进行分析，大学教师既归属于一门学科，又归属于一所特定的大学或学院。"学者两条成员资格线的交叉就是高等教育系统的总体矩阵，高等教育的特点就表现在这里，因为在别的地方找不到具有同样范围和强度学科和事业单位组成的矩阵。"⑥ 从信念角度看，大学产生了"学术自由"、"学校自治"等学术信念和文化，大学教师作为传授、研究高深知识的学者专家，往往要求享有独立思考和创造的自由，自主支配时间的自由、自己管理学校事务的自由等。从权力角度看，大学存在着学术权力与行政权力并存的权力模式。大学行政权力意味着一种稳固而有秩序的上下级制度和等级制，有较严格的规章制度，有分工明确、各负其责的行政人员，有严密的财务制度和办公机关；而学术权力

---

① 〔美〕克拉克·克尔.大学的功用[M].南昌：江西教育出版社，1993：1.
② 王冀生.现代大学的本质与和主要特征[J].电子科技大学学报（社科版），1999（2）.
③ 张俊宗.现代大学制度[M].北京：中国社会科学出版社.2004：38—39.
④ 孙绵涛.我的大学本质观研究[J].教育管理研究，2011（6）.
⑤ 迟景明.现代大学的组织特性与管理创新[J].大连理工大学学报，2002（2）.
⑥ 〔美〕伯顿·克拉克.高等教育新论——多学科的研究[M].王承绪，徐辉等译.杭州：浙江教育出版社.1988：45.

按伯顿·克拉克的划分是指扎根于学科的权力、院校权力和系统权力。①

基于前人的研究以及我国大学组织的实际情况，我们分析认为我国的大学组织系统的构成要素分别为：大学组织文化、大学组织结构和大学组织的权力模式。这三个基本要素也是大学组织系统的各个子系统。它们之间互相影响、互相协调，在开放的社会环境中，影响着大学组织的各个方面，决定了大学组织的三个主要特性，即文化特性、结构特性与权力特性。整个大学组织系统的关系如图 5-1 所示。

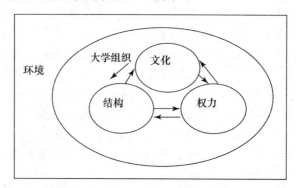

图 5-1　大学组织系统关系图

（二）学科组织的本质与要素

1. 学科组织的本质

学科是大学的基本单元。那么什么是学科组织？总的看来，学科具有组织的形态，尽管组织形态的学科不为大学学科所独有，除大学的院系外，学会、专业研究机关、图书资料中心甚至学科的专门出版机构也被看成是学科机构或学科组织。②但随着大学在学科发展中的作用不断加大，大学的学科基本上成了学科的同义语。因此，大学学科组织是学科组织的核心，是学科发展的基地。除了学术知识的分类或知识形态的学科这一基本含义外，大学中的学科还是组织形态的学科，即是由学者、知识信息及学术物质资料等组成的实体化的组织形式。人们通常是从这个意义上谈论、评价某一学科，并以此为依据开展学科建设。我们将大学学科组织界定为：大学中以学科作为直接操作材料的学术组织。一般认为其本质包含以下三点。

（1）大学学科组织的工作对象或者说操作材料是学科，是一个个高深专门知识领域。"知识是包含在高等教育系统的各种活动之中的共同要素：科研创造它；学术工作保存、提炼和完善它；教学和服务传播它。""当我们把目光投向高等教育的'生产车间'时，我们所看到的是一群群研究一门门知识的专业学者。这种一门门的知识被称作'学科'，而组织正是围绕这些学科确立起来的。"③

（2）大学学科组织是一种学术组织，是大学三大职能实现的平台。与政府、企业和其他事业单位不同，大学学科组织具有学术性，是学术性组织，虽然它也承担一定的行政管理职能，但它的实质是从事学术活动，即教学、研究和社会服务以及三者的整合。④

---

① 季诚均.大学组织属性与结构研究［D］.上海：华东师范大学.2004.
② 费孝通.略谈中国的社会学［J］.高等教育研究，1993（3）.
③〔美〕伯顿·克拉克.高等教育新论——多学科的研究［M］.王承绪，徐辉等译.杭州：浙江教育出版社，1988：107.
④ 庞青山.大学学科结构与学科制度研究［D］.上海：华东师范大学，2004：81.

（3）大学学科组织必须直接以高深专门知识为工作材料。大学的学术性是以大学学科的学术性为前提的，在大学这一学术组织中，有直接以高深专门知识为工作材料的部门，克拉克称之为"学术性部门"（academic side），如教学和研究部门，也有不直接以高深专门知识为工作材料的部门，克拉克称之为"事务性部门"（business side），如基建、后勤和财政部门。① 前者才是我们所讨论的学科组织。这一界定不仅将大学学科组织与其他学科组织区分开来，同时也与大学中的非学科组织区分开来。因此，大学学科组织主要包括大学中的学部（faculty）、专业学院（school）、普通学院（college）、讲座（chair）、研究所（institute）、学系（department）、研究中心（research center）、教研室（section for pedagogic research）等。

2.学科组织的要素

分析了大学学科组织的本质后，我们需要进一步分析大学学科组织的构成要素。关于组织要素的分析，管理理论和组织理论提出了很多有益的见解。如英国的托尼·布什提出了当代西方教育管理的六个模式——正规模式、学院模式、政治模式、主观模式、模糊模式、文化模式，每个模式都围绕目标、结构、环境、领导四个方面来分析它们各自的特征。② 教育组织行为学则认为组织有四个内在要素——任务、结构、技术资源和人，通过维持某些任务达到组织目标，通过结构确立权力模式和伙伴关系及各自角色，技术资源则是一种经营工具，人通过组织行为起到挑选、指导、交流和决定的作用。③ 邹晓东在他的博士论文中，认为学科组织是一种典型的组织，将研究型大学的学科组织定义为：根据科学技术的发展需要，由结构、战略、文化、人员、流程和物质技术所构成的大学基本元素，是大学教学、科研和社会服务工作的基本组织单元。大学学科组织由战略、结构、文化、人员、流程和物质技术基础等要素构成。④ 这些研究为我们提供了有益的借鉴。

如果把大学学科组织作为大学中直接以学科为操作材料的学术组织，我们认为大学学科组织一般有四个基本组成要素——学科发展目标、学者、学术信息、学术物质资料。⑤ 上述大学学科组织要素的关系如图5-2所示。

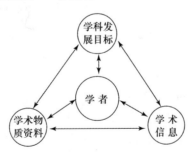

图 5-2　大学学科组织要素关系图

（1）学科发展目标。组织是为了实现某种目标而组成的实体，组织的形成与运作都是

---

① 〔美〕伯顿·克拉克.高等教育系统——学术组织的跨国研究[M].王承绪，徐辉等译.杭州：杭州大学出版社，1994：17.
② 〔英〕托尼·布什.当代西方教育管理模式[M].强海燕译.南京：南京师范大学出版社，1998：37—38.
③ 〔美〕罗伯特·G.欧文斯.教育组织行为学（第7版）[M].窦卫霖等译.上海：华东师范大学出版社，2001：127—128.
④ 邹晓东.研究型大学学科组织创新研究[D].杭州：浙江大学，2003：51—59
⑤ 庞青山.大学学科结构与学科制度研究[D].上海：华东师范大学，2004：86—88.

为了实现这些目标，因此，目标是组织的基本组成。大学学科组织目标具有多重性——学术性目标和实用性目标，人才培养目标和研究成果目标等，是既相互区别又互相影响甚至冲突的多重目标。大学学科组织的这些多重目标是各种力量对大学学科组织所提出的不同要求决定的。学科作为科学体系中的一个组成部分，科学发展的内在逻辑必然对学科发展提出发现新知识、不断拓宽和加深人类认识领域的要求，衡量一所大学某个学科发展水平的重要标准就是看它在本学科领域中研究水平的相对位置，即在同行中的学术地位和影响。国家和社会同样对学科发展提出自己的要求，满足这种要求是学科前进的巨大动力。这种要求主要体现在国家长远发展和可持续发展的需要以及国家和社会的现实发展需要两方面，前者是长远性的和前瞻性的需求，这种需求与科学发展的学术性要求基本一致，后者则主要是实用性的和时效性的要求。大学学科作为培养人才的基本单位，培养社会所需的和学科自身发展所需的高级专门人才也是学科组织发展的基本目标，这一目标常常与学术研究目标发生冲突，因为，在大学中特别是在研究型大学中，学科有一种追求自身发展而专注学术研究，逐渐淡化人才培养的倾向。不同类型、不同层次的大学学科组织就是在整合多样性的目标中确定自己的发展方向的。

（2）学者。组织是人的集合，因此，人始终是组织的核心要素。学科组织与一般组织不同，它是学者的集合。学者对学科的发展起着关键性作用，学科学术水平的高低直接取决于学者学术水平的高低。学者包括学科带头人及其领导下的学术梯队。只有一流的学者才能建成一流的学科和一流的大学。学科带头人是学科的旗帜，是他们决定了一个学科的学术地位、学术声誉和学科发展方向，因此，学科带头人是学科组织发展的核心。但同时，一个学科的成长和发展仅靠一个学科带头人是不够的，学科发展目标的多重性要求有一个知识、年龄、学历结构合理的，具有合作精神的学术梯队。世界一流学科成长的经验表明，一流水平的学术队伍，不仅表现为其学科带头人具有一流的学术造诣和学术声望，而且还表现为这些学科带头人所扎根的基础——作为学术梯队主体的人才群体即"人才高原"应具有一定的"海拔"高度。只有高水平的人才聚集形成人才高原，才能孕育和支撑学术大师。学科带头人和学术梯队在学科组织内部承担着不同的学术任务，对学科组织的发展具有关键的作用。

（3）学术信息。学术信息是学科组织中学者的操作对象——知识及其载体，以及信息交换水平。学科组织是以高深专门知识为直接操作对象，其操作对象及其载体——课程、教材、专著、论文、科研成果等的水平以及学术交流的频率和层次对学科组织具有重要的意义：一方面，它们是学科水平的表征，学科水平通过其所操作的知识水平和发布的学术信息而被社会和学术界所肯定，另一方面，对学术信息的掌握和占有，与同行交流的频率和层次也同样反映了一个学科的水平，全面完整的学术信息使得学科组织避免了对他人已取得的学术成果做重复的研究而使自己始终处于学术研究的前沿。

（4）学术物质资料。学术物质资料是学者进行学术活动的基础条件，包括研究资金、设备、图书资料等，它们是学科组织的物化平台，是学科组织活动的物质基础，同时也是学科实力和水平的象征，因而常常是学科组织建设的具体物质体现。

（三）学科群组织的本质与要素

新的生产方式要求劳动力具有全方位的知识和能力。在20世纪六七十年代，日本筑波大学开始实行学科群的学科组织形式。筑波大学实行学科群建设对20世纪后半叶的全球大学教育产生了极大的影响，许多国家的高等教育研究者都关注和研究学科群这一新生事物，也有不少大学模仿这种学科制度，以应对知识发展和人才质量观的全球化挑战。

1. 学科群组织的本质

学科群是为了最大限度地实现大学作为教育机构、学术组织和社会公共部门的角色，充分发挥大学职能——培养人才、知识生产与服务社会的功能，由若干相关学科有序组合而成的学科集合。

结合前文对大学组织、学科组织的本质的理解，我们认为"学科群"组织的本质是"优化大学教育知识的自我组织"，"学科群"作为消解学科边界局限性的一种知识组织设计，其本质和旨归都是为了更好地优化大学的教育知识。由于大学内部的各种组织都是为了实现知识生产和传播而存在的，学科群自我组织知识不仅促使大学内部组织结构变迁，而且对大学学科组织产生直接影响，进而提升大学的核心竞争力。

2. 学科群组织的要素

学科群是一个复杂的系统，其包含的成分是多种多样的，包括学科群内部的知识、学科群内部学科、学科群的理论基础、学科群建设的目标、学科群建设的条件、学科群建构的策略、学科群运行的机制等等，然而我们还不能把各种构成放在同一个层次上。如果我们以知识为学科群的要素，虽然并不错误，但是我们将打破知识原有的建制，学科群内部知识的秩序将是一个复杂的问题；如果我们以学科群的外部要件作为学科群的要素，学科群将只是一种实践样态的描述。判定学科群的要素将关系到学科群的结构与内部知识的秩序问题。因此判断学科群的要素是一个复杂的问题。

我国学者宓洽群最早对学科群的要素或者说是构成进行了比较全面的概括，认为学科群上游有理论源头，下游与产业接轨，群体有带头学科，相互间耦合共振，有较大比例的新兴学科，有萌发新枝的传统学科。[①] 该研究是目前对学科群的要素特征进行的最充分的概括，其观点的核心的东西是学科。学科群是学科的集合，顾名思义，学科则是学科群的要素。学科群必须以学科为要素，以学科统领学科群内部的知识，学科群内部知识按照原属学科进行分类。这样学科群才可以超越学科的要素，把学科群中每一学科看成一个整体，并以其作为学科群的要素，包括了若干传统学科、新兴学科、相关学科等。"学科群"是若干相互联系的具有相关学科的集合。学科群的大小不仅与同级次的学科数量相关，还与所含学科的类目级次相关，学科的级次越高，学科的口径越大，学科群中学科的容量越多。

我们以为，学科群组织系统是由各学科、学术团队、物质技术基础、文化氛围以及制度（或称为运作机制）等要素有机融合在一起而形成的系统，是一个开放的、复杂的大系统，是一种耗散结构。其主要组成要素包括它需要不断地与外界进行物质、人员、信息的交换，吸取足够的负熵流——物质、能量和信息，然后经过系统内部处理后再向外界环境系统输出新的信息并释放能量。同时，学科群组织系统又是一种非常复杂的非平衡系统，其内部各要素之间存在着极其复杂的非线性相互作用关系和反馈循环。

---

① 宓洽群.论理工科大学的学科群[J].高等教育研究，1991（4）：28—34.

二、大学学科群组织的形式结构

大学学科群组织实际上是大学学科组织形态演变的阶段性产物，因此考察大学学科群组织的形式结构，可以从把握大学学科组织形态的演变与逻辑入手。

（一）大学学科组织形态的演变与逻辑

1. 大学学科组织形态演变历程

传统的学科组织形态总体上是单学科性质的，其学术资源仅仅是一个学科内部资源，包括以单学科的方式从政府、社会等方面获得的用于学术发展的资源。以中世纪为起点，学科建制经历了个人——学会——科学院——大学的演变历程；伴随学科和大学平行并进——渐趋叠合——共荣共生的演进道路，大学学科建设模式从单一到多样，主干学科也实现着由神学——古典文学——应用科学——纯粹科学——多学科共存的转变。从大学学科发展的历史来看，没有任何一种因素可以唯一决定大学学科建设模式，现代大学学科建设模式更多地表现为一种不同张力下的平衡。[①] 到了20世纪六七十年代，世界各个国家的大学内部学科组织形态发生了变化。如法国在1968年后取消了学院制，建立"教学与科研单位"，这种组织比原来的学院小，但比原来的系大，如其设立的"应用数学与社会科学"、"经济与社会行政"等都是具有跨学科性质的"教学与科研单位"。德国在20世纪70年代以"专业领域"取代学部。英国在20世纪60年代成立的新大学采用"学群结构制"。日本1973年建立的筑波大学的学科组织是学群，在学群下再设立学类，它共设立了7个学群13个学类。美国麻省理工学院设立了跨课程计划、跨系实验室、跨系研究中心、跨学科课题组等学科组织形式。[②]

大学学科组织形态的演变反映出如下趋势：第一，科学发展与社会需要促进了知识生产方式的改变，有限的学术资源必须进行合理的配置，实现学术资源上的帕累托最优，从而保持学科优势；第二，学科壁垒已经被突破，人们在探寻联结知识之间的桥梁；第三，基于问题取向的知识生产与应用必须以不同学科的思维方式完成学科组织的新构建。[③]

2. 大学学科组织形态的演变逻辑

从前述大学学科组织形态的演变历程来看，一般来说，学科组织形态的演进遵从三个方面的逻辑：一是学科发展的内在逻辑，以知识的内在联系为基础组织学科；二是社会需要的外部逻辑，以大学组织对社会的贡献度来分配学术资源；三是学科（或知识）管理的逻辑，以效率为准则的学科组织。[④] 这就是为什么当下大学组织内学科组织形态倾向于群结构。以纵横两个维度构成的矩阵式学科组织形态受到人们的高度关注，它把管理中的集权与分权有机结合；纵向以学科为导向，实行学科领导管理，符合学科发展规律；横向以问题为导向，按项目实行管理，由项目领导管理。发展趋势是如何使学术资源增值，这也是所有对学科组织形态进行重构的一个基准点。学科之间由几乎不联系，发展到弱联系，至今天的强联系。

[①] 翟亚军.大学学科建设模式的嬗变 [J].现代教育管理，2009（7）：42—44.
[②] 刘宝存.国外大学学科组织的改革与发展趋势 [J].教育科学，2006（2）：73—76.
[③] 胡仁东.论大学优势学科群的内涵、特点及构建策略 [J].中国高教研究，2011（8）.
[④] 同上.

（二）学科群的组织形式与结构

1. 学科群组织的组织形式

王栾井先生按几何图形的形式将学科的组织形式总结为五种：树状型、网络型、行列式型、星团状型和原子团簇型，同时对五种组织形式的内涵和特点进行了分析，具体内容概述如下。[①]

树状型是指"以一级学科为主干，延伸出若干二级学科，再由二级学科生成多个研究方向，是一种按学科层次组成的分级结构的学科群构建方式"，其特点是"发展方向的单向性与学科关系的平行性"。

网络型是"指学科群在纵向上具有明晰的学科层次，横向上则表现为相关学科、跨学科的有机联结"，"网络模式的构成大致可分为两种类型：一是在一级学科范围之内的相关学科组成的学科群；二是在不同一级学科之间，由二级学科根据研究方向、共同课题形成的网络体系"，其特点是"无论在一级学科范围之中或是几个一级学科之间，其网络的联络点都是二级学科和三级学科，而且以三级学科为主"，"突出了对科研的共同课题进行联合攻关的要求"。

行列式型是"以性质相近的学科组成学院，构成学科群的列，统筹教学、科研、科技开发与社会服务，作为一个高校的学科支柱体系；而以重要综合科学研究任务为纽带，组成横向联系的学科群，一般以研究中心为组织形式，构成行列的行。通过行列式结构将各类学科有机地联合起来"。其特点是以现有的行政管理组织机构将学科群联系起来并集中进行建设。

星团状型是"由核心主干学科、骨干支撑学科、外围相关学科分层交叉构成学科群，在有实力的核心主干学科带动下，催生和促进群内对经济建设、社会发展和科学进步具有全局性重大影响的相关高新技术学科和应用性人文社会学科的发展"。其特点是组织的松散性。

原子团簇型是"借鉴于近来在物质结构领域出现的原子团簇的理论而提出的学科群模型。这种模式在构成方式上以带头学科为中心（二级学科）、周围环绕着若干个学科点（二级学科）甚至研究方向，是以带头学科为中心的相关学科分层次交叉融合的结构模式"。它具有如下特点："学科群的核心是带头学科；学科群是动态变化的，参与构成学科群的学科往往呈增加趋势。"

也有学者从学科间结合的紧密程度，结合高校的院系建制现状，将学科群的组织形式归结为以下几类。[②]

实体性质的，如各种综合性的研究所。在这种组织形式中，人与人之间的科研、学术、经济、人事等关系较为牢固，学术队伍的专业结构也较为全面，呈现出多元化。因此，多学科知识内容和技术的综合运用也较为自由和方便，有利于进行重大项目的探索和攻关。

以较为稳定的协作体系的形式存在。这种形式往往有一定的组织，但不具备像实体那样成体系的结构，但由于它有稳定的成系列的研究项目，有稳定的学科之间的协作关

[①] 王栾井.学科群：学科综合化发展的新趋势 [J].江苏社会科学，1997（1）.

[②] 杨兴龙.现代学科的发展——学科群 [J].中华医学科研管理杂志，1996（9）：175—177.

系，因此对于开展需要多学科知识和技术综合协作的长期的大的科研项目攻关是非常有益的。

围绕一个具体目标的临时性的协作群体。其特点是临时性强，当课题结束，研究有了结果后，这种协作关系也随之解散。但当这种关系存在时，学科之间知识内容的综合和渗透、技术上的综合运用对促进项目顺利进展和学科自身建设还是非常有用的。

2. 学科群组织的组织结构

根据结构主义的观点，结构不存在事物的现象之中，而存在于模式之中。学科群的模式源于大学学科发展与学科建设的现实，是对学科群现实的抽象；是一种关于学科建设与学科发展的理论，不是单纯的学科建设方法、方案或计划。它是一个包含了许多组成部分的有机整体，是一群由相同理念、有相同探索目标、有共同探究方式的学科群建设的理论模型与实践样态。

有研究者认为[①]，学科群的元素涉及三个方面：知识、学科以及构成要件。这三个方面处于不同层次，但是这三个方面在不同层次上互相作用，就产生了学科群的层次结构模型。在学科群的结构中所包含的三个层次分别是：

（1）深层结构：知识集合结构。学科在本质上是知识分类的体系，是知识的结合，当然学科群也是一种知识的集合。在学科群中，这些知识按照原学科分类，具有一定的有序性，但是不同学科的知识可能处于矛盾与冲突的状态中。

（2）中间结构：学科集合结构。学科群是若干相关学科组成的集合，其本质体现在构成学科群的若干要素及其各个要素之间的关系上。学科群一般以带头学科为主干，支撑学科与其他相关学科为支撑。学科群的核心是带头学科。在这一层次上，各个学科的地位是不同的，但是，与知识具有天然的联系，又与外部条件相互作用。

（3）表层结构：构成要件结构。学科的组织模式包括学科群的理论基础、学科群建设的目标、学科群建设的条件、学科群建构的策略、学科群运行的机制。学科群的理论基础是学科群赖以成立的学科思想或理论，它包括学科群成立的知识基础、教育思想理论等。学科群建设的目标往往与大学的教育目标具有一致性。

从学科群的层次来看，学科群的层次中包含了三个问题：第一个是学科群内部包含的知识是原学科的知识的集合，如何把原学科的知识形成一个有机整体，即知识系统化问题；第二个问题是学科群内部包含多个学科，如何打破原有学科之间的界限，实现学科群内部的学科整合，即不同学科之间的关系问题；第三个问题是学科群的构成要件是学科群存在的实践样态，我们应该采用什么样的形式把学科群从理念转化教育模式，即学科群的建制问题。

也有学者认为，任何事物都有自己的内涵和外延，学科群形成都是围绕着重大的科研攻关项目或某一具体科学问题而形成的。学科群的组织层次是以带头学科为核心，围绕学科群的核心学科形成的层次化学科体系，其中有内层学科、次内层学科、外层学科等。它们对于核心学科的关系表现为紧密，次紧密和相关等。当具体研究项目启动后，各个学科依次围绕着研究问题投入运转。纵向看，有上游学科、中游学科和下游学科与其他辅助学科。上游主要开展高水平的基础研究及技术基础研究；中游应有强有力的开发研究。下游

---

① 谭镜星等. 试论大学学科群结构化及其建制：问题与策略 [J]. 中国高教研究，1996（9）：175—177.

以科技产业开发为主开展工作。① 这样的布局，使学科群处于上、中、下游的各学科的工作在科研项目进行过程中有具体明显的时序性。科学是没有界限的，学科群之中的学科不仅有跨学科、跨单位的学科，甚至都有跨国界的学科，这些都有利于项目的攻关和学科自身的发展。

上述两种代表性的观点一个是从纵向进行剖析，一个是学科群运作实践的时序上进行分析，我们在理解学科群的组织结构时，可以把两者结合起来理解，这样既可以从静态上把握学科群组织的内部组成，也能从动态上把握学科群组织的发展时序结构。

三、大学学科群组织的阻碍因素

大学学科群组织建设的形成是需要若干条件的，但是目前在我国的大学中依然存在着不少学科群组织建设的阻碍性因素。

（一）专业过度分化因素

我国大学主要是以学院制为主而建立起来的，各学院之间严格按照专业划分开来，可以说各个学院之间基本上是没有什么交流与联系的，学生的学习也是以本专业的课程为主，综合科目的教学基本被忽视了。虽然我国大学最近几年又重新将通识教育、博雅教育提到了讨论和改革的重点，也有许多高校在实践上进行了有益的尝试，但是，专业过度分化、学生的知识面过窄、基本人文素质不够高、学术视野不够开阔等现实问题依然突出。专业分化过度割裂了学科间融合与交叉的纽带，学科壁垒观念便成为学科群组织建设的重要障碍。

（二）学术管理科层化因素

从传统上来说，大学组织是自由的学术殿堂，学术人员享有很大的自主权。但是，随着大学组织内部情况和外部条件的变化，需要对传统的学术权力进行重新界定。从20世纪后半叶开始，大学组织与社会政治、经济的关系越来越密切。随着知识经济时代的来临，大学的地位和作用将出现更大的变化。外部环境的变化必然对大学组织的管理提出新的要求。从大学组织自身情况来说，一方面，随着现代科学技术的发展，新的学科不断出现，大学组织中学科数量增加，不同学科的差异增大；另一方面，随着高等教育大众化趋势的发展，大学的教师和学生人数都在急剧上升。因此，传统上作为学者社团的大学组织已经不太可能保持下去了。大学组织必须适应新的形势，对其组织整合机制进行调整。例如，随着知识专门化程度的加强，一方面，知识的分化导致学术人员个人权力（personal authority）在加强，每个学者都掌握着一个专门的领域，成为这个专门领域的"王"（king of asector）；另一方面，学术活动的高度专门化以及大学组织规模的扩大，也为科层权威打开了大门。② 随着大学组织规模的发展和学科专业的分化，大学以学科为基础分化出很多个系和学院，学术人员分割成不同的专家群。学术权力围绕这些学科而分割到相应的单位。现代大学中这样的单位多至几十、上百个。学术人员对其他学科专家所从事的工作所知甚少，或一无所知。这样一个高度异质化的组织要维持它作为一个整体的存在，就必须加强科层权威。中国不少大学组织的学术控制都以机构权力的正规化形式行使，而

---

① 张风莲，黄征. 谈高校学科群的构建［J］. 中国高等教育，1996(1)：78—80.
② 金顶兵，闵维方. 研究型大学组织整合机制的案例研究［J］. 北京大学教育评论，2003 (4)：88.

美国大学中也发展出代议制的学术控制形式,这些都是学术活动控制科层化趋势的表现。现代大学组织既受到学术权力的控制,也受到行政权力的控制;学术权力既表现为个人的权威,又表现为集团的权威。这些不同性质、不同形式的权力相互纠结,又相互不停地进行着"拔河竞赛"(tug of war)。

第二节 学科群组织创新案例镜鉴

他山之石,可以攻玉。了解国外名校学科群组织运作、国内研究型大学组织运作及部分高师院校的教师教育学科群组织运作案例,可以为我们更科学有效地设计适合当代教师教育事业发展需要的教师教育学科群提供有益的借鉴和启示。

一、国外名校学科群组织创新案例

(一)日本筑波大学学科群组织创新案例

可以说,日本筑波大学是学科群这一创举的诞生地。20世纪70年代,日本筑波大学诞生了学科群组织,这一令世人瞩目的新生事物当时颇具轰动效应,引起了当时高教界的广泛关注。日本筑波大学是一所综合性高等学校,校址在东京东北茨城县筑波山麓,根据1973年日本国会通过的《筑波大学法案》,以东京教育大学为基础扩建而成。此后日本政府又在该地区新建43个教育和研究机构,形成筑波科技中心。筑波大学不是采用日本传统大学的学部、学科制,而是建立学群、学类和专攻领域等新的教学组织形式,以及新的研究组织形式——学系,旨在培养视野广阔的学生和开展跨学科的科学研究。

为了改革学部制和讲座制的种种弊端,筑波大学以其具有的全球性视野和大无畏的改革精神重新设计了教学研究组织制度——"学群·学类"制度,彻底改革了传统的学部讲座制度,使"学群·学类"制度成为筑波大学的一个独具魅力的特色,筑波大学也因此成为世界上独具一格的高校。不断革新是筑波大学的一个核心精神,体现在其学群制度上更加明显。在2007年4月,筑波大学将"学群·学类"制度进行了重新修订,并于2008年入学时实施了新的"学群·学类"制度。下面就筑波大学重新编制前后的"学群·学类"制度作一简单的介绍。[①]

1.2007年4月学群再编前的学群制度

再编之前,筑波大学本科阶段的教育是通过学群·学院实行的。学群是以中心性专业领域为基础,从广泛的视野综合几个学科领域而构成的,从教育角度为学生奠定将来发展的基础。2007年4月重编前一共有7个学群,包括第一学群、第二学群、第三学群以及医学、体育、艺术、图书馆信息4个专业学群。第一学群、第二学群、第三学群下面分别再设立几个学院,以此作为负责学生基础教育的机构,同时制定各学群和专业学群的入学选拔方针(准许进入政策)。具体设置可参见表5-1。

---

① 案例参考自:胡义伟.筑波大学学群制度解读及其启示[J].现代教育科学,2010(2).

表 5-1 筑波大学 2007 年 4 月学群再编前的学群制度

学群		学院	主攻专业
第一学群		人文学院	哲学、历史学、考古学·民俗学、语言学
		社会学院	社会学、法学、政治学、经济学
		自然学院	数学、物理学、化学、地球科学
第二学群		比较文化学院	文学、地域、思想
		日语·日本文化学院	日语·日本文化学
		人类学院	教育学、心理学、身专障碍学
		生物学院	生物学基础、生物学应用
		生物资源学院	生物资源生产科学、生物资源机能科学
第三学群		社会工学院	社会经济、经营工学、都市计划
		国际综合学院	国际关系学、国际开发学
		信息学院	信息科学、信息系统、智能信息媒体
		工学系统学院	智能工学系统、机能工学系统、环境开发工学、能源工学
		工学基础学院	应用物理、电子·量子工学、物性工学、物质·分子工学
专业学群	医学	医学院	医学、新医学
		护理·医疗科学学院	护理学、医疗科学
	体育专业学群		健康·体育教育、健康·体育经营、体育教练学
	艺术专业学群		艺术学、美术、构成、设计
	图书馆信息专业学群		图书馆信息管理、图书馆信息处理

其中，第一学群为基础学群，担任全校基础课的教学；第二学群为文化·生物学群，是跨学科的学群；第三学群为经营·工程学群，这是新的构想和尖端科学组成的学群。四个专业学群中的图书馆信息专业学群是 2002 年 10 月伴随着图书馆信息大学和筑波大学的合并新成立的专业学群。图书馆信息专业学群通过融合有关图书馆信息学的知识和技术、理论和应用的学校教育课程，培养适应高度信息化社会的信息类人才。体育专业学群目标是在活用有关体育·健康的最新科学研究成果的同时，培养具有出色的运动技能、丰富的运动经验以及富有保健体育综合知识的指导力和活力的人性化指导者。艺术专业学群于1975 年设立，和其他的艺术类大学不同，具有作为专业教育在综合大学中占有一席之地这一特色，并且以培养具有广阔视野、灵活多变和充满活力的艺术家作为目标。

2. 2007 年 4 月学群再编后的学群制度

为了适应学科的发展和社会对人才培养的需要，筑波大学于 2007 年 4 月对于之前的学群制度进行了修订再编，并于 4 月上旬公布了新的"学群·学类"制度，于 2008 年开始实施。本次再编的修订幅度较大，不但改变了一些学群的名称，而且增加了一些学群、学类，专业设置上也有很大的变化，体现了时代的气息和发展的需要。具体学群设置和专业变换情况可见表 5-2。

表 5-2 筑波大学 2007 年 4 月学群再编后的学群制度

学群	学院	主攻专业或课程
人文·文化学群	人文学类	哲学、历史学、考古学·民俗学、语言学
	比较文化学类	文学、地域、思想
	日本语·日本文化学类	现代文化·公共政策、文艺·语言
社会·国际学群	社会学类	社会学、法学、政治学、经济学
	国际综合学类	国际关系学、国际开发学
人间学群	教育学类	人间形成、学校教育开发、教育规划·设计、地域·国际教育四个系列
	心理学类	实验心理学、教育心理学、发展心理学、社会心理学、临床心理学 5 个研究领域
	障碍科学类	障碍科学、特别支援教育等
生命环境学群	生物学类	分子细胞学、应用生物学、人类生物学
	生物资源学类	生物资源生产科学、生物资源机能科学
	地球学类	地球环境学、地球进化学
理工学群	数学类	代数学、几何学、解析学、信息数字
	物理学类	物理学
	化学类	无机化学、无机物理化学、生物无机化学、有机物理化学、物理化学、高分子化学、有机合成化学等
	应用理工学类	应用物理、电子·量子工学、物性工学、物质·分子工学
	工学系统学类	智能工学系统、机能工学系统、环境开发工学、能源工学
	社会工学类	社会经济、经营工学、都市计划
信息学群	信息科学类	信息科学、信息系统、智能信息媒体
	信息媒介创成学类	信息媒介创成学
	知识信息·图书馆学类	信息科学、图书馆信息管理、图书馆信息处理
医学群	医学类	医学、新医学
	看护学类	护理学
	医疗科学类	医疗科学
体育专业学群	健康·体育教育、健康·体育经营、体育教练学	
艺术专业学群	艺术学、美术、构成、设计	

从表 5-2 可以看出，学群数量已经从过去的 7 个增加到 9 个，原来的第一、第二、第三学群已经重新编制组合为人文·文化学群、社会·国际学群、人间学群、生命环境学群、理工学群和信息学群共 6 个学群，之前的 4 个专业学群，经过再编之后只保留了体育专业学群和艺术专业学群，而将医学专业学群改为医学群，取消了其专业学群的性质，与其他 6 个学群并列。另外，这次再编把图书馆信息专业学群降低为信息学群中的一个学类，与此同时，将人文、社会等提升为学群，并把数学、物理、化学等一些专业提升为学类，扩展了学群和学类的容量与内涵。这次再编一方面增强了学群的综合性，另一方面也使得学群的编制更符合科学发展的现状，在综合的基础上更加专业化，适应了大学学科发展的要求。

3.筑波大学学群制度的特点

筑波大学"学群·学类"制度是学士课程的教学组织制度,即本科阶段的教育组织制度。从以上介绍可以得到筑波大学"学群·学类"制度的主要特点:

(1) 从学群制度发展的历程来看,大学学科的组织管理工作,是不断完善和开放的教育组织制度。最初的筑波大学一共有6个学群,分第一、第二、第三学群和医学、体育、艺术三个专业学群,2002年图书馆信息大学和筑波大学合并后,又新成立了一个专业学群——图书馆信息专业学群,即专业学群增加了一个,这样,学群的总数量从6个增加到了7个。2007年4月,筑波大学对原来的学群又进行了大幅度的再编,学群的数量因此也增加到了9个。同时,对原来的第一、第二、第三学群重新编制组合,对4个专业学群也进行了调整,成立了新学群,从而使学群制度更加完善和符合学科发展的要求。

(2) 从学群的专业设置来看,它是综合性与专业性相结合的教育组织制度。再编前的第一、第二、第三学群中的每个学群都包含人文、社会、自然三大领域,开设综合科目的教学,使学生能够接受最全面的教育,最大限度地提高学生的综合素质,培养的人才具有广阔的科学视野、敏锐的科学思维和严谨的科学态度。2007年再编后的学群制度则在原来学群制度的综合性基础之上加强了专业性的发展,但依然大量开设综合科目的教学,从而将综合性教育和专业性教育完美结合起来。

(3) 从学群的课程设置形式来看,它是实行四年一贯制的教育组织制度。在日本的其他大学,一般把本科阶段的教育分为两个严格的阶段,即大一、大二这两年主要是进行基础课程的学习,大三、大四主要是进行专业课程的学习和毕业设计,并且两个阶段的联系不够紧密。而筑波大学的学群制度则实行四年一贯制教育,学生可以根据自己的具体情况来选择学习基础课程还是专业课程,因此,即使是在本科学习的第四年学生仍然可以学习基础课程,基础课程和专业课程的学习是交叉贯穿于整个学士课程学习阶段的。基础课程和专业课程有机结合在一起,不但增强了教育教学的效果,也充分调动了学生对专业学习的积极性和对专业的热爱之情。

(4) 从学群制度本身来看,它是极具个性和创造性的教育组织制度。筑波大学的学群制度在世界高等教育领域可以说是独一无二的,是极具个性的一种教育组织制度。在日本各个大学纷纷仿效美国模式建立自己的高等教育制度的时候,筑波大学选择了创新,独创学群制度,抛弃传统和权威束缚,以大无畏的精神彰显自己独特的个性,形成筑波大学的特色和优势。正因为如此,筑波大学才能在面临日本众多国立大学的竞争之下依然大放异彩,享誉世界高等教育界,造就了三位诺贝尔奖获得者。筑波大学的这种个性创造与革新精神正是许多同样具有打造世界一流大学梦想的高校所缺乏的。

(二) 德国柏林工业大学跨学科组织创新案例

柏林工业大学(TU Berlin)是德国一所著名的理工科大学,创建于1799年,已有两百多年的建校历史。其前身是普鲁士国王威廉三世倡建的皇家建筑学堂,这个学堂主要培养测绘、农田水利、建筑等方面的人才。19世纪30年代,皇家建筑学堂和柏林技术学校(1821年成立)合并为皇家技术学院。1946年,柏林皇家技术学院正式更名为柏林工业大学,确立了新的教育目标——培养学生成为"有教养的、符合伦理道德观念的高质量的工程师"。柏林工业大学开始增设大量的人文科学系科,如历史、文学、人类学、社会学等。学校要求每个学术单位都要具有教育和研究的双重功能。到20世纪80年代,柏林工业大学已经发展成为以工为主的多科性工业大学，其技术与人文相结合，是具有技术—工业和文化交流双重职能的现代大学。"学校培养目标是让学生根据未来职业需要，使之能够胜任今后工作并独立解决在工作中遇到的问题"。目前，柏林工业大学拥有405名教授和大约27700名学生，是德国规模最大的工业大学。柏林工业大学传统的学术组织结构不断变革，原有的学系和研究所的设置情况也发生了新的变化。目前共设有15个学系，超过100个研究所，为学生提供超过50门学科的专业课程，这其中不仅仅包括理工科科目，而且还包括了大量人文和社会学科的专业科目。同时，为了促进学科整合和前沿科学的发展，柏林工业大学还设有大量的跨学科学术组织，包括跨系研究中心（FSP）、大学研究论坛（UF）、跨学科研究组（IFP）；德国研究会（DFG）的合作研究中心、研究组；研究生院；以及独立研究所（An-Institutes）和跨学科研究协会（IFV）等多种形式的跨学科教育和科研机构。下面就对柏林工业大学当前的学系、研究所设置及其独具特色的跨学科学术部门作一一介绍①。

1. 柏林工业大学跨学科组织情况

跨系研究中心（Interdepartmental Research Centres）包括：人类—机器—学习系统研究中心（ZMMS）；工业技术与社会研究中心（ZTG）；生物技术研究中心；柏林工业大学宽频通信工程（TUBKOM）；柏林公共医疗保健中心（BFPH）；国际地球系统分析（GEOSYS）；流体系统技术研究中心。

跨学科研究组（Interdisciplinary Research Group -IFP）包括：IFP06/21风能和太阳能的开发与利用；IFP10/21运输部门运用现代信息和通讯技术最优化传输货物；IFP11/21运用人工神经网络并行处理运动分析结果；IFP12/21数字化滤波（光）器；IFP13/22运用传感手套进行形体辨认。

独立研究所（An-Institutes）包括柏林工业大学铁路技术研究所、激光和生物医学技术研究所、柏林工业大学环境统计学研究组、建筑物维护和现代化研究所。

跨学科研究协会：跨学科研究协会（interdisciplinary Research Association -IFV）是为了一个具有共同研究兴趣和经济利益的研究课题或项目，将柏林各方面的科学家汇集到一起，进行跨学科交流与研究的团体。与柏林工业大学有关的研究项目有信息与通讯技术、微系统技术、光电子学、临床药理学、铁路技术、柏林交通技术系统网络、应用地球科学、科学发展史、材料研究、迁徙研究、生物组织构造。

研究生院：柏林大学的研究生院（Graduate Colleges）从20世纪80年代开始，德国的研究生（博士生）教育趋向于组织化、规模化，一些著名大学逐步着手设立研究生院。研究生院是一种兼具科研与教学双重功能的机构，以后逐渐发展为跨专业、跨系的有明确科研方向和课题的研究实体，并突出培养博士研究生的功能。柏林工业大学的研究生院也如此。研究生院一般以3～5年为一个周期，科研课题、项目完成后或予以撤销，或以新的课题形式进行深入研究。

2. 柏林工业大学跨学科学术组织的特征分析

首先，柏林工业大学的跨学科学术组织是建立在其传统学术组织结构（大学——学系——研究所模式）基础之上的。研究所模式是德国大学的传统特色。这种模式突出了大

---

① 案例参考自：张炜.德国柏林工业大学的跨学科学术组织［J］.比较教育研究，2003（9）.

学的研究功能,强调教学建立在研究的基础上,以研究带动教学;培养人才以科研训练为主,突出实践和创造能力的重要性。现代柏林工业大学以研究所为基础,在学系之下设立众多与研究所平行的系属合作研究中心、跨学科研究组、DFG合作研究中心、IFV合作项目等,在发挥各研究所强大研究功能的同时,加强了研究所之间的跨学科、跨学术领域的科研合作,以适应解决现代社会复杂系统工程问题的需要。

第二,柏林工业大学的学科设置注重从实际出发,强调学科设置的实用性、交叉性和综合性;各类科研机构的设置也充分强调交叉研究、跨学科协作研究的重要性。这种特色可以从它的学系、研究所以及合作研究机构的设置中得到充分证明,例如,在数学系中设有面向工程师的应用数学(FORTRAN— /PASCAL— / C-Courses)和工程师数学研究所,这完全是切合工科生实际需要设立的,为其他大学所罕见。至于系属合作研究中心、跨学科研究组,德国研究会(DFG)的合作研究中心,跨系研究中心,跨学科研究协会(IFV)的合作项目,更是种类繁多,从而打破了原有人为划分的系、研究所为核心的学术组织界限,充分开展跨系、跨研究所的科研合作与研究生教育。通过这样的学科和科研机构设置,目标是培养出真正的复合型、应用型人才。

第三,柏林工业大学作为德国传统的工业大学,与同类型大学相比较,一个主要的特色就是它不仅为学生提供理工科课程,而且还提供大量的人文和社会学科课程,并将其与工科课程相融合。它的教育目标是以"和平、民主和人文主义的文化准则"为导向,向学生展示他们将来所从事工作的复杂性和社会意义。例如,学校设有环境与社会系,力图将环境发展与社会持续发展统一、协调起来;建筑系中设有建筑设计与构造,构造经济学和建筑法研究所,将建筑工程与经济、法律结合起来,更加突出了工程教育的系统性。这种系统教育思想,不仅是现代工程教育的理念,也是现代大学教育的理念。

二、国内大学及机构学科创新案例

在考察了日本及德国高校的学科群组织创新案例后,我们再来看看国内一些研究型大学及机构在这方面的探索。

(一)华东理工大学学科群案例①

1. 超细材料制备与应用重点实验室的实践

华东理工大学2000年获批成立超细材料制备与应用重点实验室,该实验室是学校从超细材料制备相关的化学、化工、材料、物理等学科抽出的精干科研力量组建而成,在学科群的组织形式上采用"新组实体型"重新组建研究实验室,它具有统一的行政机构、明确的科研目标、固定编制的科研人员以及稳定的科研经费。同时,该学科群以教育部重点实验室为核心,联合化工原理、反应工程、粉末工程、胶体化学、空气动力学等支撑学科及外围学科进行科研工作,从这点看其组织形式也属于几何形式中的"星团状型"组织形式。采用该种组织形式是考虑到当时学科群建设已经发展到一定程度,比较成熟,成立独立的开放实验室有利于加强该新兴交叉学科的组织与管理,能促进学科群进一步发展。在运作模式上,学科群采用"上游有高水平的技术学科为源头,周围有有关学科支撑,下游有工业化试验和产业化基地"的方式,依靠技术转移,推动科技成果产业化,使其形成了

---

① 案例资料来自:项延训.对学科群建设的认识与实践[J].中国高教研究,2007(1):41—43.

适应市场经济的、有自我发展能力的体系。

学科群以现代项目管理理论和组织行为理论为指导，建立适应学科群发展的管理体制。学科群成立学术委员会作为学科群的监理人，对课题立项、筛选等工作进行指导把关，利用开放实验室的条件和政策，以项目招标、委托开发、课题申请等方式开展研究工作。实验室为课题提供经费，项目开发的小试成果提交工程中心实施放大，对具有市场前景的工业化技术，由学校控股科技公司进行产业化。实践证明这种管理方法合理有效，它利用了多学科综合优势和人才优势，取长补短，百家争鸣，在投入成本不高的情况下，投入产出比却非常可观。学科群近几年先后承担并完成了国家攻关项目及"863"计划项目10余项、国家自然科学基金项目及省部级项目40余项。

学科群在学术团队的建设上尽量避免目前高校广泛存在的"导师——学生"模式，成立了学术委员会，设置了国外学术顾问、固定研究人员、客座研究人员等岗位。学术委员会聘请中科院硅酸盐研究所郭景坤院士为主任，校内院士为副主任，同时还聘请美国、日本、英国、瑞士等国家的一些著名高校教授为学术顾问，团队成员也积极走出国门与英国、法国、日本等国的著名大学、研究所和大公司进行交流。这些措施加大了学科群在建设过程中与国内外的信息、技术的交流与合作，拓宽了学科群的视野，扩大了学科群对外开放度，有利于学科群瞄准高技术发展的学科前沿，选准高水平的研究方向。此外，学术团队在内部非常注重团队文化建设。学科带头人和学术骨干、青年科研人员之间保持良好的沟通和交流，内部积极培养有发展潜力的年轻团队成员，加强成员之间的感情联系；团队内成员相互尊重、宽容，鼓励学术争鸣，保护不同意见。和谐的团队文化建设不仅为学术团队营造了良好的学术生态环境，还为团队赢得荣誉，学术团队曾先后被评为上海市模范集体。

2. 实践的经验

华东理工大学在学科群建设过程中取得了一些经验，他们认为应该注意以下几个问题：

明确学科群的目标。学科群的论证和组建都要有明确的目标。学科群一般在知识面上覆盖比较广，实力较强，科研攻关能力也随之提高。因此，学科群的目标应该针对解决国民经济和社会发展的重大科技或社会问题来确定；在内容上要具有丰富的可容性，能吸引众多学科的积极参与；应该经过充分论证，达成共识，具有科学性和可行性。

处理好学科群内学科间的强弱关系。组建学科群时要理顺学科之间的关系，确立重点学科的主导地位，合理有效地集合相关学科，形成核心学科、紧密学科和外围学科。在加大支持核心学科建设的同时，也应该注意对弱势学科的扶持。坚持以集成互补、辐射带动，促进强弱平衡、并行发展。

处理好学科群建设与学科建设的关系。学校的整体资源是有限的，要合理地规划好学科群建设的规模，处理好整体和局部的关系。学科群的建设往往针对经济发展中重大的科技问题或社会问题，这些问题是一个综合体，需要众多学科参与共同解决。然而，单一的学科建设一般会要求本学科在所属领域内向尖端、高深方向发展，向基础理论研究方面发展。这两者在目标上存在一定矛盾，在建设规模和资源分配上也是存在此消彼长的态势。因此，如何使两者之间能有效链接，达到相互促进、共同发展，这需要学校充分研究，并做出科学的决策。

处理好学科群建设投入与产出的关系。建设一个项目是否取得成功，主要还是看最后产生的结果。建设学科群时应采取有效措施，切实克服建设中重争取资源、轻建设效果的现象。坚持以能力和业绩为重点，创新并完善有利于尊重和保护创新思想的学术评价制度，由单纯的数量评价向更加注重质量评价转变，提高投入产出比和产出质量。

（二）第二军医大学附属第一医院学科群案例①

在以优势学科群建设为重点的医院学科建设过程中，该院的做法如下。

1. 围绕医疗技术的创新和突破点，启动优势学科群建设

学科群的形成是以医学具体问题为导向，是为了解决医疗实际工作中的重点难点的项目而综合各学科的优势，进行研究的学科群体。当这些医学问题得以良好的解决，并形成该学科的特色和优势后，普通的学科群也就演变成了优势学科群。这里医疗理论的创新、技术的创新、方法的创新和医疗服务特色和优势成为了学科群向优势学科群发展的中心任务。找到了具体创新的研究方向，就找到了优势学科群建设和发展的主线和灵魂。

创新方向的选择在具体工作中就落实到带头学科的确定问题，通常的带头学科都是有着良好医疗技术优势和科学研究能力的重点学科，这些学科的起点高，能够形成高水平的学科增长点，同时在核心学科的带动下，各相关的辅助学科也会在联合攻关的过程中推进自身的发展。如20世纪90年代初，随着人群健康意识的改善和对生活质量要求的提高，无创和微创成为了研究的热点问题。该大型综合性医院较早地从国外引进腹腔镜技术。从最初的仅普通外科开展腔镜手术，普及到妇产科、泌尿外科、胸心外科等8个科室；从早期的单纯性胆囊手术逐步扩展到肝、胃、肾、卵巢、子宫、食管、关节、脊柱等脏器和部位四十余种手术。微创胃肠手术，包括腹腔镜胃窦癌根治术、贲门癌根治术、直肠癌根治术等保持全国领先水平；在病态性肥胖症微创治疗上已形成特色，并着手病因研究，实现以微创手术为中心的综合治疗。目前，微创手术在国内处于领先水平。为更好地发挥其"先发优势"作用，该院成立了腹腔镜外科，建立了微创外科中心，负责相关科室微创外科技术支持，形成微创外科技术群体。

2. 不断强化各学科的科研实力，推进优势学科群稳步发展

优势学科群形成的标志之一在于实现医疗技术创新，同时优势学科群必须是可持续快速发展的学科体系，能够推动医院的长期健康发展，保持医疗特色常胜，医疗技术常新，而雄厚的科研实力是保证学科群具有持续创新能力的前提。因此在实际工作中，应当为优势学科群的建设和发展提供良好的科研硬件平台、经费支撑和软件环境，围绕医疗创新的具体问题，合理调配资源，攻关协作，寻求突破。同时在科研项目的布局上，应当引导学科拓展研究范围，并不断向纵深发展，提高研究的广度、深度和延续性，使科研成果成为医疗技术、理论与方法创新的源泉。在具体的科研管理工作中，应当在能够形成优势学科群的创新研究领域加大资源、资金和人力的投入力度，在基金申请、课题申报、成果评选等方面给予重点关注与倾斜，保证优势学科群在主要研究方向上具有充足的项目和经费保证。

3. 优化学科群内部人才梯队，形成优势学科群的良性发展机制

首先要培养和筛选出优秀的学科带头人。学科带头人既要有宽广扎实的业务知识基础

---

① 案例资料来自：王丹. 某大型综合性医院优势学科群形成机制研究[D]. 上海：第二军医大学，2006.

和对学科发展的敏锐洞察力，同时又要善于管理，善于组织和协调，使学科群的工作始终处于良性运转状态，有利于项目攻关和各项工作的顺利进行。

大型综合性医院的科室主任均有良好较高的学术地位，在业务水平和专业技能上大部分都符合优秀学科带头人的标准。但从学科实力综合评价的结果来看，许多科室的医疗教学科研指标较好，但科室的管理水平一般，较大程度上限制了学科的快速发展。因此在学科带头人的选拔上，应当更注重学科带头人组织管理和协调能力的培养，因此医院可以定期组织全院的科室主任岗位技能培训，加强管理思维、理念的灌输和管理知识、技能的传授，提高其领导、组织、协调能力，使学科带头人能够充分调动团队的积极性，提高业务工作质量和科学研究的效能。同时也应当积极培养具有发展潜力的专业人才和引进外来人才，充实学科带头人队伍。

其次，人才梯队的组成对于学科群的发展也至关重要。优势学科群是创新性组织，因此要求其创新团队具有高层次的学历结构、年轻化的专业梯队和合理的专业搭配。本次研究发现应当充实30—40岁的青年骨干力量，同时增加医疗或研究系列人员的比例和博士以上学历人员的数量，为学科群优势的形成提供强大的人才保障。

4.不拘一格，因地制宜，拓宽优势学科群形成的渠道

该医院既有意识开展学科群建设，同时注重一些自然形成的学科群体系建设。首先，开展实体性质的优势学科群建设。即医院专门就某一研究方向成立独立的部门，设置一定的组织机构，配备一定的人员。在这种组织形式中，人与人之间的科研、学术、经济、人事等关系较为牢固，学术队伍的专业结构也较为全面，呈现出多元化。因此，多学科知识内容和技术的综合运用也较为自由和方便，有利于进行重大项目的探索和攻关，使学科知识内容的交叉和技术的综合运用广泛应用到科学研究中。其次，建立较为稳定的协作体系形式。这种形式往往有一定的组织，但不具备像实体那样成体系的结构，但由于它有稳定的成系列的研究项目，有稳定的学科之间的协作关系，因此对于开展需要多学科知识和技术综合协作的长期的大的科研项目攻关是非常有益的。第三，围绕一个具体目标建立临时性的协作关系。就是课题协作组，它的特点是临时性强。当课题结束，研究有了结果后，这种协作关系也随之解散。但当这种关系存在时，学科之间知识内容的综合和渗透、技术上的综合运用对促进项目顺利进展和学科自身建设还是非常有用的。

三、国内教师教育学科群创新案例

就国内开展学科群建设的实践来说，不仅有综合性大学的学科群建设，也有一些师范院校开展了教师教育学科群的建设。

（一）北京师范大学教育学部建设案例[①]

教师教育、教育科学是北师大建校一百多年来形成的办学优势与特色。在国内各类大学排行榜中，北京师范大学也因为教育学科的出色表现而排名靠前。从2006年北京师范大学教授郑师渠首次提出组建学部的设想并正式列入学校"十一五"发展规划，到2009年6月28日正式挂牌成立，北京师范大学教育学部在风风雨雨中走过了三年的筹建历程。实际上，到今天为止，对北京师范大学这一举措持异议的也大有人在。一位北师大老教授

[①] 案例资料来自：储召生，唐景莉.北师大学部制：高校"大部制"改革掀起盖头［N］.中国教育报，2009-07-06.

听说学校已决定在教育学院、教育技术学院、教育管理学院等8个机构的基础上组建教育学部时,深为忧虑,甚至在博客中撰文直指为"瞎折腾"。

1. 创建学部动因

20世纪90年代中期,北师大就曾成立虚体的教育与心理科学学院。当时的学院联合了教育系、比较所、教科所、心理系、发展心理研究所、教育技术系、教育管理学院等几个机构,通过"211"一期工程和其他项目,整合资源、会聚队伍,在机构设计上进行了有益的探索。2001年,教育系、国际与比较教育研究所、教科所3个单位进行实质性合并,成立了实体性的教育学院。北师大教育学科的发展壮大,与此前的种种探索不无关系。

但在哈佛大学、哥伦比亚大学、斯坦福大学、伦敦大学等世界知名大学,教育学的各个子学科在学术管理上大都归属于同一个学院。在北师大,教育学一级学科的10个子学科中,却是在多个二级学院里独立设置,同一学科方向又会在不同的学院里出现。"像高等教育学方面的研究,学校的高等教育研究所、教育学院高等教育研究所、教育管理学院高等教育管理研究所都有,别说学生报考研究生时搞不懂,校内不少教师也分不清楚。"[①]北师大副教授刘慧珍说。

不仅如此。随着国家对教育事业越来越重视,特别是温家宝总理近年两次到校视察,北师大也越来越觉得责任重大。北师大校长钟秉林认为"北师大教育学科一直走在全国前列,但对于重大、重要的教育问题缺乏足够的敏感和关注,学科、人力资源、课程设置等资源分散,特别是传统的以个体为主的作坊式研究,已无法适应和满足国家和社会的重大战略需求"。正因为此,组建教育学部也成为北师大学习实践科学发展观的一项重要内容。

2. 学部运作结构

新组建的北京师范大学教育学部由14个实体性学术机构和10个综合交叉平台组成(见图5-1)。其中,前者是学部内教学科研人员的归属单位,后者是指各种与省、国家部委以及各类企业、单位等共建形成的学术性机构。与过去不同的是,这些机构的负责人为学术召集人,不具有行政级别。同时,担任学部行政领导职务的人员,不能再担任学术机构的职务。

北师大按照"校中校"的建设模式,在体制机制方面给予了教育学部充分的人、财、物相对独立权,而不是将其视为普通的院系所。教育学部代表学校来执行学部内学科、人事、财经、行政等各项事务,学部内的各类机构、人员等接受教育学部的直接领导,不再接受学校各职能部门的直接管理。也就是说,在教育学部内部,实行的是扁平化管理,人员聘任、职称评定等将由学部评议咨询机构直接负责,不再像过去那样要经过实体性学术机构这一程序。从管理学的角度看,层级越少,管理的效率越高。为了适应社会的变化,大学应该尽可能减少管理的层级。实际上,发达国家大多数高校的管理结构都是扁平化的。

---

① 储召生,唐景莉.北师大教育学部挂牌"大部制"改革三年磨一剑[N].中国教育报,2009-07-07.

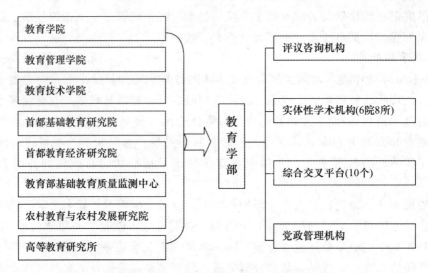

图 5-1　北京师范大学教育学部运作示意图

在教育学部内，所有资源实现整合，所有人员打通使用，鼓励教师多领域、跨学科开展研究工作。也就是说，一个实体学术机构的教师同时可以兼职进入各综合交叉平台，也可以兼职进入其他实体学术机构，这为资源的重新组合和教师们的自由流动创造了平台。以新的高等教育研究所为例，12 名专职教师中，有 2 人来自北师大原高教所，4 人来自原教育学院高教所，4 人来自原教育管理学院高教管理研究所，1 人来自原农村教育与农村发展研究院，1 人来自首都基础教育研究院。过去教师们研究的方向稍有侧重，但不免会有所重叠。现在不同部门相同研究兴趣的人聚到一起，不仅能避免研究资源的浪费，说不定还会有新的研究方向、项目的生成。

（二）沈阳师范大学教育学部建设案例①

继北京师范大学作为部属重点师范大学尝试了学部制的改革之后，作为地方师范大学的沈阳师范大学也积极推进教师教育学科群建设，建设了教育学部。由于该校教育学科群的各学科分散在不同的教育行政单位中，虽然都得到了很好的发展，但为强化沈阳师范大学的教育学科群特色，将教师职前职后一体化的优势转为胜势，构建合理有效的教师教育培训一体化运行机制，发挥教育学科群的整体作用，2010 年 3 月 10 日，正式组建了沈阳师范大学教育学部。它整合了沈阳师范大学现有的教育学科、教师教育相关资源，进一步提升教育学科群实力。

1.学部组建情况

因为沈阳师范大学教育学科分散在不同的单位中，不利于相互之间的沟通与合作，对学科建设的开展形成一定的阻碍。在面对我国大学之间竞争日益激烈的形势下与沈阳师范大学实施战略目标的紧迫要求下，需要进一步通过整合教育学科的力量、挖掘潜能、发展优势，积极抢占学科发展与建设的制高点，形成教育学科群的整体合力，在教育学科建设成就上做出丰硕成果。在这样的背景下，沈阳师范大学成立了教育学部。

---

① 案例资料来自：杨志秋.教师教育转型时期地方师范大学教育学科群建设研究——以沈阳师范大学为例［D］.沈阳：沈阳师范大学，2011.

教育学部是介于学校与各教育学科二级教学单位之间的教学、研究组织机构，它整合了隶属于教育学门类的各教学、研究单位，包括教育科学学院、基础教育教研培训中心、教育经济与管理研究所、教师专业发展学院、教育技术学院、体育科学学院等六个学院（中心、所）。教育经济管理学虽然属于管理学门类下的一级学科，但是它与教育学科有很大的关系，教育经济管理既可以颁发管理学学位，又可以颁发教育学学位，可见它与教育学科渊源及学术兼容性很强，所以沈阳师范大学的教育学科群中将教育经济与管理纳入进来并作为教育学科群中的核心学科。如图5-2所示。

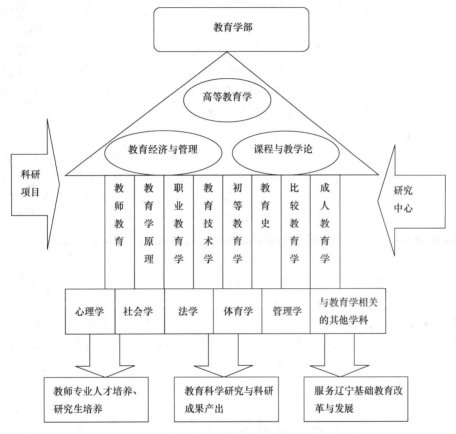

图5-2 沈阳师范大学教育学部运作示意图

2.组建学部的目标

通过组建教育学部，将教育学科门类下的相关学科的部门的学科资源整合在一起，形成了一种学科群的优势，有利于有效开展按一级学科进行学科建设、研究生招生和培养，进一步促进教育资源整合，彰显出教育学科群的学科特色，打破了行政及学术壁垒，形成学科群发展的合理性，还可以发挥出教育学科的专业指导功能，使本学科在学科建设、人才培养、科学研究等方面更符合学科本身的内在规律，增强了学科承担重大研究课题与项目的能力。组建教育学部，对现有的教育学科、教师教育等相关资源进行重新整合，整合学校的师范类专业，通过专业建设调整学校教育学科类专业结构。这样加强了专业结构的调整，促进人才培养模式改革的特色化，也有利于促进教育学科专业与相关专业的嫁接，提升专业的灵活性和开放性。

通过组建教育学部，加强教育学科群的建设，其目标首先以人才培养为根基，特别是教师专业人才与教育学科专业人才的培养。通过教育学科群的整合与协同发展，使学生的专业知识更宽泛与扎实，学生的科学研究能力更能得到提高。其次组建教育学科部，促进教育学科中的子学科与其他相关学科得到更好的交流与合作，学术人员之间在学科理论间相互学习与借鉴，突破了学科间的壁垒，增强承担重大的课题的能力，提升教育科学研究水平。再次，以一级学科建设为主，并与其他学科协同共生的教育学科群的建设，对于教育学科来说，能实现内涵式的发展，也为其他学科带来新的课题，以教育学科中的核心学科主要方向，协同教育学科中其他学科与相关学科，使学科间共同进步。教育学科群的组织形式就基本形成了在学校领导下的，由教育学部统领各个教育学科的组织部门，以高等教育学、教育经济与管理、课程与教学论三个学科为重点建设的核心层，以教育学其他二级学科为辅助层，以与教育学科密切相关的社会学、法学、心理学等学科为基础层的在教育学专门学科与外部学科相互间协调互促的学科群体。并且以科研项目为主要载体，将各个学科间的学术队伍与学术资源有组织有目的地整合起来，形成相关研究中心，实现教育学科群的优势发挥。

依托这种组织形式，明确了教育学科群的战略主旨。战略根基始终要以人才培养为主体，特别是教师专业人才与研究生的培养；在战略取向上，教育学科群的发展是为了促进教育学科与教师教育的建设，这需要坚定不移地面向辽宁省基础教育、教师教育以及中等职业教育，采取全方位服务、引领辽宁省基础教育、教师教育、中等职业教研培训（养）的战略，充分利用辽宁省基础教育教研培训中心、辽宁省电化教育馆、辽宁省幼儿师资培训中心、教育硕士研究生院、各学科课程与教学论等资源和平台，在保证教师教育各专业人才培养质量不断提升的基础上，聚焦名师名校长的培养与生成，在优秀教师的养成和教育家办学方面形成沈阳师范大学新的培养（训）特色。在战略战术上，通过教育学部整个各学科资源，不仅仅只是在形式上将其统合在一起，而是要坚持团结作战、合力攻关的战略，紧紧围绕教育学部的规划目标、任务，对教育学部范围内的各级专业技术人员在现有单位归属的基础上，进行本科教学与研究生指导团队、科研团队、社会服务团队的再次归属，为教学研究、科学研究和社会服务成果产出提供支持。

第三节　教师教育学科群组织创新

在前文进行了大学学科群组织的理论剖析及国内外高校及机构学科群组织创新案例实践考察的基础上，我们就教师教育学科群组织创新问题提出如下建议及思考。就师范大学来说（一般情况下主要是高师院校为主，也有综合性大学参与教师教育实践），组建教师教育学科群组织的策略可以有理念、机制、形式等层面。

一、教师教育学科群的组织理念

（一）以促进知识的集成创新和增强学校核心竞争力为指向

教师教育学科群的构建需要秉持什么理念也是见仁见智，但概括地说有两种：一是功利取向；二是发展取向。

功利取向是需要通过教育类学科之间的组合获得发展资源，争取项目，突破师范院校的现实困境；发展取向是通过师范院校学科的整合提炼特色，形成师范院校发展的核心竞争力，为学校的长远发展奠定基础。我们认为，这两种取向是一体两面的关系。

首先，高师院校内部资源的稀缺性决定了学校的发展需要集中力量在某些方面做强做大，使学校本身有一定的声誉度。一般来说，高师院校之所以能够安身立命，之所以能够有社会影响，之所以有核心竞争力，主要依赖于其对教师的培养和对基础教育的引领，而不是单纯的学术研究。在20世纪90年代的大学综合化的浪潮中，不少高师院校迷失了方向，过分追求学术性而舍弃了师范性，片面发展其他综合性学科，造成了学校今天发展的停顿和困境。事实上，学校的资源是稀缺的，师范院校如果不把学科资源投入在教师教育学科群上是很难提升学校核心竞争力的。所以，今天我们提倡在高师院校积极开展教师教育学科群建设实质也是一种功利取向。

其次，高师院校的发展也需要从自身的传统和现实需要中选择某些学科作为发展的生长点，形成学校发展的优势，充分发挥大学组织在社会大系统中应该发挥的作用。这两方面都指向学校使命和发展目标。而高师院校的使命与目标，自身传统和需要毫无疑问都是指向教师教育事业，因此，高师院校也必须把建设教师教育学科群作为现实发展的路径选择。

综合地看，构建教师教育学科群在理念上应当以促进教师教育知识的集成创新为指向，增强高师院校的核心竞争力。

（二）以促进与基层中小学校的联合和行动研究为实施路径

从理念上来讲，高师院校的教师教育学科群建设必须要密切加强与中小学及中等职业学校的联系，通过"教育行动研究"，把教育科研人员、教育行政人员、广大教师联合起来研究与探讨现实的教育问题，这样既解决了实践问题，也为教育理论研究提供丰富的材料。实践是科学理论的来源地，教师教育学科的生命力根植于教育实践之中，能否有效指导或介入活生生的教育实践活动是教育科学生命之树常青的根本标志，也是高师院校开展教师教育学科群建设的意义的标志，教师教育学科要在与教育实践、教育决策的联系中不断发展其应用水平。

高师院校要构建从基础研究就到应用研究到开发研究一体化的教育科学研究指导实践的组织机构体系。特别注重专业硕士学位点的建设和各学科课程与教学论专业的建设，专业硕士、专业博士点是开展教育科学研究指导教育实践的重要平台，在高师院校的教师教育学科群建设中，要重点对其规划与建设。

高师院校应积极主持或参与"中小学教师职后研修项目"，把教师教育学科群理论研究的最新成果转化为基础教育教师的实践武器，并通过教育科研基地的建设巩固和加强高师院校与中小学长期稳定的多方面的联系。

二、教师教育学科群的组织机制

（一）建设教师教育学科群的相关制度

从学科本身来讲，它有五层含义：第一，学科是相对独立的知识体系；第二，学科是达到专门化程度的知识体系；第三，学科是一定历史时空中以一定的措辞建构起来的规范化知识形式；第四，学科也指为由规范化、专门化知识群体结成的学界或学术的组织；第五,学科隐含规训和控制研究对象和门徒的权力技术的组合。这已经隐含了学科制度的一些基本要素,如管理、资源配置、人员组成、组织机构及运行。学科制度是学科建设的主体内容,是为保障教师教育学科群建设的顺利进行,通过一定的程序制定的一系列规则、规定。学科制度是现代大学制度的核心,它包括组织制度、计划制度、资源分配制度、执行制度、检查评估制度、奖惩制度等。① 教师教育学科群在制度安排上需要坚持学术本位,充分发挥异质群体的集体智慧,因为不同学科学者的思维方式和解决问题的方法各有其长;同时,要规范不同学科学者的学术行为,确保学术资源的增值。

(二)探索教师教育学科群的组织机制

教师教育学科群建设除了离不开他律性机制——时代、社会需要这一外在动力的环境机制外,其自律性机制——贯穿于教师教育学科建设动态过程中内在生成和发展的机制更起着决定作用,它是学科群形成的核心和生命所系。而且这贯通于学科群深层根源、内在规律和全过程的机制,决不只是一个,而是有机的一群,它们从不同层面构成了一个序列,主要包括:

1. 多元机制

教师教育学科群建设不可能是一元的,因为一元就谈不上交叉,谈不上"群",谈不上有机构成。从哲学的视角来看,纯粹的单一是贫乏的,缺少生命活力和丰富内蕴。作为有机整体的教师教育学科群建设更是多元的,至少是二元的。这种生成、发展机制,联合不同的东西造成和谐,造成丰富多样性的统一。当然,这种二元或多元,不一定非对立不可;但是,必须不一致,必须有差异,这才有可能显示其内涵的丰富而不单调。教师教育学科群组织的多元机制,有量与质两方面的规定。数量的规定性,要求必须有两门或两门以上的学科;质量的规定性,要求必须具有两门或两门以上学科质性。这种共生的多元性、异质性,是学科交叉、学科群赖以生成的基础,因此,学科群必然是对异质学科所作的科学综合。例如上海师范大学的"儿童学",就是教师教育学科群中一门多元共生的、容性很强的学科,其研究不仅涉及学前教育学、小学教育学,而且还涉及生态遗传学、发展心理学、社会学和儿童文学、政策学、艺术学、卫生学、文化学、经济学等众多异质学科。

2. 融生机制

由两门或两门以上学科的交叉统一来建设教师教育学科群,其多元共生绝不是任意的混杂。作为一个有机体,它们必须由合并而走向和谐统一,这就离不开融生机制。所谓融生机制,就是不同学科的多元异质通过动态联系而协调共融,合规律地生成为一个充满有机活力的整体的机能,以完整的形式表达出自己的新想法的时候就理解这种新想法的意义。学科交叉有了存在于两门或两门以上学科中并足以使其融合、统一的"数",那么,"势"就会出现于其间。这种"势"也用生物体作类比,就是旺盛的生长势和强大的生命力。"数",能使这个新生事物有势有力。联系学科交叉的生成来说,"势形乎其间",是说它那种有机活力、发展态势和未来前景就会从其间萌生出来,并一步步地拓展、实现。可见,不融不生,融而后生,融生机制在教师教育学科群的建设中具有决定性的意义。还是以上海师范大学新兴的儿童学为例,教育学院集聚了一批既有区别,又有联系的来自心理

---

① 万力维.学科、原指、延指、隐指[J].现代大学教育,2005(02):16—19.

系、管理系、教育系、学前教育系、初等教育系、校长研修中心的专家以及一些儿童文学家，形成了一个相对稳定的交叉学科研究群体，长期地交流、磨合，同时定期举办研讨会进行深入探究，……这一过程，还包括工作上，甚至思想上、感情上的融生。这样，就多方磨出了合规律的"数"和有生命力的"势"。整个团队中的每个人都是自己领域的专家，但是每个人对他的邻近的领域都有十分正确和熟练的知识；大家都习于共同工作，互相熟悉对方思想习惯，并且能在同事们还没有以完整的形式表达出自己的新想法的时候就理解这种新想法的意义。这就是融生的具体表现。可见，不融不生，融而后生，融生机制在学科交叉中具有决定性的意义。

3. 话语机制

话语机制，是融生、统一机制的语言逻辑表现。只要是交叉而成的知识形态的学科，总有其个性独具的、与其他学科基本不同的一套学术话语。从控制论的视角来说，它总以其话语生产的控制系统作为内在的工作方式，包括一整套独特的学术话语——概念、范畴、命题、原则、定律、原理、规律、模式（或方法）等的生产和运用，从而形成统一的范式，用以表达和阐发其自身。可以说，凡是成熟的、自成体系的学科总有其独特的话语生产控制系统在规范着特定的话语生产和运用，从而通过同一律等逻辑规律来设定自身的特定的学术界闭。

综而言之，对学科群建设来说，应该有一个既适合于 A，又适合于 B，对内部来说既有融通的共性，对外部来说又有特殊的个性的话语系统，这是极为重要的，它也可说是该学科的"生命系统"，是学科群诞生和成熟的重要标志。譬如，在上海师范大学的教师教育学群建设中，积聚了来自全校若干学院的 24 门学科带头人，尽管学者们的背景有文史、理化、教育心理等区别，但大家建立了基于怎么为国际化大都市上海培养未来教师这么一个共同话题，围绕"教师培养"形成了有效的话语机制，因此也有效地促进了学校教师教育学科群的形成。

4. 开放机制

以往的学科分化，往往把各自分化而成的学科近乎作茧自缚地禁锢起来，久而久之形成一元孤立、隔绝环境的自封闭系统。这种系统，必然导致学术视野狭窄，不可能吐故纳新地多方吸收各种养分，这也就必然使自身逐步萎缩、退变、老化，而不可能进行交叉、开拓、生新。

由外在环境所催发的教师教育学科群建设，它作为生命的有机体，本身是一个开放系统。它不仅应该凝聚所交叉的若干门主干学科（教育学、心理学、管理学等）的精粹，在自身生成、发展过程中不断作用于外界，而且还广泛接纳外在环境的反馈，并不断吸收其他未与之相交叉的学科的各种有益成分，特别是跟中小学课程改革相关的文史地、理化生等学科的养分。总之，在知识内容、学术体系、思维方式、操作方法乃至联系实际等方面，它不但大胆输出，而且大胆输入，从而有利于生成和发展自身新的、内涵丰满的有机体。

5. 合力机制

教师教育学科群的生成、发展机制，如果放在"因果链"中来审视，又可寻找到"合力"、"增殖"这一对相互联系的机制。在这对机制的相互关系中，"合力"主要是原因，"增殖"主要是结果。"合力"，在学科交叉的时间流程中是一种带有原创性的内部动力，这借用亚里士多德的著名术语来说，可称为"动力因"。亚里士多德还指出，"在寻找每一个事物的原因时，永远应该寻找最根本的原因。"[①] 学科群形成最根本的原因是什么？它既不是学科多元构成中作为动力的某一个"元"，又不是作为动力的所有的"元"的机械相加，而是这种多元通过融生、开放、流动等机制，一体化地集成的"合力"。这各种元素、各种机制所拧成一股绳的"力"，才是推动教师教育学科群向前发展的"最根本的原因"。正由于学科群建设过程中这种由总的力量而迸发出的新力量，才使教师教育学科群具有组成它的全部单一学科所不具备的新功能、新优势，其中还包括横向综合的各学科在互补等过程中各自摒弃缺点，发扬优长，使众多的优势集中整合的力。

三、教师教育学科群的组织形式

从目前我国师范大学的教育学科组织来看，主要分散在二级学术组织中，以院或者相当于系级的研究所中。有的学校是集中于一个学院中，还有的学校是分散于几个学院中，成立学部之前，沈阳师范大学的相关教育学科分散在五个单位中，而华东师范大学是分散在教育科学学院、心理与认识学院、学前教育与特殊教育学院、公共管理学院、教育部中学校长培训中心等若干学院及机构中。

在师范大学中进行教师学科群的组织形式的选择上，要依据学校教育学科的实力与发展情况，考查学校对教育学科的建设目标和规划，根据不同时期的学科发展战略与要求来选择适宜的组织形式。我们认为可以根据建设的任务与方式的不同来确立组织形式的选择，主要有学院实体型、新组实体型、协调合作型、学术团体型、科研凝聚型等。

（一）学院实体型

"学院实体型"组织形式是依托现有的学校建制对教师教育学科群进行建设。实施教师教育学科群建设，是不少高师院校突出学科建设重点，强化自身优势学科群和特色学科群的举措，而这些高师院校把跟教育相关的优势和特色学科一般都集中在现有一个学院中，如，不少高师院校纷纷在"教育科学学院"的基础上整合其他院系及机构成立职前职后一体化的"教育学院"或"教师教育学院"。其优点表现在：

（1）教师教育学科群集中在一个学院，便于组织和管理；

（2）教师教育学科群往往集中在一个一级学科内，学术队伍成员间相互熟悉，有协作的经历，便于协同开展建设；

（3）因为学科发展的历史，容易从学科群中找出能得到大家认同的学科群组织者；

（4）学科群一般在社会上已具有一定影响力，有利于承接高水平科研项目，有利于教师教育学科群的发展。

"学院实体型"组织形式的缺点表现在：

（1）教师教育学科群与外界相对封闭，不利于学术交流，尤其是跨学科专家之间的相互启迪，使学科群的创新意识和创新能力受到影响；

（2）教师教育学科覆盖范围相对单一，对于承接综合性的科研项目，往往需要其他学院的协作。

---

① 转引自：金薇吟.学科交叉理论与高校交叉学科建设研究 [D].苏州：苏州大学，2005：21.

(二) 新组实体型

"新组实体型"是根据教师教育学科群建设发展的需要,将部分相关学科从原来的院系建制中脱离出来,重新组建学部或学科特区等略高于高校一般二级实体学院的新实体单位,依托形成的新的行政实体来规划教师教育学科的发展与建设,如北京师范大学的教育学部等。

这一组织形式的优点是:

(1) 有利于加强对跟教师培养有关的新兴学科群、交叉学科群的组织与管理;

(2) 有利于新兴学科群或交叉学科群的进一步发展。

"新组实体型"组织形式的缺点是:增加了高校建制数量,扩大了行政管理人员队伍,增大了办学成本。

(三) 协调合作型

协调合作型是指学校在不打破现有实体院校格局的情况下,为了推动学校教师教育事业的发展,成立层面略高的协调组织机构,如教师教育工作委员会、教师教育联席会议、教师教育推进办公室等来协调学校跟教师教育相关的各院系学科共同致力于教师的养成和前沿教育改革理论课题的研究。

这一模式的优点是不会增加太多的成本,相对保持学校办学结构的稳定发展。但缺点也显而易见,协调机构的掌控力和行动力如果不高的话,教师教育学科群建设的蓝图很容易成为一纸空谈,无法得到有效的落实。

(四) 学术团体型

这种结构是由核心主干学科、支撑学科、外围相关学科分层交叉构成教师教育学科群。教师教育学科群发展成为星团状的形式,以教育学科中有实力、具有发展势头的几个学科为核心,以教育学科的其他学科与教育学科之外的其他相关学科为依托,在核心主干学科带动下,催生和促进群内对经济建设、社会发展和科学进步有全局性重大影响的相关新技术学科和应用性人文社会学科的发展。它具有组织松散的特点。

这种组织结构形式是教师教育学科在纵向上继续发展,在横向不断交叉的基础上形成的,体现出了教师教育学科群建设中的轻重层次,对教育研究中的一些科研项目具有较高的适用性。这种形式主要是在教育研究课题项目的引领下,以学术团队为载体得以形成与实现,以教师教育学科的几个学科为主要核心,教师教育学科队伍中的研究人员带头,与其他学科学术人员共同完成。建设一个科类齐全、基础宽厚的教师教育学科群,在教育科研攻关上可以引入项目管理的研究机制,成立若干教育研究中心,以重大教育科研项目为依托,调动学校中的各学科学术团队与学术成员,吸收校内外各类专业人才共同参与,使教师教育学科的发展与全校综合学科的发展有机结合起来。

(五) 科研凝聚型

这种结构是指教师学科群在纵向上具有明晰的学科层次,横向上则表现为通过教师教育相关重大科研课题所展开的相关学科、跨学科的有机联结。这种网络的模式主要是表现在学科之间的交叉上,学科的交叉可以是教育学一级学科范围之内各级学科之间的交叉,也可以是其他的相关学科与教育学科发生的交叉,例如学前教育学与儿童文学的交叉,就形成了儿童文化教育学的研究。这种教育学科与其他一级学科的交叉主要是由二级学科根据研究的方向与研究的课题而形成的网络体系。它的特点是"无论在一级学科范围中或几个一级学科间,其网络联络点都是二级学科和三级学科,而且是以三级学科为主",突出了对科研的共同课题进行联合攻关的要求。

这种形式主要是以科研课题、科研项目等为载体,将多学科联结起来,并促进了教育学科与其他学科新的学科知识的出现。以科研课题为主体的组织形式,可以较迅速地将相关学术人员调动起来,但是也会伴随着课题的结束而消失,不能形成一个较为稳定的机制。

事实上,对高师院校来说,要进行教师教育学科群的建设,所选择的学科群组织形式也是不同的。必须充分考虑到学科间的内在联系和学科发展的趋势,选择与学校建设目标建设相符的组织形式,还要在明确学校的行政隶属关系和资金筹措方式,行政职权、人员编制和经费投入等方面的具体情况,这些因素会直接影响到组织形式的选择和教师教育学科群的建设。高师院校选择教师教育学科群的组织形式,应该充分考虑学校的实际建设情况与学科的建设基础情况,并且根据不同时期的发展战略,灵活选择适宜的组织形式。

第六章　教师教育学科群之文化特质

文化这个概念最吸引人的地方就在于，它将我们指向表层之下的现象，指向那些潜意识水平的、看不见摸不着却确实存在的强大的影响力。① 文化是大学之魂，是大学赖以存在的精神支柱。大学要形成有特色的文化，必须深深地扎根于教学、科研、社会服务等具体的教育实践中。大学是基于学科的集合体，学科建设是大学的一项重要任务，也是支撑大学核心竞争力的重要因素。由于对学科自身发展逻辑的把握，以及深入认识到学科与现实社会发展之间的密切联系，对大学的学科建设，提出了加强学科群建设的目标与任务。结合培养培训教师的教师教育来说，加强教师教育学科群建设则是教师教育创新和加快教师教育职前职后一体化的必然要求，也是教师教育学科建设的一种新模式。学科群文化渗透于学科群的各项活动中，潜移默化中影响着学科群的每一位成员。文化模式具有高度的持久性，对人们的行为产生重要的影响，并能塑造人们的思维、行为和感觉方式。② 为推动学科群的深入发展，有必要了解学科群的文化特质，并有效地进行学科群文化建设。本章从教师教育学科群的文化视域出发，分析教师教育学科群的文化概念、结构与特性，阐述教师教育学科群文化建设的意义、原则和方法。

第一节　教师教育学科群文化视域

学科的发展体现在纵向与横向两方面，各学科在各自的领域里不断深入发展，同时，学科之间也在相互交叉与协作，最终使学科结构呈现网络状的发展趋势，作为不同学科共同组建、协作、联合等多种形式结成的学科群，其内部各学科之间存在文化差异也存在文化交融。谈教师教育学科群的文化，必须了解相关的文化背景，本节介绍教师教育面临新的时代特征、学科群建设面临的文化差异，以及重视学科群之间文化交融的必要性。

一、教师教育发展中展示的问题

人类正从"E时代"进入信息技术应用的新时代——"U时代"，人们逐步生活在一个不受时空限制、全面联网的环境中。无所不在的运算（Ubiquitous Computing）的概念也进入教育领域，日益使教育变得无所不在。传统的教育形式、学习方式、成员关系都有了重大改变。随着信息技术的高速发展，经济全球化进程的日益加快，基础教育改革的不断深化和新课程改革的全面实施，社会对教师质量的要求空前提高，教师教育面临严峻挑

---

① 〔美〕埃德加·沙因.组织文化与领导力[M].马红宇，王斌等译.北京：中国人民大学出版社，2011：7.
② 〔美〕特伦斯·E.迪尔，肯特·D.彼德森.校长在塑造学校文化中的角色[M].王亦兵译.北京：中国青年出版社，2006：13.

战。什么是高质量的教师？怎样培养高质量的教师？这是新时期的教师教育和教师教育学科群建设要回答的两个重要问题。教师教育学科群建设的根本目标是提升教师教育的质量。反思教师教育中存在的问题，才能不断提高教师的专业水平，促进教师的专业化发展和教师质量的持续提升。但现阶段，从教师教育观念到制度都存在一些影响教师教育进一步发展的因素。

社会与教师对专业的认同感不强。教师职业具有双重的学科基础，即教师任教科目的学科知识和教育的学科知识。教师教育与其他专业教育相比，相同的时间内很难同时使学术水平和必备的教育学科知识都达到同等水平，以至于教师教育中长期存在"学术性与师范性"的争论。现实中，由于中小学教师这一职业在我国体现出专业性不够强，整体素质不高，再加上教师职业本身的特殊性——教师的劳动成果通过学生来体现，直接教学效果难以定量确定。师范性常常成为强调学术性的牺牲品，不少人认为只要掌握学科知识就可做教师，甚至可以做一个好教师，是否具备教育学科知识无关紧要。教师作为一个不可替代的专业仍未达成共识。人们往往把教师比做"园丁"、"蜡烛"、"春蚕"、"人梯"，这些比喻都肯定了教师无私的奉献与服务，做到这一点，除了知识和能力，更需要教师因对职业的认同而对教育产生积极的态度。对专业的认同是教师能否实现自我成长的内在动力，如果教师在内心里不认为其所从事的专业是有价值、有意义的，不能够从中找到乐趣，那他是缺乏专业认同感的。对专业的认同要求教师本人自觉地把教育教学看作实现自我价值和人生意义的过程。教师教育中"师范性"的弱化，教师教育学还缺乏一定的学科地位，知识的专业化程度不高，学术性不强等，都影响着教师的专业认同，严重影响教师的教育教学行为和服务意识，造成教师的事业心、进取意识、敬业奉献精神不足，产生浮躁心理、不平衡心理、矛盾心理，甚至损害教师队伍的整体形象，无形中造成教育人力资源的浪费。

教师自身的教育观念有待更新。我国小学和初中教师的合格学历起点偏低，部分教师职业道德意识淡漠，广大教师中教育观念陈旧落后，创新意识和研究能力不强，教学方法和手段落后，知识面狭窄等都是不能忽视的重要问题。现代教师职业要求教师具有较高的专业知识、专业技能和专业态度。教师专业化是一个不断深化的过程，教师专业发展一般经历技能熟练阶段、反思性实践阶段和专业自觉阶段。技能熟练阶段是教师专业化发展的初始阶段。教师专业化的实现需要有与之相适应的专业性的教师文化的支撑，而目前的教师文化大部分仍停留在与技能熟练阶段相匹配的文化状态，如今很多教师都处于这种阶段，教师对职业缺乏热情与动力，工作和忙碌只是源于外在的职业要求。这种文化不利于教师专业化的真正实现。从与"技术熟练者"相适应的文化走向专业自觉为支撑的教师文化将是当下教师文化重建的主导方向。专业自觉阶段是教师专业发展的最高阶段，也是教师职业可持续发展的重要因素，教师能自觉地把社会赋予的责任与义务转变成内在需要，自觉地对所从事的教育实践活动进行自我反思。

教师教育的观念需要创新。观念是行动的先导。教师教育的改革和发展首先要求改变传统观念形成先进理念。传统的教师教育重在培养教师的专业知识，忽视能力，培养培训相分离，培养模式定向单一，课程体系和教学内容陈旧，教师教育体系独立封闭。新的时代呼唤新的教育，新的教育需要新的师资。要培养出创新型的现代师资，要求形成新的体制机制、新的管理方法、新的培养模式、新的教学内容、新的教学方法、新的学习形式、新的人才规格等等,这些需要创新性的现代教师教育观念的引导。现代教师教育应该改变传统观念,重视教师的专业态度、专业技能、专业价值、专业精神等各方面的综合训练,强调教师教育一体化的培养模式,更新教学内容和教学手段。以开放创新的新观念为指导,形成教师教育新体制。

教师教育制度和机制不完善。教师制度文化系统是教师文化以及整个教育事业健康发展的重要保障。教师的培养和选拔制度是良好教师文化形成的基础,教师的管理和考核制度保证教师文化的持续发展,教师的评价和激励制度影响教师文化的社会声誉。我国现行的教师制度中,还存在一些问题,如,教师资格的终身制使教师缺乏专业发展的动力,教师准入制要求过低使教师缺乏专业发展的后劲,教师评价制度主要以学生的考试成绩来评价教师,方法上重视量化评价忽视质性评价,使得教师只关注学生成绩而无暇顾及专业发展。

教师职前教育模式体系有欠缺。教师在成为教师之前所受的教育,对于教师专业认同的形成具有重要意义,但我国教师教育职前阶段的专业化培养存在一些问题。首先,各级师范院校都在极力向综合性大学靠拢,追求专业的综合性和学术性,削弱了师范专业的师范性,导致师范院校发展定位的偏差,人才培养目标的模糊,对师范类人才的培养和学科教育研究产生了消极影响。其次,转型后的绝大多数师范院校仍然未脱离传统的混合培养模式,同时学习公共基础课程、学科专业课程和教育专业课程。教育专业课程仍然以教育学、心理学、学科教学论为代表,课程只占总学时的10%左右,班级管理、教育科研、教育评价、多媒体教学、教学实验等现代教师迫切需要加强的能力缺乏训练,从教专业技能、教学基本功类课程与实践等准备不足。缺乏结合当前基础教育改革的内容,不能很好适应第一线教学工作的需要,教学内容与中小学新课程改革要求不适应,教育见习、实习指导不力,流于形式,实习质量难以保障,培养出来的学生在专业性上先天不足,在师范性上优势不强。应进一步深化职前师资培养模式各个环节的改革,加深学生对教师职业的认识,增强从事教育工作的积极性、自觉性。

20世纪下半叶,教师专业化成了全球教师教育改革的主要趋势。许多发达国家与地区都重视教师专业标准的制定,20世纪80年代以来,教师专业标准的研究、制定与实施,已成为许多国家促进教师专业发展、提高教学质量的一项重要举措。我国的教师专业标准也在形成过程中。各国(地区)的教师专业标准结构,反映了各国教育界对教师职业所应具备的专业素质结构的共同认识。如,英国2007年9月颁布的新修订的《英格兰中小学教师专业标准》,将专业品质、专业知识与理解、专业技能作为标准框架的三个基本维度。《澳大利亚全国教学专业标准框架》规定,学科教师必须具备的专业要素包括专业知识、专业实践能力、专业品质及专业关系协调能力。《新西兰教师教育毕业生标准》框架结构分专业知识、专业实践、专业价值观与关系三个方面。我国香港《教师专业能力理念架构》的内容主要环绕以下四个范畴,即教与学、学生发展、学科群发展、专业群体关系及服务。澳大利亚2010年公布的《全国教师专业标准》新标准围绕三项专业要素——专业知识、专业实践和专业发展。各国(地区)制定的专业标准不仅强调教师的知识与技能,也重视教师的专业理念和信念,但我国传统的教师专业发展观侧重对知识理解的考察,考察国内外教师专业标准研究的研究成果,教师须具备正确的信念、态度、行为,教师专业发展体现在专业知识、专业技能、专业精神、沟通能力等方面的提升,培养高质量的教师重在塑造教师的精神，建立教师的制度，促进教师的行为。

教师教育是在终身教育思想指导下，按照教师专业发展的不同阶段，对教师进行职前培养、入职教育和在职培训的统称。教师教育质量的提升直接反映在培养对象的高质量上，这种高质量不仅是指较高的升学率和学生文化成绩，而且是指能为学生提供优质的教育服务，能让每一个学生的潜能得到全面、和谐、自由、充分与可持续发展。它要求教师教育学科群具有现代管理理念及与时俱进、进步的能力，要求学科群具备现代化的教育教学设备，要求学科群形成一种开放、向上、和谐、进步的学科群文化，要求培养出的教师具有现代教育观念和较强的综合素质。

经过几十年的发展，我国已形成了以师范院校为主体进行教师职前培养，以教育学院、教师进修学校为主体进行教师职后培训的师范教育体系。但是，教师教育进入新阶段，我国教师队伍建设迎来了难得的机遇，又面临着严峻的挑战：在水平方面，现有水平不能满足人们对优质教育的需求；在模式方面，传统师范培养模式失去优势；在质量方面，教师专业化程度不高、学历偏低，队伍结构性矛盾突出，高水平、高素质的骨干教师、校长数量不足；在课程方面，教师教育课程体系老化，难以适应时代要求；在一体化方面，教师职前培养与职后培训的分离造成教师教育的脱节，要求大学教育从封闭式向开放式发展。

当前，我国教师教育整体上走向了开放与多元、多种模式并存的阶段，并在不断地改革与创新，以加快促进教师教育的观念更新、使教师专业化水平得到持续的发展与提高。随着社会的发展，教师教育的问题必须依靠多学科联合作战，充分发挥各学科的协同效应进而促进教师教育水平不断提升，这也对教师教育学科群的建设提出了要求，它要求教师教育学科群具有现代管理理念及与时俱进的进取能力，形成一种开放、向上、和谐、进步的文化。

二、学科群建设面临着文化差异

过去谈学科建设，可能只涉及某个学科，但现代的学科建设已不仅仅只是某一学科的事，每一门学科的建设都离不开相关学科的支撑。学科群是由某些相关学科有序结合在一起组合而成的集合体，而每个学科都有其自身的知识体系、研究对象、理论体系与研究方法，这些是形成学科文化的主要因素，同时也是学科群内部产生文化差异的重要原因。在学科群建设的过程中，各学科成员的专业语言、认知风格、不同的思维方式和价值取向，必然导致学科群内部不同学科文化的交融与冲突。学科群文化与学科文化一样，是学科群内各学科成员在互动中逐步形成的共同价值取向、思维方式、思想观念、情感模式和伦理规范。

学科思维方式的不同是学科群存在内部文化差异的内在因素。思维方式是学科文化的内核，各学科思维方式在一起碰撞、冲突和调和，必然会使学科群内部产生文化差异。对同一事物，甲学科可能从宏观整体入手，乙学科可能更注重细节探究，丙学科可能更注重逻辑思辨，进行坚实论证和严密的推理，丁学科可能更注重发散性的思考，强调新的思想和观念。例如，对于地震问题，物理学学科人都从地壳内能量如何聚集与如何释放等角度进行思考，天文和数学学科人都努力于地震序列的周期和非线性行为的分析，化学学科人则偏于从活性元素由深而浅的动态中思考地震过程的伴生现象，生物学学科人则有趣地探索地震发生前有何种物理因素引起生物的异常行动。①

知识性质的差异是学科群存在内部文化差异的前提。学科知识本身的特性即知识的性质和特点，如学科内容、学科界限、各分支统一的程度、相近学科的情况、学科理论的作用、学科专门技术的重要性、学科量化和模式化程度、学科研究成果概括程度等，是学科文化差异性产生的根本原因。② 学科知识性质的差异，即各学科相对独立的知识体系、相对确定的研究对象、相对成熟的理论和相对稳定的研究方法也导致了学科群内部存在文化差异。学科知识的差异常常与学科研究技术、分析方法、处理资料方法等方面的不同相联系。有学者在芬兰坦佩雷大学调查发现，由于学科知识的差异，社会学和社会心理学、公共管理学、计算机科学、图书情报学等四门学科教学的定位就不同。社会学和社会心理学注重学术性，后三门学科注重毕业以后的职业要求；在学科培养目标方面，社会学和社会心理学要求学生能原创出独特的作品，公共管理学只要求学生能拿到学位，计算机科学要求学生能掌握专门的技术，图书情报学则要求学生能拥有这种特殊的工作技能。为达到上述培养目标，各科学生的主要活动方式依次是：奉献、执行、实践、刻苦。③

科学研究向多学科发展是产生学科群文化差异的客观原因。社会发展与科学技术的进步对高层次人才提出了巨大需求，科学研究从高度分化向多学科、交叉综合的方向发展，在这样的背景下产生了学科群这样新兴的学科建设模式。"大学优势学科群是在大学组织内部，为促进学科生长点的产生，具有内在关联的学科在学科发展、社会需要和学科管理三维取向下形成的具有竞争优势和发展潜力的知识体系。"④ 学科群内的若干个同类学科或跨门类学科齐心协力围绕一个具体的目标和任务组合而成，这些学科之间内在联系紧密、内容上互补递进，往往由一级学科发展起来的二级、三级甚至四级学科组成。各不同学科之间如果没有相互间的接触，是不会产生文化冲突与整合的。不同的学科和专业要在同一个体系里相互配合进行教学与研究，自然就有了很多接触，各学科成员之间原有的对学科不同的价值观念及思想方式便不可避免地发生碰撞而出现差异。

教师教育学科群建设就是通过学科交叉实现学科的高度综合。一个学科群可分三个层次：第一层次是主干学科层，即教育学和心理学等；第二个层次是支撑学科层，对主干学科的发展具有潜在影响的学科，即语文、数学、外语、物理学、化学、生物学、艺术学、体育学、历史学等学科；第三层次是相关学科，为主干学科提供不同的思想和方法。长期以来，师范院校对教育学等主干学科层本身的建设关注较多，而对于支撑学科、相关学科与主干学科的交叉融合重视不够，需要通过学科群的建设，提高学科的综合化水平，更好地服务于教师教育的发展。在充分考虑国家和地方的教育规划、学科群的定位、学科群的发展规划、学科的发展现状的基础上，通过学科之间的组合获得发展资源，争取项目；通过学科的整合提炼特色，形成学科群发展的核心竞争力，为教师教育学科群的长远发展奠定基础。

---

① 高山，游玉佩，向应明.大学学科文化核心要素及其认知分析 [J].现代大学教育，2008 (3)：11.
② 樊平军.论大学学科文化的知识基础 [J].江苏高教，2007 (6)：14.
③ 高山，游玉佩，向应明.大学学科文化核心要素及其认知分析 [J].现代大学教育，2008 (3)：12.
④ 胡仁东.论大学优势学科群的内涵、特点及构建策略 [J].中国高教研究，2011 (8)：50.

三、重视学科群内部的文化交融

传统的学科组织形态总体上是单学科性质的,其学术资源仅仅是一个学科内部资源。而学科发展到现在,各学科既相对独立,又相互联系和相互支持。学科的交叉和融合不仅体现在同一门类的学科之间,往往还需要不同类的学科进行跨学科的交叉、渗透与融合,从而产生新的学科生长点和新的学科分支,促进学科的长足发展。"哈佛大学前校长陆登庭曾指出,哈佛取得的最重要的成功就在于建立了交叉学科和教师之间(或学院之间)的合作。如哈佛大学文院有几个跨学科中心过去只从事国家或地区性的学术活动,到20世纪90年代初期,这些中心所涉及的学术范围有所扩大,具体表现在地域、包含的学科数量和研究问题的种类上,结果促成了亚洲中心的建立。"[①] 学科建设应按照学科自身的发展规律和学科的具体情况,在各学科自身建设的基础上,大力加强学科之间的交流与联合,形成学科的群体优势和集群效应,充分发挥高等学科群学科综合的优势,打造优势学科群,不断提高高等学科群综合实力。学科群作为一个整体,具有高度的协同共生性,同时,学科群由各个独立的学科组合而成,也具有离散性。学科群建设应高度重视学科之间的文化交融。学科群内部存在文化差异,必须强调文化交融,使学科群内部各学科文化之间相互适应、协调、平衡,从而成为一个有机的整体,推动整个学科群的发展。

学科群的文化交融可以为学科发展提供动力和营养。学科群并非简单的学科组合,从其产生过程来看,学科群是学科在高度分化的基础上高度综合的产物。在古代,学科专业门类比较少,科学家几乎都是博学家。18世纪以后,随着工业革命的深入,社会职业分工越来越细,对专业人才的需求也越来越强烈,这种现实的客观性促使科学知识被划分为不同的学科。然而科学技术发展到如今,随着许多跨学科的知识技术应用到生产领域,不同门类的学科在交叉与融合的过程中孕育产生了学科群。"依靠优势学科群的建立,固然可以在短期内提高学术水平,提高学科群声誉,广泛吸引人才和生源,获得可观的经济效益和社会效益。然而,能否长久保持核心竞争力使高校可持续发展,归根结底要看核心竞争力的软环境。"[②] 学科群注重文化交融,以人为本,关心、尊重、理解、信任学科群内的成员,能有效地激励人的责任心和成就感,激发学科成员的凝聚力和进取精神,使之主动贡献自己的智慧和力量,积极投身于学科发展与建设,成为学科发展的内在动力。

学科群的文化交融能增强学科的共生效应。"学科群内部各学科间遵循着协同共生原则,各学科之间存在着相互依存、相互促进的共生关系,大大丰富了学科的生长点,通过相互合作以促进学科整体水平的提升。"[③] 经济的快速发展和科技的不断进步,一些重大的问题无法依靠单一的学科知识和技术来解决,它们需要多学科的交叉和协同来共同解决。在长期学科分化基础上建立起来的单一学科模式,其体制性障碍严重阻滞了学科建设的发展,而交叉学科建设则必然会打破各自为政的传统状态,为新生学科的发展提供沃土。学科间相互渗透、交叉、碰撞可促进大量新兴学科知识的产生和发展,采各学科之所长,集各学科理论之精华,启发学科创新的思路。"许多新学科就产生于学科群的共时协

---

① 詹静.通过战略规划形成高校学科比较优势与群体优势的思考[J].经济研究导刊,2009(23).
② 丁哲学.学科群在高校核心竞争力中的作用及构建[J].黑龙江高教研究,2008(1):61.
③ 庞军等.学科群建设在培养创新型研究生中的重要意义[J].经济与社会发展,2007(8):156.

同效应"①，如中南民族大学在长期的办学实践中，逐步形成了明显的学科特色，其中民族学、少数民族经济、历史学等都是充分体现中南民族大学办学特色和民族特色的学科，也是中南民族大学具有传统优势和建设经验的学科，同时也拥有企业管理、旅游管理等一批新兴的学科。从学科和社会发展来看，可以把民族学、历史学与旅游管理结合起来，建设成为有特色的交叉学科。因为这些领域与学科群的优势学科密切相关，这些学科的建设与发展可以紧紧依托现有的优势学科和特色学科，同时这些学科的发展既可以丰富已有学科的内涵与外延，又可以对已有优势特色学科的进一步发展提供动力。② 学科群凝聚各学科的人力资源、物力资源、专业资源，形成综合实力，在促进各学科进步的同时也能进一步提高学科群整体水平。

各学科之间的文化交融，能有效地促进学科群的创新和发展，提升优势学科，形成品牌学科群，促进学科群核心竞争力的提升。学科群已成为科学研究、学科建设发展的重要途径，更为培养复合创新型人才提供了良好的环境。如，中南民族大学是一所以民族学为优势和特色的多学科、综合性民族大学。民族学作为学科群的特色学科，有丰富的学术积淀和优良的学术传承。经过多年的努力，中南民族大学的民族学学科建设取得较大成绩，目前，这一特色学科已经发展形成了民族学、马克思主义民族理论与民族政策、民族教育、民族法制、中国少数民族史、中国少数民族经济、中国少数民族语言文学、民俗学、中国少数民族艺术等优势和特色较为明显的民族类学科群。③ 学科群建设需要全面科学的规划、决策和论证，重视学科群文化交融，有利于开展多学科、跨学科研究，优化高校学科结构，提高高校的科研实力。

面对新的时代精神与新的教育理念，无论是从教师教育学科群发展和质量提升的外部环境出发，还是从提升学科群内部管理效益的角度来看，积极面对学科群内部各学科之间的文化差异，强调学科群各学科之间的文化交融，都有助于更好地了解教师教育学科群的文化特质。

第二节　教师教育学科群文化解析

社会的发展和学科群教育质量意识的提高，也必然导致教师教育理念的改变、教师教育机制和模式的创新、教师教育学科的发展。教师教育学科群文化建设将促进教师教育的改革和发展，推动教师教育质量的提升，解析教师教育学科群文化有助于更有效地建设教师教育学科群文化。本节从教师教育学科群的文化概念、教师教育学科群的文化结构、教师教育学科群的文化特性三个方面来对教师教育学科群的文化内涵进行解析。

一、教师教育学科群的文化概念

谈及文化是什么，很多人都会感到茫然。有位学者说："我被托付了一项困难的工作，就是谈文化。但是，在这个世界上，没别的东西比文化更难捉摸。我们不能分析它，因

---

① 田恩舜.我国高校学科建设的问题及对策 [J].兰州铁道学院学报，2002（2）：129.
② 陈继量.高校以优势学科促交叉学科建设与发展 [J].科教导刊（上旬刊），2011（5）：65.
③ 中南民族大学民族学学科建设逐渐形成优势特色 [DB/OL].http://news.sohu.com/20070806/n251439029.shtml

为它的成分无穷无尽,我们不能叙述它,因为它没有固定形状。我们想用字来范围它的意义,这正像要把空气抓在手里似的:当我们去寻找文化时,它除了不在我们手里以外,它无所不在。"① 文化的范围非常宽泛,学科群文化也经常给人一种虚幻的感觉,学科群的文化是无形的,具有重大的影响力,但却不容易说得清楚到底是什么。学科群文化又确实存在,但身处其中的每一位成员总能感受到一种无法言说的特殊之处,它可以从学科群的物质条件、学科群成员的信仰、价值观、行为方式等方面感知到。学科群成员所展现出来的气质就代表了学科群的文化。学科群文化作为支撑学科群外在物质环境的内涵与灵魂,在学科群管理和学科群发展中发挥着越来越重要的作用。

文化的概念来自于人类学,英国人类学家泰勒(Taylor,E. B.)在1871年出版的《原始文化》一书开篇就给文化下了一个定义,指出"文化或文明是一个复杂的整体,它包括知识、信仰、艺术、道德、法律、风俗以及作为社会成员的人所具有的其他一切能力和习惯。"② 泰勒将文化和文明混沌不分等而论之,他给文化所下的这个定义是一个全方位的说明,与先前从哲学的、艺术的、教育的、心理的或历史的等方面来界定的文化概念,泰勒的定义被认为是一个分水岭。文化作如是说明不仅涉及它的性质、范围、内容和意义,而且进化成为人类经验的总和,它意味着一个特定社会或社群的一切活动,包括物质的和非物质的一切外在的和内在的活动,而成为信仰、信念、知识、法令、价值,乃至情感和行为模式的总和。③ 这种致力于从总体上来观照文化的态度,对文化的定义和分析模式起到了深远的影响。其后人们提出的人类学的"文化"一词的概念,大都是在这个定义的基础上作修改、补充和完善。随后20世纪50年代美国有代表性的两位人类学家克鲁伯(A. L. Kroeber)和克拉克洪(Clyde Kluckhohn)通过对从泰勒提出文化定义的1871年到1951年的80年间文化概念的历史演进的梳理发现,后来的人类学家、社会学家、民族学家、心理学家等给"文化"下了多达164个定义。但其后人们提出的人类学的"文化"一词的概念,并没有发生实质性的变化,均未突破泰勒把"文化"看成是一个复杂整体的范式。泰勒对"文化"的界定至今仍是我们理解当代社会文化问题的基本框架。

基辛(Keesing,R. M.)描述文化人类学(cultural anthropology)中有两大学派对文化概念有重要影响:(1)文化适应学派(adaptationist concept of culture):强调文化是可直接从社会成员身上观察到的事物,如人造物品、社会成员的行为规范(behavioral norms)与行为型态(patterns of behavior)及语言(language)等;(2)文化观念学派:认为文化是社会成员所共有的心智精神状态,也就是指信念(beliefs)、价值(values)、概念(ideas)、假定(assumptions)等主观及潜意识的层面。④

1970年荷兰哲学家皮尔森(Peursen,C. A. V.)在为其著作《文化战略》中文版撰写的引言指出:中心议题在于,"文化"不是一个名词,而是一个动词;文化必须变得更有动态性,更注重未来取向。即文化是按一定意图对自然或自然进行转化的人类的全部活动的总和。⑤

---

① 殷海光. 中国文化的展望 [M]. 北京:中国和平出版社,1988:26.
② 〔英〕爱德华·泰勒. 原始文化 [M]. 连树声译. 桂林:广西师范大学出版社,2005:1.
③ 陆扬. 文化定义辨析 [J]. 吉首大学学报,2006(1):153.
④ 转引自:组织文化的理论基础与相关研究 [DB/OL]. http://www.docin.com/p-413731780.html.
⑤ 〔荷〕C. A. 冯·皮尔森. 文化战略 [M]. 刘利圭,蒋国田,李维善译. 北京:中国社会科学出版社,1992(8):3.

综合以上的研究，可以将学科群文化定义为：学科群在发展过程中所形成的物质文明和精神文明的总和，包括学科群的外显文化与内隐文化。"从某种角度来说，文化暗指由礼仪、气氛、价值观和行为整合成的一个和谐的整体。"[①] 学科群不等于学科，学科群文化也不同于学科文化，教师教育学科群的文化有自己的本质规定性和丰富的内涵，教师教育学科群文化可以理解为被全体成员所认同和遵循的信念、价值观、精神、规章制度、行为方式、物质设施等方面的一种整合和结晶，是学科群成员在长期的互动过程中积淀形成的共同信念，以及在这种信念引领下形成的积极的工作态度以及与态度相对应的外在行为方式，是学科群成员的信念、态度、行为的总和。信念是具有强大凝聚力的共同价值观，能产生强大的精神力量，决定着成员的精神风貌、态度与行为。

"这种看不见、人人都认为理所当然的信念和预期为人们的言行赋予意义，决定着人们如何应对上百件日常事务。组织机构内这种深层的生活方式是通过符号性语言和表达性行为反映和传达出来的。文化由稳定的、深层的社会涵义构成，正是这种社会涵义通过时间的媒介塑造着人们的信仰和行为。"[②] 教师教育学科群文化不会自发形成，而是由学科群全体成员共同努力创建的，一旦形成，就会产生巨大的作用力，反过来制约学科群中人们的行为。学科群文化是学科群成员所认同的核心价值观和意义体系，是学科群精神的集大成者，对学科群成员的态度与行为具有深远的影响，能紧密团结学科群全体成员共同为学科群发展而努力付出。当学科群里的每一个人都发自内心地拥护学科群的价值取向，并明确自己应该做些什么以及应该怎么做，学科群内部就会呈现出和谐统一的文化氛围。文化是由内而外，从精神层面到行为层面发挥作用，文化只有内化为信念、态度，人的行为才是自然而然的。

要加快促进教师教育的观念更新、使教师专业化水平得到持续的发展与提高，遵循和创建新世纪与时俱进、力求跨越式发展的"教师教育"新理念和新体制，着眼于未来社会日新月异变化以及教师专业发展需求，以终身学习的理念构建教师教育的新型体制与机制，为教师教育学科群文化的形成营造良好的文化氛围和社会环境，使学科群成为愉快的协作共同体，使成员对自己的能力及价值持有更加积极的态度，并体现为自觉的行为。

二、教师教育学科群的文化结构

美国学者沙因（Edgar H. Schein）认为文化由以下三个不同但相互作用的层次组成：（1）文物及创造。包括建筑、语言、科技成果、艺术品、关于组织的神话与故事、可见的仪式及成员的行为等。这是最显性的文化层次，很容易观察到，但要解读其义就可能先要对文化作更深层次的了解。（2）价值观。包括组织成员共享的策略、目标和哲学，体现在成员的基本价值上，亦即是指他们会认为什么是恰当的或应做的，但不一定实际上是怎样的。价值观较难被直接观察到，但其成员普遍上对这些价值是清楚的。（3）基本的潜在的假设。这是最隐蔽的文化层次，包括无意识的、想当然的信仰、观点、思想和感觉，它们是一切行为和价值的源泉。一个文化的价值背后深处有着一些基本假设，被认为是理所当

---

① 〔美〕埃德加·沙因.组织文化与领导力［M］.马红宇，王斌等译.北京：中国人民大学出版社，2011：11.
② 〔美〕特伦斯·E.迪尔，肯特·D.彼德森.校长在塑造学校文化中的角色［M］.王亦兵译.北京：中国青年出版社，2006：12.

然、不容争辩的，有时候内化的深入程度甚至令成员察觉不到它们的存在。如果有任何价值判断和行为偏离这些基本的假设，会被视为不可接受和不可思议。①

马克斯韦尔（Maxwell）和托马斯（Thomas）提出由信念、价值观、规范、行为四种要素（层次）所组成的文化互动模式，从内层到外层分别是信念、价值观、规范和行为，信念是中心要素也是最深的层次，包括组织中大家没有明言的假设和理解，影响价值观，价值观影响规范，规范影响随之而来的行为。价值观、规范和行为互相影响，并对之前的信念产生影响。四种要素之间不是单向的因果关系，而是互为影响。同时，整个模型与外界也是互动的。②

吉尔特·霍夫斯塔德（Geert Hofstede）等人将文化的表现形式分为管理实践（practice）和价值观两个层次（四类），其中管理实践层次包括：象征（symbols）、英雄人物（heroes）、仪式（rituals）、价值观（values），如图 6-1 所示。"象征"指的是有特定文化意义的语言、手势、图片或物品。"英雄人物"指不论存殁与否，真实存在或想象出来的，因其人格特质享有极高评价而被奉为行为的模范。"仪式"是一种严格来说是多余的，但是在社会中是必需的集体活动。此三类是可见的，在程度上由浅而深，它们的文化意义潜藏于只有知情人才能察觉到的方式。根据图示，文化的核心由"价值观"组成，是一种很少被讨论的潜意识感受，不能被直接观察到，但会由外在行为表现出来。③ 创建者和核心领导者的价值观毫无疑问塑造组织文化，但是文化影响组织成员是通过共同的实践活动（象征符号、英雄人物和仪式）。④

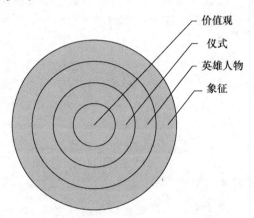

图 6-1　文化由浅至深的层次显现图

上述研究大都将文化分为由浅至深、由表及里的不同层次，综合相关研究成果，并考虑到教师教育学科群文化和学科文化、大学文化的共性及其本身的特殊性，可以将教师教育学科群文化由表及里分成表层、中层和深层三个层次，以及物质文化、行为文化、制度

---

① Edgar H. Schein. Organizational culture and leadership [M]. San Francisco：Jossey-Bass Publishers，c1992 (2nd ed)：12.16—17

② Maxwell & Thomas. School Climate and School Culture [J]. Journal of Educational ADMINISTRATION, 1991 (29)，2：72—82.

③ Geert Hofstede, et al. Measuring Organizational Cultures：A Qualitative and Quantitative Study Across Twenty Cases [J]. Administrative Science Quarterly, 1990, (35) 2, 291 of 286—316.

④ 同上书, 311 of 286—316.

文化和精神文化四种类型，其中，物质文化和行为文化处于学科群文化结构的表层。教师教育学科群文化的内部结构可分为教师教育学科群物质文化、教师教育学科群行为文化、教师教育学科群制度文化和教师教育学科群精神文化四类。其中，物质文化是教师教育学科群文化的外在标志，行为文化是教师教育学科群文化的外在表现，精神文化是教师教育学科群文化的核心与灵魂，制度文化是教师教育学科群文化的内在保障。教师教育学科群文化一旦形成，就会具有较强的稳定性和持久性，弥漫于教师教育学科群之中，渗透到教师教育学科群生活的各个方面，左右学科群成员的信念、态度，展示出强大的内聚力与辐射力，并使学科群成员的行为自觉不自觉地受到影响。

（一）教师教育学科群的表层文化

教师教育学科群的表层文化之一是物质文化，它是教师教育学科群文化中最表层且可直接感受到的部分，主要包括实体性的文化设施，以物化的形式直接体现了学科群的风貌，蕴含着丰富的文化内涵，反映了学科群的价值观念、管理哲学、审美情趣和道德风尚，会对学科群成员的价值观念和工作态度产生影响。

行为文化也是教师教育学科群的表层文化。它是指学科群成员在工作学习中产生的活动文化，是教师教育理念、精神面貌、人际关系的动态表现，也是学科群精神、价值观的折射。学科群成员的行为文化决定教师的教学质量和教育质量，当每个成员具备了先进的教育理念、良好的专业精神、高尚的道德追求就会形成科学与实效的行为文化。

（二）教师教育学科群的中层文化

教师教育学科群制度文化是学科群成员在工作与生活过程中所结成的各种社会关系的总和，是教师教育学科群文化的重要组成部分和集中体现，是教师教育学科群精神文化和教师教育学科群行为文化的中介。

教师教育学科群精神文化倡导的一系列行为准则，必须依靠制度的保证去实现，通过制度建设规范教师的行为，并使学科群的精神转化为教师的自觉行为。但并非所有的制度都可以称之为文化，只有那些被学科群成员认可的并愿意自觉遵守的制度才可以构成文化。教师教育学科群文化的存在只有被学科群全体成员认同和学习才是有意义的，教师教育学科群制度文化是学科群成员获得共同文化的途径，使得教师教育学科群文化得以交流和传递，也是教师教育学科群行为文化得以贯彻的保证，对形成学科群成员高昂的精神风貌、和谐的人际关系等起到保障作用。

学科群制度文化可以分为两个部分：① 正式制度。主要是指学科群中以某种明确的形式被确定下来的，带有普遍意识的工作制度和管理制度，以及各种责任制度、行为规范等，这些成文的制度约定，对学科群成员起着约束和规范的作用。② 非正式制度。主要是学科群成员在长期的共同工作和生活中逐步形成的习惯习俗、伦理道德、价值观念、意识形态等对其行为产生非正式约束的规则、典礼、仪式、规范、习惯、节日和活动等，与正式制度不同，不一定表现在准确的文字形式上，也不需要强制执行，完全依靠学科群的习惯与偏好维持。

（三）教师教育学科群的深层文化

教师教育学科群的精神文化是学科群成员在长期的教育教学实践中，经过反复的积淀、选择、发展起来的，并为学科群内的成员群体所认同和遵循的理想信念、价值观念、思维方式、道德风尚、文化传统等。教师教育学科群的精神文化是教师教育学科群文化的内核和最深层的部分,也是形成表层文化与中层文化的基础,是推动学科群成员专业发展的直接动因。它是不可见的和潜意识的层面,是内隐的、平日不易察觉得到,但它影响和决定着成员的工作态度和行为,促进成员自身的学习和成长,使成员从教育实践中体验到智慧的力量和创造的愉悦,感受到生命的创造与成长。

综上所述,教师教育学科群文化的三个层次是紧密关联、密不可分的,它们相互影响、相互作用,共同构成学科群文化的完整体系。在这三个层次中,深层文化(精神文化)如学科群的精神、学科群的价值观等是最根本、最稳定的,是学科群文化的根本,直接表现为精神活动,在教师教育学科群文化中起着根本性的决定作用,是教师教育学科群文化最重要的组成部分,但具有隐性的特点,常常隐藏在显性内容——表层和中层文化背后,并决定着这两个层面。而教师教育学科群文化的表层和中层文化如规章制度、礼仪、学术环境等则属于学科群文化的显性内容,是以精神性行为和精神的物化产品为表现形式的,是精神的外化,是学科群文化的重要组成部分,具有外显性,它们以其外在的形式体现了学科群文化的特色,体现了学科群所特有的精神,但不是教师教育学科群文化的根本内容。因此,我们在考虑教师教育学科群文化建设时,不能仅仅把注意的焦点放在外部环境的改善和制度层面的建设上,而主要应该从教师教育学科群文化的深层抓起。

三、教师教育学科群的文化特性

学科群文化的实质是一种价值观念和精神境界,是学科群凝聚力和活力的源泉,对人的行为具有规范作用,对人的心理具有调节作用,对人的思想、情感和生活方式有陶冶、感染作用,对人的心灵、理想有净化、激励作用。学科群文化从本质上说是全体成员创造出来的一种精神,具有一种能动的、持续的教育力量,它是一种巨大的教育资源,只要身处其中就能感受得到,并可以作为一种特色和精神永恒传承。教师教育学科群文化具有以下几个特性:

(一)稳定性

文化意味着这个团体某种程度上的结构稳定性,文化界定了这个团体,一旦获得团体的认同,文化就成了主要的稳定,不会轻易消失,即使组织中的成员离开了,文化也会存在。[1] 文化的这个特征能增强学科群的稳定性。学科群文化作为学科群的共同价值观和管理哲学理念,是学科群结合自身历史传统与发展特点有意识地加以选择和提炼的,同时又是全体成员的共同价值追求,通过不断地渗透和内化,成为成员个人的信念与价值观,使学科群自动生成一套自我调控机制,从而无形中引导着学科群全体成员的价值观念、思维方式和行为模式,这同时也是学科群不断发展的过程。

(二)整体性

文化是一个组织中最深的部分,通常不易被觉察,较之其他事物,文化更虚无缥缈,不可触摸。文化具有弥漫性,影响面很广,一旦被创立,它就涵盖了组织的所有功能。[2] 学科群文化在内容上是对学科群各方面工作的整体概括和综合,学科群文化形成后,其包含的价值观、信念、基本假设等精神因素,会作为一种文化意识形态的氛围弥漫于整个学

---

[1] 〔美〕埃德加·沙因.组织文化与领导力[M].马红宇,王斌等译.北京:中国人民大学出版社,2011:11.
[2] 同上.

科群之中，体现在学科群所有成员的活动和行为中，使得人们能够从每个成员的一言一行中感受到弥漫于学科群组织中与众不同的生活气息和学习氛围。

（三）独特性

学科群的文化既是前瞻的，又是有历史的，要形成学科群的文化需要内在的历史积淀。来一位新领导就创立一种新文化是不可能的，通过制定一套新的制度与规范来建立一种全新的学科群文化也是不现实的。只有在秉承传统，挖掘学科群特有资源的基础上，才能形成独具特色的学科群文化。比如，就上海师范大学发展战略而言，教师教育学科群文化应发挥根植于上海基础教育土壤以及培育中小学师资所积淀的办学优势，高举凸显教师教育特色的大旗，在此基础上形成独特的教师教育学科群文化。

除了历史传统，每一个学科群由于管理方式、发展历程、成员的背景、成员的生活经历，以及与其他学科群的互动状态，甚至所处的位置及地理环境和社会环境的不同，都会形成具有本学科群特色的独特文化，展露出不同的价值观、信念、理想、行为方式、精神风貌、期望和基本假设，这种独特的学科群文化使其与其他学科群产生区别，会通过学科群的显性的符号象征、仪式、故事、代表人物等诸多方面显现出来。

（四）渗透性

在学科群文化的形成过程中，学科群成员会慢慢了解在这个学科群中"什么是重要的"、"应该做什么"、"应该怎样做"，并进而了解学科群的本质特征、学科群的原则和任务、学科群的发展目标及学科群的规章制度与行为方式等。当学科群成员熟悉与适应这种模式与要求，并主动与自我内在需求及自我发展相融合时，其自身也逐渐成为学科群文化的一部分。通常当我们的行为符合群体所在的文化的规范要求时，我们不会感到文化的作用和文化的力量。但是，当我们的行为偏离或违背了给定的、群体所公认的行为规范或价值规范时，我们立即就会感到文化特有的力量。这就是文化对个体的强制性。① 学科群文化具有渗透性，其价值观和信念通过学科成员的思考及感觉，逐渐形成一个学科群独特的价值与信念、态度、行为的综合产物。

（五）发展性

学科群文化本身是不断变革与成长的。文化是静态的，往往在很长时间内处于相对稳定的状态；文化也是动态的，始终是一种"向前看"的姿态，一种不断建构的过程。② 学科群文化具有传承延续性，却并非僵化不变的，学科群在不断发展过程中积累形成的文化通过不断地辐射、反馈、修正和强化，会随着学科群的发展而不断地更新和优化，在这个过程中学科群的发展也受到文化更新变革的反作用而不断改进，推动学科群各项工作从一个高度向另一个高度迈进。

（六）持续性

学科群文化的形成，需经过一段相当长的时间，文化是一种累积，在学科群成员的互动过程中不断地积淀、演化而形成。在学科群文化建设过程中，除了通过建立健全规章制度来规范成员的外部行为，更重要的要通过共同的信念来引导各种内隐的行为。只有当学

---

① 吕长竑，夏伟蓉.文化：心灵的程序——中西文化概念之归类和词源学追溯［J］.青海民族学院学报，2009(3)：140.

② 郑晓云.文化认同与文化变迁［M］.北京：中国社会科学出版社，1992：217—218.

科群的价值观和信念融化到每位成员的血液中，内化为每个人的思想，并落实到自觉的行为上，学科群文化就逐渐形成，并成为一种影响学科群各项工作的相对稳定的文化氛围。学科群文化跟其他任何一种文化形态一样具有历史继承性，具有持续性。学科群文化不会因为学科群发展战略或学科群领导层的变动而随时改变或立即消失。正因为此，学科群文化具有维系学科群稳定、促进学科群持续发展的作用。

教师教育学科群建设，既要统合现有传统学科的优势来实现教师教育的优质资源组合，还要与中小幼特各学科教育相关联动，形成有的放矢为基础教育服务的综合效应，更应整合全校优质资源，创建新兴学科，适应与时俱进的社会需求以及营造品牌产生时效。在建设过程中，了解教师教育学科群文化概念、结构、特性，以学科群文化为引领，能加速提升教师教育学科群建设的水平。

第三节 教师教育学科群的文化建设

"学科文化是学科是否成熟的标志。只有那些比较成熟并达到一定标准的知识分支才能称之为学科，学科是特定研究领域走向成熟的产物。"[①] 同样，学科群文化是学科群是否成熟的标志，重视学科群文化建设是提升学科群和学科群核心竞争力的关键途径。本节从教师教育学科群文化建设的意义、原则和方法等方面来阐述教师教育学科群文化建设对于优化学科结构、提升学科优势的重要性。

一、教师教育学科群文化建设的意义

通过教师教育学科群的文化建设，合理配置各种资源，科学地组织协调，使教师教育学科的组织体制和运行机制等反映教师教育学科发展和变化的内在要求，促进学科知识的创新、传播和运用，不断提高大学人才培养、科学研究和社会服务的水平，实现文化建设的独特功能。

（一）提升学科群的向心力

学科群文化反映了学科群全体成员的共同价值观和共同追求。学科群的文化有没有形成，可以从学科群成员的信仰、价值观、行为方式等方面感知到。学科群成员所展现出来的气质就代表了学科群的文化。学科群文化一旦形成，就会成为全体成员的共同追求，使个人目标与学科群目标有机结合，进而指导成员的行为，潜移默化地约束、作用于学科群全体成员，促使大家自觉地为实现学科群的发展目标而努力。"学科群作为一个复杂的大系统，其内部是一个非平衡系统，内部各要素之间存在着复杂的非线性相互作用和反馈，其中任何一个因素的变化，都可能引起全部其他因素的变化，变化后的因素又必然会反馈到整个系统中去。"[②] 学科群文化建设能有效处理既有精细分工又有广泛协作的学科群内部复杂关系；能协调全体成员的行动，规范制约着学科群内部成员，增强成员的群体意识和向心力，激发他们的积极性，提高学科群的整体效能和建设成效。学科群文化是学科群建设和发展的强大精神动力和思想保证，是学科群的灵魂。

---

① 谭华明，张云霞.浅析学科文化的功能[J].纺织教育，2008（2）：34.
② 项延训，马桂敏.对学科群建设的认识与实践[J].中国高教研究，2007（1）：42.

学科群文化能在学科群组织内部产生强烈的凝聚力量和激励力量，使个体对组织有强烈的归属感、自豪感，从而提高成员对学科群的认同度。要培养专业化的教师，在高等教育中就必须有开展教师教育的专业活动。专业是以学科为基础，要实现教师的专业化，实现教师教育的专业化，更新教师教育学科就是最急迫的任务。教师教育学科群文化一旦形成，就会对学科群成员的思维方式、价值观念、行为方式起到潜移默化的影响，学科群成员会有意无意地受到学科规范、学科传统、学科观念的影响和熏陶，了解学科群的历史传统、现行使命以及工作理念，使不同学科、不同研究领域的人成为一个群体，共享一种文化，从而为教师教育学科群的发展奠定良好的基础。

（二）增强学科群的核心竞争力

学科群实质是通过组织的力量把学科进行优化重组，打破传统学科组织界限，使资源共享，实现学术资源的增值。学科群的建设使学科群内原有的特色学科更加突出，并得到巩固和加强，同时特色学科的辐射功能也带动学科群内一些薄弱学科的发展，使这些学科也能跃上一个新的台阶，形成新兴的优势学科。这样的发展态势将使学科群拥有众多的优势学科群，最终促进学科群核心竞争力的提升。学科群文化建设不仅应重视学科的发展，更要关注学科组织化水平的提高。教师教育学科群的文化建设有利于发挥学科群的综合效应、交叉效应和横向效应，依托各学科的资源，调整研究方向，开展新的学科领域，优化学科结构，为培养高水平的教师提供良好的基础和条件。浙江大学2005年率先在国内高校启动了"青年教师交叉学习培养计划"，该培养计划分为专业性交叉学习和综合性交叉学习两个方面：专业性交叉学习计划面向40岁以下具有博士学位的青年骨干教师，根据其个人职业规划和学科交叉研究方向的定位，要求他们在5年内随同本科生或研究生一起插班学习4门以上的跨学科专业课程，每一门课程结束时都要和学生一样参加考试；综合性交叉学习计划则面向全校45岁以下的教师，要求每人主修3门课程，其中有2门必须为跨学科门类的综合性课程。通过跨学科课程的交叉学习，使教师对不同学科的基础知识、基本理论和研究方法以及该学科与其他学科的相关性、现有学科交叉情况、前瞻性问题和热点问题等都有较为全面的了解，有利于在全校范围内形成多学科交叉共生的学术氛围，提高教师科研协作攻关的能力，积极促进学术创新和交叉性研究成果的涌现。[1]

在"教师教育学科群"基本理论研究层面，统合诸学科来实现教师教育的优质资源组合，与中小幼特各学科教育相关联动，形成有的放矢为基础教育服务的综合效应，并适应与时俱进的社会需求来创建综合性新兴学科，以新兴学科引领师范院校课程改革，用新的学科增长点及其业绩提升"教师教育学科群"建设的水平。"越是构筑了宽广文化视野的学科，就越容易将各个领域整合在一起，在更高的抽象水平上建立稳定的范畴体系。学科的综合发展，形成新的交叉学科、边缘学科，这个进程依赖于不同学科的学科文化的整合。"[2] 教师教育学科群适应了当前社会发展对培养高层次优秀教师的要求，能有效提高教师培养质量、优化课程设置，提高经费和设备的使用效果。教师教育学科群文化建设对于各学科间理论借鉴、模式组合、方法碰撞等提供了良好的氛围与环境，能有力地催生新的学科分支和具有开创意义的前沿领域，并进而在条件成熟时发展成新兴学科。新兴学科和交叉学科的发展，将

---

[1] 郑文涛.以制度创新引领交叉学科建设[DB/OL]. http://www.cass.net.cn/file/20091210252151.html
[2] 曹滨，王世平.论学科文化培养在学科建设中的基础作用[J].中国校外教育，2009（2）：97.

会使教师教育学科群长期保持活力和优势，巩固和提高其核心竞争力。

同时，教师教育学科群文化建设能使每一位成员明确自己的发展目标，通过文化的塑造来引导学科群成员，增强成员行为的一贯性，使其在组织制度范围内有序地工作、学习和生活，良好的文化也能营造一种竞争向上的工作氛围，无形中对成员的心理起到激励和促进作用，激励教师不断吸收外来先进文化，保持不断地进步，保证学科群得到卓有成效的建设，提高学科群建设的活力与竞争力。

（三）培养复合创新型人才

"学科群的组建将以前单一学科对人才的培养扩大为学科群体对人才的培养，在课程设置上既遵循了各学科专业的内在规律，又打破了学科课程间的壁垒，加强了各学科的内在联系，为'专业化模块'教学提供结构上的依托，做到宽口径、厚基础，推动教学改革的进行。"① 要培养造就优秀教师和未来教育家，就要求培养的师范生必须是宽口径、厚基础、高素质、强能力的创新型师资。要实现这个目标，就必须突破单一师范培养的局限，建设教师教育学科群，增强学科之间的交叉和融合。学科群可以实行大学知识资源的自我组织，原来分属于不同学科的教师、课程、教学设备、知识、方法等资源都可以为学生所共享，从而使学生的知识面、思维方法与能力获得全面的提高与进步。教师教育学科群是多学科整合的结果，一般包括教育学、心理学等主干学科，给学生打下坚实的专业基础，也包括语文、数学、外语等支撑学科以及中小幼特等相关学科，帮助完善学生的知识结构与能力结构，同时为学生的发展提供多维的知识与方法。学科群内不同学术思想的相互交融，不同研究方法的相互借鉴，容易实现学科互补和有机整合，有利于教师教育专业水平的提高，又有利于师范专业学生综合性知识结构的提高和社会适应能力的增强，为师范专业学生的个性发展提供了较为宽阔的基础和知识条件。教师教育学科群的文化建设构建了创新人才培育和成长的环境，能充分发挥各方面的潜在优势，提高教师教育的整体水平，拓宽学生的知识结构，培养学生的创造性思维方式，培养创新型人才。

现行的专业设置和培养机制，囿于专业所限，交叉学科的知识积累难以有效形成，不利于交叉学科后备力量的培养。要培养高层次的创新人才，学生的培养要有跨学科意识。如复旦大学提出了"大学本科教育是通识教育基础上的宽口径专业教育"的观念，构建了综合教育、文理基础教育、专业教育三大课程板块，形成了以综合教育和文理基础教育为主要特色的通识教育课程体系，其中综合教育课程包括人文学科与艺术、社会科学与行为科学、自然科学与数学三大组，其意图包括推进跨学科教学、适合所有低年级学生选修、具有综合的训练要素与目标、增进成员交流、引导低年级学生开展学术研究等，通过实践运作取得了良好成效，值得学习借鉴。② 在日本，一些大学为了进一步推动学科间的融合，促进创新型学科领域的发展，特别建设综合研究大楼，把有学科交叉和融合趋向的不同研究生放到一起开展科研和学术活动，为学科的交流和内在的融合提供平台。日本筑波大学不设科系，而以学科群、学科类来划分课程，其目的都是为了实现学科交叉。不同学科的教师，尽管研究领域和方向差别较大，但在学生的培养、研究中心的科研工作等诸多方面却强调紧密地联系在一起。同样，为研究生开设的一些课程通常覆盖多个学科的内

---

① 谭镜星，陈梦迁.学科群与大学教育知识自我组织[J].高等教育研究，2009（6）：78.
② 郑文涛.以制度创新引领交叉学科建设[DB/OL].http://www.cass.net.cn/file/20091210252151.html.

容，由不同专业的若干教师共同完成教学。通过定期举行的研讨班、外聘专家讲学以及参加国内外学术会议等大量学术活动，开阔学生视野、活跃学生思维。[①] 培养高层次的创新人才，必须挖掘各个学科的研究优势，整合原有的课程设置，优化专业结构，实现资源互补，从而促进多学科联合并发挥学科群体的优势，提高教学效益。如，上海师范大学教师教育学科群发挥现有诸学科的综合性优势，凝聚教育学、心理学和管理学等学科组合优势及其攻坚目标，期望教育资源的融合与共享，促进诸学科聚焦于教师教育发展，形成核心竞争力，营造教师教育新品牌。从 2008 年开始，学科群建立"教师教育学"新二级学科，开设"教师教育学"必修核心课程，编著出版《教师教育概论》、《教师教育学》等精品教材，举全校之力组成一支以 24 位文理学科带头人为主的"教师教育学"教授讲师团，从不同学科视角聚焦于当代教师养成、研修的实际需求，通过跨学科课程设置能为学生提供更为全面的知识，使学生全面地了解教师教育的理论，增加学生的学术储备，丰富学生的知识结构。

"学科群是一个相互协同、共同进步的群体，在这个群体中学习与科研有助于培养自己修己善群的品行、公平竞争的意识、奋发向上的精神、严谨求实的作风。"[②] 学科群文化建设既能有效促进学科的交叉融合，优化学科结构，培育出新的学科增长点，为学科保持优势和增加活力提供可持续性动力，同时又能优化人才培养，促进教育教学的质量和科研创新能力的提高，提升学科群的核心竞争力，为地方经济和社会发展更好地服务。

二、教师教育学科群文化建设的原则

教师教育学科群文化建设是一项系统工程，既包括精神方面，也包括制度、行为等方面。学科群文化建设是一项战略性工作，不是一蹴而就的，它比硬件建设更难，更需要花费时间，也更需要讲究一定的原则。教师教育学科群文化建设应遵循以下原则。

（一）历史继承性原则

学科群文化是学科群在长期的实践中形成的引导学科群持续发展的信念、态度和行为的总合，是学科群的灵魂，代表学科群的发展方向与发展思路，具有历史继承性。各学科都有一定的学科文化，学科文化一经形成，就具有很强的历史惯性，支配着学科成员的行为。文化具有历史传承性，是一个纵向积累的过程，学科群文化不可能脱离过去历史而独立存在。因此，学科群文化的培育必须遵循历史继承性的原则，一方面，深深植根于各学科文化的沃土之中，保持学科传统文化的基本要素，结合社会前进和学科发展的脉络和要求，整合本学科群的历史资源和优良传统，进行合理改造，并不断发扬光大，形成独具特色的学科群文化；另一方面，学科群的发展也要充分尊重各学科自身发展历史，吸取各学科历史积淀中的合理要素并使之与学科群建设发展实际结合起来，使学科群文化建设得到发展。

（二）社会适应性原则

教育必须适应社会发展的需要。"当今世界的教育在国家发展和国际竞争中所处的地位和作用愈来愈重要。相应地，教育理论的发展和更新也愈加快速，新的教育思想观念不

[①] 邱澄.打破传统学科界限 构筑优势学科群——上海师范大学都市文化学科群建设探究［DB/OL］. http://www.rcpstsxu.com.cn/article/news_view.asp?newsid=1727.

[②] 庞军等.学科群建设在培养创新型研究生中的重要意义［J］.经济与社会发展，2007（8）：156.

断涌现,传统的教育基本理论受到愈来愈大的挑战。在这种形势下,教育改革在世界上风起云涌,教育发展受到各国政府的极大重视。在教育改革和发展的大潮中,教育理论和教育思想观念的转变与进步有着先导的重大作用。教育发展方针的确定,教育政策的制定和实施,教育教学改革的开展和深化,教师队伍的建设和提高等,无不需要先进的教育理论指导。"① 面对知识经济时代的呼唤,教师教育学科群的文化建设应在遵循自身的内在发展规律的基础上,主动适应经济社会发展对人才的需求,跟上时代的步伐,把握人才培养和科技发展方向,主动瞄准学科发展的前沿和世界科技发展的新动向,保持和发扬传统学科的优势和特点,也要不断开辟新的领域和新的研究方向,不断吸收借鉴社会其他优秀文化的优点,注重在发展中创造和形成学科群文化与社会文化的良好互动,丰富学科群文化的内涵,以先进的学科群文化引领时代发展潮流,成为引导社会发展的前沿阵地。

(三)主体创造性原则

学科群文化的构建应"以人为本","以人为出发点,以激发人的主动性和自觉性为目的"。学科群文化的形成要依靠每个成员的努力,外部的推动只是为学科群文化的形成创造必要的环境条件,全体成员都是学科群文化建设的主体,要调动学科群文化建设主体的积极性,激励每位成员参与到学科群文化建设中来,激发全体成员达成建设学科群文化的共识,为学科群的发展创造良好的文化建设氛围。

(四)系统协调性原则

"越是相对成熟的学科,它们之间的界线越明显。因为一个成熟的学科具有特有的语言系统、价值观念、思维方式,故而形成独特的理论体系、学科话语和研究方法。这些文化信息'符码'经一代又一代的学科成员相互传承,同时又不断创新,不断趋向成熟,从而有别于其他学科。因此,学科之间的边界从一定程度上来看是由其学科文化来界定的。"② 而学科群文化是一个复杂的多个要素结合而成的整体系统,学科群文化建设是一个复杂的系统工程,只有整体协调地推进,科学合理地设计,才能互相促进,共同发展。学科群文化建设是一项系统工程,涉及学科群建设的各个方面,如外部环境、内部制度、课程教学等,应坚持系统协调性原则,深入研究学科群文化的结构层次与相互关系,整体协调地推进,科学合理地设计,采取相应的方法与措施,凝聚学科群文化各方面、各层次的核心要素,形成强大的精神动力,使各学科文化交融共生,从不同的角度共同推进学科的深化发展。

(五)特色个性化原则

同一所高等学校,不同学科文化的差异,是大学文化多样性发展的特征。学科群文化建设存在共性,但是必须在共性中体现出教师教育学科群的个性,不能与其他学科群区分开来的学科群文化可以说是不成功的。学科群文化是各学科文化的高度综合,学科群文化建设要整合本学科群的历史资源和优良传统,挖掘本学科群独特的文化并不断发扬光大,在全面了解本学科群历史和把握地域文化的基础上,使传统文化与现代文化、地域文化与外来文化达到和谐、统一,凝练出既体现本学科群特色又适应学科群发展的文化主题。个性与特色是学科群文化建设的重要追求和生命所在。

---

① 张笛梅.在创新的思维中再造教育学——袁振国主编《当代教育学》评介[DB/OL].中国教育报 2009-5-25,第 8 版.

② 谭华明,张云霞.浅析学科文化的功能[J].纺织教育,2008(2):34.

学科群形成具有本学科群特色的文化体系，就能形成自己的优势，表现出学科群文化的独特性，提升和确立学科群的地位和影响。特色个性化原则应成为学科群建设的方法与策略，通过培育特色形成学科群的优势，做到"人无我有，人有我优，人优我特"。

学科群文化建设与所在学科群的办学历史传统、办学条件、办学思路，以及学科群所在区域经济社会发展水平等有很大关系，是这些因素共同作用的结果。教师教育学科群文化是在长期经营中形成的，其建设是一个漫长的过程，是一个反复进行的过程，是循序渐进的过程，需要持之以恒。

三、教师教育学科群文化建设的方法

对于学科群发展而言，学科群文化不是最直接因素，但它却是最持久的决定性因素，它影响着学科群的可持续发展。学科群文化的建设是与学科群的成长同步发展的，学科群的发展会促进学科群文化的形成，学科群文化的建设也会促进学科群在广度和深度上不断拓展，增强学科群的竞争力。学科群和学科群文化二者是相互促进的。一个成功的学科群文化，必定要在反思、选择和确定符合学科群自身实际的基础上，凝聚内化价值观，使全体成员认同和接受。

（一）树立学科群成员的共同信念和价值观

学科群的共同价值观要及时灌输给学科群成员，让全体成员对其充分认同，使其内化为全体成员的价值取向。文化是一种生活方式，学科群文化不能通过单纯的说教和灌输的方式来形成，它需要借助于潜移默化的熏陶和感悟，进入师生的心灵和生活。每个人固然有各自不同的信念，但与此同时，学科群文化的建设离不开组织成员共同信念的培养。学科群应通过各种途径努力培养这种共同的信念，使之成为学科群全体成员间的共识，使成员的个人愿景与学科群的共同愿景结合起来并达成一致，产生出对学科群的从属感。这样，共同信念便成为学科群成员行为的思想基础和精神支柱，为了共同的信念和目标而乐意为之奋斗。

文化由内而外发挥作用。共同信念具有强大凝聚力，能产生强大的精神力量，决定着成员的精神风貌、态度与行为。每一位成员拥有共同信念，会增强学科群的组织凝聚力，使学科群成为一个愉快的协作共同体，从而增强成员之间的相互亲近感，形成和睦的人际交往关系，同时使每一位成员对自己的能力及价值等持有更加积极的态度。

教师教育学科群文化的价值观如何在成员之间传播？成员怎么去认识与了解，并进而对学科群文化产生积极的情感？其中涉及几个关键的工具：象征、故事、行话、仪式、原则陈述。[①]

"象征"指隐含了超出他们固有内容的意思的语言或者事物，是组织用来传播文化的一种手段。一般包括体现学科群理念的标牌、雕塑、旗帜、奖品、纪念品与奖章、历史收藏、建筑等。这些符号化的语言和事物展示着学科群文化的价值取向与信念，是强化成员的意志和情感、树立成员信心的重要力量之一。成员浸润在这样的环境中，时时感受到学科群文化对他们的影响与激励。

"故事"生动地说明学科群文化关键的方面，有效地传递学科群文化的有关信息，如：关于学科群发展与改革的重要性；关于学科群团队艰苦创业的故事；团队协作和相互学习

---

① 〔美〕杰拉尔德·格林伯格.组织行为学［M］.王蕾译.上海：上海世纪出版集团，2011：192—293.

的故事；优秀成员的故事等。通过讲故事来传播学科群文化的核心理念、信仰和追求等信息，这些都可以有效地强化成员对学科群文化的积极情感。教师教育学科群在不同的历史时期都有其优秀的代表人物，他们的行为及其取得的成就最能体现组织的价值观念，利用各种榜样和典范，对优秀、成功的"英雄事迹"进行大力宣传，树立模范人物的榜样形象，传播英雄事迹所代表的价值观，建立学科群成员对学科群的集体自豪感，促进学科群成员共同价值观的形成与发展。除了英雄事迹，学科群日常生活中发生的一些看似平淡却感人的小故事，大都蕴涵着某种信念和价值，对此加以整理、挖掘和传播，也能起到鼓励效仿的作用，有助于形成良好的学科群风气。

"行话"是定义文化的特殊语言。每个学科群都有学科群内部使用的日常语言，这也可以帮助支持成员对学科群文化的认同。这些特殊的用语，是学科群内部成员相互之间交往交流时，创造、使用的不同于其他群体的词汇、用语或符号，往往以简洁明了的表达方式表述一个抽象的概念，不必附加解释，成员都能理解。这也是强调成员与学科群文化相联系的一个重要因素。

"仪式"是纪念价值观的特殊事情。仪式是富有意义的日常互动方式，是一些充满深层意义的程序或常规，①仪式给学科群生活中普通的事件赋予了特定的意义。每一个学科群都有自己特有的仪式，这也是学科群文化建设的重要载体。重视学科群仪式，举行丰富多彩的具有本学科群特点的特色活动，使全体成员通过参加庆典仪式和各种活动，深刻体会群体所共享的价值与经验的传承，凝聚和升华群体成员的感情，激励和感染群体成员的斗志。

"原则陈述"以书面形式界定文化。每个学科群都会有明确的给所有人看的书面原则，如对学科群文化的理念、制度等的描述，这些书面的陈述向成员说明了学科群文化的价值取向、建设方向、建设途径等，激励着成员朝着学科群期望的方向努力，增强成员对学科群建设的自觉性。

共同的价值观、信念、生活态度是学科群文化形成的标志。学科群文化建设是个持久的工作，需要不断地取得成员的认同，是一个不断积累、不断沉淀、不断创新的过程，只有在全体成员共同付出、共同践行、共同创造的过程中，形成共同的信念与价值观，学科群文化才会逐渐形成。学科群文化建设能否有效，更多地体现在价值观与信念的培育，更多地强调成员内在的自觉与自律。能够引导、规范、激励全体成员的学科群文化，绝不是外在于或强加给成员的学科群文化，而是内化于成员信念、外显于成员态度和行为的学科群文化。学科群文化建设的过程是成员共同成长的过程，也是学科群发展的过程。

（二）建立健全学科群的制度保障，提高学科群运行效能

制度建设是推动和促进文化建设的重要力量。学科群文化建设的过程也是学科群各项制度不断调整、不断完善的过程。制度具有导向性，可以保障人的行为按组织预期的方向发展，不发生偏离。制度还具有稳定性，在一定时期内是保持不变的，能较好地被人们所学习、了解、遵从，从而有效地规范人的行为。目前，很多学科群都在着力建设富有特色的学科群制度，并通过制度建设来推动学科群文化的建设。

（1）完善教师教育学科群工作体制，加强对各学科的宏观统筹运作，为教师教育学科

---

① 马云鹏，谢翌.学校文化的理解与建设——优质学校建设共同体学校的经验解读[J]当代教育论坛，2006（1）：38—39.

群建设提供强有力的组织保障、经费保障、制度保障。同时，充分发挥不同学科群体的集体智慧，因为不同学科学者的思维方式和解决问题的方法各有其长；规范不同学科学者的学术行为，确保学术资源的增值。

（2）采取科学有效的管理和评价机制。在组建学科群时，必须尊重学科发展的客观规律，把握学科发展的内涵，因势利导，积极组织；积极营造学科群发展的外部环境，提供制度性的保障条件，采取合理的措施，制定人才队伍、资源配备、条件保障等方面制度性安排。

（3）成立教师教育学科群建设与管理办公室，负责建设规划实施的统筹规划、研究指导、资源整合和评估监控，对学科发展、理论基础与实践模式进行科学的规划与指导。其主要职能是处理行政事务和保持与职能部门、相关学院的沟通，具体负责学科群建设中已批准的规划、制度、资源配置的执行；以及专家库建设、专家组评审评鉴工作等。

（4）建立教师教育学科群专项经费，实行项目管理，专款专用，保证重大项目和行动计划的配套经费落实到位。专项经费的使用要规范程序、科学论证、严格管理，提高经费使用效益。明确责、权、利，充分调动各成员的积极性，有效调动一切人、财、物资源为学科建设服务，做好各阶段规划，落实并监督学科建设经费使用情况。与此同时，进一步下放权力至各学科带头人，赋予学科带头人充分的学科建设权力，包括人事权与财权，做好学科梯队建设、人才引进工作，处理好引进人员与内部员工的关系。

（5）成立学科建设监督小组等专门机构对教师教育学科群建设工作进行督导，定期调查，了解各项行动计划进展、组织机构建设及其作用发挥、经费投入和使用效益等情况。

但制度本身并不能代表文化，不是以制度来体现文化，而是文化决定制度。学科群文化要落实在每位成员的专业态度上，落实在他们的教育教学行为上，制度不过是物理性的架构，以制度建立文化是被迫的，是一种强制的行为，而不是自发的。文化应该是建立在成员的共有信念上由内而外体现出来的，而制度只是文化的衍生。以明确的形式被确定下来的正式制度反映了学科群文化，在长期的学科群建设中逐步形成的价值观念、意识形态、思维习惯等对人们行为产生影响和约束的非正式制度，本身就是文化的有机组成部分。制度体现着学科群生活秩序的核心，反映着学科群文化。

规章制度是对人的外在约束，必须上升到文化的高度去思考学科群制度的建设，通过文化的内在牵引，由内及外地对成员产生影响，形成"文化力"，从而促使学科群文化成为推动学科群发展的原动力。使成员从不自觉到自觉，把"压力"变为"动力"，使学科群成员超越制度本身而达到一种文化自觉。学科群要有意识地加以引导，把每位成员的发展追求与学科群文化有机融合，并贯穿于学科群每一项工作和每一项活动中，从而提高成员参与学科群文化建设的积极性，把参与学科群发展变为成员的自觉行动。

（三）创新学科群的管理，营造和谐发展的内在环境

一个文化建设有效的学科群，应该具有融洽和谐的人际关系、宽松民主的工作氛围、科学高效的管理机制。学科群的管理对于学科群文化的重要性不言而喻，不同的管理方式会创造不同的文化。为此，学科群的领导者要把文化建设贯穿于管理工作的全过程，注重刚性管理与柔性管理的结合，不断地引导大家共同推动变革、不断推进管理创新，营造学科群发展的和谐环境。

学科群的发展就是每位成员的发展，每一个人的发展都是不可忽视、不可替代的。学

科群管理应以全体成员的全面发展为目标,在学科群内部营造健康和谐的文化氛围,形成共同价值观,变被动管理为自我管理和主动参与管理,自我约束和自我激励,实现个人价值的最大化。学科群管理应以人为中心,充分尊重每个成员,对传统管理模式进行整合和超越,力求通过尊重、关心、发展等行为激发成员的主观能动性,通过情感互动、民主管理等方式激发他们工作学习热情,调动大家的积极性、主动性和创造性,建立一个民主、参与的组织环境,挖掘每位成员的潜力,发挥每位成员的效力,提高学科群的管理效益。

在学科群管理中,学科群的领导者应起到重要的作用,要带领全体成员共同发展,把握发展机遇,明确学科群的发展方向,影响和鼓励全体成员和自己一起共同努力实现学科群的发展目标。比如,根据社会的需要,结合学校和学科发展现状,充分考虑学科间的内在联系以及学科的发展趋势,选择合适的组织形式,构建教师教育学科群发展框架;做好顶层设计,以服务区域教育发展为着力点,瞄准国家和社会发展的战略需求,确立教师教育学科群的主攻方向;根据《国家中长期教育改革和发展规划纲要(2010—2020年)》所确定的方向,完成相关的理论和实践的探索,在实践中促进学科群的发展;加强项目建设,培养和锻炼高水平的学者,提高学科的整体水平,促进学科之间的通力协作;分清主次,突出重点,处理好教师教育学科群内优势学科与一般学科的关系,构建和完善协调、可持续的学科结构。

除此以外,还应加强学术团队建设,提供教师教育学科群发展平台。学术团队是学科群建设的重要载体,学术团队的建设效果从根本上影响着学科群的建设发展,从而影响学科群的竞争力。以一批有理想、有能力的教师为基础,有延续性地建设一支骨干队伍,通过他们辐射开来,影响其他人的行为,有利于巩固学科群文化,增强成员的凝聚力。首先,通过参加与承办国内国际学术会议、海外交流访问等形式,及时了解自身研究领域的国内、国际最新学术动态,加强学术团队国内、国际交流与合作,扩大团队外部开放度。其次,建设团队文化,形成民主自由的团队氛围,在学科群内营造一个和谐共处、有序合作的学术环境,鼓励以团队方式来进行联合申报课题,协同开展研究攻关,共享创新知识和成果。通过沟通交流和人性化关怀等手段增强团队的合作精神,形成和谐、宽容、开放的学术氛围。

建设学科群文化,应着重于价值观和信念的培养,激发成员为学科群发展做贡献的热情,形成学科群融洽和谐的合作气氛。学科群文化是学科群发展成熟的重要标志和学科群实力的集中体现。学科群文化建设的任务就是,让学科群成员达成共同的追求和信念,并使之体现在学科群的组织机构与制度安排上。有学者指出,"无论对文化作何种解释,有一点是确定无疑的,就是文化不是空洞的事物,它总是表现于一定的社会群体,体现在各社会组织的行为方式上的"[①]。学科群文化的最终形成,归根结底要看学科群成员的共同价值观与信念有没有内化为成员的自觉行为。

教师教育学科群文化是学科群成员精神风貌、思维方式、价值取向和行为规范的综合体现,是在学科群的教育教学、科学研究和管理实践中逐渐创造生成的。教师教育学科群文化建设是教师教育变革和学科发展的需要,也是提升教育内涵、形成学科群特色、促进学科群可持续发展的重要途径。大学应充分发挥学科群文化的凝聚功能和激励功能,切实提高学科群发展质量。

---

① 郑金洲.教育文化学[M].北京:人民教育出版社,2000:235.

践行运作篇

聚焦教师教育学科群建设绩效，就要寻求教师教育学科群持续发展的保障措施。建立适应教师教育学科群建设需要的评价机制、运作体制以及管理体制，是关系教师教育学科群持续发展的关键。

本篇就以这三个议题为核心，阐述教师教育学科群管理创新的基本构想，阐释启动与实施教师教育学科群建设的意义。本篇最后部分还系统地回顾与评析上海师范大学在推进教师教育学科群建设过程中所作出的前瞻性探索与实践性示范，展示这项探索工作所取得的成效，旨在为推进与创新教师教育学科群建设作引玉之砖及镜鉴之用。

第七章 教师教育学科群之评价体系

"教师教育"是指遵循教师培养和专业发展规律而展开的教师培养培训活动,它是一个涵盖教师职前培养和职后专业发展活动的概念综合,是终身教育理念在师范教育领域的一种体现。本章在探讨教师教育的评价时,主要着眼于职前的教师教育。评价有助于了解教师教育项目或活动的实施现状和效果,能够从中发现教师教育中存在的问题。可以说,评价对于教师教育活动的有效开展具有重要意义。然而,长期以来,人们对教师教育活动的评价不够重视,教师教育评价在实践中或流于形式,或者是制度性欠缺。也因此,人们对于教师教育的过程及其效果缺乏系统、深刻的认识。同时,由于评价知识的匮乏,直觉的判断代替理性的分析以及个人表现意愿上的抉择往往充斥于教师教育评价活动的全过程。[①] 教师教育评价的这种支离破碎和非专业性特征,使得评价丧失了对教师教育活动的导向和促进作用。因此,有必要对教师教育评价进行给予足够重视,建立起系统、全面的教师教育评价体系,使教师教育评价走向自觉和专业。

第一节 教师教育评价基本价值取向

评价是一种价值判断活动。教师教育评价本身的价值取向对于教师教育活动的有效开展起着至关重要的作用。本节将首先对教师教育评价的基本概念进行分析,然后对教师教育评价的基本取向和评价机制进行阐述。

一、教师教育评价基本概念之分析

评价是一种人们常见的活动,我们每时每刻都进行自我评价和对他人进行评价。评价就其字面意思而言,是评定价值高低。具体来说,评价是与需要、价值等概念联系在一起的,并以它们为基础。其中,需要是指主体在生存和发展过程中,由某一方面缺失而引起的一种摄取状态。这里需要包含三个方面的涵义:第一,需要是一种摄取状态;第二,需要总是与不足或缺乏联系在一起的;第三,需要具有动态性,人们在不同时间和情境下会有不同的需要的。就教育的需要来说,它由两个方面构成:第一是个体(受教育者本人及其家长)的需要,如职业的需要、成就的需要、求真与求善的需要;第二是国家、地区等对教育的需要,如政治发展的需要、经济发展的需要和文化发展的需要。

就价值的内涵而言,价值是指客体满足主体需要的属性,它是由客体满足主体需要的程度决定的。离开主体的需要去谈客体的价值是毫无意义的。教育价值则是由教育满足人们需要的程度决定,它不仅包括教育的个体价值,即教育满足个体需要的属性,而且包括

---

① 吴江,张秀阁.中国教师教育的发展走向[J].湖北教育学院学报,2004,21(3):78—80.

教育的社会价值,即教育满足国家和地区对教育的需要的属性。据此,我们将评价定义为:评价是一种价值判断活动,是对客体满足主体需要的程度作出判断的活动。评价首先离不开对评价对象的认识,即对评价对象的事实判断,它是对事物的现状、属性与规律的客观描述。在事实描述的基础上,根据评价者的需要和愿望对客观事物作出评判,这是价值判断。换句话说,评价是对事物进行事实判断的基础上所进行的价值判断。可以看出,评价是客观性与主观性相统一的活动。

教育评价是教师和教育管理工作者经常进行的一种活动,诸如评价学生的成绩和进步,评价自己的教学和管理水平等。教育评价需要对教育活动的价值——教育活动满足社会与个体需要的程度——作出判断。需要指出的是,教育活动的价值既包括现实的即已经取得的价值,也包括其潜在价值,即当前还未取得但有可能取得的价值。就教师教育评价而言,是对教师教育活动满足社会、教师个人以及教师教育其他主体需要的程度所作出的价值判断活动,它是教育评价的一种特殊形式。

就教育评价的发展来说,我国可以追溯到古代的考选制度。秦朝以前采用分封制,选士也依靠世袭制度。到了汉朝,分封制度逐渐被废,皇帝中央集权得以加强。皇帝为管理国家,需要提拔民间人才。当时采用的是察举制,由各级地方推荐德才兼备的人才。察举制缺乏客观的评选准则,虽有连坐制度牵制,但后期逐渐出现地方官员徇私、所荐者不实的现象。魏晋南北朝时期实行九品中正制,按出身、品德和才能等考核民间人才,分为九品录用。九品中正制是察举制的改良,主要是将察举之权,由地方官改由中央任命的官员负责。但是,这一制度始终是由地方官(中正官)选拔人才。由于世族势力强大,常常影响中正官考核人才,后来甚至凭门第出身选拔人才。于是造成"上品无寒门、下品无世族(世代做官的家族)"的现象。权贵子弟无论优劣,都可以做官。许多出身低微但有真才实学的人,却不能到中央和地方担任高官。于是,科举制度应运而生。

中国古代科举制度最早起源于隋代。隋朝统一全国后,隋文帝把选拔官吏的权力收归中央,用科举制代替九品中正制。自唐代开始(唐宋元明)形成完备的科举考试。科举制度本来主要是文举,科目包括明经、明法、明字、明算等五十多种,后来还增加了武举。明代正式科举考试分为乡试、会试、殿试三级。明代乡试、会试头场考八股文。八股文即用八个排偶组成的文章。八股文以四书、五经中的文句做题目,只能依照题义阐述其中的义理。措词要求用古人语气,即所谓代圣贤立言。格式死板,结构要有一定程式,字数有一定限制,句法要求对偶。八股文的主要部分,是起股、中股、后股、束股四个段落。以首句破题,两句承题,然后阐述为什么,谓之起源。篇末用大结。八股文严重束缚人们的思想,同时也把科举考试制度本身引向绝路。科举制发展到清代,日趋没落,弊端也越来越多,科举制终于消亡。

在西方测量运动的影响下,20世纪40年代以前,我国学者在心理与教育测量的研究与实践上做了大量工作。例如,引进比奈—西蒙智力测验量表并加以修订,出版了一些测量方面的书籍。但是由于战争等原因,此后泰勒的"八年研究"及其他的教育评价研究成果没有及时介绍到国内。① 改革开放以后,我国教育评价的发展进入快速轨道。恢复高考之初,如何解决考试的客观、公正和可靠,如何完成对学校的升格和认定等问题,给教育

---

① 有关教育测验运动、"八年研究"等内容,具体请参阅本节第三部分。

评价提出了要求，也为教育评价的发展提供了契机。当前，我国在教育评价方面已经取得巨大的成绩，建立了较为完备的教育评价知识体系，推进了教育评价的专业化进程，在中小学普及了教育评价知识和技能，确立了发展性的评价观。

然而，评价在教师教育领域的发展却十分缓慢。可以说，教师教育评价是很晚才发展起来的一个领域。将评价运用于教师教育实践的历史，最早可以追溯到 1944 年特罗耶和帕斯（M. Troyer & C. R. Pace）对教师教育评价进行的分析，他们考察了不同院校的评价工作，并对如普通教育、专业教育和教学实习等不同类别的学习内容所使用的评价方法进行了分析。[①] 从教师教育的效果出发，1970 年桑德弗（J. T. Sandefur）提出对教师教育专业的毕业生进行评价的模式，主要从学生获得能力、实现专业设置目标的程度进行评价，此外还包括对教师教育中教学技能、课堂个性以及学生对教师教育的认识等方面的评价。[②] 直到 1990 年，有关教师教育评价的经验总结、方法和研究文献还都很少。[③]

教师教育评价是教师教育活动的一个重要组成部分，它是依据一定的教师教育价值观和教师教育目标，对教师教育活动满足其主体需要的程度进行价值判断的过程。简单来说，教师教育评价是在对教师教育活动进行事实判断基础上进行的价值判断活动。教师教育评价对端正教师教育机构的办学思想、优化教师教育过程、检验教师教育效果具有重要作用。教师教育活动是否围绕教师教育的目标而展开，是否能满足社会、用人单位以及教师个人等的需求，是否反映了正确的教育价值观和教师发展观，是否达到预期的效果，这一切都需要通过评价来获得答案。

需要注意的是，实践中"评价"与"评估"、"评定"、"考评（核）"等名词经常交替使用。事实上，这些名词意思基本一致，用哪个更多是习惯问题，如教育评估院、教师评价、教师考核、学生评价、学业成绩评定等。同时，这些名词之间也有某些意义的细微差异。例如，人们通常用"评价"（evaluation）一词通称评价现象或活动，而台湾常使用"评鉴"一词。在谈到教师或人事方面的评价时，人们通常用"考核"或"考评"（appraisal）一词，如教师考评、人事考核等，依据考核或考评的结果通常有奖惩之类措施。在谈到对学生学业或教师素质的评价时，多用"评定"（assessment）一词，如评定学生学业成绩、评定教师能力。而"评估"一词则经常用于对教育机构和教育方案的评价，如高等学校本科教学评估。由于评估的对象涉及的因素较多，复杂程度也较高，对它们用严格、精确的方法进行评价还有困难，"评估"一词反映了这一事实。但另一方面，这些术语在用法上的区别只是相对的，而且在西方的使用也未必规范，如 assessment of college performance, evaluation of student achievement 等用法也很常见。

二、教师教育评价基本取向之选择

在评价中，关于评价目的或取向的争论是一个基本问题。人们对评价的理解，始终是

---

① T. 胡森，T. N. 波斯尔斯特主编. 教育大百科全书·教师教育 [M]. 重庆：西南师范大学出版社，2006：11.
② Sandefur J. T. An illustrated model for the evaluation of teacher education graduates [M]. Washington, DC: American Association of Colleges for Teacher Education, 1970.
③ G G., J C. Evaluation of preservice teacher education programs [M] // HOUSTON W R, HABERMAN M, SIKULA J P. Handbook of research on teacher education: A project of the association of teacher education. New York: Macmillan, 1990.

同对教育评价的基本目的和功能的理解联系在一起的。自20世纪30年代以来，泰勒的目标评价理论一直占据着主导地位，认为评价过程实质上就是一个确定课程与教学计划实际上达到教学目标的程度的过程。虽然泰勒也强调评价应借助信息的反馈，帮助教育者达成预期的目的，但是，由于泰勒关于目标的概念与结果紧密相关，使得人们更易于把注意力集中到对结果的评价上。因此，人们更多地把泰勒的评价看成是一种对结果的总结性评价。进入20世纪60年代，从克龙巴赫（L. J. Cronbach）开始，教育评价学界就试图突破把评价仅仅看作总结性评价的狭隘观点，强调了形成性评价在教育评价中的作用。克龙巴赫强调，评价能完成的最大贡献是确定需要改进的方面。评价的重点应该放在教育过程之中，对教育决策给予必要的改进，而不是只关心教育过程结束之后，目标到达的程度。为此，他把评价广义地界定为：为作出关于教育方案的决策，收集和使用信息。克龙巴赫的观点在教育评价界产生了广泛的影响。

以评价目的为依据，斯克里文（M. Scriven）1967年提出可以将评价区分为两种基本形式：形成性评价与总结性评价。[①] 形成性评价（formative evaluation）是指通过诊断教育方案、教育过程与活动中存在的问题，为正在进行的教育活动提供反馈信息，以提高实践中正在进行的教育活动质量的评价。一般来说，它不以区分评价对象的优良程度为目的，不重视对被评对象进行分等鉴定。总结性评价（summative evaluation）则是关于教育效果的判断，一般是在教育活动发生之后进行的，与分等鉴定、分配资源等相联系。例如学生的毕业考试、教师考核、学校的鉴定等都属于总结性评价。具体而言，总结性评价和发展性评价的区别如下。

● 目的、职能不同：形成性评价指向改进教育活动质量的改进；而发展性评价的直接目的是做出教育效果的判断，从而区分优劣、分出等级或鉴定合格。

● 报告听取人不同。形成性评价是内部导向的，评价结果主要供那些正在进行教育活动的教育工作者参考；总结性评价是外部导向的，评价的报告主要呈递给各给制定政策的管理人员，以作为他们制定政策或采取措施的依据。

● 评价的外部特征不同，形成性评价中评价者与教育活动的实施者相互依赖，前后为后者提供各种帮助；而在总结性评价中评价者则在一定程度上着独立关系，以便客观评价。

● 覆盖教育过程的时间不同。形成性评价指向正在进行的教育活动，以改进为目的，因此它只能是在过程中进行的评价。而总结性评价是考察最终成果，是对教育活动全过程的检验，一般在教育结束后再进行。

● 对评价结果的概括化程度的要求不同。形成性评价是分析性的，旨在分析、诊断出问题，故通过不要求对评价资料作较高程度的概括。而总结性评价是综合性的，需要对评价资料作出较高程度的概括。

当然，在具体实践中，人们面临的评价目的的选择可能更为复杂。评价者本人所持的价值观不同，其评价目的和取向也可能会不同。例如，有些人把教育看做知识传递和个人发展的手段，那么评价就是检验教育是否达到了这些目的；有些人把教育看做延续社会经济、政治和文化的现状，那么评价就会反映这些价值，否认弱势群体应有的受教育的平等

---

① Scriven M. The methodology of evaluation [M] //TYLER R W, GAGNé R M, SCRIVEN M. Perspectives of curriculum evaluation. Chicago: Rand McNally. 1967: 39—83.

权利。面对诸多的价值冲突以及由此带来的评价标准以及评价行为的不一，如何进行协调，如何做出最终的评价结论以及如何使用评价结果等，这就牵涉到许多的两难与多难选择的道德伦理问题。学者沃尔森（Worthen）为教育评价活动制定了七条标准，其中第一条便是"确立服务导向"，[①] 评价者不仅仅要服务于评价发起人的利益，而且要服务于评价参与者、社区以及整个社会学习的需要。[②]

有研究者尝试从教育伦理学的角度来审视教师教育评价，认为就评价的发展性目的与终结性目的而言，其教师教育评价的应当是发展性的，要以"服务和指导"教师教育活动，提高教师教育水平为目的，最终达到提高中小学教师素质的目的。评价信息的收集、评价过程的组织、评价结果的使用以及和被评价者的交流与沟通等，都应本着服务和发展的目的，而不是其他。[③] 从伦理学的角度而言，教师教育评价活动要能够让教师教育机构更加关注与提高教师"德性"的养成，提升教师的职业道德，培养教师高尚的师德风尚、恰当的言行举止，培养教师对学生积极的热爱、对教育事业的热爱，履行高尚的师德规范和操守。人与人之间最高尚的道德伦理莫过于"爱"，个人对自我以及他人要"为善"。教师教育评价也要从"爱"和"善"的纬度来关注教师教育，关注教师的培养和培训。教师教育评价始终要以促进和提升教师素质为最终目的，教师伦理道德素质的提升更是其中应有之义。

与中小学学科教育相比，教师教育是特殊的教育活动，因而，教师教育评价亦不同于一般的教育评价。作为"基础教育的工作母机"，教师教育是服务于基础教育的。因此，教师教育评价的依据应当建立在基础教育发展需要的基础上，以服务基础教育作为教师教育评价最根本的准则。[④] 具体到教师教育评价如何服务基础教育，这其中恐怕既离不开对教师教育的总结性评价，更离不开对它的形成性评价。总结性评价能够对教师教育的效果做出判断，从而明确教师教育有无或者在多大程度上满足了相关主体和基础教育发展的需要。同时，由于教师教育的资金来源于公共财政，其培养的人才也是服务于公共教育体系，因此也需要借助于总结性评价让公众了解教师教育的状况和实施效果。然而，从最终的价值取向上看，评价的总结性目的要让位于其形成性目的，总结性评价要服从、服务于形成性评价。毕竟，评价终究是为了改进，而不是为了证明什么。

三、教师教育评价的机制及其形成

评价机制是关于如何实施教师教育评价的系统安排，涉及评价标准的确立、评价内容的选择、评价过程的实施以及评价结果的使用等。探讨教师教育评价的机制，需要我们先回顾一下教育评价模式的发展变化过程。教育评价起源于教育测量。1845年，美国著名教育家贺拉斯·曼（H. Mann）在美国学校引进书面考试，教育测量作为一个研究领域受到教育工作者的高度重视。到20世纪初至20世纪20年代末，发展到测验运动阶段。这段时间，教育测量的研究取得一系列成果，如设计了比奈—西蒙智力测验量表、人格测验量表等，并在考试、测验的定量化、客观化方面取得重要进展。因此，这段时间称之为"测量运动"阶段。然而，当时的考试与测验只要求学生记诵教材的知识内容，是很片面

---

① Goldie J. AMEE education guide no. 29: Evaluating educational programmes [J]. Medical Teacher, 2006, 28 (3): 210—224.
② 田爱丽. 教师教育评价的道德诉求与伦理规范 [J]. 教师教育研究, 2010 (2): 15—19.
③ 同上.
④ 黎志华. 教师教育评价研究 [D]. 上海：华东师范大学, 2011.

的，并不能反映学生发展的实际情况和需要。

20世纪30年代，进入教育评价的泰勒时期。一方面，当时的教育测量不能反映学生发展的实际情况和需要；另一方面，美国1929年开始的经济危机暴露了当时的课程和教学不能适应社会发展的需要，美国进步主义教育协会开始了对课程改革的实验研究，从1932到1940历时八年，史称"八年研究"（Eight-year Study）。① 为了评价这项改革的成效，组成了以泰勒为首的评价委员会。在尖锐批评以往的课程和测验设计的基础上，泰勒提出了一套以教育目标为核心和依据编制课程和测验的原则，试图以此把社会的要求和学生的需要反映在课程与测验中。为了把这一思想与早期的测量区别开来，泰勒和他的同事正式提出了"教育评价"概念。

依据泰勒的理解，教育评价就是衡量教育活动达到教育目标程度的一种活动。② 评价过程实质上是一个确定课程与教学计划实际上达到教育目标的程度的过程。这也是大家所称的泰勒的目标评价模式。从泰勒模式提出直至20世纪60年代初，与泰勒模式相适应的评价技术得到较大发展。由于泰勒模式的实施依赖于教育目标的清晰表述，引发了对教育目标分类的研究。1948年，美国心理学会与大学考试的专家们在波士顿召开心理学年会，正式提出建立教育目标分析体系的研究课题。1956年，布卢姆（B.S.Bloom）提出认知领域（cognitive domain）教育目标分类体系。③ 1964年，克拉斯沃尔（D.R.Krathwohl）提出情感领域（affective domain）的目标分析体系。而动作技术领域（psychomotor domain）的目标分类体系当时没有给予应有重视，直到70年代初才被哈罗（A.J.Harrow）和辛普森（E.J.Simpson）分别从学龄前教育和职业技术教育的视角提出。

在认知领域，布卢姆把目标分为6大类和15个亚类，具有层次性，分别是：

知识（Knowledge）：包括具体的知识，处理具体事物方式方法的知识、学科领域中的普遍原理和抽象概念的知识；

领会（comprehension）：包括转化、解析、推断；

运用（application）：运用知识于特定的具体情境；

分析（analysis）：包括要素分析、关系分析、组织原理的分析；

综合（synthesis）：包括进行独特的交流、制订计划和操作步骤、推导出一套抽象关系；

评价（evaluation）：包括依据内在证据来判断和依据外部准则来判断。

情感领域共有5大类12个亚类，依次是：

接受（注意）（receiving（attending））：包括觉察、愿意接受、有控制或有选择的注意；

反应（responding）：包括默认反应、愿意的反应、满意的反应；

评价（valuing）：包括价值的接受、对某一价值的偏好、信奉；

组织（organization）：包括价值的概念化、价值体系的组织；

性格化（characterization）：价值或价值体系内化，成为自己性格的组织部分。

---

① 〔美〕Smith E.R., Tyler R.W. Appraising and recording student progress [M]. New York: Harper & brothers, 1942.

② 〔美〕Tyler R.W. University of Chicago. Basic principles of curriculum and instruction [M]. Chicago: University of Chicago Press, 1949.

③ 〔美〕Bloom, B.S. Taxonomy of Educational Objectives: The Classification of Educational Goals: Handbook I, Cognitive Domain [M]. New York: Longmans, Green, 1956.

教育目标分类体系具有如下一些特点：第一，以可观察的外显行为作为教育目标分类的基础，提高了教育目标的可测性，在编制评价量表时也提高了评价指标的可行性。布卢姆等人受行为主义影响。第二，目标具有层次性和累积性。目标是以由简单到复杂为顺序排列的，目标之间是逐级递加的关系，后一层次包含着前一层次的各类行为。第三，具有通用性。目标分类不受教学内容的影响，也不受年龄和年级的限制。不管哪个年级哪个学科，其认知方面都有知识的简单知晓、领会、运用等不同层次。这就为各年龄段、各门学科的教学目标分类提供了理论指导，也是制订评价标准所必需的。有关目标分类体系的研究对泰勒目标模式的运用与推广起到了积极作用。

20世纪60～70年代，评价模式进入多元化时期。当时，一些学者开始意识到泰勒模式的缺陷，对当时占据统治地位的泰勒模式提出异议，诸如：教育评价如果单纯地以目标为中心和依据，那么目标本身的全理性和可行性又怎么得到保证呢？任何教育活动，除了要达到预期目标之外，还会产生各种非预期效应和效果，对它们应如何评价呢？教育过程同时也是受教育者自我实现的过程，如果用统一的目标和模式要求他们，用固定的准绳衡量教育和教学效果，就限制了学生的自由发展。在这一背景下，产生了一些新的评价模式，如CIPP模式、目标游离模式以及应答模式等，以弥补泰勒目标模式的不足。

CIPP模式是由斯塔弗尔比姆（L. D. Stuffebeam）提出来的。① 这一模式除关注目标的完成情况，还留意到目标本身、教育的过程和投入等方面，是对被评价对象较为全面的考察。具体来说，CIPP模式包括四个方面，分别是：

- Context指背景评价，考察现存的教育目标是否切合评价对象的需要。
- Input指输入评价，考察实现教育目标的计划和方案是否可行。
- Process指过程评价，针对计划实施情况的不断检查。
- Product指成果评价，衡量目标完成的情况，也即判断人们的需要满足的程度。

目标游离（goal-free model）模式同样对泰勒的目标评价模式提出批评，认为目标评价模式仅仅注意到教育活动的目标即预期效应，而忽视教育的非预期效应，这样往往会大大限制评价的范围。针对这一缺陷，斯克里文（M. Scriven）提出了"目标游离模式"，即目标之外的东西要在评价中加以关注。② 换句话说，评价的重点应由"方案想干什么"（目标是否完成）转移到"方案实际上干了什么"。事实上，有些方案或活动虽然实现了预期目标，但常因产生有害的副效应而告吹；而有些方案虽然没有达到预期结果，但却因取得了非预期的其他好的效应而被采用。因此，要全面收集关于某一教育方案或活动实际结果的各种信息，不管这些结果是预期还是非预期的，也不管这些结果是积极还是消极的，这样才能使人们对被评对象作出全面的判断。

应答模式（responsive evaluation）则是由斯塔克（R. E. Stake）提出的。③ 其基本思

---

① 〔美〕Stufflebeam D. L. The relevance of the cipp evaluation model for educational accountability [J]. Journal of Research and Development in Education，1971，5：19—25. Stufflebeam D. L. The 21st century cipp model：Origins，development and use [M] //ALKIN M C. Evaluation roots：Tracing theorists' views and influences. Thousand Oaks，Calif.；Sage Publications. 2004：245—266.

② 〔美〕Scriven M. The methodology of evaluation [M] //TYLER R W，GAGNE R M，SCRIVEN M. Perspectives of curriculum evaluation. Chicago；Rand McNally. 1967：39—83.

③ 〔美〕Stake R. E. The countenance of educational evaluation [J]. Teachers College Record，1967，68（7）：523—540. Stake R. E. Standards-based and responsive evaluation [M]. Thousand Oaks，CA：Sage，2004.

想是，了解教育活动中所涉及的所有人（教师、学生、家长、评价方案的制订者等）的想法和愿望，从中发现他们所关注的有价值的问题，然后把它同实际活动进行比较，对教育方案和计划作出修改，对大多数人的愿望作出应答，从而使教育满足人的不同需要。该模式强调通过非正式观察、访谈和描述性分析等自然主义的方法来了解教育的各方参与者的意见和想法。

进入20世纪80年代，在上述各种评价模式的基础上，古巴（E. Guba）和林肯（Y. S. Lincoln）等人提出"第四代"教育评价理论。①在该理论看来，教育评价本质上是一种心理建构，评价结果是评价对象某方面的状态在评价者头脑中的反映。同时，在评价过程中，评价者之间以及评价者与评价对象之间在价值观上存在着差异。教育评价就是由评价者不断协调对评价标准认识的分歧，缩短对评价结果看法的差距，最后形成一致公认的评价结果。

教育评价理论和模式的上述发展变化过程对于教师教育评价具有重要的借鉴和启示意义。我们常说，效果是衡量一项活动或项目的重要依据。套用到教师教育评价上，这句话仍然是适用的，教师教育的效果是评价相关机构教师教育的有力依据。但这一说法严格来说并不全面，对于效果人们也有不同的理解。参考这教育评价理论的上述演变过程，在构建教师教育评价体系时应注意：

第一，在衡量教师教育的结果和效果时，应该以教师教育的目标为参照，考察教师教育有无或者在多大程度上达成了教师教育预先设定的目标。笔者在上海师范大学开设的全校公共选修课"教师教育"，其目标是这样定位的：

通过"教师教育"课程的学习，让学生认识到教师应具备的各种素质和能力、教育教学的基本原理和方法、课程开发的基本原理和方法、新时期课程与教学改革的理论与实践、教育管理的知识与技能、教育评价的组织与实施、教师专业发展的机制和途径，以及教师如何从事行动研究等。"教师教育"课程旨在让学生对教师工作有一个全面认识，为学生日后成长为一名优秀教师奠定坚实的基础！

对于这门学科，其目标是否或者在多大程度上实现，是评价它的重要依据之一。考虑到目标对过程和结果的方向性影响，教师教育的目标应制定得具体、细致，并且具有可行性。

第二，在衡量教师教育的效果时，要着重考察教师教育有没有满足教师教育相关主体如政府机构、用人单位以及作为受教育者师范生本人等的需求。而不同主体其价值观可能并不一致，评价时要充分了解并尊重教师教育各相关主体的需要，而不能厚此薄彼。

第三，教师教育评价不能仅仅关注教师教育目标的达成，还应该考察目标本身是否合理，实现这一目标的过程是否合适，以及用于保证这一目标实施的资源是否充分。只有综合考察教师教育的实施过程，才能提高作为整体的教师教育的质量。

第四，参考评价的目标游离模式，评价时不能忽略教师教育目标以外的非预期结果。换句话说，要全面衡量教师教育所达成的结果，不管这种结果是预期的设定目标，还是非预期的结果，以便对教师教育的效果做出全面判断。

---

① 〔美〕Guba E. G., Lincoln Y. S. Fourth generation evaluation [M]. Newbury Park, Calif.：Sage Publications, 1989.

第五，评价的基础是认清事实或者说进行事实判断。教师教育评价需要在清晰把握教师教育的现状之后再进行价值判断。现实中人们有时会把教育评价与教育测量混为一谈，其实二者既有联系，又存在区别。联系体现在，教育评价往往把教育测量当做它的基础，教育评价是在教育测量基础上的深化；从历史发展来说，教育评价是在教育测量基础上发展起来的。就二者的区别来说，测量是对有关的属性分配数值，属事实判断的范畴。当然，由于教师教育的复杂性，事实判断并不仅仅局限于这种量的记述，还包括对于事物和现象的深度质性描述。评价则是在事实判断的基础上，对教师教育做出价值判断。

第二节 教师教育标准的分析与构建

评价工作的一个重要提前是要有评价标准，它是评价活动的依据。我国《教师法》规定，教师是履行教育教学职责的专业人员，承担教书育人，培养社会主义事业建设者和接班人，提高民族素质的使命。对于专业人员的衡量，是有一定标准的，如：必须经过长期的专门教育；具有专门的知识与技能；具有服务重于报酬的意识；享有相当的独立自主权；应有反映其专业特点的职业道德；必须不断地在职进修。教师作为专业人员或准专业人员，对他们的评价显然应该参考这些标准。当然，教师专业不同于其他专业，有其特殊的性质，对教师和教师教育的评价也要体现这种特殊性。2011年10月，教育部颁布的《教师教育课程标准（试行）》指出，将师范生培养质量情况作为衡量有关高校办学水平的重要指标。有调查表明，师范生对教师素质有着较高的要求，绝大多数师范生认为，一位优秀的人民教师应当具"热爱学生"、"热爱教师职业"、"高尚的道德情操"、"扎实的专业基础"以及"宽广的知识面"等素质；要重视组织协调能力、口头书面表达能力、专业基础、拓宽知识面和培养教师职业感情等能力素质的准备。[①] 就未来的教师——师范生——的素质培养而言，有研究者指出，它应体现在思想品德、科学文化、身体心理以及能力四个方面，评价师范生的素质，不仅要关注他们在知识、技能、智力和能力等认知因素的发展，而且还要重视他们情感、意志、个性、人格等非认知因素的发展。[②]

世界上许多国家制定有教师教育标准，以此来引导、促进教师教育的健康发展。教师教育标准的制定对于教师教育评价的顺利实施具有重要意义。本节在分析美国和德国教师教育标准的基础上，结合我国《教师教育课程标准（试行）》，探讨我们应该从哪些方面评价教师教育。

一、美国教师教育标准的内容分析

在美国，从20世纪50年代以来逐步形成了三个重要的教师教育评价标准。[③] 第一个是全国教师教育认证委员会（National Council for Accreditation of Teacher Education，NCATE）制定的针对教师教育机构的"教师教育机构认证专业标准"（Professional Standards for the Accreditation of Schools, Colleges, and Departments of education），第

---

① 方增泉，戚家勇.北京师范大学2007级，2008级免费师范生的对比调查[J].中国教师，2010（11）：40—43.
② 沈夏威.教师教育评价与素质教育[J].湖州师范学院学报，2003，25（2）：87—89.
③ 游进，郭佳琪.美国的教师教育标准体系[J].中国教师，2010（9）：53—56.

二个是州际新教师评估和支持联合会（Interstate New Teacher Assessment and Support Consortium，INTASC）为初任教师制定的"教师证书标准"；第三个是全国教学专业标准委员会（The National Board for Professional Teaching Standards，NBPTS）针对有经验教师制定的"教师发展评估标准"。这三大标准已经成为美国教师教育与评估的重要标准。

> 美国州际新教师评估和支持联合会（INTASC）制定的初任教师标准，主要内容如下：
> 1. 教育学基本理论和方法。新教师懂得教育学的核心概念、探索知识的手段以及所教学科的基本结构。教师还要能够为学生创建学习的活动经验，使学科知识的学习变成对学生有个人意义的生动过程。
> 2. 学生的发展。教师懂得学生的学习与发展过程，能够为学生提供机会促进他们智慧、社会交往和人格的发展。
> 3. 理解各类学生。教师理解学生在学习方式上的差别，能够为学生创造适合不同个体的学习条件。
> 4. 各种指导策略。教师懂得并运用多样化的教学策略以促进学生批判性思维能力、解决问题能力和实践操作能力的发展。
> 5. 动机激励与管理。教师理解学生个体和群体的动机与行为，能够创设良好的学习环境以促进学生的积极互动、主动的学习，并学会自我激励。
> 6. 沟通与技巧。教师在课堂中善于运用口头语言、非口头语言以及各种沟通技巧，以促进学生的积极探究和相互合作，并建立一种相互支持的互动关系。
> 7. 制订计划。教师能够根据学科知识、学生的情况、社区环境以及课程目标来制订教学计划。
> 8. 学生评价。教师懂得并运用正式的、非正式的评估策略来评价学生，并确保学生在智力、社会适应以及体能等方面得到持续发展。
> 9. 反思性教学。教师在评估自身教学行为和效果的过程中，要不断反思，并寻求机会促进自己的专业成长。
> 10. 与家长和社区合作。教师要与学校同行、学生家长以及社区各种机构建立起积极联系，以促进学生的学习和健康成长。
>
> 以上关于新教师的标准是一个通用标准，是对新任教师的一般要求，它适用于从小学到高中的全部新教师，是新教师获得教师资格证书的基本要求。此外，INTASC还针对不同学科的教师制定了相关学科的标准。这些学科包括艺术教育、小学教育、外语教育、数学、科学、社会学习、特殊教育等。
> (http://www.ecu.edu/cs-educ/teached/upload/INTASCStandardsIndicators.pdf)

> 美国全国教学专业标准委员会（NBPTS）针对经验教师制定有"教师发展评估标准"，以评估和鉴定经验教师的专业发展水平。
> 1. 教师对学生及其学习应尽职尽责。
> 能够认识到学生之间的个体差异，并根据这种个体差异调整教学行为。
> 懂得学生是如何发展和学习的。

能够平等对待学生。

关注学生的全面发展，而不是仅仅关注其认知能力的发展。

2. 教师熟悉所教学科，并懂得如何把学科知识教授给学生。

懂得所教学科知识的发展和组织，了解该学科知识与其他学科的关系。

能够运用专业知识与技能向学生传授学科知识。

能够运用多种方式与策略促进学生掌握知识。

3. 教师能够承担管理及监控学生学习的责任。

能够创设教学背景以吸引学生兴趣，促使他们有效利用时间。

能够维持学生群体纪律，设立班级规范，建立学习氛围。

善于激发学生的学习动机。

能够评估每个学生和整个班级的进步。

4. 教师能够对自己的教育实践进行系统思考，善于从经验中学习。

能够在品质和能力上为学生树立典范。

能够批判性地反思自己的实践，提升专业知识和能力，并结合新思想新理论改进教学实践。

5. 教师是学习共同体的一员。

能够在课程、教学和专业发展等方面与其他人合作，以提升学校效能。

善于与学生家长沟通，使他们参与学校的工作。

善于利用社区资源服务于学生的成长。

这五个核心标准是评价称职教师的通用标准，它们又具体反映在为27个专业领域的教师所制定的标准之中。

(http://www.nbpts.org/the_standards/the_five_core_propositio)

其中，"教师教育机构认证专业标准"是对教师教育机构进行评价和鉴定的参照，教师教育机构则依据这一标准开展教师培养工作。"教师教育机构认证专业标准"主要包括两个方面的内容，一是教师候选人即未来教师的表现标准，二是教师教育机构的能力标准。后者主要考察教师教育机构在培养教师方面的能力，能否有效支持未来教师的学习。而就未来教师的表现标准也即素质而言，主要是有关师范生在专业知识、专业技能和情感态度等方面的表现，强调所有教育工作者都要具有相应的知识、技能和专业品性，同时就如何收集这些方面的评估数据也应该有相应要求。制订该标准的全国教师教育认证委员会认为，今天的教师必须准备好在课堂上担当各种角色，包括教育者、激励者、指导者、顾问、教练以及维持纪律的人等。除承担课堂上的角色外，教师也必须有能力应对教室以外的各种需要，诸如批改作业、备课、处理各种管理事务。教师还应该积极与同事、教学督导人员以及家长合作，为学生创设良好的学习环境。与此同时，教师也应该致力于专业上的不断提升，学习教育方面的新知识、新技术，了解激励学生发展其潜质的新途径。

但全国教师教育认证委员会的认证是对大学教育学院（系）等教师教育机构的资格认证，不是对任职教师个人而是对机构的认证。对院系和相关机构的认证，虽然从组织体系上保证了教师培养的规格与质量，但是只靠对教师教育机构的认证是不够的，教师候选人经过合格的教育学院培养后，是否达到任职教师的要求还应经过个人资格认证。此外，尽管"教师教育机构认证专业标准"中包含对师范生在专业知识、专业技能和情感态度方面的表现,但它主要侧重于师范生的学习效果,考察他们是否掌握了相应的要求。可以说,它着眼于教师教育的过程及相关因素的保障,而不是教师教育过程完成之后体现在未来教师身上的素质。在这种情况下,为初任教师制定"教师证书标准"便显得很有必要了,它反映了教师教育的结果在未来教师身上的体现。可以说,师范毕业生或者新任教师的素质如何,直接体现了教师教育的效果。

二、德国教师教育标准的内容分析

就德国的情况而言,其教师教育分三个阶段:第一阶段以理论学习为主,但也包含有教学实践,这一师范教育阶段称为大学修业阶段;第二阶段是以实践以及由理论引导的反思为主的实践学习阶段,称之为实习阶段;第三阶段为教师的继续教育阶段。其中修业阶段和实习阶段共同构成德国教师教育的职前阶段。2004年底,德国出台了首部全联邦性的教师教育标准(Standards for Teacher Training:Educational Science),并且于2005—2006学年开始实施。这部标准提出了教师应该承担的五大任务及完成这些任务所应具备的能力标准,要求在修业阶段和见习阶段共同完成对教师这些能力的培养与培训,并以这些标准作为衡量教师教育效果的参考性指标。

德国教师教育标准提出了教师应该具备的11种能力,这些能力又被归类为教学(Teaching)、教育(Education)、评价(Assessment)与创新(innovation)四大能力领域。[①]

1. 教学能力领域

能力一:教师能够进行符合专业理论并且在实践上合理的教学设计,能正确实施教学设计。

修业阶段:

(1)了解相关的教育理论,理解教学与教育的理论目标,以及由此导出的标准,并批判性地加以反思;

(2)认识不同的教学方法与任务形式,了解如何根据一定的要求与情境利用这些方法;

(3)掌握有关教学媒介的教育学与心理学理论,认识将媒介应用于教学的可能性以及局限性;

(4)认识评价教学成就与教学质量的方法、过程。

实习阶段:

(1)能够结合学科科学及其特点,进行具体的教学设计;

(2)能够选择适当的教学内容、方法、活动和交往形式;

(3)能够将现代信息技术与教学整合起来,反思媒介使用的得与失;

(4)能够检验自己的教学质量。

能力二:教师要能够设计并利用学习情境,支持学生学习。教师要能够激发学生,使

---

① http://www.saarland.de/SID—3E724395—090DA991/8111.htm [OL],2012年6月3日获取。顾珏.德国教师教育标准简介 [J].全球教育展望,2007,36(增刊):29—32.

他们认识到所学内容之间的相互联系,并能利用所学。

修业阶段:

(1) 掌握学习理论以及各种学习形式;

(2) 了解如何让学生积极投入课堂教学,为学生的知识理解与迁移提供支持;

(3) 掌握学习动机与成就动机理论,了解如何将动机理论应用于课堂教学。

实习阶段:

(1) 激发学生使用各种不同的学习方式,并加以鼓励;

(2) 结合学生的知识与能力习得特点,设计教与学过程;

(3) 唤醒并强化学生学习的成就感;

(4) 指导学生进行小组活动。

2.教育能力领域

能力一:教师要了解社会与文化发展状况,能够影响学生的个人发展。

修业阶段:

(1) 要掌握有关儿童发展与社会化教育、社会学以及心理学的理论;

(2) 认识学生在学习过程中可能遭受的挫折,了解帮助之道和预防措施;

(3) 了解影响教育和教学过程的跨文化因素;

(4) 了解性别差异对教育和教学过程的影响。

实习阶段:

(1) 认清学生所遭受的歧视或挫折,能从教育学角度进行预防或施以帮助;

(2) 学会对学生进行个别化支持;

(3) 关注各学习小组的文化与社会多样性。

能力二:教师能够向学生传授一定的价值观与人生准则,帮助学生养成自主判断和自主行为能力。

修业阶段:

(1) 了解有关民主价值与准则的知识,并能反思性地传授给学生;

(2) 了解如何促进学生形成价值观与态度,培养学生的自主判断和自我行为能力;

(3) 了解如何帮助学生应对危机和做出决策。

实习阶段:

(1) 能够对价值观、态度和行为进行反思;

(2) 培养学生做出负责任的判断和行为;

(3) 能建设性处理学生间的冲突。

3.评价能力领域

能力一:教师会诊断学生的学习状况与学习过程,从而能够有针对性地鼓励学生,并给学生家长提供意见和咨询。

修业阶段:

(1) 了解影响教与学的各种条件以及如何利用这些条件促进教和学;

(2) 认识天才儿童与学习有障碍学生的各种表现;

(3) 了解评价学习过程的理论基础;

(4) 了解学生和家长咨询的原则与方案。

实习阶段：

(1) 了解学生的发展状况、学习潜能、学习障碍以及学习进步；

(2) 了解天才儿童的特质以及促进天才儿童发展的措施；

(3) 能够合理使用各种咨询模式，区分咨询与评价的不同作用；

(4) 学会与同事或其他机构合作开展咨询活动。

能力二：教师能够依据具体标准去评价学生的表现，

修业阶段：

(1) 了解各种不同的学业评价方式及其优缺点；

(2) 了解各种不同的学业评价体系，并能权衡这些体系；

(3) 了解学业评价的反馈原则。

实习阶段：

(1) 能够按照评价标准设计相应的评价问题，并能依据被试特点叙述相应的问题；

(2) 能根据教学情境选择合适的评价模式和评价措施；

(3) 能与同事共同梳理、确定评价的基本原则；

(4) 能够结合评价结果反思自己的教学活动并加以完善。

4. 创新能力领域

能力一：教师要认识到教师职业的特殊性，认识到教师职业所承担责任与义务。

修业阶段：

(1) 了解教育制度以及作为组织的学校结构；

(2) 了解教育活动需要遵守的条件（如教育基本法则和学校规章）；

(3) 反思与个人职业相关的价值观以及态度；

(4) 了解关于心理压力与工作倦怠等研究的主要成果。

实习阶段：

(1) 学会坦然面对压力，有目标，合理利用工作时间与资源；

(2) 使用同伴互助咨询模式缓解工作压力，完善教学设计。

能力二：认识教师重要的职业任务，需要终身学习。

修业阶段：

(1) 要了解评价自我和评价他人的方法；

(2) 了解有关评价的教育研究成果；

(3) 了解学校的组织机制与合作机制。

实习阶段：

(1) 能够反思自己的职业经验与能力，反思自己的职业发展历程，从中获得启发；

(2) 能够结合自己的教学经验，有效利用教育研究成果；

(3) 学会倾诉自己的工作状况和结果；

(4) 会给他人提供反馈意见，善于使用他人反馈来改进自己的工作；

(5) 了解并善于利用给教师提供的各种支持政策和措施；

(6) 充分利用各种培训机会，不管这些培训活动是正式的还是非正式的，也不管是个别化与集体式的。

德国教师教育标准对教师提出了明确的要求，具有全面性和系统性。它要求未来的教师在大学阶段应该懂得教育教学理论，掌握与儿童发展有关的社会文化、个性差异以及学习共同体等方面的知识；了解影响学生学习的各种因素以及如何运用这些因素促进教学；通晓各种不同的学业评价方式，能够设计有效的学业评价标准；强调教师应该具有教学反思意识，能与同事合作等。

这一标准明确了教师所应担负的使命和任务，同时提出为完成这些任务所应该具备的能力标准，并且强调在大学修业阶段及教育实习阶段要致力于培养教师这些方面的能力的。它通过具体的能力标准来保障教师应该完成的任务，并明确在教师教育的相应阶段应具备哪些方面的能力。德国的教师教育标准对于未来教师的任务和能力要求描述得非常详尽，它既能够为教师教育工作提供指导，也可以为教师自我评价、自我诊断以及对他人评价提供依据。

三、我国教师专业标准的内容解读

从美国和德国的教师教育标准来看，从教师教育的结果在教师身上的体现——教师所养成的素质——来衡量教师教育，是教师教育评价的一个重要组织部分。令人欣喜的是，我国于2012年初颁布了中学、小学和幼儿园"教师专业标准（试行）"。教师专业标准提出了"师德为先"、"学生为本"、"能力为重"和"终身学习"四个基本理念。其基本内容包括三个维度，分别是"专业理念与师德"、"专业知识"和"专业能力"；在各个维度下，确立了四至六个不等的领域；在每个领域之下，又提出三至七项不等的基本要求。教师专业的这三个标准是国家对合格教师专业素质的基本要求，是教师开展教育教学活动的基本规范，是引领教师专业发展的基本准则，是教师培养、准入、培训、考核等工作的重要依据。[①] 考虑到对教师的要求具有高低不同的层次，这里分五个方面阐述教师应该具备的专业素质，分别是专业精神、专业理念、专业知识、专业能力和专业智慧。

第一，专业精神。教师的专业精神主要体现在，教师要认识到教育事业的重要性，形成对教育事业的责任感和使命感，热爱教育事业，具有职业理想和敬业精神，积极投入团队合作，富有爱心、耐心和细心。历史上一些大家对教师专业精神有许多论述，陶行知奉行"捧着一颗心来，不带半根草去"，苏霍姆林斯基践行"把整个心灵都献给孩子"，马卡连柯提出"没有爱，就没有教育"。教师要热爱学生，尊重学生，不要等学生喊出"老师，请注意我"时才关注到他们。

美国电影《热血教师》（The Ron Clark Story）是一部根据真人真事改编的电影，讲述的是一位年轻充满热情的老师如何教好一群问题儿童的故事。这位教师之所以能够成功转化每一位问题儿童，一个重要原因就在于他对学生无条件的信任和爱。不把给予学生的信任和爱与任何外在的条件因素如是否足够优秀、是否足够努力等结合起来。教师应该深信：没有哪个学生愿意被称作"差生"，没有哪个学生不愿意进步，也没有哪个学生不愿意在老师、家长和社会面前有良好的表现。教育是人与人心灵间最微妙的接触。师生交往过程中教师借由各种途径所传达并被学生所捕捉到的爱和信任，会极大地唤醒并激发学生的自爱和自信，会变成他们强大的自我教育的力量，使他们不断地挑战自我，获得持续

---

① 教育部.关于印发《幼儿园教师专业标准（试行）》《小学教师专业标准（试行）》和《中学教师专业标准（试行）》的通知 [M].北京：教育部，2012.

发展。

专业精神是做好教师工作的重要保证,是教育人格和伦理的核心组成部分。因此,要将专业精神作为衡量教师素质的一个重要方面。《国家中长期教育改革和发展规划纲要(2010—2020)》指出,加强教师职业理想和职业道德教育,增强广大教师教书育人的责任感和使命感。教师要关爱学生,严谨笃学,淡泊名利,自尊自律,以人格魅力和学识魅力教育感染学生,做学生健康成长的指导者和引路人。此外,教师的专业精神还体现在追求自身专业的不断发展上。我们这几年强调教育家办学,而教育家显著的特征之一就是有持续不断的专业追求。

要培养教师的专业精神,离不开教师教育过程的保障,这主要体现在教师教育过程中对教师专业精神培养的设计和实施。此外,也体现在包括校长和广大教师在内的教师教育从业人员当中。作为教育"工作母机"的教师教育机构,它的从业人员专业精神如何,直接影响着教师教育的过程和结果。

第二,专业理念。教师有关教育的专业理念是他们对教育工作本质的思考和理解,是关于教育的观念与信念。教育理念体现了教师对教育价值的根本追求。规律是求真的结果;价值是求善的追求;艺术是求美的结晶。教育整合了这三个方面,是求真、求善、求美的事业。教师要树立育人为本、德育为先的理念,将学生的知识学习、能力发展与品德养成相结合,重视学生的全面发展。尊重学生独立人格,尊重个体差异,主动了解和满足学生的不同需要,为每一个学生提供适合的教育。要激发学生的求知欲和好奇心,培养学生学习兴趣和爱好,鼓励学生探索和创新。要引导学生自主学习、自强自立,培养良好的思维习惯和适应社会的能力。

关于学生的成长,一些教师和家长把它片面理解为学生的智育发展和学习成绩的提高,恨不得用去全部的时间和精力。殊不知,学生成长的指标应该是丰富的,学习只是重要的一方面。身体健康、有一定情商、道德品质良好的孩子,将来才能被社会所接纳并取得较大成就。一个学习上的天才如果连起码的生活自理能力都不具备,这种成长无疑是畸形的。教育是有其内在规律的,而一些所谓的跳级、提高班、超常班等都是要跃过孩子成长的某个阶段,从而会造成孩子心智、社会阅历以及道德的缺陷,这种损失是很难再补救的,正所谓"催熟的桃子是酸的"。也因此,神童教育在世界上大多数国家都是敏感而富有争议的话题,在我国少年天才的成长也备受人们关注。然而,很多"神童"的发展表明,超常的智慧往往会带来沉重的负担。因为他们脱离了现实社会,大都是生活中的低能儿。美国数学家诺伯特·威纳小时候是一位神童,他7岁开始读但丁和达尔文著作,18岁取得哈佛大学哲学博士学位。他在自传中指出,所谓"神童"是指那些在求学之年(中学或以下)其智商已经达到成人标准的儿童,社会把"神童"过分渲染是错误的。他还以自己的经历向全世界呼吁:神童并不为社会所需。[①]

教育理念对教师工作具有基础性价值。理念决定行为。要改变一个人的行为,就必须考虑隐藏在行为背后的理念。可以说,树立先进的教育理念具有重要意义,它是当今新型教师的重要特征,也是"工匠型"教师与"专家型"教师的重要区别之一。因此,在衡量教师教育的效果时,离不开对教师所具备的教育理念的考察。

---

① Wiener N. I am a mathematician [M]. London: Victor Gollancz, 1956.

第三，专业知识。专业知识是影响教师教学工作能否成功的一个重要方面。教师应该具备一般的、较宽广的科学和人文素养，具备当代重要的工具性学科（如英语和计算机）的知识，掌握1—2门所教学科的知识，同时要具备教育学和心理学的知识。中小学"教师专业标准"把教师应该具备的知识概括为四个方面，分别是教育与儿童发展知识、学科知识、学科教学知识以及通识性知识，要求教师掌握教育的基本原理和主要方法，了解学生身心发展的规律和特点，理解所教学科的知识体系及其与其他学科的联系，掌握所教学科内容，掌握所教学科的课程标准、课程资源开发方法以及学科内容教学方法，具有相应的自然科学和人文社会知识，具有艺术欣赏与表现知识以及信息技术知识等。

当教师仅仅承担"知识传授者"的角色时，教师的职业是可以被同等学力的人所代替的。只有当教师成为学生发展的促进者和指导者时，教师的职业才具有不可替代性，教师才成为专业人员。当今社会，教师的专业素养在知识结构上不再局限于"学科知识＋教育学知识"的传统模式，而是强调多层复合的结构特征，强调教师不断地学习和发展。苏霍姆琳斯基说过："读书，读书，再读书"。他把读书看作教师最重要的素质，提倡老师要"每天不间断的读书，跟书籍结下终生的友谊。"总之，对于专业知识掌握的程度是考察教师教育效果的一个重要方面。

第四，专业能力。不同于专业知识，教师专业能力更难测量，对它的衡量更多体现在教育实践当中。教师需要具备的专业能力是多方面的。中小学"教师专业标准"把教师应该具备的能力归纳为教学设计、教学实施、班级管理与教育活动、教育教学评价、沟通与合作、反思与发展等方面。在这其中，教师的教学能力、课堂管理能力等则是教师作为专业人员的核心能力。教师应能够科学设计教学目标和教学计划，创设适当的教学情境，根据教学内容采取适当的教学方法，让学生掌握所学。教师应该能够有效组织和管理课堂，有效调控教学过程，充分调动学生的学习积极性。教师要关于沟通与合作，能够建立良好的师生关系，能够与同事、家长、和社区有效沟通。教师要能够结合学科教学进行育人活动，根据学生生理和心理特点开展教育活动。教师要掌握多元评价方法，正确评价学生。

教师的专业基本功是我国教师教育中一直都比较重视的，包括"三字"（粉笔字、钢笔字和毛笔字）、"一话"（普通话）和"一画"（简笔画）。在今天，对教师的这些要求依然不过时，同时还需要加上教师对于信息技术的掌握，要求他们能够在教育教学实践中运用信息技术。此外，在"教师即研究者"理念的指导下，教师还要具备教育研究能力。要培养教师成为研究型教师，使他们能够反思教学实践，能够针对教育教学工作中的现实需要与问题，进行探索和研究。总之，教育研究能力及其他方面的专业能力应该纳入到教师教育的评价标准中去。

第五，专业智慧。教师的专业智慧也即教育智慧，是指教师感受、判断新状态、新问题的能力，是把握教育时机和转化教育矛盾、冲突的机智。教育智慧是在教师的专业精神、专业信念、专业知识以及专业能力的基础上综合实现而产生的。凭借教育智慧，教师能根据不同的教育情境、教育对象以及问题，瞬间把握事物的本质，做出相应的判断和裁决，从而采取适合特定情境的行为方式和方法。拥有教育智慧的教师，能够在解决问题时从多角度加以整体把握，洞察多种可能性，并迅速做出决策。教育智慧包括认知智慧与道德智慧两个方面，是它们在实践中达到的统一，其中认知智慧是指知识、技能等技术层面的，而道德智慧则是情感、态度等价值层面的。教育智慧具有高度的个体性色彩，体现着教师区别于他人的、个体的、个性化的独特教学风格。教育智慧一旦形成，就体现在教师日常的教育行为和实践中。

同时，教师教育智慧的形成也离不开教师的教育实践，离不开教师对自身实践的不断反思和提高，它是教师教育经验积累升华的结晶。教育智慧是教师个体在教学过程中逐渐生成的，是个人不断经过实践经验的积累与重组的结果，是教师通过发现、修正与内化等复杂的过程所建构的。教师不断将既有的知识融入教育教学过程中，并经过个人的重新诠释与转换过程，使智慧的生成符合现有的环境需求。教育智慧是个体在日常教学中通过体验、感悟、思考和实践等方式逐步生成的。可以说，尽管教师的教育智慧并不能直接反映教师教育尤其是职前教育的成效，但教师教育毕竟为教育智慧在专业精神、信念、知识以及能力方面奠定了基础。这是在对教师教育进行评价时需要注意的。

当然，优秀教师的养成并不仅仅取决于职前的教师教育，教师在教育教学实践中累积的经验以及在此过程中的提升也是他们成长为优秀教师的重要条件。尽管如此，教师教育的成果在多大程度上凝结在教师身上，是衡量教师教育效果的重要标准。至少，教师教育应该为优秀教师的养成奠定良好的基础。

第三节 教师教育的内容和过程评价

教师教育的效果如何，在很大程度上取决于教师教育的课程内容和实施过程。因此，对教师教育的课程和过程进行评价就成为教师教育评价不可或缺的组织部分。

一、教师教育学科群之结构合理性

教师教育学科群的结构是否合理，主要牵涉到教师教育的课程体系。教师教育的课程体系评价主要包括课程计划、课程标准与教学大纲、课程内容以及课程结构等。长期以来，我国教师培养在课程设置的指导思想上始终存在着重"学术性"轻"师范性"，重"理论性"轻"实践性"的现象，导致教师教育中学科专业课程比例过大，而教育专业课程比例过低，公共基础课程门类单一，脱离基础教育实践等问题。这样势必难以保证教师培养的质量，教师教育很难满足包括政府机构、用人单位以及受教育者本人等在内的各主体的需要。如同有学者所指出的，传统的以学科为模式的师范教育虽然重视了学科知识和能力的培养，但由此造成的一个结果是，它忽略了教师培养的专业性和师范性。[1] 因此，必须对教师教育进行改革，增强教师教育的专业性，使专业性和学术性并重，这已经成为教师教育的国际发展趋势。教师教育的改革，其中的一个关键在于教师教育课程的改革，以培养高质量的广大中小学和幼儿园教师。

就教师教育的课程结构而言，应在审视教师教育培养目标与规格的基础上，根据一线学校对教师素质的要求，优化教师教育课程结构，加大教育类课程的比重，适当调整学科专业课的比例，以凸显教师教育的专业性和特色。同时打通专业教育与通识教育，并强化教师教育中实践环节的教学，构建完善的教师教育课程体系。在教师教育中，要改变传统的专业对口性教育模式，以综合素质为核心，以能力培养为重点，注重基础教育与专业教

---

[1] 朱旭东.教师教育标准体系的建立：未来教师教育的方向[J].教育研究，2010（6）：30—36.

育相结合,科学教育与人文教育相结合,知识传授与能力培养相结合,师范性与学术性相结合,突出教师教育机构办学特色,树立"厚基础、宽口径、广适应、强能力、高素质、具有创新精神"的现代"适应性教育"人才培养模式。①

就德国的教师教育而言,早在20世纪80年代就基本实现了所有教师的培养都由综合性学院或大学承担的目标,教育学院作为一种独立的教师培养教育机构正在减少和消失,教师教育的学术性和专业性趋于统一。在教师教育的职前修业阶段,师范生以理论学习为主,必须学习两门执教学科和相关学科的教学论,同时必须学习教育科学和社会科学方面的课程,其中教育科学要占25%的比重。近年来,德国教师教育的课程设置越来越重视教育科学课程和学科科学课程,希望培养出来的教师不仅对所授知识了如指掌,还能够深入认识教育和教学规律。②

在教师教育课程结构中,要注重对教育实践环节的评价。教师专业实践是一种交往实践,一种融合了教师个体与集体在教育情境中解决真实、复杂的教育实践问题的教育智慧。③ 就教师职前培养体系而言,教师专业实践主要体现在教育实习中。教育实习是高等院校教师教育专业的一门综合实践课程,是师范生经教师指导在实习学校亲身经历的教育教学和教育研究等教育实践活动,是未来教师专业发展、学为人师的必由之路。④ 世界各国普遍都重视实习在教师教育中的作用。德国教师教育的职前阶段既包括前面所说的侧重知识和理论学习的修业阶段,也包括后续专门的见习阶段。⑤ 学生在完成修业阶段课程后参加第一次国家资格考试,通过后学生向本州或其他州文教部提交毕业文凭和第一次教师资格考试的全部材料,申请到有设立教师培训中心的学校担任见习老师。获准后,进入见习阶段,为期两年。事实上,即使在修业阶段,也有8周时间的实习安排,一般放在整个修业学习计划的最后。

> 在两年的见习阶段,课程实施形式大致分为两类:讲座和研讨会(Seminar)。讲座学生可以选听,而研究会学生则必须出席,每个学生都要发言。见习教师需要听课和试教。通常规定见习生每周执教5—11课时,参加18周的示范研讨课。实习教师除了要像普通教师一样承担一定的教学任务外,还要参加集中学习。这种学习主要包括四个方面的内容:第一,有关教育和教师的法律法规;第二,教学技能,包括教学组织、教学规划、考试组织、与学生家长沟通等;第三,因材施教、因人而异的教学方法;第四,处理特殊问题的能力。
>
> (来源:王利敏.从完善走向优化:德国教师教育评价制度述评[J].
> 现代教育论丛,2009(4):50—54.)

加拿大也十分重视教育实习。选择将来当教师的学生,都必须经过比较系统且贯穿职

---

① 王复兴.以本科教学评价为契机推进高师改革与发展[J].漳州师范学院学报(哲学社会科学版),2000,14(3):1—5.
② 王利敏.从完善走向优化:德国教师教育评价制度述评[J].现代教育论丛,2009(4):50—54.
③ 钟启泉.教育的挑战[M].上海:华东师范大学出版社,2008:156.
④ 顾敦沂.教育实习指导书[M].北京:人民教育出版社,2006:1.
⑤ 王利敏.从完善走向优化:德国教师教育评价制度述评[J].现代教育论丛,2009(4):50—54.

前教育全程的教育实习。① 在教师教育的一年级进行社区实习，主要是观察中小学校课堂、了解社区、参加社区中小学校活动等；二、三年级每周安排1天的时间到中小学校实习，一般安排在9月至第二年的4月。学生在校期间必须完成90天的教育见、实习。加拿大学生的教育实习大致遵循这么一个渐进的模式：

- 我（教师）做，你（学生）看（I do, you watch）
- 我做，你协助我（I do, you help me）
- 你做，我协助（You do, I help）
- 你自己做，我适时协助（You do alone, I help or assist）。

对于担任实习教师指导任务的中小学教师，也有明确的条件和要求。例如，实习指导教师要自愿承担，有两年以上教学经历，能指导学生发现问题、解决问题，能有效地帮助困难实习教师等。实习指导教师需撰写学生实习报告，提出学生教育实习成绩建议等。除了中小学的实习指导教师外，各教师教育机构也配有实习指导教师，他们大多由有经验的教师和退休教师组成，每位实习指导教师一般负责二十多位学生的实习指导工作。教师教育机构的实习指导教师的主要职责包括，组织召开实习讨论会，到实习学校帮助学生解决各种教学实习和生活问题等。一个好的实习指导教师应该承担辅导员、合作者以及实习教师顾问的角色。对于实习教师的实习成绩，其评定的主要依据在于他们在教育实践中所表现出的教师素质，包括他们在整个实习期间的表现，是否具有专业精神，他们对教学内容的了解和对教学技能的把握，对学习困难学生的了解情况，以及他们的课堂教学组织能力、师生互动情况以及语言表达能力等如何。加拿大的教师教育机构都有比较稳定的教育实习基地，各实习基地把辅导实习教师作为它们的职责。

就我国教师教育的课程体系而言，对教育实践环节的重视还很不够，教师教育机构和实习接收机构都不够重视，存在着实习时间偏短、实习内容单薄、实习形式单一、实习组织不够严密、实习基地建设薄弱等问题，教育实习效果未如人意。因此，要规范和加强教育实习，明确教育实习在整个专业培养中的地位和作用，提高教育实习在教师教育课程中的作用和地位。要丰富教育实习的内容和形式，规范和完善教育实习的管理，加强教育实习基地建设，真正发挥教育实习作为综合的教师教育实践活动的作用。为此，要把教育实习作为教师教育评价的一个重要方面进行考察，以评价促进、引导教育实习的有效开展，从而提高教师教育的质量。

当前，我国新一轮基础教育课程改革正在全国范围内深入展开，教师教育无疑要服务于基础教育课程改革的需要，满足基础教育课程改革对师资的需求。教育部《基础教育课程改革纲要（试行）》指出："师范院校和其他承担基础教育师资培养和培训任务的高等学校和培训机构应根据基础教育课程改革的目标与内容，调整培养目标、专业设置、课程结构，改革教学方法。中小学教师继续教育应以基础教育课程改革为核心内容。"教师教育要确保教师培养的高质量，并能够切合基础教育课程改革对中小学教师提出的要求。2011年10月，教育部颁布《教师教育课程标准（试行）》，大力推进教师教育课程改革。这一规范性文件为我们对教师教育尤其是教师教育课程实施进行评价奠定了良好的基础。《教师教育课程标准（试行）》主要从教师教育课程理念、课程结构、教学内容、课程资源、

---

① 有关加拿大资料，参考章跃一.加拿大教师教育及其启示[J].现代教育科学：普教研究，2010 (4)：58—60.

教学方法和手段、教育实践以及条件保障等方面对教师教育课程提出要求，其主要内容有以下几点。[①]

（1）创新教师教育课程理念。要围绕培养造就高素质专业化教师的目标，坚持育人为本、实践取向、终身学习的理念，实施《教师教育课程标准（试行）》，创新教师培养模式，强化实践环节，加强师德修养和教育教学能力训练，着力培养师范生的社会责任感、创新精神和实践能力。

（2）优化教师教育课程结构。以"三个面向"为指导，构建体现先进教育思想、开放兼容的教师教育课程体系。适应基础教育改革发展，遵循教师成长规律，科学设置师范教育类专业公共基础课程、学科专业课程和教师教育课程，学科理论与教育实践紧密结合，教育实践课程不少于一个学期。制订有针对性的幼儿园、小学和中学教师教育课程方案，保证新入职教师基本适应基础教育新课程的需要。

（3）改革课程教学内容。把社会主义核心价值体系有机融入课程教材中，精选对培养优秀教师有重要价值的课程内容，将学科前沿知识、教育改革和教育研究最新成果充实到教学内容中，特别应及时吸收儿童研究、学习科学、心理科学、信息技术的新成果。要将优秀中小学教学案例作为教师教育课程的重要内容。加强信息技术课程建设，提升师范生信息素养和利用信息技术促进教学的能力。

（4）开发优质课程资源。实施"教师教育国家精品课程建设计划"，通过科研立项、遴选评优和海外引进等途径，构建丰富多彩、高质量的教师教育国家精品课程资源库。大力推广和使用"国家精品课程"，共享优质课程资源。

（5）改进教学方法和手段。把教学改革作为教师教育课程改革的核心环节，全面提高新教师实施新课程的能力。在学科教学中，要注重培养师范生对学科知识的理解和学科思想的感悟。充分利用模拟课堂、现场教学、情境教学、案例分析等多样化的教学方式，增强师范生学习兴趣，提高教学效率，着力提高师范生的学习能力、实践能力和创新能力。加强以信息技术为基础的现代教育技术开发和应用，将现代教育技术渗透、运用到教学中。

（6）强化教育实践环节。加强师范生职业基本技能训练，加强教育见习，提供更多观摩名师讲课的机会。师范生到中小学和幼儿园教育实践不少于一个学期。支持建立一批教师教育改革创新试验区，建设长期稳定的中小学和幼儿园教育实习基地。高校和中小学要选派工作责任心强、经验丰富的教师担任师范生实习指导教师。大力开展教育实践活动，深入农村中小学，引导和教育师范生树立强烈的社会责任感和使命感。积极开展师范生实习支教和置换培训，服务农村教育。

（7）加强教师养成教育。注重未来教师气质的培养，营造良好教育文化氛围，激发师范生的教育实践兴趣，树立长期从教、终身从教信念。邀请优秀中小学校长、教师对师范生言传身教，感受名师人生追求和教师职业精神。开展丰富多彩师范生素质培养和竞赛活动，重视塑造未来教师人格魅力。加强教师职业道德教育，将《中小学教师职业道德规范》列为教师教育必修课程。

（8）建设高水平师资队伍。采取有效措施，吸引和激励高水平教师承担教育类课程教

[①] http://info.jyb.cn/jyzck/201110/t20111019_458784.html

学任务。支持高校教师积极开展中小学教育教学改革试验，担任教育类课程的教师要有中小学教育服务工作经历。聘任中小学和幼儿园名师为兼职教师，占教育类课程教学教师人数不少于20％。形成高校与中小学教师共同指导师范生的机制，实行双导师制。

（9）建立课程管理和质量评估制度。开展师范教育类专业评估，确保教师培养质量。将师范生培养质量情况作为衡量有关高校办学水平的重要指标。要将师范生培养情况纳入高等学校教学基本状态数据年度统计和公布制度。加强教师教育课程和教材管理。

（10）加强组织领导和条件保障。各地教育行政部门要统筹规划、协调指导、积极支持教师教育课程改革工作。高校把教师教育课程教学改革和实施《教师教育课程标准（试行）》列入学校发展整体计划，集中精力，精心组织，抓紧抓好。要建立和完善强有力的师范生培养教学管理组织体系。加大教师教育经费投入力度，确保教师教育课程改革工作所需的各项经费。

二、教师教育项目实施路径科学性

教师教育项目实施路径的科学性与否，主要关系到教师教育的过程评价。教师教育评价不仅要评价教育活动的结果，也要评价教育活动的过程。只看教师教育的结果而不问其过程，是一种单纯的结果评价或者说终结性评价，不利于教师教育的改进。而通过对教师教育过程的评价，能够及时反馈信息，使教师教育机构及各相关部门能够了解教师教育过程中存在的缺陷和不足，从而不断改进教师教育活动。例如，包括师范院校在内的众多高校普遍采用的学生评教等方法，如果认真实施，就能够比较及时反馈教师教育过程中存在的问题。此外，还有一些高校安排退休老教师巡堂听课，这些资深教师教学经验丰富，能够给被听课者提供适切的反馈信息和指导。实践证明，诸如此类的各种方法对于改进教师教育活动、提高教师教育质量是十分有益的。教师教育机构以及主讲教师可以根据反馈信息，进行教学改革和研究，改进教学方法，从而提高教师教育的效果。

就教师教育的过程而言，有研究曾对北京师范大学2007级和2008级免费师范生进行调查，主要涉及师范生的理想、价值观和生活适应，以及学校教育培养和管理服务等问题。[1] 研究发现，当前免费师范生的思想状况整体上积极、健康、向上，思想道德素质较高，对主流价值观表现出较高的认同感；对教师这一职业的评价较高，能够正确认识教师职业的素质要求，并进行积极准备。师范生能够较好地适应大学环境，有比较强的人际交往能力，学习上目标明确，积极主动，计划性强，表现出奋发进取的精神风貌。免费师范生都有较好的学习状态，他们中大部分人对目前所学课程较为满意，能够从学业进步中感受到学习的乐趣和动力，学习目标明确，学习有动力。

课堂教学是教师教育的中心环节和核心。对教师教育中课堂教学的评价，主要涉及教学过程和教学行为两个方面。授课教师要注意端正仪表教态，语言表达清晰简练，重点突出难点突破，教学内容处理得当，教学中能够理论联系实际，注重能力培养，等等。对授课教师的课堂教学既要体现上述一般性要求，同时也要突出教师教育的特殊性要求。评价要引导教师教育机构深化课程教学方法改革，促使授课教师摆脱"讲授为主"教学模式的束缚，树立以"学生为主体"的教学观念，积极探索包括讨论式教学和案例教学在内的各

---

[1] 方增泉，戚家勇.北京师范大学2007级，2008级免费师范生的对比调查[J].中国教师，2010（11）：40—43.

种教学方法,注重未来教师素质和能力的培养。有研究者从师范生素质教育的角度,提出要重视文、理科教学的不同特点。① 文科教学侧重口头表达能力、阅读和写作能力的培养,发展学生思维的变通性和流畅性。它要求学生在讨论时能说出新颖独特的见解,阅读时善于对课文进行比较、联想,写作时能从多角度表达自己的观点。理科教学侧重运用知识提出问题、解决问题的能力以及实验操作能力的培养,发展学生思维的发散性和创造性,启发学生根据不同角度引发不同思路,提出新的设想,寻求多种答案,从而发展师范生的创造性思维能力。这种认识具有一定的价值,它指出了教师教育机构文、理科教学所存在的一些不同特点。但另一方面,现代社会更需要文理交融的复合型人才。尤其是对于教师来说,他们面对的是充满求知欲和好奇心的学生,学生会提出各种各样的问题和奇思妙想。因此,教师在掌握所授学科知识的同时,还需要具备宽广的人文素养和科学素养,否则难言"称职"。不管是文科师范生还是理科师范生,对于他们的教育都不应该只局限于所专攻的学科领域,而是要文理通融。

在教师教育过程中,要运用多种途径培养和增强师范生对教师职业的认同和信心,倾听他们对于职业的感受和困惑。要组织学生深入社会和学校,通过社会实践、教育实习见习以及支教等形式认识基础教育和学校现状,有针对性地帮助他们解决认识上的问题和实践中的矛盾,不断增强从事教师职业的光荣感、责任感和使命感,引导师范生树立崇高的职业理想和坚定的职业信念。

三、教师教育活动保障机制充分性

教师教育活动的保障机制主要涉及影响教师教育活动的条件性因素。对于教师教育的评价,除了要衡量教师教育目标是否合理、课程内容和结构是否完善、教师教育过程是否有效、教师教育结果如何等方面之外,还要关注教师教育实施的条件性因素如投入、师资、生源以及制度保障等问题。离开这些条件性因素的保障,教师教育很难取得成功。这里就教师教育的保障机构主要谈及三个方面:教师教育机构认证制度、教师资格证书制度以及外部投入等三个方面。

教师教育机构认证制度是保障教师教育质量的一个重要途径,它是对教师教育机构建立准入制度和进行质量控制。世界上许多国家如美国、英国以及印度等都建立了教师教育机构认可制度。如前所述,美国全国教师教育认证委员会制订有"教师教育机构认证专业标准",据此对教师教育机构进行评价和鉴定。标准中的一个重要组织部分就是教师教育机构的能力标准,包括实习、见习、各院系师资状况、管理以及资源等,用来衡量教师教育项目的内容是否能够有效支持教师候选人即未来教师的学习。虽然每一项标准所含的具体指标数量不一,但各项指标均分为不合格、合格和优秀三个等级。② 全国教师教育认证委员会由三十多个的富有专长的人员所组成,当中既包括教师、教师培训者以及课程内容专家等,也包括各专业协会如教师教育者组织、教师组织、学科专业组织、儿童组织、技术组织、管理者组织等的人员。全国教师教育认证委员会旨在帮助建立高质量的教师队伍,它通过对教师教育机构(包括教育学院和教育系等)的专业认证过程,从而为高质量

---

① 沈夏威.教师教育评价与素质教育[J].湖州师范学院学报,2003,25(2):87—89.
② 游进,郭佳琪.美国的教师教育标准体系[J].中国教师,2010(9):53—56.

的教师教育和高质量的教师储备做出贡献。教师教育机构认证专业标准能够较为直接地反映出教师教育机构的办学水平，对教师教育机构有很大影响。全美有三分之二的教师教育机构认可这项标准，并接受教师教育认证委员会的评价和鉴定。

英国教师培训署（Teacher TrainingAgency，TTA，后发展为教师培训和发展署 The Trainingand Development Agency for Schools，TDA）负责认证各种职前教师培训机构的培训资格。一旦有证据表明，某机构没有达到教育大臣的标准和要求，其认证就会被撤销。印度对教师教育机构的控制也非常严格，当然这与印度当前的教师教育机构自身缺乏健全的内在质量保证机制有关。在印度，国家教师教育委员会负责颁布、认可各种教师培训项目的规则和教师培训课程的标准，已经存在的和新开设的教师教育学院必须首先获得它的许可才能运行，已经获得认可的学院必须每年向地区委员会提交业绩评价报告以便审查，教师教育机构一旦未能通过审查将被收回认可。印度国家教师教育委员会的认可对教师教育机构有很大的制约力。受训者在没有获得认可的机构取得的资格证将得不到国家认同，也不能作为公立学校或受政府资助的教育机构的候选教师。①

就德国高等教育评价的整体情况而言，2002年3月，德国各州文化教育部长联席会议（KMK）制定了质量保证的未来发展要求，2005年联席会议通过一项关于教学的全面质量保证框架性思想，寻求建立一个质量保证的整体概念。质量评价是德国高等教育质量保证体系的主要组成部分，它和认证制度共同构筑了德国高等教育质量保证体系的大厦。评价程序一般以5—8年为一个周期，包括内部自我评价和外部同行评价。高校内部自我评价的领域包括各系部的结构和组织、教与学的目标、学习项目、学术人员和资源、学生和学习课程、教与学、师生对教与学的意见、就业市场和毕业生就业形式等。外部评价则是通过各州的地区评价机构、网络和高等教育机构协会进行的。国际合作组织也会参与到评价工具的开发和实施。外部评价一般采取同行审查（peer view）的形式，同行由来自其他高等教育机构、研究机构和商业团体的专家所组成。② 作为高等教育的一部分，德国的教师教育评价体系也在其框架性规定下，根据自身的特点进行。1998年，德国文化教育部组建了一个由教育行政官员和学科专家为主要成员的教师教育委员会，对当时的德国教师教育进行全面的考察和评价。

保障教师教育质量的条件性因素不仅体现在教师教育机构内部，也体现在教师教育外部。其中教师资格证书制度就是一种外部保障因素。随着教师专业化程度的不断提高，通过颁发教师资格证书这一教师准入门槛来保障教师质量已日益成为一种世界性的发展趋势。美国的教师资格证书目前虽无全国统一标准，但各州都将教师完成认定课程后参加资格证书考试所取得的合格成绩，作为取得教师资格证书的必要条件，并对颁发证书之前的试用期有着明确的规定。在日本，持有教师资格证书的人必须参加有关部门组织的教师聘用考试，通过者方可取得试用资格，试用合格才能转为正式教师。

德国在教师准入制度方面则设置了两次国家资格考试。学生在经过修业阶段和见习阶段的培养后，都有相应的国家资格考试对其学习进行评价，并作为获得教师资格的必经之路。③

---

① 董有志.印度和英国教师教育评价体制比较研究及启示[J].大学研究与评价，2008（9）：62—67.
② 王利敏.从完善走向优化：德国教师教育评价制度述评[J].现代教育论丛，2009（4）：50—54.
③ 同上.

第一次国家资格考试针对完成修业阶段的学生。这次考试由中小学教师考试委员会负责，委员会由大学教授、学校校长和有关考试机构的代表组成。考试包括四个方面：毕业论文、笔试、口试以及教育实习报告。其中毕业论文一般是学术性的，内容可在教育学、主修专业和辅修专业里选。毕业论文经考试委员认可后方可参加后面的考试。笔试时间为5小时，共3道题目，但每位考生的题目可能不同，需要写出20—25页的答卷。口试即试讲，时间约为80分钟，由考试委员会负责。教育实习时间约为8周，大部分州规定4周在公立学校，4周在私立学校，实习的主要任务是观课，观摩老教师如何组织教学，如何批改作业，如何管理学生等。8周过后，学生就自己的实习体会撰写实习报告。第一次国家资格考试的通过率约为90%。

第二次国家资格考试是针对完成两年教育见习期的学生。在结束见习前，由所在见习学校的教师培训中心对他们做出评价。评价内容为见习期间的学习情况，见习生的教学计划、教学技能、教学组织、考试组织等能力，他们因材施教的能力等。据近年来统计，只有80%的见习教师能通过第二次资格考试。通过考试后，州文教部授予其教师资格，通过试用期（一般两年，长则可达五年）后，颁发教师资格证书，学生申请教师岗位，获准后成为教师，享受公务员待遇。未通过者，可以重考一次，仍未通过者则说明其不适合教师这一职业，不能再拿到教师资格证书。

很明显，德国对于教师准入的门槛设置较高，能够比较好地从"入口"保证师资的质量。我国也建立有教师资格证书制度。我国于1993年颁布的《教师法》首次以国家法律形式，明确规定国家实行教师资格制度。1995年12月，国务院颁布了《教师资格条例》，教师资格证书制度开始实施。教师资格证书制度在实践中虽然发挥了积极作用，但也存在一些问题，诸如对教师专业素养的规定过于笼统，实施过程中标准难以把握等。因此，应尽快对教师资格证书制度进行改革，进一步明确教师应该具备的素质，改进教师资格证书的认证过程等。

此外，对教师教育的投入也是重要的外部保障因素之一。长期以来，教师教育经费的整体投入不足一直是制约我国教师教育发展的一个瓶颈。北京师范大学前校长钟秉林指出，在办学条件上，师范院校因与国计民生和现代科技发展的关系较为间接，导致经费来源、科研项目获取等方面远不如非师范院校，影响了师范院校总体办学水平的提高。[1] 教师教育是整个教育系统的"工作母机"。如同有学者所指出的，教师教育是整个教育系统中的内循环，它的资源来自教育系统，它的产品也回到教育系统，它补充、维持、增强着教育系统本身的活力。[2] 可以说，教师教育对整个教育事业的发展乃至国家民族的进步都发挥着极为重要的基础性作用。但由于教师教育不直接产生生产力，也不能直接产生经济效益，其自身的经费筹措能力就十分有限。有学者对此分析认为，教师教育机构面向社会自主办学的能力有限，取得预算外经费的来源渠道单一，可能性小；其"师范性"限制了向技术市场提供高新技术产品以及参与市场竞争的能力。[3] 因此，对于教师教育，必须由政府提供足够的经费支持，以政府投入为主，社会投入为辅，从而保障充足的办学经费。

---

[1] 钟秉林.探索有中国特色的教师教育之路——写在北京师范大学建校一百周年之际[J].求是，2002（17）：46—48.
[2] 谢安邦.论师范教育的特性[J].高等师范教育研究，1994（2）：16—24.
[3] 武毅英.全方位考察我国高师教育的地位[J].高等师范教育研究，1994（3）：11—16.

第八章 教师教育学科群之课程建设

目前,我国的教师教育正在从传统的师范教育转向以专业发展为特征的专业化轨道。在教师专业化的过程中,教师教育学科在理论研究和实践运作中都担负着无以替代的重要职责。本章将在借鉴国际教师教育运作经验的基础上,从实践运作的视角探讨构建适应教师专业化发展所需要的教师教育学科群。

第一节 教师教育学科的课程现状

课程是教师教育学科发展的核心问题,直接关系到教师教育培养目标的实现与否,因此,加强教师教育学科相关课程的建设,将是教师教育学科发展的重要课题。本节将在介绍教师教育学科课程建设的基础上,分析和探讨目前教师教育学科课程建设的现状,提出改进教师教育学科课程建设质量的建议,期望可为教师教育课程建设的调整与改革,以及培养新型教师教育毕业生提供一定的参考。

一、教师教育学科课程建设的应然状态

现代课程理论认为,课程建设是一项总体性的系统工程。从宏观上讲,它反映教育思想、教育价值、教育目的等根本问题;从微观(即教学范畴)上讲,它涉及实现课程内容相关的培养目标、培养模式、专业划分与设置、教学过程与方法、教学条件、教学组织管理、教师队伍、教学评价等内容,因此,课程建设是提高人才素质、提高教学质量的核心环节。

近年来,我国师范大学的发展面临着艰巨的选择和严峻的挑战。一方面,经过新一轮高等教育体制改革,许多综合性大学参与了教师教育发展的大潮,打破了单纯由高等师范院校承担教师教育的局面,开展教师教育的机构出现多元化发展局面,高等师范院校面临着来自多方面的竞争压力。

另一方面,随着时代的进步和基础教育改革的深入,高等师范院校又面临着社会和基础教育对高素质、专业化教师的迫切要求。许多中小学在招聘教师时,优先选用了综合性大学的毕业生,其原因是高等师范院校的毕业生在教学技能方面已不具备绝对优势。

教师教育课程是向未来教师传授知识、培养良好科学文化素养的重要方式,是教师教育活动中影响人(教师、学生)全面素质提高最为直接、最具稳定性的基本因素。因为教育的目的只有通过课程才得以具体化,也只有通过课程才能规范学校教育的内容并把握学校教育的性质与方向。教师教育课程的设置与构建,实际成为提高教师教育质量、提高中华民族的整体素质、实现中华民族伟大历史复兴的重要课题之一。

2011年10月教育部颁布了《教师教育课程标准(试行)》。《标准》坚持育人为本、实践取向、终身学习理念,将教师教育课程分为三大目标领域:教育信念与责任、教育知

识与能力、教育实践与体验。根据《标准》的要求，本书认为，教师教育课程建设的应然状态，应体现在以下三个方面：

（一）教师教育课程应建立于确保形成未来教师的专业精神

专业精神是指教师在信仰、理想追求上充分表现出来的活力与风范，是教师在工作时展现出来的职业特性、职业作风和职业态度。它包括教师自我价值的实现，自我意识的觉醒，虔诚敬业的责任心、使命感，专一务实、潜心研究的态度，自我学习、自我反思和自我追求专业发展的自律性等。在教师专业化的进程中，教师的专业精神具有不可或缺的重要价值，是教师能动性的重要组成部分，是教师内在素养在言行中的外化，是教师专业水准提升的动力，是教育教学质量逐步提高的重要保证，有助于充分实现教师价值和树立高尚的教师社会形象。师范大学的教师教育课程首要的价值目标是帮助毕业生树立良好的专业精神，全心全意地把知识、智慧、情感乃至生命奉献给教育事业，奉献给学生的成长与发展。

教师教育课程除了从精神和社会形态两种维度深刻地揭示教师专业的本质特征外，还必须树立教师价值观念和精神文化体系，为教师专业化的发展提供价值导引与方法论判据。

（二）教师教育课程应建立于确保提升未来教师的专业智慧

教师教育学科的课程不仅应使学生掌握系统的教育知识，还应让学生通过知识的掌握变得更富有智慧，这属于两种不同的价值取向。知识本身具有陶冶人文精神、涵养人文素质的内在价值，它可以丰富人的文化底蕴，使人性更加完善。教师教育课程不仅要求教师对自己所教学科的架构、发展脉络及学科信念等基本内容有深入透彻的了解，还要掌握包括教育学、心理学、生理学、课程论、教学论及教育科学研究等方面的教育学科知识。未来教师通过教师教育课程体系的学习，既可增强对相关教育理论的思考，又可充满对未来教师角色的展望。教育理论的学习不再仅仅停留在外部灌输的"条条杠杠"上，而是转化为学生内心体验的教育理念。因此教师教育学科的课程不仅仅是让学生记住有关的教育教学的知识，而更重要的是应该让学生通过教育知识的学习，对教育有更透彻、澄明的理解和体验，形成自己的教育信念，增强自己的教育实践能力，拥有教育机智与智慧。

（三）教师教育课程应建立于确保形成未来教师的教育思维

教师是教育活动的组织者和引导者，教师持有什么样的教育思维、教育观念，不仅直接关系着教师的教育行为，而且还间接地影响着未来教育的性质与发展。教师教育课程应该能够激起学习者对教育的情感的体验、思想的共鸣、行动的热情，灵活运用多样的教学方式，促使学习者自主地参与教学，主动地探究、思考教育问题，分析、归纳讨论的结论，大胆、独立地提出解决问题的见解。教师教育课程，无论从科目的设计，还是内容的选择，都应该强调一种教师教育专业的学生个体在与教师、与文本、与文化的相互作用与交互作用之中所进行的反思性实践进程。在这一进程中未来教师不断生成、建构、转换自己的认知结构、经验系统及人格特质，不断将普遍形态的理论转换成基于个人经验系统的实践理论，并养成独立分析、判断与批判的能力，能够成为具有自我发展和日后促进学生发展能力的教师。教师教育课程的价值还在于帮助未来的教师在教育实践中怎样使教学真正成为一种"理性的探险"，以巧妙的问题引发学生的思考，以问题导引、启发学生的思路，促成师生间、学生间的交流讨论，鼓励学生给教师发问、质疑。同时，教师还要及时捕捉学生的每一反应，灵活地调整和生成教学内容，使教学过程充满变化、探索、研究和协作，促使师生间充分地互动交流。

（四）教师教育课程应建立在对未来教师生活世界的关注

生活世界是教育的存在方式、教育问题意识与教育思维方式的来源，也是教师教育课程赖以生存的根基。而教师教育课程知识源于对教育实践情景的理性批判，是学者们基于生活、基于对教育在生活中的地位和作用的理解及把握所获得。教师教育课程的价值应该是变"知识课堂"为"生命课堂"，体现生命的自主性与创造性，体现生命的多样性与生成性。通过教学促使师生双方"积极互动、共同发展"，这就意味着教师要创造性地进行教学，使课堂教学实现从"文本式"向"体验式"的转变，从静态的"唯知型"向动态的"生命型"的发展。教师教育课程应强调内容与教师未来生活以及现代社会和科技发展的联系，关注教师的学习兴趣和经验，应通过对优秀教师课堂实录的评价、教育家成功之路的分析及各类教育教学经验的探讨，提供更多的有关教育教学的策略建议。因为在真实的教育中，教师经常要面对各种复杂的教育情境，需要教师及时、果断地采取相应行为。

作为教师，需具备三方面的专业特性，即专业知识、专业技能以及专业态度。根据教师专业发展的要求，教师教育学科的课程设置，还应考虑教师专业发展的现实需要。

1. 专业知识——合理设置课程的内容与比例

传统的师范教育，非常重视学科专业课程的设置，学科课程设置比较齐全。目前知识发展的速度、教育的未来发展趋势及终身教育的发展，均要求教师教育课程体系应削减陈旧的、烦琐的和过于精深的学科专业课程。因为作为从事基础教育教学工作的教师，所学的学科专业知识不必像从事科技研究前沿的科学家那么精深，但应该比他们更具有广度。教师教育学科的课程应传授基础教育最为需要的知识，而不一定是最先进、最前沿、最尖端的知识。特别是当前的综合课程，教学内容基本上属于基础知识、基本技能，既不高深也不尖端，但所涉及的知识面都非常宽广，各个知识点之间的综合和联系程度都非常紧密。如综合文科，不仅包括历史学、政治学、地理学等课程，而且涉及人类学、经济学、法学、哲学、心理学、社会学等内容。因此，设计人文科学专业的课程，在削减陈旧、烦琐的课程科目的同时，必须确保历史学、政治学、地理学的学习，同时还应该开设人类学、经济学、法学、哲学、心理学、社会学等选修课程。另外还需要加强的是教育科学方面的内容。当代教育科学发展速度非常迅速，新颖的教学理念、先进的研究手段、丰硕的研究成果，严密的理论体系，再加上教师精湛的演讲和多媒体教育技术，可以使教育科学课程强烈地吸引学生，并使学生在学习期间，形成初步的教育教学能力。

2. 专业技能——培养学习者教书育人的能力

培养教师教育学习者的教书育人的能力，应该包括两个方面，即设置科学、合理的专业技能类课程体系以及完善的教育实践环节。专业技能类课程的设置，应在认真研究教师所需专业结构以及社会需求的基础上进行。教师教育的教育实践一般应该安排教育见习和教育实习两项内容。教育见习可集中安排几天时间，学生也可以利用零星时间进行。指导见习的教师要引导学生站在教师的角度去观察和分析教育现象、认识教育规律。而对教育实习的安排则应扎扎实实。借用美国教育家科南特的观点，应该像医学院学生的临床实践一样，由专门教师进行指导，安排不少于10周的时间。

对于教师教育专业学生的教育见习和教育实习，师范院校不但要量的方面予以保障；同时在要关注质量。关注教师教育专业学生的实习质量，一方面师范院校要严把学生实习的质量关，另一方面也要关注代教老师的质量。

3.专业态度——树立专业理想及情操，提升专业情感

从事某一事业并在这个领域中取得成绩，除具备必需的专业知识外，与个人的专业态度是密不可分的。一个人的专业态度包括专业理想、专业情操、专业自我等，影响个人专业态度的因素有很多，如社会因素、所在国家的文化氛围、家庭因素等，这些因素协调一致才有可能促进个人专业态度的发展。作为教师，其专业态度同样也取决于很多因素，而教师教育学科的课程中只是其中很小的一部分，也许在很多人看来其作用是微不足道并不为重视，但恰恰是这微不足道的部分，对未来教师而言，也足以起到决定性的作用。因此，教师教育学科的课程设置，要充分培养学生的专业态度，这些课程既可安排在通识性课程中，也可安排在教育类课程中，在专业学科课程中也应适当体现。

二、教师教育学科课程建设的实然状态

从目前我国职前教师教育的课程设置来看，大多数师范大学按照公共课程、专业课程、教育类课程三大块来划分。公共课是指各专业学生都必须学习的、培养学生基本的品德、政治、身体素质以及较广博的综合性文化知识的系列课程，主要包括"两课"、法律基础、体育、计算机基础、大学语文等课程。专业课程指的是为学生毕业后所从事的学科教学应具备的专业知识而开设的系列课程，体现了教师教育专业的基本培养目标。这类课程又可进一步划分为专业基础课、专业必修、专业选修课，这些不同的课程设计，体现了不同课程在教师教育专业课程体系中的地位和性质，这三大板块的课程已基本形成固定的模式。教育类课程是学生毕业后所从事的教师职业所必需的教育学理论与技能，其必修课主要包括教育学、心理学、学科教学论。尽管一些师范大学开始对部分课程的称谓进行了调整并适当增添了部分课程，但总的结构体系与传统的师范大学课程体系并无多大差异。这三类课程在结构比例上并非三分天下，它们所占的比例大致为：公共基础课程约占20％左右，学科专业课程约占70％左右，教育专业课程不足10％。

目前的教师教育学科的课程设置局限于职前的"预备性"模式，为学生终身学习、终身追求打基础考虑不够，致使学生的未来发展缺乏底蕴，后劲不足。本书将以我国三所师范大学的教师教育学科的课程设置为例来分析这一问题（如表8-1、表8-2、表8-3所示）。

（一）课程结构及学分比例的比较分析

表8-1　A师范大学的部分课程结构及学分比例结构表

修读方式	课程类别	学分	比例（％）
必修课	通识必修课	41（文） 39（理）	25 22.2
	专业必修课	62（文） 75（理）	37.8 42.6
	教师教育必修课	12（文） 9（理）	7.3 5.1
选修课	通识选修课	12—14	7.3—8
	专业选修课	30—32	18.2
	教师教育选修课	6—7	4
其他教学环节（共24学分）	军训4周2学分、创新活动3学分、读书学分/学年论文3学分、教育实习8周6学分、毕业论文（毕业设计）6—18周6学分、教育见习、教师技能训练4周4学分。		

表 8-2 B 师范大学的部分课程结构及学分比例结构表

课程类别		学分	比例（%）	
公共课程	全校公共必修课	50	30	40
	全校通选课	12	10	
专业课程	专业必修课	56	35	50
	专业选修课	27	15	
实践环节	专业实习	8	10	
	毕业论文（设计）	6		
	社会实践	1		
	创新学分	6	公开发表学术论文、获得发明专利或省级以上（含省级）竞赛奖，取得的创新学分可替代选修课学分。	

表 8-3 C 师范大学的部分课程结构及学分比例结构表

类别	学时数	所占比例%	学分数	所占比例%
大类培养平台	976	30.4	43.5	24.9
专业教育模块	1364	42.5	70	40.0
素质拓展模块	872	27.1	39.5	22.5
实践教育模块	26 周		22	12.6
合计	3212	100	175	100

对三所不同师范大学的教师教育课程体系进行分析，可以得知每所学校对于课程的分类标准及名称各不相同，但其实质并没有太大区别。在不同的师范大学中，学科专业课在总的课程比例中还是占绝对的主角，A 师范大学的专业必修课与专业选修课占课程总比例，理科为 60.8%、文科为 56% 左右，C 师范大学占 60% 左右；B 师范大学对此无文理之分。在实践环节，A 师范大学和 C 师范大学都分别安排 8 周时间用于教育实习，目前 B 师范大学的实习正在推行顶岗制度。在国外，师范教育实践包括实习、见习、参观访问和调查等多种形式，这些活动分别安排在第三、四学年中，保证每周都有一两次实践活动。集中的教学实习也短则三个月，长则一年，相较之下，本书所调查的师范大学的教育实习时间安排太短，且对教育见习环节缺乏足够的重视。

（二）通识课程设置的分析

虽然本书所调查的三所师范大学的教师教育学科对于其课程结构的分类标准各不相同，但其本质区别并不大。为了便于研究，在研究过程中将对其分类标准进行统一。本书将采用的分类标准为：通识课程、专业课程和实践课程。通识课程可分为全校通识必修课和全校通选课两大类。

传统的学校教育理念中，学校一直被认为是学习知识的场所，教师的职责就是传授知识。但在现代社会中，学生不仅要学到新知识，更要提出好问题。这包含了好奇心（不满足于现成答案）、想象力（设想多种可能答案）与批判性思维（挑战已有结论）。培养未来教师的教师教育课程尤其要关注这一点。但目前师范大学的通识教育课程设置并没有将此作为课程的重心。本书将对此进行深入的分析和探讨。

1. 全校通识必修课的分析

表8-4 A师范大学全校通识必修课

课程类别	课程名称	学时	学分	开设学期	
				文	理
德育课	法律基础	36	2	2	2
	师范生思想道德修养 大学生思想道德修养	54	3	1	1
马列课	毛泽东思想概论	36（理） 54（文）	2 3	1	1
	马克思主义政治经济学原理	36	2	4	3
	邓小平理论概论	54	3	6	6
	当代世界政治与经济（文）	36	2	7	
其他必修课	文献检索与利用	36	2	5	4
	大学英语	360	10	1—4	1—4
	计算机应用基础	36＋36	文3 理4	3—4	3—4
	体育	144	4	1—4	1—4
	军事训练	20	2	1	1
	形势政策	20	2	1—8	1—8

表8-5 B师范大学通识必修课

类别	课程名称	学分	学时	开设学期
全校通识必修课	马克思主义基本原理	3	54	2
	毛泽东思想、邓小平理论和"三个代表"思想概论	6	108	2—3
	中国近现代史纲要	2	36	2
	思想道德修养与法律基础	3	54	2
	大学外语	16	360	1—4
	计算机基础	3	54	2
	程序设计	3	54	3
	体育	4	144	1—4
	军事训练和军事理论	2		1
	就业指导	2	36	6

通过总结和分析A师范大学和B师范大学通识必修课程的设置情况，发现这两所学校存在一些共同点。

（1）这两所师范大学的课程都重视德育与政治教育类课程。在A师范大学的通识必修课程中，德育与政治教育类课程占总学分的36.8%，B师范大学则为31.8%，区别在于A师范大学在政治教育类课程分类比较详细，所占比例也更大。

（2）重视英语教育。英语课程在公共必修课程中所占的比例A师范大学为26.3%，B师范大学为36.3%，且两所高校都在师范生的1—4学期安排了英语课。这与全球经济一体化的需求、各用人单位用人政策的导向等存在密切的关系。

(3) 非常重视计算机基本操作能力的培训。两所师范大学都分别设有计算机相关课程：A 师范大学占 15.8％，B 师范大学占 13.6％。

2. 通识选修课程设置的分析

通识选修课是为培养师范生广博的文化知识而设立，在通识必修课注重政治思想教育以及英语教育的前提下，必须广开选修课以拓宽学生视野。

表 8-6 A 师范大学全校通识选修课

课程类别	课程名称	学分	学时	备注
人文社会科学素质选修课（由各教学单位根据专业发展和社会需求滚动开设，供全校学生选修）	人文社会科学基础	1	20	理科生至少在本系列中选修6学分
	文化素质与科学精神	1	20	
	"三个代表"重要思想解读	1	20	
	大众文化导论	1	20	
	影视艺术鉴赏	1	20	
	美术鉴赏	1	20	
	音乐鉴赏	1	20	
	中西文化比较	1	20	
	中国传统文化与现代文化	1	20	
	金庸小说研究	1	20	
	中外艺术赏析	1	20	
	东方艺术与美学	1	20	
	通俗文学研究	1	20	
	大学语文	1	20	
	实用写作	1	20	
	中国古典诗文赏析	1	20	
	古代文学赏析	1	20	
	外国文学赏析	1	20	
	哲学选讲	1	20	
	人类学简介	1	20	
	民俗学选讲	1	20	
	公共关系简介	1	20	
	知识产权概论	1	20	
	社交礼仪	1	20	
	女性人才学	1	20	
	陶艺制作	1	20	
	当代舞与流行舞表现技法	1	20	
	英语视听	1	20	
	英语口语训练	1	20	
	网上英语阅读	1	20	

续表

课程类别	课程名称	学分	学时	备注
自然科学素质选修课（由各教学单位根据专业发展和社会需求滚动开设，供全校学生选修）	自然科学概论	1	20	文科生至少在本系列中选修4学分
	现代科学技术导论	1	20	
	数理逻辑	1	20	
	生活科技	1	20	
	生命科学思想与研究方法	1	20	
	青少年性健康教育	1	20	
	环境保护概论	1	20	
	环境与可持续发展	1	20	
	计算机图文技术	1	20	
	现代媒体教学技能微格训练	1	20	
	电脑音乐基础	1	20	
	世界科技文化史简述	1	20	
	网络课程与数据库技术	1	20	
	中国古代建筑	1	20	
	中国文化地理	1	20	
	基础天文学	1	20	
	珠宝玉石鉴赏	1	20	

表8-7　B师范大学全校通识选修课程表

类别	课程名称
生命教育	大学生生理与健康、生命伦理学、人体解剖生理学、大学生性健康教育、美容药学、食用与药用真菌学、死亡现象解读——生死学引论
文化	文化人类学、民族现代化与文化变异、美国文化与社会、中国民俗、中国神秘文化、葡萄酒与西方文化、中国民族概论、欧洲文化、中国文化之谜、中国传统文化、世界遗产通论、网络文化与新闻传播、中日纷争的文化解读、周易与中国传统文化、英美国家概况、老子、论语
法律类	婚姻家庭法、经济与法、劳动法理论与实践、民事诉讼理论与实务、知识产权基础
公务员考试类	公务员法律制度、公务员报考与公文写作、公共管理导论、人事行政学
哲学	中国哲学、中国哲学史、现代西方哲学、西方哲学史
经济	西方经济学、微观经济学、现代市场营销学、现代广告学
科技类	科技发展史、科学与现代、科学技术知识选讲、移动通信、化学与社会生态学、生物技术产业、地球环境与人类社会
个人修养	现代演讲与口才训练、书法常识与专项训练、服饰与文化、服饰配饰设计、审美与人生、个人形象设计与艺术、运动瘦身与形体塑造
心理学	人际关系心理学、心理学通论、青年心理学、心理行为训练
艺术类	街舞、歌唱与赏析、乐理与视唱
鉴赏类	中国歌诗鉴赏、中国古代小说赏析、五大古典名剧欣赏、文物鉴赏与投资、世纪影像精读、西方音乐三百年、语言表达与文学欣赏
计算机类	FLASH动画制作、网络信息检索、信息分析与预测
教育类	网络文化与教育、信息技术与课程整合的理论与实践、学校管理与策划、现代管理学原理、课堂教学管理
文字类	英语语法与写作、汉语口语、学汉语
就业指导	人力资源开发与管理、劳动关系与就业、职业生涯管理、企业竞争情报概论
概论类	社会生态学、青年学、人才学、政治社会学、逻辑学、社会学、政治学基础、会计学、物理学、古文字学

为了提高大学生的文化素质及丰富他们的文化底蕴，A师范大学特开设了加强大学生文化素质教育的课程，并推荐阅读书目，分别为中国文化名著、中国文学名著、世界文化名著和世界文学名著，要求每年级学生毕业时必须达到所规定的最低阅读量，并至少写3篇读书报告（至少两类名著）。根据对学生读书报告水平的考核情况，学生最高可获得3学分，不足2学分者必须重修，否则不予毕业。

本书所调查的A师范大学在开设通识课程方面做得较好，在人文社科及自然科学方面都有所涉猎。但公选课在整个公共课的课程体系中所占比例甚低，A师范大学为25.5%，B师范大学为10%，且B师范大学规定，创新学分可代替选修课学分。这样的做法虽然可以鼓励学生创新，但对于选修课的学习未尝不是一种损失，有待商榷。

3. 教师教育类必修课程的设置

专业课程除学科专业课程外，还包括教师教育专业课程。本书将从教师教育必修课程设置和教师教育选修课程设置两个方面进行分析。

表8-8 A师范大学教师教育必修课

课程名称	学时	学分	开设学期	
			文	理
教育学	54	4	4	3
心理学	54	3	3	4
学科教材教法（各专业自编）	54+18	6	6	6
现代教育技术	54	3	5或6	

表8-9 B师范大学教师教育必修课

课程名称	学时	学分	开设学期
教育学	54	2	5
心理学	54	2	6
学科教材教法（各专业自编）	72	2	4—5
基础教育课程改革专题研究	30	2	5

调查发现，这两所高校的教师教育类必修课程所占比例都不高。两所学校在必修课领域都设置了"教育学"、"心理学"和"学科教材教法"三门课程，A师范大学另外设立了"现代教育技术"，B师范大学设立了"基础教育课程改革专题研究"，这些课程对于师范生而言，都是必须学习的，而两所学校却分别有所取舍。最为突出的是这类课程在公共必修课中所占的比例非常低，A师范大学仅为28.6%（文）和21.4%（理）。教育类课程无论是与政治思想道德课程，还是英语课程相比，都处于明显的劣势。单从课程所占比例来看，都无法真正体现教师教育的特点，必修课程也无法更好地促进未来教师的专业发展。

B师范大学的教师教育类选修课程科目较多，涉及面较广。主要包括如课堂教学技术与艺术、班主任工作艺术、现代教学媒体、高效率教学、当代教育哲学研究、网络教育应用、中学实践教育学、教育测量与评价学、基础教育改革专题研究、课程改革专题研究、新课程改革的理论与实践、心理学通论、青年心理学、心理行为训练、PowerPoint多媒体课件制作、信息技术与课程整合的理论与实践、课堂教学管理、学科教学研究、教育统计入门等。这些课程有助于拓展学生的知识面，有助于培养优秀的教师。但由于教学时间的限制，学生真正能选到的科目较少，并未达到原来的设计目的。

表 8-10 A 师范大学教师教育选修课

课程类别	课程名称	学分	学时	备注
教育理论基础	教育心理学	1	20	教师教育专业最低选修 2 学分
	教育学基础	1	20	
	教育政策与法规	1	20	
	教育经济学	1	20	
	中国教育史	1	20	
	教育哲学	1	20	
教育实践基础	教学管理专题	1	20	教师教育专业最低选修 3~4 学分
	基础教育心理的理论与实践	2	36	
	教育测量与评价	1	20	
	青少年心理发展	2	36	
	学科教学法	2	36	
	课堂管理学	1	20	
	教材分析	1	20	
	教师礼仪	1	20	
	性健康教育	1	20	
	心理测评与诊断	2	36	
	教师教学技能训练	1	20	
	现代外国教育窥探	1	20	
	教师口语	1	20	
教育科研基础	教育科研引导	2	36	教师教育专业最低选修 2 学分
	行动研究实践	1	20	
	中学教育科研实践	1	20	
	教育论文写作	1	20	

从两所高校教师教育选修课程的设置来看,都具备了覆盖面广、贴近教学实践的特点,在一定程度上弥补了教师教育类必修课程的不足。但与教师教育必修课程存在着相同点,即这些课程所占的学分比例很少,如 A 师范大学文科教师教育类选修课程只占总课程的 36.8%左右,理科为 43.8%。教师教育类专业课程设置的不足,将直接导致师范生培养中专业性的缺乏,这与教师教育的初始目标相违背。

从以上分析中,笔者发现未来师资的质量问题,主要是因课程设置方面存在的不足所导致的。具体表现为:

(1) 课程的专业思想不明确。目前的教师教育学科的课程设置脱胎于综合大学的课程模式,其设计思想是在综合大学学科专业的基础上加几门教育专业课程。但这种简单相加的课程设置思想,造成的后果就是长达近一个世纪的教师教育"学术性"与"师范性"关系的争论。从课程设置的思想分析,则在于设计者并没有将教师教育当做教育专业看待,其着眼点还是放在学科专业上。在他们看来,有学科知识的人再粗通一些教育教学知识就是合格的教师。但教育实践已经否定了这一观点。当前,随着国际教师教育专业化程度的要求越来越高,迫使师范大学在设计教师教育课程时,首先应当树立起教师的专业思想,重新审视教师教育课程体系的设计思想。

（2）课程设置的目标意识不强。纵观我国现行教师教育学科的课程，基本上都是以知识为主的学历课程，过分注重学科的知识体系和课程的知识传承价值，忽视学生的职业适应性和学生的发展价值，课程设计的目标意识不强。新世纪教师应该是具有自主选择、自主反思、自主建构、可持续发展的教师，教师的时代特征要求我们重新审视教师的职前培养目标，重新审视教师教育课程体系的设计思想。

（3）课程结构的设计不合理。当前师范大学的教师教育课程由通识课程、学科专业课程和教育类专业课程三个模块构成，通识课程主要由"两课"、外语、计算机、体育以及通识选修课组成；教育类专业课程主要由心理学、教育学、学科教学论、教育实习组成；学科专业课程是从综合性大学相应的专业套裁下来的。20世纪80年代以来，虽然增加了份额配比极为有限的选修课程和社会实践，但其主体结构并没有改变。随着我国教育的发展和改革的深入，人们越来越清楚地认识到教师教育类课程所固有的结构性问题，占到总课时量70%以上的"对口性"学科专业课程造成了师范大学毕业生知识面太窄；有限的通识课程无法为教师教育专业学生提供丰厚的文化底蕴和科学知识，更不要说科学精神和创新意识的培养；只有四门课程，即所谓"教育类专业课程"却不是专业课程，只是普通课程，不可能为未来的教师提供系统的教育科学专业知识、实践应用和教育教学技能训练，再加上三个课程板块之间缺乏统整，导致学生对课程的价值取向失衡，只重视学科专业课程和外语。这样的课程结构造成师范大学毕业生在学术方面无法与综合大学毕业生相比，在教学能力方面，也无绝对优势的尴尬境地。

（4）课程内容的选择不合理。职前教师教育课程"课程单一、观念滞后、内容陈旧、脱离实际"的问题在国内高校中比较突出，学科专业课程尤甚。一些课程从知识体系到具体内容同20世纪50年代从前苏联引进时没有多少差异，代代师承，相传至今；一些课程在原来的知识框架里增加了新的内容，却没进行新陈代谢，课程内容越来越繁杂，再加上新课程的开设，更使得职前教师教育课程的负担越来越重。现在最大的不足是，很多学生需要的内容容纳不进来，教育实践已淘汰的、学生不需要、不感兴趣的内容课堂上还在讲；课程的门数越开越多。

近年来，教师身心健康问题已成为阻碍教师专业化发展的重要因素。职前教育阶段没有开设相关课程，导致教师保护自身健康的意识不够或缺乏应对的策略。这是很多在基础教育领域中执教的教师不善于维护自身健康的重要原因之一。在高等师范院校中设置的教师教育类课程中，关注教师身心健康发展的课程很少，目前只有华东师范大学、华中师范大学开设了教师心理学，而且均为选修课程。

目前我国高等师范院校的教师教育学科的课程设置存在诸多不足，是由多方面的原因造成的。

（1）教师教育课程内部课程模块的划分存在多重依据。依据不同标准，对教师教育课程进行分类，会产生很多的不同之处。例如：依据课程开设的主体将教师教育课程分为面向全体师范生的课程模块和学科教育课程模块；按照教师知识结构将教师教育课程分为教师修养课程、教育理论课程、技能技术课程和实践训练课程四个课程模块。但目前高等师范院校的教师教育课程内部课程模块的划分存在多重依据，如学科教育课程模块、教育理论课程模块、教育研究与拓展课程模块并不是依据同一标准划分而得。不依据同一标准进行分类，教师教育课程结构就显得比较混乱，对教师专业素质的培养容易出现"用力不均"或不全面的情况,针对某一方面素质开设的课程多,针对另一方面素质开设的课程少或没有开设,如目前我国高等师范院校的教师教育课程中针对教师职业道德修养的课程就偏少。这不但对教师教育专业的课程设置带来诸多的不利,也会带来课程评价和管理上的不便。

(2) 受传统课程模块划分的影响。长期以来,我国高等师范院校的教师教育课程主要由学科教育类课程(各学科学院负责)、教育与心理学课程模块(教育学院负责)、教育实践模块(各学科学院和教务处共同负责)构成。各学院在课程开设方面缺乏合作、独立设课、因人(教师)设课现象非常严重,从而导致目前高等师范院校的教师教育课程模块不是依据某一标准划分而得,而是在传统课程模块的基础上简单地增加新的课程模块。

(3) 重"学术"轻"师范"的传统观念。否认教育科学的学术性,认为只有学科科学才具有学术性的学者和教育行政领导不是少数,致使"教育是一门科学"的命题受到质疑。我国传统的教师教育课程很少考虑到学习者个体的兴趣,对学习者的培养追求整齐划一,一般只开设必修课,选修课极少或根本没有设置,选修课教学要求低、评价方式简单(一篇论文或开卷考试)。这种重必修轻选修的现象,主要是受传统的重"学术"轻"师范"的观念的影响,以至于对高等师范院校的教师教育课程设置仍有负面效应。传统的教师教育课程设置理论对教师职业的实践性特征认识不够:过于重视理论知识的讲解,理论课中很少安排实践性内容;教育实践体系不健全,实习时间短,实习内容简单;活动课程贫乏。

三、提高教师教育学科课程建设的质量

我国的教师教育应在经济发展和社会发展的新形势下顺应时代的发展,遵循科学的原则,走出有特色的发展道路。基于教师专业化发展的理念,我国高等院校教师教育课程改革的目标应沿着专业化路线,以创新教育为核心,以素质教育为根本。

(一) 改变传统的教师教育课程设计理念

科学的实践,需要科学的理论指导。教师教育课程设置应以教师专业化为指导,以创新教育为核心,以全球的视野培养专业人才,全面促进教师教育质量的提高,为国家发展、社会进步提供动力。

1. 崇真

教师教育课程是理论性和实践性、解释性和处方性兼备的学科体系,教师教育课程不仅要以历史的经验教训指导教育实践,而且要从人的未来发展规范今天的教育实践;要从人与教育的协调发展的立场构建科学的教师教育课程的知识体系。走向教育实践的教师教育课程知识需要采用历史的、批判的、革命的思维方式,不但要推翻教育中的终极解释,还应不再企图提供关于教育的终极解释,使教师教育课程的实施取向从抽象的概念世界和自在世界转向人的自为的现实生活世界。教师教育课程应紧密联系基础教育实际,安排教育实践活动或教育见习,组织教育调查、现场参观、教学观摩、教育情境体验,让学生与第一线教师面对面地交流、与中小学生零距离接触,亲身感悟基础教育教师角色正发生着的历史变化,亲身感受当今中小学生的现代特征,把握从小学到中学学生身心发展变化的特点和规律。以真实教师身份去参与整个教育教学过程,感同身受各种教育情境,通过"在教学中学习"、"在教学中反思"、"在实践中发展"等多种方式,真实体验、切身感悟。

虽然教师教育课程知识在质上是对作为人类生活样式的教育现象及教育活动的反映，但也应与各个时代的各种文化模式和现实的生活世界有着内在的关联，构建一个"完整、系统、科学"的学科体系的旨趣。

2. 尚新

教师教育课程在质的意义上是反思性的，就是要求课程内容与时俱进，突出理论创新和学术原创性；课程理念由对教育活动及人的成长的外在原因的说明，转为对人的内在的自我批判意识的唤醒，转向对现实教育的批判和反思。教师教育课程只有不断反映教学过程新情况、新环境、新问题，不断反思教师的教育教学行为，使课程体系弥漫着创新的特质，才能不断帮助教师在教育教学实践活动中，形成对自身学科性知识、技能、态度和理念的创造性理解，从而提升教师的实践智慧、反省意识与探究能力，促使教师将专业素质结构中"物"的要素与"人"的要素尽量达到完美的结合，从而获得最佳的教育教学效果，促进未来教师专业成长和专业发展。因此，教师教育课程不能只在教育教学理论所提供的各种形式化的教学技术中，日复一日地按照固定程序进行教学，也不允许固守于自身的经验，它要求教师通过对教学场景的感知，对复杂而具体的教学问题的观察、思考、探究，在教育理念、教育内容、教育方法，以及教育方式等方面实现创新，从而实现自身的专业发展，凸显其卓越的专业能力。这时的教师已经超越了传统的机械化的反复操练，从精益求精的能干的"教书匠"发展成为有更多智能参与的"教育家"。

3. 求实

毋庸置疑，教师教育课程具有很强的实践性，应超越"知识本位"而走向"实践本位"和"文化本位"，主张教师的专业知识是基于对教师自身实践情景的反思、探究以及和教师群体的交流，教师专业知识的获得是自我定向的，而非外在强制的，通过对优秀教师课堂实录的评价、教育家成功之路的分析及各类教育教学经验的探讨，提供更多的有关教育教学的策略建议，使教师教育课程能够面向实际，引导实践，讲究实效。教师教育课程应注重根据学生不同的专业，采取不同的教学实践方式，加强双语教学、微格教学、视频案例、课例研究、角色扮演、现场教学、网上教育、教师博客、教育工作室、教育共同体、综合实验室等环节教学基本功的训练，加强对学生教育实践设计的评估与指导，大力推广新的实践教学模式，推进生态化的教学理念。教师教育课程强调教师在教学过程中的主体参与意识和价值判断以及对教学情景的自主建构，注重培养教师的"发展性实践"和"回归性反思"的意识和能力，体现教师教育对教师实践能力与综合素质的重视以及教育对社会可持续发展的关注。

(二) 教师教育课程设置应以终身学习为目的

教师教育课程的设置应以倡导终身学习、实现教师教育一体化为目的。教师教育的课程设置必须着眼于发展学生的终身学习能力和可持续发展的素质。教师的专业发展是一个不断完善的过程，需要终身学习。传统的师范教育是一种教师职前教育。职前教育只是教师专业成长的起点，但教师的专业成长是终身发展的过程，应该包括职前教育、入职教育和职后教育三个部分。目前职前、入职和职后教育由不同的部门来管理，教师教育课程也被分割成不同的课程结构与体系。这种课程上的非连续性，造成教师缺乏可持续发展的潜能。

职前的教师教育，只是教师发展的一个阶段性的教育，要使教师的发展具有可持续性，教师在新入职期间和职后，仍需不断吸纳新的知识，并像职前一样把这些知识转化为创新能力，这就要求教师教育课程体系应是一个开放的系统。这一系统应以必要的学科知识为背景，以先进的教育观念为主体，以终身学习为目的，使职前的培养成为职后学习、发展的起点。

教师教育的职前培养阶段的课程设置的重要性在于，课程设置既要为学习者在校时学习负责，也要为其毕业后的工作负责，还要为他们今后的发展负责，这就要求在改革过程中，不但要有短期的目标，更要有长远的目的，不但要打好基础，还要重点突出，特色鲜明。

（三）以培养从教能力为核心

教师的从教能力是指教师从事并胜任教育教学这种职业所必备的各种能力的综合，是教师素质的重要组成部分。大学课堂中教师在课程内容、课程实施等方面应加强实践取向，强化"准教师"从教技能的训练，提高学生的从教能力。目前，高校教师已习惯于大信息量的讲授法，教学方法的滞后使学生无法迅速适应基础教育的发展。如通过口头的事例描述具体的理论框架；通过文学或电影的事例以及通过角色游戏和教学模拟展示理论框架；通过模拟电影表演或者现场观察的方式分析复杂学校与教学情景，并伴以方法的解释；通过笔头练习、角色游戏、模拟课堂或自然的教学场景以及校外的学习基地开展个体理论的试验与反思，等等，可解决大学的课堂教学与基础教育实践相脱节的矛盾。完全达到发达国家的程度，尚需时日，但我们可以尝试开设操作性课程以达到培养准教师从教能力的目的。操作性课程可以作为一门课程，也可以是渗透到日常的教学中的技能训练，它强调教育教学方法的训练和教育教学技能的培养，以教育教学设计、教育问题研讨、学习困难诊断和评价为主要内容，让学生提前进入角色，运用学到的理论解决实际问题。只有在教学实践中不断总结与反思，学习者才能对教育理论有更深刻的理解，才能将所学教育理论与教育实践有机结合起来，从而形成实实在在的从教能力。

第二节 教师教育学科的实践教学

教师工作具有极强的实践性。一直以来，高等师范院校在培养学生时，都很注重实践性，从起初的教育见习、实习，拓展到各种教育实训，如微格教学、案例教学等，取得了丰硕的成果。随着时代的进步，高等师范院校教师教育学科的实践性还需进一步完善、创新，以使高师生在具备较强实践能力的基础上走出校园、走上社会、服务社会。

一、教师教育学科实践教学概述

教育实践课程主要指教育见习和教育实习等，其目的主要使学生把所学到的知识运用于教育实践中，并通过实践提高教育教学能力。

教师的教育教学能力主要是通过教学实践而形成的，因为教育教学过程是文化知识、教育理论、教育技能的综合运用，教师的学科知识和教育知识必须通过实践才能内化为教师从事教育教学的能力。可以说，教育实践是教师教育教学能力形成的关键途径。正因为如此，教师专业的成熟是发生在职后，而非职前。换言之，单纯的职前教育理论课程无非促进教师的专业能力不断提高。正是因为教育教学实践如此重要，所以在职前教师教育课程中设置教育实践课程尤为必要。欧美各国纷纷采取各种有效措施，变革教育实习环节。在具体做法上主要有：实习时间上，或进行较长时间的集中实习，或把教育实习贯穿于整个大学生活，使实习时间的总量越来越充裕；实习地点的选择上，把中小学作为实习基地，使它们成为师资培训机构的主体；实习方式上，实现了包括模拟实习、见习、顶岗实习、临界实习等多种方式的有机结合；实习内容上，打破传统的、单纯以讲课的方式进行的实习，让实习生以一名教师的身份，全面参与学校的教学及日常活动。这样的实习方式，极大地提高了实习生的实践能力。

美国在第一学年就安排学生进入中小学充当课堂教师的助理，帮助辅导学生和批改作业，使职前教师体会教师工作的全过程，获得实际经验。职前教师在获得实际经验和修完有一定学分的教学法课程后，在大学三年级时就可以提出申请，接受面试，获得实习教师的资格，在实习期内，担当起一个教师的全部责任。德国早在1990年就统一规定教师教育专业学生实行三阶段的实习，时间为两年；学生除了在理论学习阶段要参加一定的分散教育见习外，还要参加两年的教育实习，之后经过考核才能获得教师资格。英国采用小学和大学合作的制度，使实习制度化、系统化。在法国，IUFM 的教育实习占到了整个学习内容的三分之一。各国教育实践课程的形式多样，有以观摩学习为主的见习、参观、调查，有亲自实践的模拟课堂、教育实习等。

学校工作必须要以教学为主，学生必须以学习为主，这是不以人的意志为转移的客观规律。但教师教育最显著的特点就是实践性，也就是要求教师必须掌握从事教育工作的各种技能和艺术，这些技能和艺术只坐在教室里学习书本理论，而没有实践的体验，是很难形成的。目前，培养教师的机构无论是定向类的师范院校还是非定向类的教育机构，都只重视专业教学，而轻视教育实践。组织准教师的教育实践，往往只是出自完成国家规定的一项任务，而未把它看成是专业教学的有机组成部分。有关教师专业发展过程的研究表明，许多中学优秀教师的优秀品质主要是在实践中逐步积累和发展起来的（见表 8-11）。

表 8-11　中学优秀教师各种特殊能力形成时间分布表[①]

各种特殊能力	大学前（%）	大学期间（%）	职后（%）
对教学内容的处理能力	18.95	12.63	68.42
运用教学方法和手段的能力	21.65	12.37	65.98
教学组织和管理的能力	19.59	11.34	69.08
语言表达能力	34.69	20.41	44.90
教学科研能力	18.18	11.11	70.71
教育机智	19.19	11.11	69.70
与学生交往的能力	21.43	10.21	68.37
平均	21.95	12.74	36.31

从表 8-11 中可以看出，教师的职业能力主要是在实践中形成的。我国《教师教育课程标准（试行）》将"教育实践与体验"定为教师教育课程的三大目标领域之一，包括观摩、参与和研究教育实践的经历与体验，并在"实施建议"中对完善我国教育实践课程提

[①] 王邦德等.中学优秀教师的成长与高师教改之探索[M].北京：人民教育出版社，1994：46.

出了新的要求。

二、教师教育学科实践教学现状

目前的教师教育培养目标并没有完全满足当今中小学校及其学生的需求,大学中教师教育专业的教师对基础教育的需求和现状缺少深刻认识,出现教师培养过程只关注教学,不关注学习的现象;只重教知识,轻教学实践的教学现象。目前我国高等师范院校的教师教育实践存在着一些不足之处。

(一)教育见习未能得到应有的重视

目前我国师范大学中,教师教育实践中有关"教育见习"的内容并不体现在培养方案中,只是教师教育实践过程中的一个组成部分,安排比较灵活,形式也多种多样,甚至可有可无;一般没有相应的标准和严格的要求,得不到应有的重视;各校、各专业在教育见习的落实和教育见习的效果两方面也相对差异较大。

(二)教育实习缺少课程设计与过程性评价

教育实习虽然在培养方案中体现,有详细的实习计划与具体的实习安排;也有实习大纲,却没有课程方案;缺少过程性的评价方式,对实习内容缺乏细化的考核标准,实习环节中教师和学生双方的监督与管理也存在着缺位现象。

(三)教师教育实践时间短而集中、形式单一

目前我国师范大学的教师教育实习,一般为四年一次,大部分安排在第七学期,时间是6~8周。目前由于学生人数的增加,各实习基地可以接受的实习学生越来越少,导致半数以上的学生自主进行教育实习,因客观原因的限制,大部分学生只能回自己的母校进行短暂的实习。这种"放羊式"的教育实习更是无人问津,这样的教育实习质量难以得到应有的保证与约束。加之就业压力大增,学生实习的内容、目的、效果都受到一定的影响。

(四)指导教师指导不力,实习基地不稳定

由于目前的教育实习由高等师范院校单方面负责管理,师范院校与中小学的合作关系一直被疏忽,即便是目前的师范教育的课程改革,其实也是自身的改革,而不是立足于基础教育的需要。造成这种情况,一是师范院校缺乏与实习学校互惠互利的合作关系,二是中小学一方的升学压力,致使中小学教师主观上对师范生的教育实习缺乏积极性与合作精神,难以给实习学生提供较为充分的教学实践和有效的指导;加上目前高校的评价政策普遍向科研倾斜,许多教师都不愿意参与指导师范生的教育实习活动,甚至课程讲授缺乏有效的教学策略,课程与实习联系不多,理论与实践脱节,实习指导质量不高;众多而又分散在外的实习学生得不到有效的指导,致使学生的教学方法、教学技能未能得到有效训练。因此,教师教育专业的教育实习呈现出"年年实习年年难"、"打一枪换一个地方"、"大学教师教育者与中小学实践脱节"的现象。

三、改进教师教育学科的实践教学

教师职业是一种实践性很强的职业,需要具有较强的教学实践能力。在教师教育课程体系中,实践课程是师范生把理论运用于实践、锻炼教育教学能力的关键环节。

《教师教育课程标准(试行)》所蕴涵的教育实践课程的愿景是我国传统教育实践课程

变革的方向。

首先，从思想上把实习基地的建设作为首要的问题予以重视，更新教育实习观念。我国的《教师教育课程标准（试行）》在"实施建议"中提出："要完善对教育实践课程的管理；要确保教育实践课程的时间和质量；要加强教育见习，选派优秀教师担任见习与实习指导教师，并加强与教育实践基地的交流与合作；要建立优质的、相对稳定的教育实践基地和具有较高专业水平的实习指导教师队伍等。"因此，提高教师教育学科的实践教学质量，首先应把师范院校、地方教育行政部门和实习学校通过政策协调，结成三位一体的长期合作关系。把教育实习基地建设成与教师科研实验基地、青年教师锻炼基地和骨干教师培训基地四位一体的稳定的教育基地。把目前的一次性实习变为多次性实习，把单一的实习讲课转变为实习讲课、班级管理、学习指导、学生心理咨询、学生活动组织和学校管理为内容的全面的教育教学实习，使师范生在教育教学的各个方面都得到锻炼，确保教育实习的效果和质量。

《标准》还提出："在教学中要突显学习者的主体性，促进其进行独立思考和自主学习，引导学习者主动建构专业知识；推行对话式教学，采取参与式研讨、经验分享和专题辩论等多种教学方式，鼓励学习者与教师教育者共同参与课程发展研究；倡导批判质疑、提问探询和问题解决，将知识学习和专题研究相结合。"因此，我国传统教育实践课程的变革意味着要建立大学与基础教育学校的"学习共同体"，并实现学习者的"反思性实践"。

其次，教师的教育教学能力形成于教育教学实践之中。教育教学实践不仅是教师师德、文化知识、学科理论、教育理论、教育技能的综合运用，更是对教师教育教学能力的实际检验。教师的学科知识和教育知识只有通过实践才能内化、生成教师的教育教学能力。所以，教育实践对于培养教师的教育教学能力十分重要。

规范教育实践课程，把学校组织的具有教育实践价值的活动纳入教学计划。学生在教育实践课程中，不仅对教育与社会进步、教育与经济发展、教育与学生身心发展的关系以及基础教育改革的动态能有更多的了解，而且通过亲身地感触教育实践，能够逐步地培养师范生的职业情感和职业责任感，逐步形成专业信念。

目前我国教师教育的教育实践课程仅仅限于毕业前夕的教育见习和实习，这对真正形成学生的教育教学能力远远不够。教育实习仅仅是教师角色的一种体验。教育实践课程应该是内容多样的系列设计，应贯穿于从入学到毕业的全过程，应包括做好教师工作所需要的方方面面的实践体验和能力训练。增加见习、延长教学实习的时间等举措，可以说是这种理念的具体体现。在这方面，美国的教育实习制度可以作为借鉴。

教学实习历来就被美国民众认为是教师培养中最有价值的部分，20世纪80年代后实习时间进一步延长。但与传统做法不同的是，在实习前还增加了大量的教育见习，包括参观学校、与教师一起讨论、课堂观察等。早在20世纪70年代末，美国教师教育认可委员会和个别州的教师资格证书标准，就要求将增加见习作为职前教师教育的必经程序，作为教师资格申请者的必要条件。这种要求在20世纪80年代后期才逐渐被大多数州接受，越来越多的州开始规定，教师资格证书的申请者除了参加教学实习以外，还应当通过见习获得对学校情景的真实体验。增加见习和教学实习在教师教育计划中所占的比例，虽然在各个学校中并不统一，但各学校普遍倾向于延长时间，增加比例。相当一部分院校在教学实习之前，都安排了见习活动，并把它作为教学实习的准备，由见习和教学实习构成的教学实践在教师教育计划中占有较大的比例。20世纪90年代以来，至少有四分之一的教师教育计划在第一年就为学生提供了见习机会，9.87％的教师教育计划在学生实习前安排了见习。平均来讲，教学实践在小学教师教育计划中占到15.5％。宾夕法尼亚大学的本科初等教育教学计划规定，学生每周要有三个半天在小学担任教师助理，开展在教师指导下的实地工作，还要完成12周的全日制教学实习，有的学校要求完成整个学期的教学实习（4到5个月）。

与传统的教学实习不同，见习与教学法以及基础课程的联系越来越密切。学生一般是在选修一门或几门教学法或基础课程的同时，在中小学的课堂中观察和体验理论课程中的概念和技巧。威斯康星大学麦迪逊分校的初等教师教育计划中，要求有两次与特定的教学法课程相联系的见习，每次为80个小时，在此基础上，再进行一个学期的教学实习。见习时学生一般担任教师的助理，在课堂上进行观摩，辅导个别学生或小组学习。在这一系列活动中，学生可以进一步了解自己的兴趣和能力，了解教师职业，加深对教育理论的理解，培养自己的职业兴趣。改革后的见习和实习计划不仅提高了教师的教育教学的有效性，还为非教育专业的学生进入教学职业提供了有效途径。从20世纪80年代开始，美国的一些高等院校开始尝试与地方学区合作制定见习教师的培养计划。见习教师可以是非教育专业的本科学生，他们在大学三年级时提出申请，接受面试。见习前，必须学习有关教学法课程。见习期间，见习生除了接受中小学指导教师的指导，还要听取大学教师的指导，参加见习生小组的讨论。一些研究表明，增加见习活动有效地提高了教育专业学生的学习兴趣。学生在教学实习和在全国教师教育专业课程测验中，已经取得了良好成绩；未来教师的语言表达的流畅性和连贯性有了明显的提高；见习活动还有助于形成教师职业所需要的品格特征，如理解力、创造性、敏感性、责任心、自信心等。

教学实习中长期以来存在的一个重要问题是，学生在实习中得不到应有的指导。其原因一方面是作为指导者的中小学教师缺乏指导实习的必要培训和准备；另一方面是指导教师之间缺乏合作和联系。缺乏指导的见习和实习易流于形式，也容易损伤学生的积极性。如何加强见习和实习中的指导与合作，成为提高教师教育质量的重要环节。而教师专业发展学校的出现为新理念的实现搭建了一个理想的平台。专业发展学校不是建立新的教育机构，而是对传统的中小学职能的扩展，它是中小学在完成普通教育任务的同时，通过与学院和大学的合作，使实习教师在实践锻炼中得到课堂教师和大学教师的指导。它要求实习生在具体的教育情景中体验、反思自己对教育、教学的理解，在课堂教师和大学教师的指导下，通过具体的教学实践锻炼达到一定的要求，经评估合格后才能成为教师，这就将教学实习当做未来教师掌握复杂教学技能的一个不可或缺的环节，这与传统教学实习的形式主义和象征性特征截然不同。

第三，把教育实践课程与开发自助性课程结合起来。所谓自助性课程是指学校提供教育素材和条件，由学生自主选择、开发、设计并付诸实施的实验性课程。综合教育实践课程的大部分应作为自助性课程由学生自己设计活动方案，自己组织实施，自己总结活动收效。这不仅能够起到强化学生的主体意识，体验学校教育活动的组织管理过程，提高他们的组织管理能力的作用，同时增加了他们的实践经验，弥补了教育见习、实习时间短所造成实践机会的短缺。而且，自助性课程为培养师范生自主性和创造能力拓展了空间，丰富了实践的课题。师范大学还可以建立连续性教育实习制度，使教育实习序列化、结构化、制度化。把教育实习延伸为教师工作体验——教育调查——教育见习——教育实习——实习总结一条龙的安排，贯穿于教师教育的整个过程。一、二年级可安排到中小学担任辅导员、组织课外活动、教育调查等。三年级可安排见习、观摩教学、练习备课、模拟讲课、协助中小学教学实验等。四年级可安排一个或半个学期教育实习，如教学、班主任工作、社会实践等，让学生全面、独立地担任起一个专职教师应做的工作。

第三节 教师教育学科的质量策略

教师教育的发展是一项复杂的系统工程，涉及质量、规模、效益和结构等方面。其中，教师教育课程在中小学教师培养中发挥着重要作用，是决定教师教育质量的核心要素之一，是提高教师教育质量的关键环节。

一、改革教师教育学科的课程体系

课程改革在整个教育发展系统中的基础核心作用，越来受到人们的重视。课程改革规范教学内容和方式，影响专业结构系统和教育观念更新，引领学校教育改革发展，改变人才培养的模式、方向和途径，牵动社会生活的方方面面，因此受到社会的普遍关注。课程改革对教师教育的影响作用十分明显。首先学科中心系统下建立起的课程逻辑体系不会无动于衷，传统惯性拉力持续有效。与此同时，随着社会发展进步，课程观念更新逐步凸显，与素质教育相适应的新课程改革应运而生。接下来围绕课程改革标准引发了一场哲学、社会学、认知心理学、教育学、管理科学及其相关学科的深入探讨，试图廓清课程改革与发展的基础、机理、机制，解决教师教育发展落后于基础教育发展的一系列问题，回应"小鸡走在大鸡前面"的尴尬局面。新课标修订在理论联系实际、调整修改充实课程标准方面作了积极回应，教师教育发展又一次被摆上突出的位置。

要培养出训练有素的、达到专业化标准的教师，就必须从教师教育课程的改革入手，把教育类专业课程的改革作为教师教育课程改革的重中之重。遵循"宽口径、厚基础、重实践"的原则，调整课程结构；拓展课程类型；打破学科界限，整合课程内容；强化实践课程；开发潜在课程。构建与基础教育改革和教师专业化要求相适应的课程体系。

（一）调整课程结构比例，构建完整的教师专业化的知识结构

教师作为一个专业人员必须具备从事专业化工作所需要的基本知识。针对目前教师教育课程结构不尽合理的现状，要培养专业化的教师，必须调整课程结构，从专业化教师要求的知识结构出发，改革课程设置。

（1）从思想观念上充分认识到，教学工作是一种培养人的工作，"仅通晓一门学科并非必然地使他成为该学科的好教师"，"学者未必是良师"，一个教师要成功地扮演好自己的角色，在其所教学科知识够用的基础上，更重要的是具有教育科学方面的知识，教师的专业领域毕竟是教学而不是其任教学科的科学研究。

（2）加大教育专业理论课程比例。把教育专业理论课程的比例最低也要调整到30％以上，为深化传统课程和开辟新课程拓展适当的空间。

为教师专业发展服务的教师教育课程取向有两个立足点：一是专业，二是发展。专业性，尤其是学科专业性，一直备受关注，而发展性却没有得到足够重视。这里的"发展"，

指教师教育课程为未来教师提供更多的生长点和更多发展的可能性。

第一，内容的基础性。根据学习的规律，知识越基础，迁移得越久远。同时，根据教师专业发展核心思想，理念与智慧是超越于技术之上的，因此，在价值日趋多元和信息日新月异的时代，越应强调基础知识的统摄性，所以，教师教育课程内容首先要强调其基础性。

第二，体系的开放性。教师教育课程必须融入新思想，主动接纳新生事物，形成开放态势，才能营造发展的可能。在课程体系中必须渗透和体现先进的课程理念、教学理念和评价理念，同时，密切结合基础教育改革的先进经验，主动进行自我更新。

第三，方法的探究性。教师教育课程不但要在内容上不断丰富和更新，在方法上也要不断创新，采用问题教学、案例教学、研究性学习等灵活多样的教学方法，启发学生思考，培养学生的反思和创造能力，提高学生的教育智慧水平。

教师专业发展的另一个核心理念就是对话与合作。体现在教师教育课程中，就是整合各种课程资源，形成教育合力。具体来说，应从以下三个方面进行思考和探索：

第一，职前培养课程和职后培训课程的统一。两类课程应是相互衔接，逐步提高，而不是目前的相互重复、浪费时间。应当寻找两种课程的结合点，构建既彰显教育的阶段性，又体现内容连续性的课程体系。目前，我国许多高等师范院校的教师教育培训中心和师范院校指导下成立的教师发展学校，做了许多有益的尝试，成功的经验值得学习和思考。

第二，师范性与学术性的统一。这种统一不仅局限于提高教育类课程在总课程中的比例，从而促进学科专业性和教育专业性的均衡发展，更应体现在既要提高教育学科课程的学术性水平，又要充分体现这些课程的教育性，保证其对学习者就业入职和专业成长的指导和引领作用。在课程设置中引入教育研究或教学研究的内容，加强教学领域的研究性学习，引导学习者探索教育规律，进行教育创新。

第三，教师教育理论与中小学实践的互动共赢。高等师范院校教师教育课程存在理论见长，却脱离中小学教育实际的现象，促使教师教育课程必须走出从理论到理论的窠臼，克服理论无法指导实践，实践无法提升为理论的现实，主动融入中小学丰富多彩的教育实践和教育改革活动，从实践中积极汲取营养，不断提升理论的使用价值和指导意义，达到与中小学互动合作、共生共荣的效果。

（3）完整专业化教师的知识结构。现有的课程结构，仅有的教学时间无法满足教师专业化所需要的知识。因此就应从加大教育专业理论课程比例的角度，来达到完善专业化教师的知识结构之目的。

一是分解传统课程，把原有教育学、心理学课程分解为现代教育学基础、教学论、课程论、德育与班级管理、教育评价、心理学基础、中小学心理咨询、中小学教育科研方法等课程，分解的课程能够引导学生从对一般原理的了解深入到专题研究，从对基本规律的了解深入到具体环节的操作和具体问题的解决。

二是拓展新的课程，增设与专业化要求相适应的课程。

三是大量开设选修课程，使教师教育专业学生通过四年的学习，不仅能获得教师专业化所需要的教育理论知识，而且在组织教学、评价教学、教学科研以及学生管理等方面都能习得技巧，锻炼能力，为实现专业化奠定良好的基础。

（二）拓展课程类型，全面培养和发展师范生的教师专业素质

拓展课程类型，指在现有的封闭式理论课程的基础上，广泛地开设操作性课程和能够

不断吸纳新知识、新信息的开放性课程。操作性课程是以具体的教育教学方法的训练和必要的教育教学技能的培养为己任的教育课程，是形成教师教育专业学习者的教学技能、技巧和培养实际组织教学能力的核心课程。教师专业化不仅要求教师具有宽厚的教育基础理论，而且还要求教师具有包括教学、教育、诊断、评价和咨询方面的技能和技巧。由此可见，目前开设的学科教学法和现代教育技术课程，远远满足不了教师专业化对教师教育专业学习者教育教学技能技巧的要求。因此，必须下大力气拓展操作课程，把加强传统操作课程的理论与实际结合起来，提高操作课程的针对性和实用性，开辟教育教学设计课程、教育问题研讨课程和专题性的学习困难的诊断和评价课程等。通过开设操作性课程以更好地满足教师专业化对教师教育专业学习者的教育教学技能、技巧的要求，为培养和锻炼他们的教学交往能力、教学监控能力、教学研究能力和教学反思能力奠定理论和技能基础。设置开放课程是指把课程置于整个社会发展的文化环境中进行设计和调整。在考虑课程的传统性、稳定性和继承性的同时，为了保证教师教育能够对基础教育的发展、对科技发展和新的教育理念做出迅速的反映，应该增加小型化、专题化、即时性的课程。通过这些课程，把基础教育的新情况、新问题及时地反映到教学中来；把新的教育教学理念、新的教育教学方法以及国内、国际科学的研究成果不断地吸纳到教学中来。一方面，把师范生置于基础教育改革的现实背景中，增强他们学习的针对性和紧迫感；另一方面，使师范生在系统学习和掌握学科知识和教育基础理论的同时，广泛地了解国内、国际的相关学科的研究动态，开阔理论视野，吸纳新理念和新的科学知识。通过设置开放课程，使教师教育专业学生的教育理念能够得到及时更新，在不断吸纳新知识的同时，逐步地增强其研究能力，在对基础教育现实问题的探讨中不断强化职业素质。

（三）整合课程内容，强化教师教育专业学生的综合素质

由于学科发展的高度分化和高度综合，学科专业之间的界限日趋模糊，这在客观上必然要求教师教育的课程改革也要顺应这一发展趋势，才能培养出适应专业化需要的教师。

教师教育课程内容的整合，主要从以下三个方面进行：

（1）教育专业课程与学科专业课程的整合，打破学科界限，沟通课程之间的联系，使学科专业课程充分地体现教育理念和现代教学方法与教育技术的应用，同时也使先进的教育思想和研究方法支撑学科专业课程的教学和研究活动。

（2）加强教育专业课程的内部整合，包含两个层面。一个层面是教育理论课程的整合，如教育观念及教育史课程；另一个层面是教育理论课程与教育实践课程的整合，如学习理论与学习指导。

（3）开设综合实践活动课程。教师教育开设综合实践活动课程，一方面是满足基础教育课程改革对教师综合素质的需求；另一方面通过综合实践活动课程可以提高师范生的综合素质，以适应社会发展、自身发展以及教师专业化的需要。综合实践活动是一种以学生的经验与生活为核心的实践性课程，它追求的总体目标是：获得亲自参与实践的积极体验和丰富经验；形成对自然、社会、自我之内在联系的整体认识；发展对自然的关爱和对社会、对自我的责任感；形成从自己的周围生活中主动地发现问题并独立解决问题的态度和能力；发展实践能力，发展对知识的综合运用和创新能力；养成合作、分享、积极进取等良好的个性品质。

（4）强化实践课程，开发自助性课程，为教师教育专业学生的教育实践提供帮助。教

师是一种实践性很强的职业，需要具有较强的教学实践能力。在教师教育的课程体系中，实践课程是学习者把理论运用于实践、锻炼教育教学能力的关键环节。对此，我们必须首先从思想上把实习基地的建设作为首要的问题予以重视，更新教育实习观念，把师范院校、地方教育行政部门和实习学校通过政策协调，结成三位一体的长期合作关系。把教育实习基地建设成与教师科研实验基地、青年教师锻炼基地和骨干教师培训基地四位一体的稳定的教育基地。把目前的一次性实习变为多次性实习，把单一的实习讲课转变为实习讲课、班级管理、学习指导、学生心理咨询、学生活动组织和学校管理为内容的全面性的教育教学实习，使师范生在教育教学的各个方面都得到锻炼，确保教育实习的效果和质量。其次，规范教育实践课程，把学校组织的具有教育实践价值的活动纳入教学计划。学生在教育实践课程中，不仅对教育与社会进步、教育与经济发展、教育与学生身心发展的关系以及基础教育改革的动态能有更多的了解。而且，通过切身地感触教育实践，能够逐步地培养师范生的职业情感和职业责任感，逐步形成专业信念。再次，把教育实践课程与开发自助性课程结合起来。自助性课程，是指学校提供教育素材和条件，由学生自主选择、开发、设计并付诸实施的实验性课程。综合教育实践课程的大部分应作为自助性课程由学生自己设计活动方案，自己组织实施，自己总结活动效果。这不仅能够起到强化学生的主体意识，体验学校教育活动的组织管理过程，提高他们的组织管理能力的作用，同时增加了他们的实践经验，弥补了教育见习、实习时间短所造成的实践机会短缺的不足。而且，自助性课程为培养教师教育专业学习者自主性和创造能力拓展了空间，丰富了实践的课题。

（5）开发潜在课程，营造专业化教师成长的良好环境。在教师教育阶段，影响专业化教师的成长因素是多种多样、错综复杂的。其主要的影响因素大致有以下几种：一是现有培养方案安排的各类课程对教师教育专业学习者知识结构和技能水平的影响；二是来自于教师治学态度和敬业精神等内在品质与外在形象的影响；三是校风、班风和学风等方面的影响；四是学校的教育设施及校园自然与人文环境的影响。此外，还有社团生活和同辈群体的影响等。

在上述影响因素当中，除课程因素以外的其他因素，对专业化教师素质的成长同样有着不可低估的重要影响作用。这些就是课程理论所讲的潜在课程因素。潜在课程虽然不通过正式教学传授，但对学生的知识、情感、态度、意志、行为、价值观等方面所起到的作用，往往超出显在课程的教育效果。因此，建议把潜在课程列入学校课程计划之中予以开发。鉴于潜在课程具有"双刃"作用，在课程的开发中要有计划、有目的，使之向着有助于师范生逐步走向专业化方向努力，从而产生积极的影响作用。

教师教育课程的改革是教师教育改革的关键，受多方面因素的制约。因此，我们必须从指导思想上明确教师专业化发展对课程的客观要求，确立教育专业课程在教师教育课程体系中的作用，建构与基础教育新的课程体系相协调、与教师专业化需要相适应的教师教育课程体系，为基础教育培养专业化的教师，为社会提供高质量的教育服务。

二、提高教师教育学科的教育质量

在传统的师范大学课程实施中，一直推崇"讲授法"，即通过教师的讲解灌输使学生掌握和应用学科知识和教育学知识。随着科学技术的快速发展、课程改革的不断推进、终身教育理念的提出，学校教授给学生的知识已经不能满足教育的需要。于是师范大学的教学在"学会"的基础上,提出了使学生"会学"。"授之以鱼,不如授之以渔",学校所教授的知识是有限的,教会学生学习的方法,学生在今后的工作中才能不断更新知识,跟上时代的步伐。"学会"和"会学"层面解决了学生"学到了什么"、"将来教什么"和"怎样获得新知识"的问题。但作为新时期的教师教育,这还远远不够。师范大学作为培养教师的主体机构,应该突出自身的教师教育的特色,在教师教育的课程实施过程中有别于综合性大学的教学,使学生在"学会"、"会学"的基础上"会教",发挥其潜在优势,解决"怎样教"的问题,从而走出师范大学培养人才的特色之路。

教师的从教能力是指教师从事并胜任教育教学这种职业所必备的各种能力的综合,是教师素质的重要组成部分。教师教育学科的课堂教学中,教师在课程内容、课程实施等方面应加强实践取向,强化"准教师"从教技能的训练,提高学生的从教能力。目前,高校教师已习惯于大信息量的讲授法,教学方法的滞后是学生无法迅速适应基础教育变革的重要原因。针对这种现状,我们可以尝试开设操作性课程以达到培养准教师从教能力的目的。操作性课程可以作为一门课程,也可以渗透到日常的教学中的技能训练,它强调教育教学方法的训练和教育教学技能的培养,以教育教学设计、教育问题研讨、学习困难诊断和评价为主要内容,让学生提前进入角色,运用学到的理论解决实际问题。只有在教学实践中不断总结与反思,师范生才能对教育理论有更深刻的理解,才能将所学教育理论与教育实践有机结合起来,从而形成实实在在的从教能力。

(1) 提高教师教育学科的教学质量,应建设课程实施的高素质教师队伍。教师教育课程实施的主体主要是教师,教师的素质和能力关系到实施的质量与效益。我国师范大学大学从事教师教育的师资力量较为分散,大量教师分属于不同的院系,没有形成合力。由此,当务之急便是整合与挖掘教师资源,组建或重组教师教育学院,引进一定数量的理论专业的教师,将原有其他各院系的学科教学论的教师整合进新的教师教育学院,同时从基础教育领域选聘优秀教师作为教师教育专业的骨干力量,统筹教师的编制、工作分配及其日常教学管理。

教师对课程的认识直接关系到课程目标的实现,不同学科背景的教师有着不同的教育信念,不同领域研究的教师对教师教育的教育目标也有着不同的认识和态度,因此有可能出现由于认识上的偏差而导致教师教育课程目标的难以实现。教师教育课程实施多要求教师把学生看成是自己在教学过程中的伙伴、与学生共同分享权力和一起承担责任。这就需要重视对那些刚从事教师教育的青年教师进行岗前培训,组织学习"教育学理论教育",观看名师授课,听院士、优秀教师、师德标兵做"如何当一名合格教师"等讲座,使他们尽快缩小与合格教师的差距。

其次,为在职教师提供各种形成的在职培训,诸如短期的教育理论学习与培训、教学实践观摩与研究、不同院校教师之间的交流以及同伴互助等,全方位提升教师的素质。

(2) 提高教师教育学科的教学质量,在课程实施过程中应自觉践行课程创生理念。作为20世纪60年代末创立的课程论术语,课程实施反映了学界对课程方案付诸实践的重视。课程实施是一个动态过程,同样的课程方案未必会产生相同的课程效果。课程实施并非简单地执行课程方案,过去很长一段时间的课程教学改革少有如愿,其重要原因在于实施者的课程意识存在巨大的差异。本质上,课程实施就是实施主体对课程方案的再创造过程,其灵魂在于课程实施的创造性,而这创造性无疑要受到来自实施取向的直接制约。正因为课程意识的差异客观而广泛地存在,所以实施者也许忠实于既有的课程方案,严格执行原课程设计(忠实取向);也许在课程实施中对原设计作互动调适(相互适应取向);也许将课程实施作为制定课程的一个组成部分,视为另类的课程设计过程(创生取向)。

从历史演进看,"文革"前课程实施的弹性虽时有表现,甚至还出现过短暂的"相互适应",但在整体上"忠实取向"还是占主导地位。20世纪80年代以来,经由人本思潮的促进,"从静态预设到动态生成"的课程实施观衍生出"解放主体和发展个性"的课程实施理念,课程实施的创生取向逐渐明朗。在创生取向视野中,教师和学生都是建构新经验的主体,课程的实施就是相应经验的创生,即在课程实施中实现经验创生,在创生中实现学生和教师的持续成长。

由于课程实施取向的本体传承性强,加之在中小学实施课程又是教师教育专业学生未来的主要工作,因此课程实施中的创生取向在教师培养的课程实践中更具特殊意义。教师是课程资源的开发和建设者,又是课程资源的组织和利用者,践行课程实施的创生理念必须重视激发自身和学生的主体性尤其是创造意识,充分利用包括先期的课程方案在内的各种课程资源,将课程实施组织成新经验的创生过程。

(3)提高教师教育学科的质量,应提升学生在课程实施中的地位与作用。在传统的科学主义课程范式中,学生被排除于决策过程而被锁定于"接受者"的角色。由于在师范大学接受教师教育的学生本身已经有一定的专业基础,具备探究的意识与能力,所以教师便不再因掌握更多的知识而居于学生之上和享有绝对的权威。教师和学生是平等的认知主体,他们可以通过讨论、探究、磋商、体验,共同建构各自的认知经验。因此,应强调师生的民主与平等地位,营造一种和谐的教学环境——追求民主平等的多元对话,师生、生生心灵的融合,思想、观念的沟通,认知结构的改进与完善,思维的发展和认识的升华。教师教育课程本质上是开放的探究性课程,在于培养学生探究的精神和态度,需要学生参与课程方案的修改、课程计划的制订等,提升学生的地位和作用。具体来说,应鼓励学生主动地参与课程与学习计划的制订;自备一些能够获得的学习资源;自主确定一些个人或小组的学习项目或目标;在学习活动或顺序方面提出建议;和教师一起安排学习期限与学习合同;提出可能的评价方法方面的建议;提出内容修改或扩充方面的建议;协商解决某种特殊情境下可选择的学习方案。同时,教师应调查研究学生的兴趣类型、活动方式和手段;确定学生的现有发展基础和差异;为学生提供反馈材料;制定参考性的技能清单;总结和反思教学活动。应根据课程内容的需要,积极开展案例分析,通过师生共同分析、合作学习等,让学生更多地参与课堂,调动学生学习积极性,并使理论与实践得到有机的结合;精讲、少讲,重讲最基本、最新的教育教学理论,增加学生课内外动手、动脑活动的时间等等;以促进学生的发展和提高为主要目的,形成发展性教学评价体系。在具体评价方式上,要根据教学内容的不同,综合采用闭卷、口试、写评价报告、制作教学课件、写读书笔记和研究报告及微格教学评价等多种考核方式,力求考察出学生教育理论知识水平、技能技巧熟练程度及处理教育教学问题的能力。

(4)提高教师教育学科的质量,应加强课程资源的开发与利用,构建课程实施的支持系统。教师教育的课程实施所需要的资源既包括对现有资源的深度挖掘,也包括拓展课程实施的相关资源。网络教学便是一种行之有效的方式。学校或教育学院应建立起了一套完整的网上开课、选课、教学评估的课程实施方式,将所开课程发布在网上,学生根据自己的自身情况与本院系的原有课时安排,选择上课科目;随后组织人员分析选课学生的情况,诸如学生的时间安排、学生人数等,来安排辅导教师;辅导教师在协商后并按规定的时间组织教学、答疑。同时,建立一个可供学生记录、交流、共享学习体验的网络平台,以便教师在授课后,在网络上发布有关授课的信息与分配的任务。鼓励学生建立个人网络日志,发布自己的学习心得,与相关课程的老师和学生共同探讨、协作解决问题。课程实施需要良好的支持系统。首先,建设一个良好的课程制度,教师课程意识、学校管理者的课程领导能力和学校的课程发展机制,都依赖于学校有活力的课程制度。课程实施是一个长期的过程,尤其是有一定的理论基础和形成一定行之有效的操作办法后,需要将这些理论取向实践化,并通过制度建设摒弃那些可以左右课程实施的不良影响。其次,注重对校外课程资源的利用,拓展课程实践的场所,与附近的中小学建立长期的联系,建立专业发展学校,为开展教育实习与见习做好保障,并为教师开展教育教学科研提供条件。最后,课程资源的开发需要大量的人力、物力资源以及政策保证,学校应通过整合与挖掘相应的人力物力资源,提供资金保证,以及给予其政策支持。

三、加强教师教育学科的理论研究

时至今日,专业性的教师教育实践活动,期盼着体系化的学科理论指导与研究支撑。当前,尤应注重开展全球视野下的教师教育改革、教师教育制度、教师教育管理、教师教育文化与近现代中国百年师范教育的发展轨迹、新世纪教师教育的改革发展战略等专题研究,并认真组织教师资格制度与职业标准、教师资格认证与文凭政策、教师角色定位与角色扮演、教师考试机制与评估体系、教师社会地位与职业声望及教师专业的一般标准与特殊标准等专题研究,研制富有中国特色的中小学和幼儿园教师教育课程标准和教师教育质量标准,构建科学完善的教师教育标准体系和评估体系,进行教师培养培训模式的改革探索,建立多层次、多规格和多形式的教师教育服务体系。

教师教育研究日益受到人们重视,但研究成果还比较零散、不成系统。现有的研究文章大体可分为两类:一类是有关专著中的章节,另一类是刊物上发表的论文。这些文章及论著的作者一般为师范大学或高等教育研究机构的学者,既有教师,也有研究人员,还有一部分研究生。这反映了学者们比较重视教师教育的研究与改革,同时还说明了研究人员具有比较高的层次。

现有的教师教育研究比较注重操作层面,缺乏哲学层次的深入思考。在各类研究中,研究者更多的是从实践的需要、现实的需要来考虑和研究问题,虽然具有一定的应用性、可操作性,对教师教育的发展具有一定的指导意义,但是,针对教师教育的哲学理念方面的研究还比较缺乏,这种情况使教师教育的研究显得有些底蕴不足,一些建议的合理性受到较大的影响。

现有的教师教育研究缺乏深入的国际比较研究。多数研究对教师教育的国际比较研究都是与发达国家进行比较研究,比较对象具有局限性。其次,在国际比较分析中缺乏对各国国情的研究,造成凡是发达国家的东西都是好的、正确的,从而使我国教师教育的研究思路、带有趋同性。

学科是科研与教学的载体及结合点,它有赖于两者的互动。在这里,学科与专业是相通的,既对应于科学知识的分类体系,又指向于人才培养的社会分工。因此,应切实加强教师教育的专业建设，在硕士研究生以上层面设置教师教育专业，进行专门人才培养的实践。同时，课程是专业建设的基础。应充分考虑教师专业发展的连续性和阶段性，科学设计并建立职前培养、入职教育和在职培训相互衔接及着眼于教师终身学习和发展的课程体系。一方面，科学论证职前教育课程设置，在夯实学生文理各学科专业基础的同时，统筹设置教育学类、心理学类、信息技术类、科研方法类和教育实践类的教育专业课程，系统研发教师教育的课程与教材。另一方面，加快建设职后教育课程体系，运用多种教学资源和手段，引导教师积极开展教学研究，解决工作中的实际问题，提高自己的教学水平。

美国学者克拉克说，在学科这种建制化的组织体系中，同一知识领域内各有所司、所长的教学、研究和管理人员集聚在一起，协调合作，进行知识的探索、发现和传输等专业化劳动，并通过自己特有的方式实现知识的专门化。就我国教师教育学科建设的现状来看，这方面的人才十分匮乏。因此，首先应重新整合教师教育的学科教学研究资源，优化学科教学研究团队，完善学科教学研究组织，加快培养和造就教师教育的学术领军人物。

其次，应特别注重对教师教育者的教育，采取"引进来"、"送出去"等多种途径和方法，拓展教师教育人才培养、项目合作与资源共享的空间。

再次，应加强与中小学校的有效合作。选派优秀教师到中小学进行锻炼，聘任部分中小学特级教师作为兼职教师，从而建立一支高校学科专业教师、教育专业教师和中小学教师及其他优秀教育工作者相结合的教师教育队伍。

（一）重视基础理论研究

教师教育作为独立学科，不只是研究教育的一般问题、构建教育的基本理论，而是重在探究当代教师培养与成长实践的特殊性规律。换言之，教师教育学科领域地带可谓是交织在教育学科与教师教育实践之间，乃是一门源于实践而又反哺实践的复合应用型学科。这门复合应用型新学科的问世意义在于所面对的实践，既是教师的专业成长实践，也是教师的教育教学实践。

教师教育学科的基础理论研究应从学科的自身特点出发，考虑学科的长远发展，针对教师教育学科发展过程中出现的不足，加强教师教育学科的基础理论研究，不仅仅关注教师教育学科的学科建设，还应重视理论联系实践。

（二）组建专业化的研究队伍

目前我国教师教育学科高级研究人才十分匮乏，尚缺乏一支足够支撑起这门学科发展的、梯队化的专业化队伍。组建具有多学科背景的研究人才队伍的主要途径有：

（1）从传统学科中物色对教师教育有研究的领军人物，传统学科中的教育学、教育社会学、课程与教学论、成人教育学、高等教育学是主要来源。设立教师教育研究院（所），加强对教师教育理论研究与管理协调，培育本学科的学术骨干与教师培训机构的实用人才，同时依托研究院（所），组建专兼结合的研究队伍。

（2）学科建设应与专业建设、课程建设、人才培养相结合。可在传统的教育学专业中开设"教师教育"方向，为各地教师培训机构提供实用人才，重点发展教师教育硕士的建设。在此基础上建立相对完备的从本科、硕士到博士的人才培养体系。

综上所言，应明确教师教育的学科定位和关联属性，加强教师教育的理论研究及专业和人才队伍建设，以建立科研与育人相统一的教师教育学科，切实提高教师教育的专业水平和质量。

第九章 教师教育学科群之管理体制

所谓管理体制，系指管理系统的结构和组成方式，包括采用何种组织形式以及如何将这些组织形式结合成一个有机的系统，意在以一定的手段、方法来实现管理的任务和目的。如此而论，讨论教师教育学科群的管理体制，则应包括作为学科群的教师教育的构成系统及其各自方面的管理范围、权限职责、利益及其相互关系的准则。我国的教师教育从师范教育起步，其管理体制历经多变，至今各种成分依然交互作用于其间，遂使我们对教师教育学科群管理工作的讨论显得较为复杂，却又十分迫切。

第一节 教师教育管理的历史与现状

教师，自其职业诞生之时，便被赋予了崇高的地位。在中国古代，凡能率众能牧民者，谓之师。"师，教人以道者之称也。"（《周礼·地官司徒》郑玄注师氏）"智如泉源，行可以为仪表者，人之师也。"（《韩诗外传》）"师者，所以传道、授业、解惑也。"（韩愈：《师说》）"学高人之师，身正人之范。""能为师然后能为长，能为长然后能为君。"（《学记》）这些都表明，中国古人对教师一职的地位和性质是有深刻认识的，并且至今依然有其价值。然而，由于古代教育主要实施的是个别化的教育，因此也不存在社会对教师管理的问题。直至近代师范教育出现以后，才形成了以教师为对象的管理问题。

一、师范教育的管理历程及其特点

（一）发展历程

近代师范教育诞生于西欧。文艺复兴以后，欧洲文明迅速进入了科学和启蒙的世纪，为此后的工业革命作了铺垫和准备。1681年法国人拉萨尔于兰斯创办了一所训练机构用于培训教师，这一举措颇有成效，于是很快被德奥等国效仿。1694年德国人在哥达正式以师范学校为名创办了培养教师的学校。到1795年法国在巴黎设立了公立师范学校，成为以后著名的巴黎高等师范学校的前身。一般认为，巴黎公立师范学校的建立标志着近代师范教育制度的正式确立，也表明了人类文明开始认识到教师在社会发展中的突出地位。

与之形成鲜明对比的是，由于政治的愚昧落后，清末政府则是用民族的耻辱和国民的血汗为代价换来了对现代社会及其教育的认识。1897年洋务重臣盛宣怀在上海南洋公学设立"师范院"，开创了中国的师范教育。翌年京师大学堂附设了"师范斋"，用以培养"教习之才"，此举被认为是开中国新式高等师范教育的先河。1902年清末状元、著名实业家张謇在自己的家乡江苏南通创办了通州师范学堂，成为中国第一所中等师范学校。1904年清政府颁布《奏定初级师范学堂章程》《奏定优质师范学堂章程》使师范教育取得了独立地位，并基本形成了体系。总体而言，这一阶段的师范教育实际上是根据日本的定向培养模式进行设计的。

1922年北洋政府参照美国模式施行新学制,其中包含了师范教育体制,由多种高等院校共同承担师资培养任务,但没有专门的在职教师进修机构,保持了职前教育与职后教育的一体化,即所谓多元一体化模式。至1925年,北洋政府厘定并颁布了《新学制师范科课程标准纲要》。客观地分析,当年的新学制及其课程标准顺应了教育的民主化、科学化潮流,对中国社会的进步起了促进作用。然而,作为师范教育的政策必须遵循一项基本的原则,即必须与本国国情相结合。师范教育的制度必须与本国社会、政治、经济、文化等的发展状况相吻合,否则将有损于师范教育事业的发展。美国的学制原本基于美国的联邦共和政体,显然不同于20世纪初的中国国情,与中国当时的教育经费、教学设备、师资状况、学校规模等更不相吻合,因此这一新学制的施行不仅没有促进中国的师范教育事业,反使其发展受到了阻碍。据统计,1922年全国有师范学校385所,师范生43 846人;至1928年学校减至236所,学生减至29 470人。[①]

事实上,在1922年北洋政府颁布的新学制中,中学采用普通师范、职业合一的综合体制,因其"系统混淆,目的分歧","其结果中学教育固无从发展,而师范与职业教育,亦流于空泛"。[②] 直到1932年国民政府公布了《师范学校法》,才确定了师范学校的独立地位,包括师范学校、女子师范学校、乡村师范学校等,其中,乡村师范学校系从中国国情出发的一项重要政策。1933年正式出版的中国第一部以《师范教育》为名的大学用书中评论道:"时至今日……教师不独是一种职业,并是一种专业……性质与医生、律师和工程师相类。"[③] 应该说这一认识是深刻的,既反映了时代对教师地位和师范教育的重视,也是师范教育政策早期的依据。紧接着,国民政府于1933年颁布了《师范学校规程》,1934年颁布了《师范学校课程标准》,1935年又颁布了《简易师范学校课程标准》《简易乡村师范学校课程标准》,这些规程和标准的颁布实施进一步调整了师范教育普通课程与专业课程,加强了对师范生的专业训练。此后,由于连年战乱,我国的师范教育处于停滞状态。

中华人民共和国成立以后,我国向苏联学习,建立专门的师范教育机构定向培养教师。1952年,国家确定设置师范高等学校、师范专科学校,从此构建了新的师范院校体制的基本框架,并且职前教育与在职教育双轨运行、各自相对独立,至1985年又增加了中等师范学校,使师范教育这一框架得以完善,形成了所谓的定向型双轨制的三级(中等、专科、本科)师范教育体系。进入新世纪,师范教育又逐步过渡到两级(专科、本科)师范体系。总体而言,师范院校至今依然是我国教师培养的主要机构。

(二)管理特点

从历史发展来看,师范教育在培养机构和方式、方法等方面在各国、各阶段具有不同的特征,形成了三种不同的教师管理体制。

1. 封闭式定向型管理

这种管理体制旨在为培养未来教师,让有志于做教师的学生在特定的师范教育机构

[①] 李华兴.民国教育史[M].上海:上海教育出版社,1997:659.
[②] 同上书,661.
[③] 罗廷光.师范教育[M].上海:上海正中书局,1940:3.

（师范院校）接受专门教育，学成后充任中小学教师。应该说，独立设置的师范院校办师范教育培养教师，具有目标明确、重视教育理论和教育实践环节、对学生进行教师职业训练较为系统充分体现师范教育的专业性等特点。但是随着科技和经济的发展，独立设置的定向型师范教育的弊端也日趋暴露，主要表现为课程设置比较狭窄，学科程度相对偏低；学生基础知识不够宽厚，适应其他工作的能力较差；过早的专业定向，学生来源和职业出路受到较大局限；培养渠道单一、封闭，不易适应现代社会和科学技术发展对多种类型、多种适应能力教师的需求等。

2. 开放式非定向型管理

现代科学技术的发展，要求教师培养机构培养出的教师具有更高素质和创造性，能够培养出时代所需要的创造性人才。原来相对死板的封闭式定向型管理体制愈益不能满足新时代对培养高素质创造性人才的需求，改革师范教育封闭式定向型教师管理体制的浪潮由此掀起，席卷全球。这种教师管理体制强调，在大学本科阶段，让学生在大学的文理学院或其他高等学校接受教育，学习相应的学科文化知识，而后修习相应的教育课程，获得相应的教育学知识和教师职业技术技能，通过教师职业资格证书考试，成为教师。综合性大学或其他高等学校办师范教育，其优点在于：培养目标多样灵活，课程设置广泛机动，设施和设备等条件较为优越；学生学术水平和学科程度较高，知识面较宽，工作适应性较强；学生来源和职业出路较宽。

3. 开放式混合型管理

这种管理体制是指在一个国家和地区的某一历史阶段，同时采用定向型和非定向型的教师教育培养。1922年民国政府公布实行的壬戌学制受美国的影响，改变了单纯依靠独立的师范教育培养师资的方式。其后几经周折，直到1932年12月又恢复独立设置的师范院校。中华人民共和国成立后，特别是经过院系调整后，独立设置的高等师范院校不断得到强化，到1988年达到262所，其中，本科院校77所，高等师范专科学校185所。[①] 从1992年开始，我国高等教育按照"共建、调整、合作、合并"的方针进行管理体制的改革，8年内共有78所师范院校参与了全国高等学校的合并，其中，合并或合并升格为本科师范学院、大学的有38所；师范院校参与合并组建新的综合学院或综合大学的有30所；师范院校并入综合大学的有7所。[②] 经过新一轮高等学校合并调整后，到21世纪伊始全国共有师范院校214所，其中本科院校有90所，专科124所。[③] 其布局呈现出如下一些特点：其一，数量在减少，规模效益在提高；其二，发达地区的高师数量在减少，欠发达地区相对稳定；其三，师范大学、综合性大学和其他非师范院校共同参与中小学师资培养的混合型高师教育体系正在形成。[④]

二、教师教育学科群建设中面临的挑战

在取得师范教育快速发展的同时，我们也看到长期以来封闭式的师范教育体系所形成的种种弊端并没有得到根本改变，主要是培养渠道封闭单一，不适应现代社会和科学技术

---

① 中国教育统计年鉴（1988）[Z].北京：北京工业大学出版社，1989：56.
② 全国高等学校合并重组一览表（1992—1997）.中国教育年鉴（98）[Z].北京：人民教育出版社，1999：87.
③ 教育部发展规划司高校设置处.全国高等学校合并重组一览表（1998—2000）[Z].中国高等教育，2000：22.
④ 张金福，薛天祥.论目前我国教师教育培养模式的认识取向[J].高等教育研究.2002（6）.

发展对多种类型、多种规格师资的需求；课程设置偏窄，学科程度偏低；专业定向过早，生源和职业出路受到较大的局限；科研意识落后，科研水平不高；师范生基础知识不够宽厚，发展后劲不足等。

（一）培养模式封闭单一

客观地说，定向型双轨制的师范教育所培养的师范生对教师工作较熟悉，易于适应中小学的教育工作，因此它为新中国教育事业培养了一大批必要的教师队伍，保证了师资培养能按一定规格、一定计划进行。但另一方面，师范专业的培养模式普遍单一，缺乏对师范生综合素质特别是专业素质的培养训练，学生的课程没有体现专业特色。这种师范教育体制由于目标单一、任务单一、模式单一、生源单一等弊端，必然限制了师范教育水平的提高，致使师范教育沦为教师知识技能灌输的机构，其学术研究与实践创新等活动都被列为次要或辅助性工作，其结果是，师范教育既无法追踪学术前沿又不能有效指导教育实践。

（二）课程结构失衡教学脱离实际

一方面，课程结构失衡是目前教师教育中存在的一大问题。多年来，高师院校强调培养具有扎实功底的专业学科教师，在专业学科方面片面地向综合性大学看齐，学科专业课程在整个课程中所占的比重过大，一般在60%以上，远远超过了世界平均水平。专业课程比重过大，挤占了普通教育课程和教育专业课程，致使教育专业课程所占比例过低，教育类课程门类、课时比例也偏低。与发达国家相比，我国目前教师教育课程中教育专业课程的学时占总学分不足10%，美国占20%，英国占25%，日本占38%，差距显著。另一方面，在目前的师范教育当中，理论课还是占主导地位，学生只是坐在课堂里听老师讲课，普遍存在着两个脱离的问题。一是脱离理论研究的实际，师范教育中，教学内容陈旧教学方法落后，不能反映教育研究的最新理论成果，对未来教师不能给予很好的指导，这种情况在我国相当部分地区的师范院校、地方教育学院的职前与职后的师范教育中普遍地存在。二是脱离中小学教育的实际，脱离中小学生发展的实际需求。由于对中小学教育实践和中小学生的发展缺乏深入研究和紧密联系，师范教育和在职培训长期以来偏重理论学习，忽视理论与实际的联系，理论学习不能转化为教育实际行动，教师的实践经验也不能在职后培训中得到梳理和反思，[①] 教育实习和教学实践环节没有完全到位。一段时期以来，在我国教师培养课程体系中存在"重理论轻实践"的倾向，背离了教师职业是一项很强的实践性职业的原则，导致教师教育课程与教学效益严重低下。

（三）师范属性日益削弱

师范教育本身的师范性日益削弱，培养质量难以保证，集中表现在以下几个方面。首先是师范院校合并、升格后，虽保留了师范专业，但学校基于各方面竞争能力的考虑，将工作的重心转向追求专业的学术性和综合性，教学内容向综合性大学靠拢，直接削弱了师范专业的师范教育特色。师范院校综合化的目的是提高师范专业的学术水平，但事实是很少有转型的院校把力量加强在师范专业上，都热衷于扩大非师范专业，忙于升格，想挤入高校名牌，因而有不少学校不是借用综合学科的优势来加强师范专业，而是抽调师范专业的教师去充实其他新建立的学科，这就反而削弱了其教师教育的特征，与改革的宗旨背道

---

① 江家发.新课程背景下的高师院校教师教育改革[J].高等教育研究，2006（6）

而驰。其次是师范生专业技能的训练普遍有所放松,教师必须具备的"三字一话"等基本功训练在一些学校没有引起足够重视。

如何面对高等教育体制的改革过程中一些师范院校的分流,如何使师范院校的封闭式定向型培养模式走出危机和克服弊端。1999 年 6 月中共中央、国务院出台《关于深化教育改革全面推进素质教育的决定》,决定明确提出"鼓励综合性高等学校和非师范类高等学校参与培养、培训中小学教师的工作,探索在有条件的综合性高等学校中试办师范学院"。2001 年 5 月 29 日颁布的《国务院关于基础教育改革与发展的决定》进一步指示:"完善以现有师范院校为主体,其他高等学校共同参与、培养培训相衔接的开放的教师教育体系。加强师范院校的学科建设,鼓励综合性大学和其他非师范类高等学校举办教育院系或开设获得教师资格所需的课程。"这一决策为我国教师教育学科群的改革和发展明确了定位,也意味着我国教师教育学科群的重新建构。

三、确立现代教师教育管理思想

百年大计,教育为本;教育大计,教师为本。教师是教育事业的第一资源,教师队伍的整体素质和专业化水平的提升是我国家教育改革发展成败兴衰所系,是全民族素质和综合国力之所系。在新的历史条件下,教师队伍建设是事关教育改革发展和国家前途命运的战略性、全局性和基础性工程。

(一)形成开放的教师教育培养认识

经济全球化进程加快,科学技术突飞猛进,综合国力竞争日趋激烈。教育发展水平是综合国力的重要基础和显著标志,而高素质的教师队伍是教育竞争、人才竞争、综合国力竞争的重要基础。教师队伍的素质直接关系到国家的核心竞争力,因此,世界各国十分重视教师队伍建设,责无旁贷地承担起了提升教师队伍整体素质的重要责任,纷纷制定和颁布相应政策,推动教师专业化进程,提高教师队伍整体素质。从国际教师教育的经验来看,第二次世界大战以前,世界各国教师的进修多是教师自发进行的。战后由于科学技术的飞速发展,人们开始认识到教师在职进修的重要性,不少国家纷纷通过立法来采取积极有效的措施,提供各种优惠条件,支持鼓励教师进修,目前各国教师在职进修已逐步走向制度化。

美国是一个以市场经济为主导的资本主义国家,在许多方面奉行自由竞争政策,但从 20 世纪 90 年代开始,美国联邦政府高度重视教师问题,连续出台了一系列促进教师专业化的法案。克林顿政府在 1994 年《中小学教育法》和《美国 2000 战略》中加进了联邦政府支持和资助教师教育改革的内容。1997 年,克林顿又在国情咨文中将教师教育提升到事关"美国前途与未来"的高度,将促进教师专业化发展列为美国十大教育发展目标之一,并加大联邦政府对教师教育和招聘合格教师的拨款。2001 年小布什上任以后向国会提交的第一份立法动议就是《不让一个孩子掉队》的教育改革计划。其中,第二条款 A 部分专门强调提高教师质量在特批资助中有许多支持教师发展的计划项目。奥巴马就任总统后不久就发表了教育谈话:"美国繁荣的根源从来都不只在于我们有多大的本事积累财富,而在于我们如何教育我们的后代。在今天,事实更是如此。在 21 世纪,工作机会可能随即转移到任何可以联网的地方,在达拉斯出生的孩子在跟(印度)新德里的孩子竞争,你最好的工作认证不是你能做什么,而是你知道什么——教育已经不再是通向机会与成功的道路，它已是成功的先决条件。"①

英国政府自20世纪80年代以来，连续公布了十多个有关教育的法律文件，如1983年白皮书《教学质量》、1988年《教育改革法》、1989年出台《教师证书制和教师试用期周期制度》，1992年颁布《教师职前训练改革》等。英国政府充分认识到提高教师队伍的质量是提高教育质量的基础，采取了相应的竞争机制，取消教师终身制，全面实施建设聘任制和教师证书制度，解聘不称职教师，加快教师专业化进程。1998年英国政府颁布《关于教师及高等教育的法律》，教育与就业部颁布《教师教育课程要求》，全国教育审议会则制定了提高教师素质能力、推进教师专业化的各种措施。

澳大利亚联邦教育部在2000年提出了"联邦政府优秀教师创议"，认识到教育是创造澳大利亚美好未来的关键。未来取决于能为现代高技术和信息经济发展做贡献的有教养的青年。而要造就高水平的学生，必须有以强烈的期望、有序的工作和贡献以及任教于每个课堂的杰出的教师，去开发学生的潜能。如果没有颇具资质、勤奋严谨和奉献精神的教师，要想为澳大利亚学生提供高质量教育的目标就不可能实现。为此，联邦政府将提供充分的经费支持"面向21世纪的教师"创议的实施，支持提高教师质量和学校管理质量。

日本进入20世纪90年代，中小学教师的本科化已经基本实现，为了适应教师专业化的发展要求，日本对教师的任用制度进行了一系列改革，其核心是提升教师质量与标准。日本政府在1996年中央教育审议会《有关展望21世纪我国的教育方案》中，强调指出提升教师资质能力的向上的必要性。1997年，日本文部科学省《教育改革计划》报告书提出有关师资培育与教师进修政策改革之问题，需从教师养成、任用、研修各阶段来同时改善。此后又先后提出《关于促进教员资质向上的提案》、《面向新时代的教师养成的改善方策》、《有关教师养成、任用、研修联系的灵活性》，提出从养成、任用、研修各个阶段机能分担和提高教师质量的具体措施。

法国国民教育部公开发表158项综合性政策草案，1995年获得上院通过。为适应社会激烈变化的需要，对中小学教育进行全面的改革。国民教育部对作为国家公务员的公立学校教师拥有任免权，期待发挥教师的独创性，充实大学附属师资培养部。1996年，法国时任教育部长贝鲁强调国家教育事业要为21世纪作好思想准备，要求教师重新认识其作为知识传授者的重要任务。

巴西教育部于1993年12月公布了"全民教育十年计划（1993—2003）"，提出了巴西全民教育的总目标，实施"教师、领导和专业人员的培训计划"，全面提高教师和专业人员的专业技术资格水准以及改进教育制度和学校的管理方法。重建教师的职前专业培训；对初等教育教师的继续培训进行检查、发展和系统化。

韩国非常重视中小学教师队伍建设，20世纪90年代韩国就制定了一系列面向21世纪教育发展构想计划和"新教育体制改革方案"，提出"要培养品德高尚的有能力的教员"。1995年，制定中小学教师素养提高和师资培养体制改革十项新措施。如改革教师培养机构的教育课程、改革教师任用制度、改革教师进修制度、实行"能力中心"晋升制度等，推进了韩国中小学教师素质和师资培养体制的发展。

综上所述，遵循教师教育发展的客观规律经济和教育发展的水平是教育制度演变的根

---

① 李茂.奥巴马论教育[N].中国教师报，2009-03-18.

本动力,每一种师范教育制度的运行,都要求与之相适应的基本条件,在哪个层次上培养师资,采用何种师范教育制度,都有历史发展的客观规律可循。美国从20世纪50年代起率先转变教师教育体制,其动因在于,从社会需求角度来看,高等学校入学人数剧增是促成师院转综合大学的直接原因;从师资培训重点的角度来看,美国公众对进步教育运动的批判是促成师范院校转为综合大学的学术原因。人们认为美国的教师教育过分偏重教材教法,忽视普通知识的养成,也是导致中小学学生学习成绩下降的原因。因此,有必要提高教师的学术水平。英国高师教育模式由封闭型向开放型过渡始于20世纪70年代,有鉴于自20世纪60年代中期开始英国的人口出生率下降,导致英国20世纪七八十年代中小学受教育人数减少,师资需求萎缩,进而导致师范教育生源不足,规模发展受到限制;也为了提高师资培养的质量和学术水平,1975年英国政府根据詹姆斯报告的建议改革师范教育,对一百多所师范学院进行了调整,或并入大学,或并入多科技术学院,或停办。到1982年,形成了现行的颇具"混合型"特点的教师教育体系,参与教师培养的有综合大学、师范学院、多科性技术学院等多种机构。很多师范学院亦不再是仅以培养教师为唯一使命,它们与其他多科性技术学院一样,既培养中小学教师,也培养其他方面的专门人才。随后,德国、日本、法国等国纷纷效法美、英,也相继对封闭型的高等师范教育体制进行改革,其方向也是向开放型的教师教育体制发展。

(二)回应时代与社会对教师素质的要求

人类社会正在经历从工业社会向知识社会的转变,知识成为衡量一个国家和社会生产力的主要因素和创造财富的主要资本。科学开始作为直接的生产力。在知识社会中,教师是知识阶层的重要组成部分,教师作为知识的创造者和传播者,具有前所未有的重要地位。教师越来越成为提高科技和教育水平的关键,成为未来创造性变革的推动者。现代科学技术发展的重要特征之一是学科的高度分化又高度综合化,这一特点对教师知识结构提出了新的要求:学科的高度分化要求教师的专业化程度更高,需要提高教师知识的深度;学科的综合化要求未来的教师具有良好的文化素养、复合的知识结构以及在富有时代精神和科学性的教育理念指导下的教育能力和研究能力。

与此同时,信息技术条件下对教师的角色、作用和教师队伍发展提出新的要求,信息化水平已成为衡量一个国家现代化水平和综合国力的重要指标。实现教育的信息化,缩小数字鸿沟,是缩小中国与世界先进国家发展差距的必要抉择。信息化已经引起教育思想、观念、内容、方法的深刻变革。要实现信息技术在大中小学逐步普及和应用,建设一支数量足够、质量合格的具有较高信息素养的师资队伍是关键。实现教育信息化,首先需要提高教师的信息化水平,提高教师的现代信息技术素质。培养掌握现代信息技术的高素质教师是缩小中国与世界先进国家数字鸿沟的有效举措。信息化要求教师要更新观念,转变角色,具备基本的信息技术技能。信息技术的有效使用能解放教师的教育生产力,让教师有更多精力从事培养人的创造性、个性化劳动,实现因材施教。

从国外教师教育走过的历程来看,从封闭的师范教育体系向开放的教师教育体系转变需要以社会经济的高度发展和高等教育的大众化程度为前提条件。当社会经济高度发展了,教师的待遇改善了,教师的地位提高了,才能保证教师职业具有较强的吸引力,才能保证有更多的优秀人才选择教师职业,才能有利于高师教育人才质量的提高。当高等教育大众化程度提高了,就会有更多的高级专门人才供教师选择录用。国外开放型教师教育体系的建立过程几乎是同高等教育大众化过程同步的。另外，教师在数量上已经基本上得到满足不需要设立专门机构来培养教师，教师的职业可以由具有学历资格的人员公开竞争。

当然，如果仅仅总结国外师范教育发展的历程，探讨师范教育发展的规律性，而不研究本国的实际，断然做出决策，也难以避免盲目崇外或违背规律而行。因为一种制度的产生和完善离不开赖以扎根的适合土壤，否则，这种制度就会夭折。也就是说，尽管高师教育体制的发展有其基本规律可循，但是由于各国民族、历史文化传统不尽相同，所以各国的具体进程和措施也会有别。即使在同一国家内，因不同地区的经济、教育发展水平不一样，教师教育培养体制的改革也不宜强求千篇一律。

（三）以教师职业专业化为取向

教师的发展可分为四个阶段：职前准备阶段，入职适应阶段，获得经验阶段，成为研究型教师阶段。随着教育改革的深入，教师职业的专业化问题已成为教育领域持续引人关注的命题，因此，以教师职业专业化为取向理应成为教师教育学科群管理体制建设中的基本原则。

教师专业发展包含两个层面的内容，第一个层面主要是反应国家教师教育的基本规定，包括国家对教师教育有专门的机构、专门的教育内容和措施；国家对教师教育机构和教师资格有专门的认定制度和管理制度；国家对教师任职的学历规定，必要的教育教学知识能力和职业道德的要求等。第二个层面的内容主要是指教师个体自身专业素养和能力。教师专业素养包括学科专业性，也包括教育专业性。表现为教师的态度、价值、信念、知识技能和种种行为举止需要不断地调整、完善和重新审视。就教师个人的专业化来说，一般包括专业知识、专业能力和专业道德。

教师职业所依据的专业知识具有双重的学科基础，即教师任教科目的学科知识和教育的学科知识，教师既要掌握学科的知识和技能，也要掌握教育教学的知识和技能。这是教师教育长期争论的问题。教师教育在与其他专业教育相同的时间内，很难既达到同等的学术水平又掌握必备的教育教学知识，师范性往往更容易成为强调学术性的牺牲品。而不少人认为，只要掌握学科知识就可以做教师，甚至可以做一个好教师，是否具备教育学科知识则无关紧要。就是在职教师的教研活动、继续教育也多数是研究学科知识。另一个重要原因是，就教育学科本身来说，教育是否是一门科学仍受到人们的质疑。尽管教育学科借助其他学科已建立起一套有一定学术水平和学术地位的理论系统，但从理论到可实践的原则——专业技术，并以此来解决教育教学活动的实际问题还不尽如人意，教育理论与教学实践之间存在着严重的鸿沟。但是，教师教育应该是"学科性"与"教育性"，"学术性"与"师范性"，"学科专业知识、技能"与"教育专业知识、技能"的统一，是学科专业与教育专业的整合。

教师专业能力结构包括：娴熟地驾驭现代信息技术能力；有效地协调人际关系与沟通表达的能力；问题解决即行动研究能力；创新思维与实践能力；批判反思和自我发展能力。教师专业化发展具有累积和连续的特性，贯穿在整个教师生涯当中。过去所学的知识和技能，是现在立身的基础，也是未来发展规划的基础。一个相对成熟的教育专业人员，能够信守教育理想，献身教育事业，以学生利益为前提；强调专业知识与技能，参与专业决定，负起专业责任；行为表现有弹性，能够容忍压力，具有较强的适应性；具有从多个角度观察、分析问题的能力和应用多种教学模式进行教学的能力。教师专业发展的培养贯穿在各个阶段的教师教育之中,不同阶段有不同的培训任务和内容。教师专业化就是教师在专业上具有自己独特的专业要求和专业条件,有专门的培养制度和管理制度。这个过程是教师在整个专业生涯中,通过终身专业训练,习得教育专业知识技能,实施专业自主,表现专业道德,并逐步提高自身从业素质,成为一个良好的教育专业工作者的专业成长过程,也就是一个人从普通人变成教育者的专业发展过程。它是一个终身学习的过程,不断解决问题的过程,是教师职业理想、职业道德、职业情感、社会责任感不断成熟、不断提升、不断创新的过程。

教师的职业道德素养向来都是衡量教师的一个重要标准,在这方面,对教师的要求比其他任何职业的人都严格。古德森提出,人们要求教师既要有技能,又要有专业精神和献身精神,这使他们肩负的责任十分重大。教学首先是一种道德的和伦理的专业,新的专业精神需要重申以此作为指导原则;在新的教学道德规范中,专业化和专业精神将围绕对教学和学生学习的道德定义而达到统一。

如果用一个尺度来衡量教师的话,道德素养是教师职业的第一标准。它之所以比其他素质都更重要,比其他任何职业要求都高,是因为教师做着人类精神文明的传承工作,他们的工作对象是世界上最美丽的瑰宝——孩子,有敏感、稚嫩的心灵,有不可估量的天赋,有无限发展的空间,有强烈的追求真、善、美的愿望,人类的智慧、人类的善良、人类的真诚都可能在他们幼小的心灵中蕴藏,人类的所有美好愿望都可能在他们身上实现,他们是人类的希望,是人类的未来……而我们教师承担的就是培养他们的重大责任、神圣责任,所以教师必须要有高尚的道德素养。

第二节 职前教师教育学科群的统合

一般来说,管理体制的核心是管理机构的设置,因为各管理机构职权的分配以及各机构间的相互协调状况和性质,将直接影响到管理的效率和效能,在整个管理中起着决定性作用。我国现行教师培养机构主要由独立的高等师范院校和地方教育行政部门所属的教育学院为主承担,其基本思路是采用职前职后双轨制的设计,职前由师范院校为师范生完成知识的储备,此为一轨;职后的教育学院为在岗教师传授一些临时性的补充知识和技能,此为另一轨,两轨并行互不交叉,各自独立进行。显然,这种设想带有突出的计划经济色彩,尤其是随着社会的发展,知识爆炸式增长,这种教师培养体制因其封闭的特征阻碍着教师教育质量的提升,也制约了我国基础教育事业的发展。本书以教师教育学科群替代教师教育学科,这一命题的提出本身便意味着需要对教师教育管理形式进行统一整合。

一、明确学科群建设的目标和任务

就教师的成长来说,职前的培养为其从事职业生涯打下一个系统的基础,对其整个人生具有重要影响。这就使教师教育学科群的管理体制,显得极为重要。学科群建设的首要任务应是确立目标。教师教育学科群建设的目标应是将各个分散的独立的学科整合到一个框架之内,使之系统完整地促进一个师范生转换为一名合格的初任教师。

所谓学科,乃是一定历史时期的人们将人类文化按科学分类,形成基本原理与知识,古有希腊的"七艺"、中国的"六艺",今有数理化、文史哲,不一而足,人类的学科演化至今，已多至上千门，有关教师的培养也是其中一门，以前我们将其称之为师范教育，随着教育事业的发展，师范教育正在被教师教育所取代。按说，师范院校只需办一个"师范科"才算是务正业，却为什么还要开办很多别的学科？这是因为人们认识到，一方面，要成为一名老师需要学习和掌握多方面的知识和能力，需要相应地开设多门学科；另一方面，迄今为止的学校教育主要施行的是分科教学形式，必须由掌握相关学科知识的人员才能胜任教学任务。因此，今天许多师范院校俨然已演化成一所综合性大学的学科格局，实事求是地说这是培养合格教师的必由之路，也是教师教育发展的必由之路。我们说，师范学校的基本使命就是培养一个又一个合格的初任教师，这话应属不谬。换言之，师范院校扮演的角色就是一个初任教师的缔造者。问题在于，师范院校中林林总总的这些学科，究竟是如何作用到一名初任教师缔造过程中的？这无论是在师范教育抑或是教师教育学科管理中，都应该是需要研究的核心命题。

目前师范院校的学科发展状况，可以概括为两大特点：其一是门类多，其二是不平衡。据不完全统计，目前我国师范院校中开设的课程多达数千门，几乎涉及现有绝大部分学科，这固然是我国教育发展尤其是教师教育发展的重大成果。但是，这些学科之间也存在着发展不平衡的情况，部分学科在所属学科领域强势突进，地位突出，与此同时，相当数量的学科严重落后于本学科的发展水平。就总体而言，我国师范院校的学科发展脱离实际的状况比较明显，可以归结为学术性不深、师范性不强。学术性不深，是指师范院校设置的一些学科专业化程度不够高，以至于在一些课堂上演绎的教学内容不仅严重落后于本学科的发展，甚至落后于学生的知识，这样的现象在今天的师范院校校园里已非个案。有论者提出，师范院校因其师范性的特点会影响其学科发展的学术性，遂引出"师范性"与"学术性"的讨论。若说这些学科确因强化了学生的师范素养而牺牲了一定的学术水平，尚可理解，问题是，这些学科的发展现状不仅不能追踪本学科的前沿，更对这些学科的内容如何进入基础教育领域不知所然，尤其是如何让即将步入教师岗位的学生理解这些学科知识与认知发展的关系和规律，不知其所以然，这就是其师范性不强的表现。学术性不深、师范性不强，不仅阻碍了教师教育学科发展水平，也严重阻碍了师范院校自身的发展。

毋庸讳言，导致上述问题的原因是多方面的，现仅就师范院校学科管理体制而言作进一步分析。目前教师教育学科管理中普遍存在着异化的现象，表现为：

（1）学科设置的盲目性。近年来，一些师范院校为了上等升格，在学科管理中制造了许多学科泡沫，其学科设置的依据不是出于师范学生培养的需要，而是以所谓的院校升格标准为目标，盲目攀比，匆忙设点，学科质量缺少保证。

（2）学科设置的随意性。学科设置的基本原则是学科自身人、财、物等诸要项储备积累的结果，想当年清华设立国学院，不是一时心血来潮，也不是追求时尚，而是召集了梁启超、王国维、赵元任、陈寅恪等四大国学导师，在吴宓这样的杰出组织者带领下，形成了一支卓越的师资团队，从而影响了中国半个多世纪。若论师范教育，当年的辅仁大学及此后的北京师范大学之所以声誉隆起，毫无疑问与老校长陈垣对师范学科建设的高度重视是密不可分的。而华东师范大学教育学科的地位，则与刘佛年校长的眼光与布局紧密相连。反观时下一些师范院校的学科建设，因人设科、因权设科，甚或因关系设科的现象时有所见。正因为如此，这些学科的命运也摆脱不了因学校领导换任或学科负责人变更而被任意裁撤的结果，最终既伤害了这些学科本身，也伤害了教师教育事业的发展。

（3）学科设置的低效性。由于上述原因，目前师范院校设置的学科普遍存在效率低下状况，如时下师范高校中多设有市场营销、新闻广告、城市规划，乃至于旅游管理、土木工程、会展经济等专业，这些专业所依托的学科很难对教师教育学科建设起到辅助促进作用，就其在师范院校中的自身效率而言并不高，而对教师教育几无影响。

（4）学科设置的异化。如前所述，师范院校的性质决定了其学科设置的原则，那就是有利于师范生顺利走上教师岗位，有利于教师教育学科的壮大，有利于师范院校自身的可持续发展。令人遗憾的是，目前师范院校学科设置中普遍存在着异化。首先，表现为追求学科自身的利益。由于历史的原因，各师范院校在发展过程中逐渐积累起了一些自身的强势学科，与之同时也不可避免地存在着一些弱势学科，这本是事物发展的一般规律，师范院校应在推进教师教育学科建设中稳步调整和充实这些学科，师范院校的性质决定了它既不是文学院，也不是理学院，更不是城市学院，而是教育大学。然而事实状况却是，我们看到一些师范院校，不是以"教育性""教育学科""教师教育"作为其学科发展的第一战略选项，而是维护一些强势学科的既得利益，美其名曰"做大做强"，如此本末倒置，其师范性必受削弱自不用说，那些所谓的强势学科终不可能真正强大，它们在壮大的同时也走向了分解，因为那些所谓的"强人"一旦强势成功之日，便常常成了那些综合大学猎取的目标，近年来不断发生在一些师范院校中的案例早已说明了这一切。这倒并不是说师范院校注定比别人落后，更不是基于反对人才流动的狭隘视野，而是由师范院校和综合性大学的分野所决定的，其背后起决定作用的是一个更大的管理制度。其实，既作为师范大学，也在一定程度上享受着同一体制的某种庇护，比如提前招生、免费师范生、学科扶持以及毕业生就业等方面都可能比别的高校占有一定的优势，作为师范大学应该考虑的是如何将这种优势化为办学的强势和特色，让未来的教师如何更自信、更从容地步入职业岗位。其次，表现为以分割的学科为终极目的。本来师范院校作为独立的法定办学机构，根据国家规定和学校自身的需要设置何种学科或者如何调整学科布局，都无可厚非，问题在于这些学科如何统整到师范性上，即师范院校设置的主要学科应服务于师范生能力和学识的提高，使他们早日成为一名合格的初任教师，顺利走上教师岗位。从这样的角度来检讨当前师范院校的学科现状，情况令人担心。现在师范院校中绝大部分学科，不仅没有把师范生的培养列为学科发展的基本前提和重要任务，并且学科分割、各自为战的趋势愈演愈烈，以至于事实上越来越趋近于综合性大学的相关学科，满足于不上不下、不高不低的学科专业地位，唯独缺失了师范的基本属性。谓予不信，且看今日国内的师范高校，几乎每所学校都能列出数量不等的所谓强势学科，有的师范大学称自己的文科是高度，有的称自己的理科是强势，也有的称自己的工科是特色，还有的称自己的某一学段教育是权威，更有挂名师范大学的高校自命为综合性大学，等等，遗憾的是我们唯独不见任何一科优秀的学科教师是有相关院校培养的，也没有听闻优秀老师都是那些综合性师范大学造就的。可见，师范院校内自命不凡的这些了不起的学科若不是水准平平，便就是脱离了师范属性，而后者恐怕更是问题的症结所在。

如前所论，师范院校之所以设置众多学科，其目的首先不在于使这些学科在本学科领域内确立鹤立鸡群的地位（教育学学科除外），而在于培养合格的初任教师。师范院校设置的一切学科，应有利于把一名普通的大学生培养成一名符合一定社会需要的、胜任一定学校教育教学工作的教师。这既是教育的内在要求，也是由师范院校固有的属性所决定的，因此它应该是教师教育学科群管理中的一项基本原则。这就需要我们从管理体制入手，调整师范院校的学科布局。考虑到师范院校现实的处境和历史的沿革，虽不宜据此裁撤既有的无关学科，却亟须建构统一的教师教育学科群，以统整既有的相关学科，充实创建必需的学科，使之积极主动地服务于新教师的培养。应该说，这也是由师范教育转变为教师教育的一个基本前提。

事实上，人是这个是世界上最复杂的存在，因此教育才是这个世界上最复杂的现象之一。分科的知识观是人类认识世界和自身的初级阶段，随着人们认识的深入，它更需要我们从分科走向综合，从简单走向复杂，这也是由人的复杂性和教育的复杂性所决定的，同时也是师范院校因应教育性和师范性的必然选择。

据此，可以提出教师教育学科群的管理任务：以职前师范生成长和发展需要为出发点，整合相关学科力量，为基础教育打造一支适应时代需要的、高水准的合格初任教师队伍。其中，学科群的机制并不是取消既有的学科，也不是撤并原来的学科，而是在明确的培养目标引领下，将原来分散的、各自为战的学科力量在一个新的机制下整合为一个全新的运作体系。这里，培养目标是管理任务确立的前提，它既反映着职前师范生成长与发展的需要，也反映着社会对初任教师的时代特征，包括更高的学历、更强的能力、更扎实的学科素养、更开阔的眼界、更现代的教育观念、更优秀的道德修养，等等。而管理任务的重点恐怕还是如何确定相关学科以及相关学科以何种机制作用于培养任务。由于各师范院校的历史、传统不尽相同，各地基础教育的发展水平参差不齐，因此，这里提出的学科群之管理任务的重点均需作因地制宜、因校制宜的深入研究。

需要进一步指出的是，这些目标和任务应让所有参与学科建设的成员充分了解，认识集体的目标、团队的任务以及个人的职责。这就需要对规划中的目标及各分项任务进行系统的分析，在此基础上将任务分解到相关院系和组室及至每一个个人，使每一个成员认清自己在全局中的位置，了解各任务之间的关联，从而提高建设绩效。与此同时，应建立起完成任务所必需的保障机制，诸如人员、经费、设备、资料、培训考察以及奖励等条件，形成以任务为中心合理配置资源的有效机制。

二、加强学科群建设的实施检查

教师是创新人才培养的直接实施者，教师是否有适应知识经济时代要求的学生观和教学观，是否有创造性教学的意识和技能，是否有处理信息、更新教法的能力等，直接关系到学生创造性思维与创造力的培养成功与否，因此，对教师的教育教学观、教学方式方法、课堂教学效果等进行培训是创新人才培养评价中不可缺少的重要内容。1996年，第45届国际教育大会以"加强变化世界中教师的作用"为主题，提出通过给予教师更多的自主权和责任提高教师的专业地位；在教师的专业实践中运用新的信息和通讯技术；通过个人素质和在职培养提高教师的专业性；保证教师参与教育变革以及与社会各界保持合作关系。[①] 为此，加强学科建设的组织实施，尤需从课程入手，加强职前教师培养的针

---

① International Bureau of Education (IBE). *Strengthening the role of teacher in a changing world: issues, prospects and priorities*，1996. ED. 96/CONF. 206/LD. 4；ED/BIE/CONFINTED 45/3

对性。

毋庸讳言，师范院校不可能直接培养诸如特级教师这样的优秀教师，教师所要具备的专业化能力也不可能完全在职前培训机构中获得，这方面有个经验积累过程。一个教师成为特级教师，这是同他走上工作岗位后努力工作，不断学习，积累经验等分不开的。但如果他在职前培训中受到良好的科学教育，为他进一步掌握教育规律打好了坚实的基础，那么这对他的进步显然会更有利一些。因此，在教师教育学科群管理体制建设中，应高度重视课程设置。

目前教师教育学科群中知识类学科教育存在着两个"脱节"：一是师范院校的知识类学科教育课程与中小学一线的学科教育实践存在一定程度上的脱节；二是师范院校内课程教学的一般研究与特定的知识学科教学之间存在脱节。这就有必要借鉴 MBA 课程管理中的案例教学和情境教学，可以组织师范生观摩名师课堂教学，体验真实的教学案例，也可以邀请名师走进师范生的课堂，创设真实的课堂教学环境，并给予师范生直接的指导。实践是教师发展的基础和生命，师范院校要把对实践能力的重视提升到与理论研究同等的地步，要把学科特点与一般课程教学理论结合起来。高水平师范大学尤其要大力培养和支持那些既具有中小学实践经验又具有师范院校教学经验的教师教育工作者。此外，鉴于学科教学论课程应用性和实践性较强的特点，选聘一批教学经验丰富的中小学教师，在承担实践教学指导的同时，参与师范生课程教学、论文撰写等教学任务。

各学科管理部门对学科群建设规划与执行状况负有检查监督之职责，就一般而言，包括学科群建设过程中科研进展、教学状况、经费使用、图书教材、设备资料以及人员结构、梯队建设、学术交流等，对相关工作应按期进行检查评估，及时发现和处理规划执行中的新情况、新问题，并适时调整和修订工作目标。在此期间，学科负责人应进行阶段性的总结，以形成学科群建设的基本依据。

上述内容因其地位的重要性，一般都能在实施过程中受到重视。需要特别指出的是，从师范教育到教师教育，它原本不是一门以基础理论研究为主要任务的学科，而是一门以指导实践为基本性质的应用性学科，因此学科管理的重点应在于教学与人才梯队。作为对教师教育的发展，教师教育学科群自然而然地继承了前者的基本使命。换言之，教师教育学科群理应以实践为取向，以教学为核心，以教师梯队建设为基础。

众所周知，科研和教学是学科水平的两大支柱。目前，教师教育学科水平有待提高或是事实，其主要原因究竟是科研论文不行还是教学水平低下，这需要我们采取实事求是的态度，对现状做认真客观的分析。若论科研论文，全国师范院校每年生产的论文，不说浩如烟海，至少也是汗牛充栋，唯教师教育地位依然如故，由此提示我们需要进一步审视教师教育学科群中的教学状况。

在今天的师范院校，其教学任务主要由教学人员承担，而教学人员又被分成三六九等，其中教授的教学任务主要是面向硕博研究生，本科生的教学则主要落在讲师和部分副教授身上。由于博士毕业生进入基础教育领域的人数相当有限，因此为基础教育培养的任务事实上主要落在讲师和副教授身上。也就是说，作为师范院校最优秀的教授群体基本上不参与职前师资的培养，游离于师范院校的基本属性之外。这可能部分地说明了教师教育质量不高的原因。此其一。

目前职前师范生的培养，一般安排一定的知识学习和适当的教学实习，其背后蕴含着这样的假设：初任教师的能力可以还原为一定的学科知识加上一定的教学经验积累，其中学科知识主要通过所选专业的教学予以落实，而职前教学经验积累主要依靠教学实习完成。为了满足师范生个性特征与多方面发展的需要，一般现在多将师范生必须习得的知识通过通识教育、学科基础、教师教育、教学实习等几个环节，以学分形式进行教学管理。这看似完整且富有灵活性，然而实践中却不免机械。从大的方面看，一名职前教师的培养问题就此被分解为两个近乎不相干的独立部分完成，前者依附学科的原则，后者虽意在解决实践问题，其合格与检验却并不取决于实践单位的评价。依常理实习单位很少会对职前实习的师范生给出不合格的评判，理由很简单，评判和用人不统一，实习单位并非用人单位，完全不必为师范培养质量负责。而作为负责职前培养的师范院校一般也不愿意这种情况的出现，否则便意味着自身培养不力并须让师范生重新回炉，这无疑会引来自身形象和师范生方面的双重麻烦，因此，在师范院校培养计划中举足轻重的实习很容易变成一种认认真真走过场的表演。

再看知识传授过程中的教学工作。虽然通过学分的管理形式，学生有了一定的选择自主，但由于各学科本身是各自独立互不沟通的，遵循着各自的学科逻辑和学科标准，这就不只导致了不同学科之间评价标准的巨大差异，教学质量在不同学科之间落差悬殊，更重要的是这种各自为战的教学组织形式，重知识传授轻认知规律，加之前述师范教育学科发展状况的特点，其结果是师范院校学生的学科知识水平常常落后于综合性高校学生的水平，而作为师范学生应该掌握的学科知识与认知规律之间关系却鲜有收获，这后者恰是教师教育学科群教学管理体制中的重要命题。另一方面，现有教师教育学科群课程设置中确有通识教育内容，但是由于没有明确统一的目标和要求，虽冠以通识名义却很可能在临床教学中演化为一种变相的自说自话，在实践中它很可能脱化为哪个老师有能耐、哪个老师有兴趣，就可以多开一门面向师范生的兴趣拓展课，它和将学科知识和通识教养以及教师教育实践相统整的教学设计相去甚远。

这就需要加强教师教育学科群实施过程中的管理。首先，需要明确职前教师培养的具体目标和要求，包括学科知识的要求、通识教养的水平、认知科学的基础、教育教学行为的基本理解与基础能力要求等，并据此建立具体的、可操作检验的职前教师知识能力水平要求。其次，确立以职前教师培养为核心的学科群建设目标，统整与这样的目标相关的既有学科，调整充实必要的学科，使之形成一个以职前教师培养为核心任务的主干学科群。再次，形成一个职责明确、分工合作、结构稳定、有机协调的学科群运作机制。学科群不是学科，也不依附于一个学院，有必要在学校层面形成一个新的管理架构。既往的各类学科建设工作其管理主要落在学院层面，从实践状况来看，学院对于所属学科技人员情况熟悉，其管理比较有效。但另一方面，限于视野和利益的关系，学院层面的管理常常难以摆脱本位主义的窠臼，这是学院这一管理体制的一般特征。由于新的教师教育学科群赋予了特定的功能，这就需要思考如何施行有效的管理。其思路无非两条。一种是依托某一学科为主形成新的管理功能，由于所有的知识学科如文史哲、数理化都天然地带有学科自身的局限性，明显不适于引领教师教育的统整管理，因此一般倾向于由师范院校中的教育学院一类的机构引领统整。问题是，在各师范院校管理体制中，教育学院与文学院、理学院、艺术学院等等，处于同一管理序列，这就面临着谁管理谁、谁领导谁的问题，在实践中难免出现各种推诿扯皮现象，带来管理中的困难和矛盾。

另一种就是，在学校层面形成一种新的管理架构，以统领整个学科群发展。从有利于教师教育学科群建设的角度出发，这似乎是一种必要的管理策略。目前国内师范院校中，北京师大、东北师大以及西南大学等均已设立了"教育学部"。所谓学部制，是指高等院校内学科相近的不同学院被整合在一起，形成超越学院层次的更高起点、更高标准、更高要求的一种开放式跨学科组织，其性质是一种院务会议领导下的学术指导、科研组织的协调机构。设立教育学部，就是把师范院校内与职前教师培养关系密切的相关学科整合在一起，形成一个新的、更高规格的管理层级，以统一协调原本分散在各个学院内的职前教师培养工作，从而更好地促进教师教育的发展，为基础教育培养更多更好的初任教师。教育学部建立后，原有学院可以保持既有格局。学部则被赋予新的管理职能，包括制定教师教育学科群发展的宏观规划；协调学部所属各院系的工作；统筹重大科研项目，组织建设跨院系交叉研究机构；督促所属各系落实学校、学部制定的政策、规划、规定等；负责人才队伍建设和学术建设。

三、组织学科群建设的考核评估

考核和评估是学科群建设顺利进行所必需的手段。这就需要建立科学的考核体系，形成考核评估的基本原则，如公平、公开、公正原则，定量与定性相结合原则，发展性与结论性相结合原则等，并在此基础上建立合理的奖惩考核机制，以促进考核评估效益的最大化。

应该说，从师范教育开始，我们对教师教育学科并不缺少考核和评估，这是由于考核评估对于以这个学科建设和发展起着不可替代的管理作用。20世纪90年代，国内师范院校拥有教育学一级学科的院校只有三所，目前已发展到十来所，数量的变化，或可证明教师教育水平的发展，亦可见考核评估所产生的管理效应。

需要研究的是，怎样的考核评估才是教师教育发展的根本。今天几乎所有的师范院校的教师教育学科都有一整套完整的考核管理办法，如果对这样的考核作一个再评估，应该可以概括为两个特点，一是有一定成效，二是科研导向强烈。改革开放以来，师范院校为中国基础教育培养了数以千万计的中小学教师，学科层次亦如前述得到了快速发展，这些教师教育领域所取得的成绩，应予充分的肯定。本来，学科考核意在促进学科的发展，这是常识，因此教师教育考核评估中的科研导向无可厚非，事实上，从各个学科的横向比较来看，教师教育学科的水平不是太高而是不足，这也是教育学科地位有限的深层原因。问题在于，教师教育的考核评估过于强调所谓的科研，科研又被窄化为课题、论文、评奖，由此导致考核评估给教师教育学科的健康发展带来了负面影响。

无论是教师教育学科还是教师教育学科群，其任务是培养和打造合格的教师。从知识习得的角度来看，教师的知识可以分为三类：通过知识传授和个人学习得到一般的学科知识；通过教学传授和行为临摹得到的操作性知识；通过个人实践揣摩得到的一种内化了的默会知识。如果说前两种知识可以通过职前培养获得，那么后一种作为特殊的、内隐的知识，完全是一种非常个人化的知识。这种知识只能靠漫长的教学经验的积累。由此可见，教师教育学科的性质不是一种基础理论研究，某种程度上它甚至也不完全是一种应用理论——既不存在一种放之四海而皆准的教师培养理论，更不存在一种依靠一定的理论便能成功培养出合格教师的实践形态，陈景润、启功等不成功的基础教育执教经历便是明证。

迄今为止，全世界最优秀的师范院校只能缔造合格的初任教师，而全世界最优秀的教师却几乎没有一个是由师范院校造就出来的。教师教育学科的这个悖论或许是学科本身难以摆脱的一种宿命，却不足以表明教师教育学科的无足轻重。可以说，正是教育实践的复杂性，更需要我们从理论到实践不断探索教师成长的规律。

如果上述分析或属不谬，则教师教育学科群的考核评估便应更多地关注实践性的问题。具体而言，首先是针对职前教师的学科教学问题。即在教师教育学科群的评价体系中应着眼于职前教师学科素养的提高，进一步加强学科教学质量。应研究建立相应机制，使师范院校的教授、博导主动承担面向职前教师的教学任务，鼓励优秀教师为师范生开课，在考核评估过程中增加教学的权重。既然师范院校承担着职前教师的培养重任，它就有义不容辞的责任为师范生提供最扎实、最基本的学科知识；既然师范院校在教师成长环节中的作用有限，它就更需要倾力为未来的教师奠定厚实的学科素养。因为，在林林总总的教师素养中，学科素养可算是教师的首要素养。其次是研究教师职业实践的问题。应总结研究基础教育领域成熟教师，尤其是优秀教师的成长个案，不断总结梳理充分的、明晰的、有效的合格初任教师要项，使之逐渐转化为职前教师乃至于职后教师培养的基础知识与基本能力水平。事实上，这是教师教育提升自身专业水平的必由之路，也是师范院校立足和发展的根基。需要指出的是，中小学教师的能力知识素养是一个历史的概念，既有其相对稳定的成分，如道德修养、敬业精神以及教育学、心理学方面的知识与能力等；也有其时代发展的要求，如知识的数量、学历的水平、综合的能力、信息获取与管理的素养等。一个显著的案例就是，以前小学教师的任职学历是中等师范、初中教师的任职学历是大学专科，高中教师的任职学历是大学本科，今天小学教师中有了硕士研究生，而博士毕业生在中学任教业已不是什么新闻。其实，学历本身并不说明一切，钱穆没有读过一天大学，却成为一名公认的国学大师，常年在大学执教，这样的案例在学界并不鲜见；而今天的一名文科博士生，其眼界学时也未必胜于民国时期的一名中学生。这就提示我们，职前教师的培养，重要的不是学历本身，而是21世纪的一名教师所应具有的内在品质。这才是教师教育学科群考核评估所应遵循的根本原则。正是基于这样的认识，上海师大在教师教育学科群建设中所探索的"3+3"培养模式，有其特殊的价值和意义。

第三节 职后教师教育学科群的提升

进入21世纪以来，知识更新不断加快，新知识层出不穷，以至于有论者提出一名本科生在校期间接受的全部知识在其毕业时约有四分之三已经被更新。与此同时，越来越多的研究表明，从初任教师到合格教师、再到优秀教师，教师自身的知识结构不断发生着重组变化，其中学科类的显性知识的权重在逐渐下降，而教育学、认知科学方面的隐性知识权重在逐步提升。目前，这种内化的隐性知识的获得与积累主要依靠教师个人职后的努力，它总体上处于一种自发的、自觉状态，也就是说积累多少和优劣如何近乎是教师个人的专业自觉。这就是为什么我们说，一个有资历和创造性的教师主要不是师范院校完成的，而是在专业教育教学岗位上造就的。教师教育命题的提出，本身便是基于职前职后相衔接的教师发展一体化认识。这就提示我们，教师教育学科群理应向职后延伸，这既是教师成长的要求使然，也是师范院校服务基础教育、提升办学水平的需要，只有提高教师继续教育水平,才能真正满足和提高教师教育质量。

一、职后教师教育的认识与管理

作为一种创新的学科形态,教师教育学科群建设不应停留在师范院校内部既有学科的分分合合上,而是放眼于教师成长的实践环境,创新管理形式。

(一)职后教师教育的内容与性质

如果说,职前教师教育的主要任务还在于文化知识和学科知识的培养上,那么,职后教师教育的核心便应着眼于教育专业知识和实践知识的发展,进而加深教师对教育、教学行为的理解与认识。杜威早在《经验与教育》一书中就曾指出:"为什么教师要熟悉心理学、教育史和各科教学法?这主要有两个原因。一种理由是,他能凭借这类知识观察学生的反应,迅速而准确地解释学生的言行,否则,学生的反应,可能察觉不出来;另一个理由是,这些知识是别人用过而又有成效的方法,在需要的时候,他就能够凭借这些知识给儿童以适当的指导。"[①] 可以说,心理学、教育学等专业知识能帮助教师更了解学生,更有效地指导学生。如果说学科知识解决的是课堂上学习什么内容的话,那么教育专业知识就是解决怎样对待学生和学生的学习以及如何组织学生学得更富成效的问题,因此它也是教师内化个人实践知识的基础。

教师的实践知识是教师在教学过程中逐渐积累起来的,这一部分知识不像其他知识一样是共同的,往往带有个人色彩,是最具个人特点的知识,也可以称它为经验性的知识。每一个教师摄取的知识营养不尽相同,对知识的理解也总是融进独特的视角,所遇到的学生更是千差万别,采取的教学方法、形成的教学风格也不可能完全一样。所以教师的实践知识总是以独特的形式表现出来。不管从古今中外的许多大教育家身上,还是从我们身边的一般教师身上都不难总结出这一点。教师与学生的关系,绝不是知识传递关系,哪怕这一节课任务就是让学生掌握某一个知识,也绝不是老师从书本上搬家一样直接送到学生的面前即可,它必须融入教师自己独特的理解,没有教师的透彻理解很难有学生的透彻理解,以其昏昏使人昭昭的事在教育上是难以发生的。在教师深刻理解的基础上,教师还必须考虑授课的方法,这中间的途径就不止一条了,至于采取什么途径,既取决于教师的好恶,还取决于知识的难易程度、学生的接受程度以及教学资源的承受能力等一系列因素。即使是一个教师,教不同的学生也会采取不同的方法。取舍之间,包含着非常丰富的实践知识。这种知识很细微,也很微妙,教师需要不断地反思,不断地改进,这样才能形成正积累。

(二)着眼于教师专业提升的培训制度

职后教师的培训制度早已有之。最初,职后教师的培训主要是由地方教育行政部门所属的教师进修学校(院)承担,其形式多是教学观摩、教材的分析与教学方法的研讨,其中一些省市的教育学院还承担着部分的学历培训任务。近年来,由于教育行政机构的改革,绝大部分省市教育学院相继撤并,其功能分化的分化,削弱的削弱。如原先的学历培训工作基本上转入当地高等师范院校,而教学业务进修工作则部分地转入区县一级的教师进修机构,由于这些机构师资力量有限,以及由课程改革所引发的教育教学理念的转换,

---

① 〔美〕约翰·杜威.我们怎样思维·经验与教育[M].姜文闵译.北京:人民教育出版社,1991:229.

这部分培训内容几无质量保证。从形式上来说，目前虽有"240""540"（在规定的年限内要求相应的教学人员完成240学时或540学时的进修任务）之类的制度规定，但由于上述原因，这些培训形式化倾向日益严重，常常在实践中异化为观摩一些反复排演的公开课，发表一些不着边际的议论。毫无疑问，这样的培训其结果可想而知，与教师的专业化风马牛不相及。

由此，对师范院校提出了一个重要的课题：是否参与地方的教师职后培训？以何种组织形式参与这种培训？从师范院校的性质、从教师教育的定位，答案是显而易见的，师范院校唯有参与到职后教师的培养才能真正奠定自身安身立命的基础，才真正从师范教育上升为教师教育，否则教师教育与一个时尚的口号并无二致。如果说，师范院校尚有迎接这种挑战勇气的话，那么真正的困难恐怕还是在于如何确立一种适当的制度以回应这样的挑战。这确乎需要师范院校进行制度创新。目前师范院校的管理架构主要是基于职前教师培养的假设而建立起来的，因此在其管理体制中很少有职后教师培养的机构，当然也就不存在相应的管理功能。少部分师范院校虽设有一些职后教师的管理机构，但其着眼点并不是基于系统完整的教师一体化成长需要，而是用以应对源自实践中纷乱无序的培训任务，这就需要师范院校站在教师教育职前职后一体化建构基础上，统筹思考职前职后教师培养的任务，平衡设置机构，积极拓展职后的教师培养。在此基础上，主动与地方教育行政部门沟通合作，设计与探索同地方乃至基层中小学合作培养职后教师的有效机制。

结合师范院校的现有基础，可以在海外研修、国培或地培计划、专题研修等方面积极探索新的管理体制。

随着教育事业的发展，尤其是教育经费投入的增加，教师职后培训的形式日趋多样化。近年来，一些教育发达地区不断探索教师职后成长路径，将一批优秀在岗教师送至国外参与培训，其形式主要有两种，少部分是学历提升，多数是实习进修，包括教学观摩、课件材料制作准备、临床教学实践等。

案例　教师出国培训为何效果不佳[①]

近年来，中小学教师出国交流、培训的机会越来越多。老师们走出国门，丰富了经历，开阔了眼界，给课堂带来不少新的气息，但"水土不服"现象也时有出现。

交流成"秘密外交"。前些年，国家对英语教师出国培训加大力度，名额大多是由教育主管部门分配到学校，然后由学校择优选派。学校选派容易出现不公开、不透明的现象，造成学校领导以及教师间人际关系紧张，甚至引发矛盾。鉴于此，有的学校只好不公开培训名单，由学校领导与英语教研组秘密操作。以这样的方式出国培训、进修者，回来后一般都刻意低调，不会在教师大会或教研组会上"交流"，而其他老师也不太愿意主动去了解他们的"最新交流成果"。这样的交流有什么作用呢？即便有正面效应，也在领导和参加培训交流的教师个人那里，并不会对学校、教研组产生明显影响。

培训如"鸡同鸭讲"。我曾在美国纽约一所教育学院偶遇一个中国中小学校长培训班。该班一行25人，有12位中小学校长，其他的都是局长或其他什么长的。这个培训班还是挺动真格的，周一至周五听六个报告，参观三所学校，最后还有一个总结会。然而，这次

[①] 参见：陈智勇.教师出国培训为何效果不佳[N].文汇报，2012-09-27.

培训的效果却不好。我们不妨来近距离看一个培训场景，或许就能找到答案。

场景：关于学校领导力的报告应该是校长和局长们感兴趣的，但意外还是发生了。

一位中国校长问美国校长最关心什么，教授想了想说，一是校长现在被要求对学生成绩负责，一是安全问题。教授说她当小学校长时，有一些家长拦校车或随意进校接孩子，存在安全隐患。为此，她召集家长、保卫、教师及学生代表开会，提出三条大家共同关心的安全问题，并经过讨论，建立制度，然后照章执行。中国校长们对此露出不屑一顾的神情，有位校长说："这事，我一句话，简直小事一桩。"弄得教授都不知道如何继续授课了。

这样一个组织到位的培训为什么没有收到好的效果呢？其实，问题就在于培训项目设置的目标和相应的学习内容错位，美国教授讲的并不是中国校长感兴趣的话题，而中国校长需要了解的，美国教授又答不上来。出国交流培训如何做到更有实效，是一个值得好好研究的课题。

上述案例显示，目前教师海外培训基本上处于自发或半自发状态，它从一个侧面反映了教师职后培养的无序状态。由于这类培训目的不清、组织混乱，因此成效不尽如人意、取不到"真经"也在意想之中。事实上，这样的培训也还避免不了另一种尴尬：即使真的体认了别人的教育思想，学到了别人有效的教学方法，也会由于国情与"教情"的差异，令受训者完成培训之后反倒不知如何面对自己的教学了。面对着这样的海外培训，师范院校有义务自己开发成功的海外培训模式，并向相关政府机构提供积极有效的咨询建议，因为有理由认为师范院校比任何机构都更了解我们自己的教师教育目标，也比任何机构更清楚海外教育学术组织可能供我们学习的长处。

近年来，为了有效推进课程改革的实施，教育部在全国范围内推出了面向基础教育学校（含学前教育机构）骨干教师培养的"国培计划"，一些省市也仿制这一模式设置了以省市为单位的"地培计划"。这些培养计划的实施对于提高职后教师的专业水平起了一定的积极作用。问题是，这些以阶段性项目形式推进的计划，并不以职后教师全面成长为其着眼点，而是基于学科教学任务的落实与完成为其宗旨，其设计先天就带有诸多局限性。加之其后天培训过程的垄断特征，要想借此打造真正优秀的职后教师实属奢望。除个别学科外，目前这些培训计划大多落脚在师范院校，这便为师范院校中试图探索的教师教育格局留有一线希望。若在此过程中，相关师范院校积极统整这些培训计划，使之主动服务于教师教育学科群所确立的目标，从职后教师更全面、可持续发展的角度调整培训内容和形式，相信或可收相得益彰之成效。唯其间的管理体制如何进行审时度势的变革，显示着学科群领导者的智慧。

或可抱有希望的是，目前各师范院校都承接了为数不少的面向基础教育的培训，有校长的、有教师的，有科研的、有学科的，有德育的、有后勤财务的，有班主任的、有卫生保健的，有中学的、有小学的，几乎应有尽有。这些培训，有的是由地方教育行政部门委托的，有的是主动上门寻求合作的，相应地其管理机构也五花八门，有的落在师范院校教务部门，有的落在承训学院，也有的落在成人培训机构，等等。在各个师范院校，这些管理现状有其成立的历史合理性。但若从教师教育学科群建设角度出发、从统整职后教师培训角度出发，似应建立一种机制，将分散在各个部门的教师职后培训统一到一个机构中进行管理,从而可以对教师职后培养提出统一的标准,掌握统一的质量,施行可以调控的管理,通过系列的专题培训,逐步形成教师职后成长的规律和要素。

(三)着眼于教师学历提升的进修制度

截至2010年,我国中小学高学历教师比例为:专科以上小学教师占78.3%;本科以上初中教师占64.1%;研究生学历高中教师占3.6%。[①] 根据2020年我国教育发展的总体目标,小学教师基本具备本科学历,中等学校教师中硕士以上学位占较大比重,两相比较可见,我国在职教师的学历培训任务不轻。从学历提升的层次看,主要分有专升本、教育硕士、硕士研究生、教育博士以及博士研究生等。经过多年的发展,目前国内师范院校的办学规模和实力都有了较大的提升,相信再经过十年左右的努力,实现上述培养要求并非不可能,尤其是就数量而言要完成这一目标不能算是难事。仅就学历进修制度的管理而言,有两方面问题需要引起关注。

第一是教师学历提升的门槛问题。一般教师的学历提升需要按照国家的一定程序逐级递进,如由专科而本科,由本科而硕士,由硕士而博士,这容易理解,遵之执行亦不会有问题。主要是学历进修尚需通过一定的书面考试,其中对升学构成主要障碍的,外语能力位居前列。以研究生招生为例,目前一些师范院校根据国家关于研究生招生的规定,分别确定了外语类最低入学标准,从30分到50分不等。应该说这样的标准已经达到了政策的边界,但是相对于现有的中小学教师队伍,仍是一道不易轻易逾越的门槛。研究生的扩招已有多年,有愿望、有能力通过国家统一考试入学的中小学在职教师基本都考取了,剩下的就是心有余而力不足。事实上,从语言应用的角度来看,30—50分的外语要求水平在实践中不要说学术交流,即使是日常交流都很难真正进行,因此从鼓励学历升级的政策导向出发,这样的管理门槛意义已不大,宜作必要的调整。

第二是教师学历进修模式的创新。显然,从教师教育的定位来看,在职教师学历进修的目的不在于学历本身,学历很高而学力很低,这样的人并不是教师教育的追求目标,因此,教师学历进修的目的与其说是提升学历,不如说是提升学力。从学历到学力,一字之差,其意义却大相径庭。坦率地说,今天这个时代比起20世纪80年代,人们的学历水平显著提高,比起20世纪50年代更高,然而,就同等学力的个体进行比较,却完全无法得出后者比前者在学习习惯和能力、思维品质等学力要素方面的优势。不能就此武断地认为学历可以无足轻重,但是学历贬值的现象确实存在,这或许是时下人们热衷于议论民国时期教育的一个重要原因。分析其中的原因十分复杂,非本书主旨,但对教师教育学科群的管理工作而言确实应该思考这样一个问题,即如何创新在职教师学历进修模式,改变目前教师学历进修中普遍存在的为学历而学历以及学历至上主义的倾向。现有的教师学历进修,基本是按照师范院校相应的全日制学历培养格局进行的,既不考虑职后教师的特点,也不考虑他们在岗工作的需要,有时为了照顾成人学习的特点,还有意降低了一些学科知识要求,其学历内涵引发人们的怀疑也是在所难免。具体而言,需要从教师职后成长的需要出发,调整学历进修的课程内容与培养模式,改变目前学历进修中知识化、理论化、学科本位化的现状,将教师学历进修与在岗专业能力的提升结合在一起,从而真正反映出把培养成本和激励机制体现在在岗教师的长期培养上这样一种教师教育思想。

[①] 刘华蓉,张滢.我国教师队伍整体素质不断提高 高学历比例提升[N].中国教育报.2011-09-07.

二、与地方教师教育管理相衔接

地方教育行政部门是目前教师职后培训的主要管理机构，担负着职后教师专业引领的重任，它理应在教师教育学科群链条中占有重要地位。

（一）职后教师培训的现状

职后教师的专业管理，是作为教师管理的一部分由地方教育行政部门的人事部门所负责。因涉及教师的专业，加之教师人数面广量大，其业务的培训和指导一般被委托给教育行政部门所属的教师进修学校（院）负责。各教师进修学校下设师训、干训、教研以及德育等业务部门，分别具体落实辖区中小学的领导、教师及相关人员的业务培训。这一体制运行多年，总体上配合了基础教育事业的发展。然而，随着教育改革、尤其是课程改革的深入，这一体制固有的一些局限性已越来越难以满足职后教师专业发展的需要。

1. 封闭性

反映在施训人员、受训教师、培训内容以及质量评估等，均表现出明显的封闭特征。以学科教研为例，老师们被分成小学、初中和高中不同学段，有时根据需要可进一步分为小学低年级、中年级和高年级等。老师们参加进修一般是根据学科教研员的组织和通知，其形式多以指定观摩一堂教学公开课，然后老师们各自发表观摩体会，最后是学科教研员总结发言。有时也会进行一些教材内容的学习交流，偶尔请一些外面的专家报告。

2. 功能单一

由于教师进修学校的特殊地位，既难以与师范院校独立合作培养教师，更不可能与海外机构开展合作，加之其先前的学历进修功能已基本上被剥离，因此，目前这类机构对职后教师所承担的培训功能十分单一，既无法提升职后教师的学历，也无法发展职后教师的专业。

3. 以行政化替代专业化

由于教师进修学校本身不是一个独立的办学机构，而直接赋权于教育行政部门，这就难免使其自身带上行政化特点，以至于在职后教师培养过程中受到行政化侵袭，削弱了教育的专业性。一个显著的现象就是，教研员权力的无限放大，仅就与教师教育关系密切的工作来看，无论是职后教师的培训还是职后教师的成长，大大小小的教研员俨然扮演着一个重要的判官角色。

（二）填补教师教育学科群中的管理真空

毫无疑问，上述现状暴露出了教师教育学科群中的管理真空。本来，教师进修学校模式是师范教育体制下，职前职后分离管理的产物。以职前职后一体化发展为认识背景的教师教育学科群，没有理由继续将职后教师的管理置于一边不闻不问。从管理体制角度出发，这里既涉及机构组织又涉及管理权限，情况较为复杂，不宜轻易草率行事。此前，我们有中师范学校撤并的经历，其成败得失尚未得到实事求是的检讨，因此，职前职后教师管理体制的改革不是一撤了之，也不是一并完之，而应作积极审慎的探索。应汲取此前教师教育机构撤并的教训，既不是简单地将地方教师进修机构纳入师范院校之中，也不是无视其培训工作。在现阶段比较可行的思路是，师范院校主动与地方教育行政部门沟通，从教师教育职前职后一体化发展需要出发，为地方教师进修学校提供教师职后培训的智力资源，包括培训目标的修订、培训计划的设计、培训课程的拓展、培训模式的创新以及培训绩效的评估，弥补教师教育学科群管理中的真空。如何统整职前职后教师教育的管理，这是一个大课题，尚需作进一步深入的思考和研究。

综上，由于目前教师的成长被分割成职前职后两个完全独立的环节，各环节独立设计、独立运作、互不干涉，导致教师的专业成长事实上处于一种完全割裂的状态中。即使因职后学历进修、专业培训等需要偶尔使两者发生一定的交叉，也依然是各说各的、各干各的，依然是遵循各自的逻辑前进，这不仅无助于教师的专业化发展，也影响着教师教育学科体系的自我完善，因此从完善教师教育学科群管理体制角度出发，有必要打通职前职后教师培养路径，建立职前职后教师一体化发展的立交桥。

（三）灵活机动的管理创新

上面所说，并不意味着地方教育行政部门及其所属的教师进修机构完全处在消极被动状态。由于它们离教师距离更近，更了解办学的需要，拥有更充分的行政资源，因此它们可以探索更灵活的管理机制，以促进职后教师的发展。

近年来，一些地区为探索教师成长规律，创设教师成长环境，从管理体制入手，加强对名校长、名教师的培养，并相应地建立起了一批名校长、名教师培养基地。这些举措，不失为教师教育的一种管理创新。

这些基地由地方教育行政部门设置，其管理借鉴项目制的特点，一般经历如下一个公开程序进行：首先组织者公布设置基地的名称、性质、目的、任务以及主持人的基本要求，包括德、能、学、识等诸要项，申报者根据上述标准，个人申报、组织推荐，经由组织者召集的评审机构答辩通过，予以确认其基地身份，同时也认同了其培训内容和培养方案；此后再由在职校长或教师以受训者身份个人提出申报请求，上级组织同意，并经基地主持人认同，便成为该基地正式成员；其培训内容以实务为主，形式较为灵活，既包括理论学习与研讨，也包括临床观摩与实践，还包括论文反思、教育考察等，周期一般有2—3年不等，也有长达5年的；其经费主要由受训单位和教育行政部门专项拨款予以分担。

据媒体公开报道，基地培训形式因成效显著，近年来受到广泛关注和高度好评，并呈拓展趋势。

案例　上海市杨浦区"三名"工程建设成效显著[①]

记者日前从杨浦区教育高端人才研修班开班仪式暨"名学校、名校长、名教师"建设工作推进会上获悉，培养特级校长、特级教师，将是杨浦区教育队伍建设的重中之重。

杨浦区目标明确，"教育创新校长班"培养未来的特级校长，"教育未来校长班"培养未来的骨干校长，"学科带头人高研班"培养特级教师，"骨干教师高研班"培养学科带头人。

杨浦教育局长邵志勇说，杨浦区基础教育发展的关键：一是造就一支专业化的八千人的各级各类教师队伍，增加基础教育的厚度；二是打造一支有较高知名度的八百人的领军人才队伍，提升基础教育的高度。

杨浦从2003年起，率先启动了"三名"工程建设，至今已进行到第四轮。十年来，用人、培育、运行和管理机制不断创新，"三名"建设的内涵逐步丰富；实施了"名师

[①] 案例标题为撰者所加。原文参见：苏军.杨浦培养八百名教育领军人才[N].文汇报，2012-10-18.

（校）领衔，组团合作，共同发展"的带教策略；构建了形式多样、层次丰富的专业化教师培训体系与平台；打造了一支由特级教师、区学科带头人、区骨干教师、校教学能手为主体的教师梯队。现有在职特级校长5名、特级教师30名，有市"双名"基地11个，区名师工作室9个、区名校长工作室3个。

在"名校"的引领下，杨浦区涌现出一批教育创新试验学校、办学特色学校和新优质学校，在"名师名校长"的引领下，涌现出一批有思想、有能力、有作为的中青年校长和教师，成为杨浦教育改革与发展的新生力量。

可见，管理体制的创新将带来教师教育"生产力"的极大解放。尤其是，这种"基地"模式的出现，因其贴近中小学、贴近教师、贴近实践，因而对职后教师的成长产生着更为现实的引导作用。这样的管理形式在现实条件下，其积极因素是主要的，应予充分肯定。需要指出的是，项目制管理本身有其阶段性、功利性的局限，并可能因主持人的好恶而带来受训教师视野的狭隘。除此以外，目前这种"基地"培养模式还有两大瓶颈需要突破，一是专业化程度需要提高，二是由身份标签所引发的负面影响。如此，便意味着需要从管理角度打破两个封闭，即基地的设置和管理应走向开放。设置的开放，是指基地应向师范高等院校的专业人员开放，鼓励师范院校的专业人员参与基地内部的领导工作，从而进一步提升培训的专业成分；管理的开放，是指基地应向更多的在职教师开放，降低入口门槛，强化过程质量，提高出口水平，避免因人为分层而挫伤更多老师的积极性。其实，教师是一种实践性很强的职业，其个体的成长不可能一蹴而就，需要一个漫长的摸索过程。全国教育功勋奖获得者、著名特级教师于漪老师，就一再强调自己一辈子做老师，一辈子学做老师，就是这个道理。任何希望通过某种捷径，迅速成功的愿望，从管理角度讲都是不现实的。

三、与校本研修专业发展相匹配

如果是师范院校是教师教育的起点，那么中小学便是教师教育的终点。正因为中小学位处教师教育的终端，是教师专业水平高低的直接相关者，因此与教师校本研修相关的管理制度都应成为教师教育学科群管理体制的重要内容。

（一）创建入职实训制度

教师，是实施优质教育的中坚力量，是完成教学任务的生力军。进入新世纪以来，教师的职业越来越为社会所关注，时代发展的要求对教师提出了更多的期待。新教师不断涌入是教育事业发展的必然，新教师的加盟，既充实了教师队伍，也带来了不少挑战。在这种新的背景下，把好教师入口关，并在新教师从事教育事业的开端，迈好爱岗、敬业、善教的"第一步"，不仅关系到教师个体的发展，而且关系到教育全局的发展。

如何让新教师，尤其是工作一年内的见习教师胜任教学岗位，是教师教育学科群管理体制中的一项重要内容。2012年起，上海市教育行政部门出台了面向中小学、幼儿园的见习教师规范化培训政策。[①] 政策规定，对所有新任教师设置为期一年的见习期，见习期间的老师由经过评审而被命名的"基地"学校负责实施培训，其中在培训基地学习的时间应不少于50%。培训主要根据"职业感悟与师德修养、课堂经历与教学实践、班级工作

---

① 参见：上海市全面推行中小学、幼儿园见习教师规范培训[N].文汇报，2012-04-11—12.

与育德体验、教学研究与专业发展"四个模块展开。培训结束由区县教育学院、基地学校、见习教师聘任学校共同对该教师进行考核，合格者颁发市教委统一印制的《上海市见习教师规范化培训合格证书》，作为教师资格首次注册的依据之一。

为了顺利推进这项改革，上海市教委制定并颁发了相关培训的工作要求（见表9-1、表9-2）。需要指出的是，作为一种职前职后教师教育管理体制的探索，该培训与专业学位教育相衔接，其合格者的规范化培训经历可作为有关师范类高校专业学位学习的实践阶段。该制度的推出，可以说是地方教育行政部门主动回应教师教育发展的举措，其意义重大。但仅就设计来看，也不无遗憾，最主要的是作为职前教师培养机构的师范院校几乎完全被排斥在这一培训之外，这既不利于见习培训质量的保证，也不利于师范院校对自身培养绩效的评估，期待着在未来的体制管理中能够得到改进与加强。

表9-1　上海市中小学（幼儿园）见习教师规范化培训内容与要求

内容	要求
职业感悟与师德修养	● 对参加见习教师规范化培训作出个人规划，写一份个人的参培计划书。 ● 读一本教师职业生涯或师德修养方面的书，写一份读书心得。 ● 完成不少于10篇见习期教师职业生涯体验随笔，包括对实习学校的规章制度、校园文化、备课方式、课堂教学、教研风气、师生关系、学生辅导、教师礼仪、学生群体、学校特色等方面的一事一议一得。 ● 完成包括对教师职业感悟在内的见习教师规范化培训总结。
课堂经历与教学实践	● 在导师指导下通读所教学科课程标准，在教研组内作一次课标解读专题发言。 ● 在通读所教班级教材的基础上，能对指定单元作教材分析与教案设计。完成一个单元的教材分析与教案编写，在教研组内说课。 ● 结合自己兴趣爱好与个性特长，完成一门拓展型选修课的构思与教学大纲，试教一节选修课。 ● 在导师指导下正确熟练掌握教育教学基本功，包括学校常用文体（备课、板书、学生作业批阅、学生评语等）的撰写，学科有关教具的使用和学科基本技能的操练等。 ● 有目的有针对性地对照录像，进行5次自我观课评课，写出自我评课报告；在此基础上，由导师、基地团队、双方学校有关人员分别把关，通过三次正式试教。 ● 除平时随班观课外，有目的、有针对性地观摩10节课，写出观课报告。有目的、有针对性地点评3节其他教师的课，写出评课报告。 ● 结合跟班教学，编一个单元的学生作业，并写出理由。 ● 编一次单元考试试卷，实测后作质量分析；针对有问题学生能采取相应补救措施。在导师指导下完成一次期中或期末考试班级质量分析，并提出教学对策。
班级工作与育德体验	● 就某个主题召开一次班干部会议、一次学生座谈会，就某位学生的某个问题作一次家访（效果分别由班干部、学生、家长评价）。 ● 在导师指导下策划并主持一次主题班会、一次班级社会实践活动（效果由导师、学生分别评价）。 ● 在导师指导下写一份班级情况分析、2位学生个案分析；会写学生学期综合评价评语。
教研与专业发展	● 精读一本导师推荐的专业书，写出读书笔记；还能自学有关书籍。 ● 积极参与教研组活动，主动承担有关任务；在导师指导下策划并主持一次备课组活动。 ● 能在导师指导下，制订一份三年的个人专业发展计划。

表9-2　上海市中小学（幼儿园）见习教师规范化培训基地工作要求

- 承担新教师见习培训的学校，须成立以校长为组长、分管副校长为常务副组长的新教师教育见习培训领导小组，由学校政教主任、教学教导和相关学科教研组长、年级组长作为成员。领导小组负责制订工作计划、确定见习培训内容，遴选指导带教教师，组织教育见习培训，进行见习培训工作经验交流，新教师见习感悟体会互动、对新教师教育见习进行评价等事项。
- 每一批新教师见习培训学校都应制订相应的工作计划。
- 指导教师应负责学科指导和班主任工作指导。每位指导教师所带新教师不宜超过四名。
- 新教师培训须坚持师德为魂。
- 为帮助新教师全方位了解、体验矢志教育，学校要安排有关人员，组织宣讲师德规范、文明礼仪、教学常规、班主任职责、学校三风（校风、教风、学风）以及学校的各项规章制度，为适应教师岗位作好必需的适应性准备。
- 学校须安排政教主任、年级组长、优秀班主任指导新教师学习班主任工作计划的制订、班集体建设、学生干部培养、家访、主题班会、主题活动、社会实践、学生谈心、家长会召开、评语撰写与科任教师协调沟通等。
- 学科指导教师要指导新教师学习学科课程标准，指导新教师听课、评课、备课、编写教案、课件制作、上课、课后反思、作业批改、学困生辅导、编制试卷、质量分析等项内容，须事前指导，事后点评，帮助新教师体验、感悟，提高能力。有关听课上课节数和参加教研组、备课组活动次数应不少于相关规定的要求。
- 学校每学期应向见习教师推荐教育、教学理论书籍各一本。
- 新教师见习培训结束要写见习总结，并组织见习小组交流。
- 学校要组织对新教师考评。

（二）探索校本发展模式

立足于本校的教师专业发展具有很强的针对性和实效性，因此校本教师专业发展模式是近年来教育理论界和实践界广为关注的又一种教师专业发展模式。校本教师发展模式中，专业发展的提供者是学校和教师本人。如英格兰和威尔士的有些学校为校本培训留有固定的工作日。教师和学校领导可以通过定期聚会，以检查目标的实施状况并提出新策略。从校本教师专业发展的经验看，有效的学校发展方法是将自我发展和外部支持联系起来，教师具体和集体的需要由学校领导和教师的对话来解决，而与大学合作计划的教师发展模式，是为了促进和支持集体的发展，让教师超越个人的眼界来看待问题，同时也使他们的学习更具实用性。

学校中的教师由于都处于一个相同的教育环境下，面对着同样的受教育者，需要完成相同的教育任务。尽管教师个体间存在差异，但是这些教师必然会遇到相似的问题，同事间的共同学习与研讨就成了校本模式中最重要的形式。同事间的相互合作与学习，是每个教师成长中最直接的实践资源之一。同事间的相互了解，有利于相互间的扬长避短和共同提高。共同学习与研讨既可以由教师个体提出问题出发，也可以由学校根据教育教学发展的总体需要而设定主题内容。学习与研讨的内容不仅要于教育教学的业务领域，也要涉及学校发展与管理等其他领域。

校本模式是通过学校组织的各种活动进行的，具体的形式可以有组织化观摩、反思教学训练和校内建立新老教师师徒关系，长期合作，以老带新。所谓组织化观摩是有计划、有组织的观摩。这种观摩可以是现场观摩（如组织听课），也可以是非现场观摩（如观看教学录像）。听课对于教师来说司空见惯，但并不觉得有多大效果，这是缺乏效果的观摩方法。因此在组织教师观摩之前，教师应在教研人员和专家的指导下接受组织化观摩的训练。可以从观看录像开始，因为教学录像对教学进程的呈现具有可控性和重复性的特点，非常适合于教师的组织化观摩。教学反思是培训与教学实践结合最紧密的方式，校本模式要重视教师教学反思的训练，让教师掌握教学反思的方法，形成教学反思的习惯。教学反思主要包括具体经验、观察分析、抽象的重新概括、积极的验证四个环节，基本的方法有写反思日记、详细描述、交流讨论、行动研究等。而以老带新就是组织教育教学经验丰富的老教师指导、帮助新参加工作的教师。新老教师相互听课，相互交流教学计划、教学方案，通过老教师的传帮带，使新教师尽快成长，以达到学校教师队伍整体提高的目的。

（三）导入学习共同体

由于教育活动是以知识的保存、传播与创新为依托，使认知活动成为人类生活和个体生命历程不可或缺的组成部分，那么教师教育的目标就是要为教育者提供理解客观世界和生命的价值、意义的知识与阐释这些知识的能力，为下一代在认识、理解、阐释客观世界和自身生命的价值与意义上提供指导。如果我们承认一个好的教师，就必须在道德、品性、知识、技能、伦理等各个方面都符合某种价值标准，符合某个特定阶段的教育的要求，那么一个有利于教师成长的教育体系，就应该保证把大多数受训者培养成在上述方面符合标准的好教师。而要实现这一点，就必须不断充实教师的职业人生，从完善教师教育学科群角度出发，就是努力营造一个职后教师成长的学习共同体。

教师面对的是多姿多彩的人，每个个体都有各自的阅历，他们的家庭、他们的生活、他们的所见所闻都不尽相同，每个人都是一个完整的世界，而且每个人又都是一个独特的世界。教师要想成为他们精神生活的指引者，就需要自己是一个精神生活丰富的人。而精神生活丰富的基础就是有丰富的知识，不仅是专业知识，而且是与专业知识有关的各方面的文化知识。有人强调，教师应该是一个"杂家"，也就是具有广博的科学文化知识，这是很有见地的观点。

首先，教师作为学生精神生活的指引者，必须在学生心中建立起自己的威信，这种威信就是一种教育力量。这种威信不是建立在教师这一身份的权威上，而是建立在教师的思想、见识上。真正的教育者是带着自己的思想接触学生的，也只有这种思想才能变成教育的力量，而这种思想产生的基础是知识。

其次，教师的专业性特点之一就体现在对各种不同知识和理论进行选择、组织、传递和评价，并在这个过程中进行知识创新和增值的专门能力。教师的培养，必须达到对知识和理论非常系统地把握和了解，达到一种融会贯通的程度，不仅要知其然，而且要知其所以然。只有这样，才能够帮助学习者掌握和了解各个学科和领域的知识，解释各种不同的社会与自然现象。显然，教师职业的这种特点，充分说明教师教育需要非常宽厚和综合性的学科基础。[①]

再次，教师作为培养人的人，必须具有丰厚的人文素养，而这种人文素养就来自于丰厚的人类文化知识的积淀。正如美国学者科南特所说："教师们对于我国文化遗产的知识和鉴定应该有一个共同的基础"，"未来教师的普通教育应该是广博的文理科目学术性教育"，其"目的在发展有关一般文理科目领域的学力，使教师在同这些领域的任何一门专任教师的同事谈话时具有一定的信心。不论对小学教师直接关心的是算术或比较简单的科

---

① 谢维和.我国教师培养模式的制度改革——兼评当前高等师范院校的改革与转型 [N].中国教育报.2002-03-02.

学或社会科学,他也应该知道在前面的道路究竟是什么。"①

建设学习型学校是发展学习型社会的基本途径和重要形式,也是教师终身专业发展的环境基础。校本教师研修的最高境界就是把每一所学校建设成为学习型组织,使教师在岗位上实现自主发展。

国家兴旺,教育为本;教育优先,教师为基。持续了近半个世纪的教育改革浪潮把教师发展推到历史的前台。在当代教育历史进程中,教师不是单纯的任务执行者,而是教育的思想者、研究者、实践者和创新者。在专业发展的路径上教师的主体地位、精神和意识得到了时代的推崇,教师专业化发展和对教师的重新发现将对21世纪教育产生重大影响。可以说,教师问题的重要性在今天已不是一个需要讨论的命题,而是一个如何实践的问题。从师范教育到教师教育,从教师教育到教师教育学科群,反映出的不只是时代对教师培养和成长认识的深化,更是对培养和实践形态变革的呼唤。如何回应这种时代的声音,进而将这种回应转化为制度,这便是管理体制研究的价值和意义。教师的培养固然涉及生源、师资、课程、实践等方面,而如何优化配置这些内容才是教师教育的根本,也是教师教育学科群管理体制研究的核心。

---

① 〔美〕科南特.美国师范教育——科南特教育论著选[M].陈友松等译.北京:人民教育出版社.1988:250、249.

第十章 教师教育学科群之内涵建设

国家和上海市《中长期教育改革和发展规划纲要》(2010—2020年)明确规定教育改革与发展目标,办好人民满意的教育,要把加强教师队伍建设作为教育事业发展最重要的基础工作来抓。按照《上海高等教育内涵建设"085"工程实施方案》扶需、扶特、扶强的指导方针,上海师范大学作为市属重点大学必须以优化国际大都市基础教育师资队伍为重大使命和主要职责,积极主动为促进教育事业可持续发展提供与时俱进的优质教育资源。在培养过上海基础教育系统半数以上的中小学教师和校长、4名上海市教育功臣以及大量中小学名教师名校长的基础上,2006年由原教育科学学院、基础教育中心、高师培训中心和上海市师资培训中心组合成为现在上海师范大学的"教育学院"。从制度建设的基本框架而言,新组建的"教育学院"旨在实现教师教育职前职后一体化,期望教育资源的融合与共享,发挥诸学科综合性优势,凝聚教育学、心理学和管理学等学科组合作用及其攻坚目标,促进诸学科聚焦于教师教育发展,形成核心竞争力,营造教师教育新品牌,"教师教育学科群"也就应运而生。教师教育是上海师范大学安身、立命、奠基之本,"教师教育学科群"则是倾全校之力建设的首位学科,纲举目张地推进"教师教育学科群"建设,旨在创建具有新世纪特征、中国教师教育特点、国际大都市特色、上海师范大学特长的现代教师教育服务体系。

第一节 上师大首创"3+3"模式

上海师范大学在2007年首创的教师教育"3+3"新模式,是从六大学院13门学科选定25名优秀学生组成"教师教育创新班"(简称"3+3"模式),已经举办了五届,学生总数达到105名。教育学院负责对各学院推荐的直升研究生候选人进行资格审查和面试,首届"教师教育创新班"从教育学院、外国语学院、法政学院、生环学院、旅游学院、数理学院等六个学院推荐的43名优秀本科生中录取了25名学生。继首届"教师教育创新班"之后,又在2008年、2009年、2010年、2011年各招收20名。上海师范大学率先在全国首创教师教育"3+3"新模式,旨在贯彻国家对新世纪教师教育专业发展的要求,落实上海市教委推进教师教育创新计划的精神,进一步凸显上海师范大学教师教育的优势与特色,促进上海师资队伍建设,为国际大都市发展提供优质的教育人才资源。

一、"3+3"教师教育问世理念

上海师范大学在我国师范教育历经百年沧桑的新世纪首创"3+3"教师教育新模式,这是纵观借鉴世界发达国家教师教育发展的经验教训、研究分析我国师范院校先行模式的利弊得失而提出的教师教育专业人才养成优化模式,力图积极发挥上海师范大学在构建上海市教师教育新体系中的影响与作用,努力为国际大都市的师资队伍建设做出应有的奉献。

(一)培育目标

"3+3"教师教育新模式不同于传统的"教育学硕士"培养教育,也不同于现行的"教育硕士"培训模式,更为重视现代教师执鞭任教能力和教育科研能力的养成;有效更新传统高师单一四年制的专业课程和教育类课程混编培养培训师资的传统,在提高教师学历水平的同时更为关注其专业化发展,促进师资培育规格和层次上移,提升国际大都市的师资队伍水平和基础教育质量。

"3+3"新模式重视培育养成一批具有硕士研究生学历的基础教育学科带头人和教育领导管理人才,更为关注实际教学能力和教育科研能力之养成。"3+3"模式的第一个"3",意指接受模式培育的学生是用三年时间完成本科阶段的学习任务,并要成绩优秀;第二个"3",是三年"教师教育专业"方向的学习与研修阶段,是在硕士研究生教育层次进行的一种特殊师资培育模式。在后一个"3"阶段的学习与研修中,计划进行为期一年的入门导向、教育实践、教职体验以及自身价值定向;而后二年的"教师教育专业"方向,设有核心课程、各学科专业必修课程、教职课程、"课程超市"的各种选修课程、教育实践、学位论文撰写以及答辩研讨。

上海师范大学注重在整合全校优质教育资源的基础上,在培养方式、课程设置、见习实践、指导研修和论文撰写等方面对"3+3"教师教育新模式进行变革,使之成为教师教育专业人才养成新模式,并构建本硕衔接的课程体系,重点培养一批在国际大都市的上海具有硕士学位、复合应用型的中小学骨干教师,为建立职前/职后、培养/培训一体化的教师终身教育体系奠定基业。"3+3"教师教育新模式还是保证本校优秀师范生生源进入"3+3"模式后3年学习研修阶段,为上海基础教育发展提供优质的教师来源、打造教师教育新品牌的重大举措。在开放型教师教育的大背景下,越来越多的综合大学毕业生选择取得教师资格、登上讲台、执鞭任教,大量非师范专业的大学本科毕业生甚至研究生进入教育领域,虽然原上海70%的中小学校长和教师来自上海师范大学,但随着社会对优质教育资源的需求,上海一些名牌中学,尤其是示范性高中,吸纳上海师大毕业生的力度和兴趣却越来越小。因此,为加强学生在就业时的竞争力,拓展教育相关单位对上海师大学子,尤其是师范毕业生质量的信任度和选择面,培育融学历提高、通识修养、专业发展、学科交叉于一体的高学历、高水平的"跨学科复合通用型骨干教师"迫在眉睫,这也是"3+3"模式问世所期望的培育目标。

(二)现实基础

"3+3"教师教育新模式是上海师范大学2007年以来推进教师教育发展的一项重要工作,由教育学院倡导启动和负责运营,其他学院通力合作,在整合全校优质教育资源的基础上,集众家之所长、锐意创新、大胆改革,力图打造特色鲜明的上海师范大学教师教育新品牌。

教育学院现今设有教育学和心理学2个博士后流动站、7个博士点(教育学原理、课程与教学论、比较教育学、学前教育学、高等教育学、职业技术教育学、发展与教育心理学)、12个硕士点(教育学原理、课程与教学论、教育史、比较教育学、学前教育学、高等教育学、成人教育学、基础心理学、发展与教育心理学、应用心理学、教育经济与管理、职业技术教育)、4个专业硕士点(教育管理、学前教育、小学教育、心理健康教育)以及5个本科专业(教育学、学前教育、小学教育、公共事业管理、应用心理学),拥有一批师德高尚、业务精湛、科研水平较高的专任教师队伍,积累了全日制博士、全日制硕士和专业硕士的培养经验;教育学院引领在维持、改善和充实现有各学科专业研究生培养的基础上,融合诸学科的特色与优势,推进教师教育模式多元化改革,以"3+3"创新模式养成具有硕士学位的教学研究型骨干教师,促进现代教师培养规格、层次上移,为师资队伍优化以及基础教育现代化服务。

上海师范大学实施"3+3"教师教育新模式,重点是培育具有硕士学位的中小学骨干教师,在现有"高"度(基于教师教育高地,创建教师教育学科群)、"深"度(根植于上海基础教育土壤,上海原有70%以上的中小学校长和教师毕业于上师大)、"广"度(IT教学平台正在不断扩展与充实)三大优势的基础上,力图打造三个品牌:① 创建具有新世纪特征、中国教师教育特点、国际大都市特色、上海师范大学特长的教师教育新模式;② 争当我国地方师范大学教师教育的领头羊;③ 创新现代师资培育养成理念及实践范例。

(三) 发展历程

时至今日,"3+3"教师教育新模式已经招收5届学生,共计105人;毕业了3届学生,有65人。根据不同时期学生、导师以及"3+3"运行组织管理中所遇到的各种情况,其发展历程大致可以分为以下三个阶段:

第一阶段:试行探索(2007.7—2008.6)

最初创设"3+3"模式时,由于这是一项试行探索性的新事物,在运作过程中,需要学校层面的相关管理体制机制进行相应的变革,但因保障机制的建立具有一定的滞后性,故未能很好地保障"3+3"模式按照原定的理念和设想正常地运作。如在宣传规则、审核资格、面试录取方面,采用各学院按分配名额看积点来推荐的方式,无法将推免名额用在个别偏科但确实具备优秀教师潜质的学生身上。同时,在学校层面,未能明确为"3+3"教师教育创新班单独划出推免直研名额,从而造成占用有的学院推免直研名额的矛盾,这对各学院之间的沟通协调工作带来不利的后续性影响。

在实际运作层面,首届"3+3"模式2007级入学人数定为25人,当时设定经过"3+3"后三年的第一年(也就是本科第四年)有些不适合当教师者应当另寻出路,如可以淘汰5名能力及学识难以跟上"精英模式教育"(意指今后不太可能成为复合应用型的中小学骨干教师)的学生或部分学生主动放弃继续深造的,可以选择在本科第4年毕业时就走上社会就业或就学。但是,由于推免直研名额是与教育部学位办直接挂钩,如果实行一年后的淘汰制就会造成学校推免直研名额的浪费,这是学生和学校各方都不愿看到的情况。所以,在学校层面未能有效地实施原来设想的淘汰制。

由于"3+3"学生来自各学院,需要得到校内各学科专业导师的分别分类指导,毕业后才能胜任中小学各学科的教育教学。但是,在探索试行阶段存在诸多学科专业导师的教学管理无法归口等实际问题。学生进入后3年学习时,规定学籍管理由教育学院负责,而学科专业指导教师则是由原学院专家教授担任,从教学管理角度而言,各学科专业导师的工作量计算成为很大的问题;由于学校管理机制体制的限制,也未能实行原来设想的双学位制,即学生毕业时可以拿到两个硕士学位,包括原来专业的硕士学位以及"课程与教学论"的硕士学位。这就造成学生撰写毕业论文过程中,是在本专业还是在"课程与教学论"之间举棋不定。同时，一些归口为"课程与教学论"的毕业生，未能为其配备优秀的"课程与教学论"的指导教师。

此外，对校外导师的管理也存在校内和校外资源难以协调等诸多问题。校外导师来源比较分散，大多是学科导师熟悉的社会关系者，而未能建立统一管理的体制机制和导师队伍。校外导师在工时和经费的计算上，没有一套统一的标准，一些老师就此存有想法，也未建立与校方及时沟通的途径。在为学生安排教育实践的时候，多数是由学科专业导师和校外导师商量，安排学生的教育实践日程，因此难以有效地贯彻落实管理制度上原本经过理论论证的"教育实践三阶段"——体验与教学、实践与反思、研究与专业成长三个阶段。

针对试行探索阶段出现的各种问题，由教育学院出面与教务处、研究生处等行政部门进行沟通，交换关于管理体制的意见，打通本科阶段和研究生阶段各个环节的障碍。由学校领导牵头，各学院积极磋商，通过不断推出新的管理办法，在加深理解、增强共识互信的基础上，有些问题得到了初步解决。

第二阶段：认可互动（2008.7—2010.6）

经过第一阶段的尝试与探索，在招收"3+3"第二届和第三届学生的期间，管理制度得到初步确立，学校各行政部门对"3+3"有了必要的工作沟通，各学院对"3+3"新模式也能接受认可其实际价值，并积极争取推荐名额以及选派优秀教师作为导师。随着第一届学员毕业得到社会认同，校内校外都对"3+3"这一新生事物产生新的理解与信任。

以入学面试为例，着力进行必要的改良，自2008级起包括以后招收的学生，统一在各学院师范专业中进行积点推荐的基础上，从教师素养角度包括专家面谈、教师心理角度包括无领导的小组活动、英语翻译的英语能力等多角度综合评价，来衡量一个师范生是否具备成为"3+3"新模式一员的素质能力。通过综合性较高、形式较为丰富的测试流程，全面地保障"3+3"模式的学生资质，以便今后适合在教育领域工作，能有效适应后3年研究生阶段的理论学习和教育实践。因此采取新型的测试流程，对于学生不愿意从教或不能坚持完成学业在门槛上严格把关，取消创建时原定的5名淘汰名额，第二届实际招收20名学生，既可保证创新班教学的统一志向和培养目标，消除学生的紧张及不安情绪，也能减少各学院在推免直研学生名额上的浪费，保证一些有特殊人才需要的学院，在资源分配上有更大的缓冲余地，而教育学院由于所学课程与教育研究方向不存在专业冲突，因此着力为那些对"3+3"模式有兴趣的学生提供各种机会。

随着管理体制的进一步完善，接连推出《教师教育创新班学生学籍管理的补充规定（试行）》、《上海师范大学"3+3"教师教育模式实施方案》、《上海师范大学"3+3"教师教育模式培养方案》、《上海师范大学"3+3"教师教育模式指导教师管理办法》、《上海师范大学"3+3"教师教育模式"教育实践"课程大纲》、《"3+3"教师教育创新班导师开课指导意见》、《"3+3"教师教育创新班导师劳务分配办法（草案）》等一系列管理制度文件。这些制度规则有效地保障了该模式的良好运行，改良卓有成效。

由于"3+3"学生来源的情况不同，对"课程与教学论"方面的知识存在差异，教育学院就有针对性地对"3+3"学生在学分上规定该方面专业课程的学习时间，并将学院内最优质的教师资源对"3+3"进行了倾斜配置，使得在后3年的学习中，来自其他各学院的学生有足够的时间和机会熟悉课程和教学领域内的发展情况，尤其了解教育科研方法。

在校外导师管理方面，经过2007级的试点，原2007级的大部分校外导师已被纳入"3+3"模式校外导师名录；根据2007级的良好表现，大多数老师都非常乐意带教"3+3"模式的学生。教育学院也在补偿制度上，对校外导师的辛劳进行一定的经济补贴，以带动教师们的积极性。大多数老师认为，希望为上海教育输送一股有创新精神的年轻力量而付出，即使义务带生指导也值得。由于主客观相互理解、相互合作的作用，使得校外实践管理，告别过去靠面子和人头的粗放型管理模式，转为更加有据可循、有章可依的集约型管理，减少学科专业指导教师的负担以及学生的不安情绪。

为了消除误会，释清新模式，教育学院在管理上不断进行新的探索。对于课程设置和教学实践的意义培训不仅仅对校内导师开展，同时由教育学院经常组织对学生和校外导师进行必要的宣讲和解释，帮助他们更好地了解不同教育实践阶段的任务和评价重点，得到老师和学生的欢迎。大多数老师认为这种模式是行之有效的阶梯式递进培育，值得推崇，希望在其他各项制度的宣传口径上，也能采取类似的方式。

第三阶段：良性运作（2010.7—现在）

通过必要的宣讲研讨以及导师自身的思考作为，不少导师无论校内还是校外，进入"3+3"新模式的第三阶段，都已经带教不止一位"3+3"学生了。他们对于模式的管理制度和学生的培育方法，都形成较为成熟的认知结构和操作方法，尤其是在教育实践方面，具体实施分成三个阶段：① 体验与教学尝试，其重点是体验与尝试。大多数老师选择一些教学观摩、教研活动与学生活动等形式，对"3+3"模式学生开展。② 实践与反思提高，其重点是真正承担课堂教学工作。大量安排学生参与形式多样的学校工作，在实践中反思，从教学内容把握、教案编写、教学方法选择、与学生交流、多媒体运用、教态和语言、板书设计等各个方面进行认真准备，课后认真分析总结，并在导师指导下有针对性地进行教学技能演练，实现教学能力的提升。③ 研究与专业成长，其重点是立足实践开始理论层面的思考与研究。学生在本阶段教育实践中，根据实践需要确定学位论文的主题，选择与基础教育教学密切相关、具有现实意义的题目。结合三年的教育实践，更为深入系统地对教育基本问题进行理论思考，实现对实践的理论提升。

针对教育实践的工作，除了导师的思考组织和学生的积极参与外，教育学院积极拓宽交流渠道，与国外大学名校进行合作，为"3+3"模式的学生提供国外教育实习与理论探究的机会，接触更为广阔的教育天地，使之真正成为具有教学实践能力与研究反思能力的骨干教师。

根据前几届的教育实践情况，教育学院又新开发教育实践听课制度，作为对"3+3"模式学生质量的一种保障。教育实践听课制度主要由"3+3"教师教育创新模式导师指导小组来负责，由"课程与教学论"的学科带头人、校内学科专业指导教师、校外实践指导教师甚至包括教育学院的其他专家以及实习学校的其他教师，主要是对学生实践过程进行跟踪，抽取特定的环节进行听课评价，课后与执教学生交流课堂成效。这种课堂教学实效评价与指导，旨在提升未来教师的临床经验和教学能力，帮助学生养成实践反思的习惯。听课的结论会与学生的毕业成绩与评价相关联，也可成为推荐学生就业材料的一部分。

教育学院在2010年推出的"学术沙龙"活动可以说是进入第三阶段良性运作的结果，旨在强化"3+3"教师教育创新班成为学习共同体而善于思辨研讨和科研教学的素质能力，促进"3+3"学生实现从本科生到研究生的顺利过渡，使之能严格遵守学术规范，完成研究生阶段的各项学习任务。此外，专题研究包括"质疑研讨"、"问题分析"、"论文选题"、"学习总结"等研修活动，由教育学院课程与教学论方面的领导和专家组成专家组，与学生进行互动交流，在自由的学术氛围中，探讨研究生阶段的学习困惑，解决科研方面的实际问题，对于学生而言，这是一种气氛轻松与话题严肃并重的全新学习模式。

二、"3+3"教师教育课程教学

课程教学是"3+3"模式区别于其他教师教育模式的主要特征，其特色表现在教师教育必修核心课程、双导师制、教育实践三阶段以及听课制度方面。

（一）课程教学

课程设置是"3+3"模式改革与创新的重点，在明确"3+3"模式培育目标的基础上，围绕培养学生的教育教学能力与研究反思能力来进行课程模块组合，以营建广博而又精良的课程体系。"3+3"模式的前3年是按照本科统一教学计划进行培养，在实施通识教育课程体系的基础上，认识和学习师道及其教职课程。在教职课程的实施过程中，为学生提供尽可能多的教科研和教学实践机会，加强信息技术和外语的渗透式教学，使学生具有深厚的学科专业基础和良好的人文素养，明确为师者的发展方向，并对社会发展具备良好的适应能力。前3年的本科课程改革是"3+3"模式创新的重要前提。

后3年的课程主要包括五大模块，即公共必修课程、教师教育必修核心课程、课程与教学论基本理论课程、学科专业和教育实践。

教师教育必修核心课程由教育学院负责，主要包括教师教育学和研究方法论。"教师教育学"课程是由校长领衔、24门学科带头人组成教授讲师团，开设面向本科生和研究生的"教师教育学"必修核心课程，这是集全校之力推进"教师教育学科群"内涵建设，率先在国内创建"教师教育学"新二级学科，争当我国地方师范大学教师教育的领头羊。

此外，教师教育必修核心课程还与上海市委宣传部的"东方讲坛"联动，推出东方讲坛——教育研究方法论系列讲座，研究方法论必修核心课程致力于文理科思维方法交融及其升华。主要邀请国内外知名的专家学者加盟东方讲坛，围绕研究方法论开展学术演讲和问题探究，从多层面、多视角、多纬度来探讨研究方法的理论问题和实践问题，旨在整合优质学术资源，拓展学术视野，为学生提供更多的学习机会以及与有识之士直接对话的交流平台。

"课程与教学论"学科课程，主要包括教学论、学科教学论、课堂教学技能等，这部分课程在培养方案中占据比较大的比重，致使学生经过后3年研究生阶段学习后，掌握课程与教学论一般硕士所要掌握和具备的科研能力及理论知识，以帮助学生在从教过程中更好地总结课堂教学和学科知识，做好教育科研工作。

为了帮助学生尽早习惯教育科研的思考和讨论方法，提升"3+3"教师教育创新班学生的学术研究水准，促进"3+3"学生实现从本科生到研究生的顺利过渡，使之能严格遵守学术规范，完成研究生阶段的各项学习任务，特别设计"学术沙龙"活动，该项活动由来自课程与教学论学科点的教授和专家参与，同"3+3"学生直接对话，一方面进行教学论和课程论知识的解疑释惑，另一方面组织学生对近期所学知识进行思考，引发问题思考和质疑争鸣，逐步结合学生实践过程中遇到的课堂现实问题和情况，用理论指导方式进行诠释和解决，帮助学生形成良好的教学反思、探讨实证等教科研习惯。

学科专业课程和教育实践课程由导师负责。在确保学生具备扎实学科知识的基础上，引导学生探讨学科教学理论与技能，包括学科教学法，中小学教材比较研究、教学案例分析、教学心理学等。同时，指导学生进行教育实践，直接参与教学实践与教研活动，实践、体验、反思与提升教学技能。

此外，还针对学生需求的差异性，开设灵活多样的选修课程，包括情感心理学、专业外语、教育名著选读、课程与教学论等优质特色课程。

（二）双导师制

所谓双导师，是指两类导师：实习指导教师与专业理论指导教师。受聘期内的教师工作属性为上海师范大学客座讲师，由上海师大在聘期内支付相应比例的工时工资，根据指导效果，上海师大对优秀的实践指导教师将给予物质嘉奖；工作内容为上海师大"3+3"模式教师教育创新班学生教育实践期间实习导师，以现场指导学生在校从事教师工作，完成实习学分为主，具体包括教学观摩、备课、编写教案、试讲、试教、指导实验、听课评议等。

在实践导师的选择上，教育学院坚持名师带教，具体指有10年以上教龄的高级或特级教师，或者在学科内具备一定影响的骨干教师（包括教研员和学科带头人）及学校管理骨干（如教研组长、教导主任、教学副校长、校长等）。他们中有的是特聘研究员，有的是"三八"红旗手，这些教师不仅是在教学岗位上有杰出的贡献，在社会地位和道德操守上更是为人师表，其工作经验也是宝贵的。俗话说，名师出高徒，对学生教育实践而言，"名师"就是最宝贵的财富，有时"名师"的经验可以让学生享用一生，在他们踏上教育岗位的时候，比别人多一份高质量的储备，同时也多一份感悟。绝大部分导师来自上海市基础教育领域和实验性示范高中的一些名校，比如交大附中、建平中学、七宝中学、上海师大附中等，也有的来自各区县教育局的教研机构等，他们所能涉及的教育领域和教学资源也比普通教师更为丰富，比如教研员带教的学生，往往可以进行更多的学校考察听课，有更多的机会接触不同的课堂情境，在丰富的教学形式推广和尝试中，接触最优质的教学资源。实践指导教师往往会带领学生参加各类学生讨论会，出席学校的教研活动，进行班主任工作内容的实践，甚至组织学生进行学校管理方面的工作。这些内容和规范性文件，从制度上保证实践指导教师负责"3+3"模式学生指导过程，可以展示相当程度的效果。

（三）教育实践

教育实践的强化是为了实现高校与中小学相结合的空间转型。发达国家在教师教育课程改革中，普遍重视强化教育实践，延长其空间和时间跨度，强调理论与实践的有机融合。当今世界教师教育已由以大学为本的模式向以大学和学校相结合的模式转变，这是因为现代教师对教育教学情境敏锐的观察与判断、对问题分析的清晰与透彻、对学生状态和心态的准确把握、对突发事件的恰当处理等教育智慧主要来自于教育实践。所以，"3+3"模式把教育实践作为培养学生教育教学能力和实践反思能力的重要环节，精心设计，严格评价，以摆脱以往教育实习流于形式、走过场的局面。

"3+3"模式的教育实践具有两大特点：一是贯穿整个培育养成阶段，二是采取分阶段的实践形式。教育实践课程是"3+3"五大课程模块的重要组成部分，在后3年中，要求每学期都要有两个月的教育实践，让学生立足于教育实践来学习与思考教育理论问题。与此同时，把教育实践课程分为体验与教学尝试阶段、实践与反思提高阶段、研究与专业成长阶段，各阶段的实践重点与目标有所差异，并呈现递进式成长状态。

第一阶段：体验与教学尝试，其重点是体验与尝试。在普林斯顿的教师培养方案中，对教学的思考并非规范、有计划的教学或训练活动，而是个人化的思考，思考的问题包括：做教师意味着什么，我为什么要做教师，我要做什么样的教师，等等。本阶段的教育实践主要是参加教学观摩、教研活动与学生活动，零距离接触课堂教学实践、教师工作、学生学习及校园文化，获得对教育教学实践的深刻体验，完成对教师职业的心理准备、确定人生的价值取向，并开始思考和选择与教育实践密切相关的课题，使硕士课程学习更具明确的研究方向。此外，在导师指导下可以进行教学尝试。

第二阶段：实践与反思提高，其重点是真正承担课堂教学工作。教育实践具有浓厚的情境性、偶然性与不确定性。当好教师就是要在这样一些不确定的、多种选择的具体教育教学情境中获得真实的教育体验感悟，教师工作应当在具体的教育教学情境中产生兴趣爱好以及创造性思维。教师教学行为在一定程度上是教师与教育教学情境交互作用的结果，而不是教师个体对教育教学情境的机械性反应。教育教学情境中的实践智慧不是仅仅通过课堂理论学习就可以拥有的，需要在具体的教育教学情境中通过各种互动合作而积累厚实。因此，本阶段教育实践主要是参与形式多样的学校教育和班级活动，在实践中反思，从教学内容把握、教案编写、教学方法选择、与学生交流、多媒体运用、教态和语言、板书设计等各个方面充分准备，课后认真分析总结，并在导师指导下有针对性地进行教学技能演练，实现教学能力的提升。

第三阶段：研究与专业成长，其重点是立足实践开始理论层面的思考与研究。学生在本阶段教育实践中，要求根据实践需要确定学位论文的主题，应当选择与基础教育教学密切相关、具有现实意义的题目。结合三年的教育实践，更加深入系统地对教育基本问题进行理论性思考，通过对实际问题的解决进而提升理论水平。还与国外高校进行合作，为"3＋3"模式的学生提供国外教育实习与理论研修的经历，使之真正成为具有教学实践能力与研究反思能力的骨干教师。

（四）听课制度

虽说具备良好的理论素养和实践经验，但学生的教学能力是否提高或出色还要根据教学评价的实际结果来证实。听课制度，正是对学生教学能力和模式学习效果的一次综合性检验。教育学院根据每个学生不同的专业，成立以学科专家和课程与教学论专家组成的听课小组。

听课制度首先由"3＋3"学生进行教案准备，教案撰写完毕后，可与实践导师及理论导师进行角度不同的探讨，修改完善后进入准备阶段，教案交听课小组备案。听课小组会就学生教案的各项技术指标进行评价，并根据所撰教案考查学生在授课过程中的执行情况。对学生在课堂执鞭任教的过程进行录像，作为评课和教学反思的依据，留档备案。听课小组在学生上课时一般是坐在后排进行听课，对教学内容进行记录。下课后，指导学生对视频录像进行回看、分析与交流，要求撰写教学反思交流材料。

进入评课流程，先由学生进行教学反思，总结自己在课堂中的教案执行情况、课堂表现以及有待提高的地方；然后，听课小组就教案质量进行分析和质疑，就教案执行情况提出整改意见；播放教学录像，对学生自己总结的部分以及没有分析的问题，听课小组指出并进行点评，学生记录，总结后形成课堂教学反思材料，留档备案。还要在规定期间，组织全班学生进行课堂教学方面的讨论会，或者在学术沙龙开展实践方面的研讨，将备案视频及反思材料提档，共同分析讨论，促进学生间互相交流、彼此借鉴、共同成长。也可就同一教学内容，由若干同学共同组织授课，在评课过程中加入同学之间的对比分析。

三、"3＋3"教师教育创优示范

上海师范大学第一届25名、第二届20名和第三届20名"教师教育创新班"学员已取得硕士学位，正式走上教育工作岗位（主要进入上海市各中小学校和幼儿园），受到用人单位的好评。实践证明：上海师范大学从2007年开始举办的"3＋3教师教育创新班"，在教师教育模式创新方面进行积极而有成效的探索，既能设计定量化指标评价选拔的方式，又可提高录取工作的科学合理和公平公正；在培养过程中强化教育学院和各职能部门、散布在各学院的指导教师的沟通协作，在实施过程中不断地充实与完善包括"'3＋3'创新班指导教师管理办法"在内的一系列创新管理办法；并且，积极开展课程和指导改革与创新，实行双导师制，设置教育实践课程，开展学术沙龙活动和社会志愿活动等，这些为促进我国教师教育事业发展起到创优示范的影响作用。

（一）就业状况

首届"3＋3"教师教育创新班毕业生共25人，其中女生23人，男生2人，上海生源20人，外地生源5人，25人全部顺利毕业就业，就业率达到100％；第二届"3＋3"教师教育创新班毕业生共20人，其中女生19人，男生1人，上海生源17人，外地生源3人，毕业总人数为19人，其中1人延长毕业，但已从事工作，就业率可以说是也达100％；第三届"3＋3"教师教育创新班毕业生共20人，其中女生17人，男生3人，上海生源17人，外地生源3人，20人全部顺利毕业就业，就业率达到100％。

三届"3＋3"教师教育创新班同学的就业单位，其中包括：① 市级示范性高中9人：上海市第三女子中学，上海外国语大学附属外国语学校，上海师范大学附属中学，同济大学附属七一中学，闵行中学，奉贤中学，上海市向明中学。② 初中29人：徐汇西南位育中学，静安五四中学，上海市西初级中学，杨泰实验学校，上海市康城学校，上海中学东校，梅园中学，上海市晋元高级中学附属学校，光明学校，宜川中学，比乐中学，吕巷中学，民星中学，九亭中学，风华中学，民立中学，向明初级中学，敬业中学，位育初级中学，上海市世界外国语中学，中国中学，上海市嘉定区安亭高级中学，罗泾中学等。③ 小学10人，包括：徐汇一师附小，上海理工大学附属小学，卢湾区第二中心小学，中山小学，华东师范大学第二附属小学，浦东新区三林镇中心小学，闸北区实验小学，明强小学，泗泾小学，上海市世界外国语小学等。④ 幼儿园5人：中国福利会幼儿园，浦东新区浦南幼儿园，上海师范大学闵行实验幼儿园，卢湾区思南路幼儿园，浦东新区东方幼儿园。⑤ 高校10人：留校2人，上海工程技术大学、上海理工大学、长宁区教育学院，上海青年管理干部学院，还有1人在外地高校。⑥ 中专1人：上海市西南工程学校。⑦ 社会教育1人：上海中国航海博物馆社会教育部。

总体来看，"3＋3"教师教育创新班的就业情况很好，受到用人单位认可。主要表现在两个方面：一是多名学生进入上海市名校，包括：市三女中、上外附中、七一中学、西南位育、五四中学、市西中学、向明中学、梅园中学、晋元附中、徐汇一师附小、中国福利会幼儿园等，其中，有9人进入上海市示范性高级中学，这对上海师范大学毕业生而言非常不容易。

二是学生合理分布在上海各级各类学校，客观上形成全面铺展的教育人才辐射网络，以职业教育领域（中专）和社会教育领域（非教育系统）为两头，橄榄式依次分布是幼儿园和高校，中部鼓起位置集中上海师范大学人才培育的功能性布局，形成上海师范大学在重点高中和名校预存实力的重要形态，这些同学将会成为日后上海基础教育的中坚力量。通过"3+3"后3年的学习与研修，尤其是教育实习对教育不同层面的体验和理解，客观上有利于拓展上海师范大学精英学子的就业空间和就业思路，主要在教育领域能为社会多做贡献；"3+3"毕业生善于将自己的学识本领与工作实际相结合，以从事社会教育工作的2007级学生为例，毕业2年以来，与教育系统的大中小学及教育机构广泛联系，共同开发学生课外活动及学校校本课程研发等工作，在《中国校外教育》等高端学术期刊发表多篇学术论文，参与课题和参与发表，撰写出版专著1部。

（二）社会评价

针对"3+3"模式毕业生任教的情况，教育学院对2007级学生进行了胜任力模型问卷调查，同时对部分2008级从事基础教育的学生以及其领导、同事、学生等进行访谈调查，结果综述如下：

1. 问卷结果综述

采用北京师范大学徐建平、张厚粲研制的中小学教师胜任力模型及其指标的问卷量表，编制3份问卷，校领导问卷、上海师大校友问卷、校友同事问卷。对部分2007级"3+3"毕业生进行跟踪调查。

（1）基准性指标：作为对"3+3"模式精英性指标对比组的"校友非3+3"教师，分别来自上海各大实验性示范学校，并伴有3年以上的课堂教学经验的各学院历届毕业优秀学生，而"非校友"组的教师，基本是上海各大实验性示范学校的毕业于上海交通大学、复旦大学、华东师范大学、上海外国语大学等知名本地院校的学生。对"校友3+3"的抽样学员，包括2007级毕业的25名学生中，奔赴高校、幼儿园及非教育系统的学生以外的21名学生。在11项基准性指标中，样本总体平均数为4.13。其中3+3校友、非3+3校友及非校友样本高于平均值的指标量表分及低于平均值的指标量表分均相同。高于平均值的有8项指标，分别为"组织管理能力"、"宽容性"、"团队协作"、"反思能力"、"热情"、"沟通技能"、"尊敬他人"及"分析性思维"；低于平均值的共3项，为"正直诚实"、"创造性"及"稳定的情绪"。比较三组样本的指标量表分可以发现，校友和非校友在11项基准性指标中，最高和最低量表分的趋势一致，三者量表分最高的均为"尊敬他人"指标，量表分中最低的均为"稳定的情绪"指标。此外，3+3校友指标量表分有9项为三组样本量表分中最高，为"组织管理能力"、"正直诚实"、"宽容性"、"团队协作"、"热情"、"沟通技能"、"尊敬他人"、"分析性思维"及"稳定的情绪"；2项指标低于非3+3校友而高于非校友，为"创造性"及"反思能力"指标。如表10-1所示。

表 10-1　基准性指标统计结果表

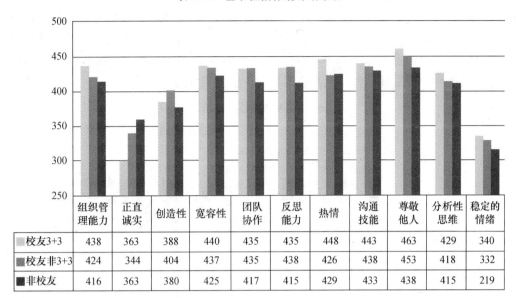

	组织管理能力	正直诚实	创造性	宽容性	团队协作	反思能力	热情	沟通技能	尊敬他人	分析性思维	稳定的情绪
校友3+3	438	363	388	440	435	435	448	443	463	429	340
校友非3+3	424	344	404	437	435	438	426	438	453	418	332
非校友	416	363	380	425	417	415	429	433	438	415	219

（2）鉴别性指标：在11项鉴别性指标中，样本总体平均数为4.09。其中3+3校友指标量表分高于平均值的有8项，分别为"责任感"、"理解与支持"、"专业知识与技能"、"情绪觉察"、"自信心"、"概念性思考"、"自我评估"及"效率感"；低于平均值的有3项，为"提升的动力"、"自我控制"及"挑战与好胜心"。比较三组样本的指标量表分可以发现，校友和非校友在11项基准性指标中，最高和最低量表分的趋势一致，三者量表分最高的均为"理解与支持"指标，量表分中最低的均为"挑战与好胜心"指标。此外，3+3校友鉴别性指标量表分11项均为三组样本量表分中最高，除"情绪觉察"量表分非3+3校友略低于非校友外，其余10项量表分3+3校友均高于非校友。根据以上量表的结果，发现仅就2007级毕业生而言，在"创新"和"挑战"、"提升"方面的水平，较教育领域有一定工作经验的其他精英教师略有差距，根据量表所指向的试题分析，这些差异性指标，大多反映在是否在基础教育实践环节中落实，即所带的学生是否能胜任本专业学科的教学以及其他学科教学的转型；是否能有效地与学生及一线教师进行生活、学科、学术等各方面的沟通（包括能否解答学生的学习问题及疑惑）；是否能将所学到的理论运用到实践中进行问题探讨和诠释；能否在公开课等课堂教学中，表现出足够成熟的教师素养，各别择校实习的学生在跨越学级和不同学校的过程中是否能迅速适应不同的教学环境和学校文化圈等。如表10-2所示。

（3）反馈式信息：在知识结构方面，"3+3"的培养模式突出师范生专业性培育，不同专业的融合开阔职前教师的视野；涉及的学科领域广泛，培养方向明确，第一届毕业的25名学生的综合能力突出，教学成果明显。有些用人单位对"3+3"的学生很感兴趣，计划近两年开始招聘研究生加入小学教师的行列，建议上海师大加大宣传力度，也有很多小学校长还不知道"3+3"的培养模式。此外，在推荐展示会中，小学校长更为关注毕业生个人素质能力而非整体的培育模式，希望展示会上能给毕业生多提供个人展示的机会。再则，上师大毕业生的本体性知识比较强，能够较快地适应学校的教育教学要求，新教师的亮相课也得到用人单位的肯定。这些教师一般都能担任班主任工作，受到学生们欢迎，这与在上师大接受的教育是分不开的。上海师大毕业生在中学大多为教师骨干，知识系统和知识结构较为完整。具体表现为初中、高中都能教，除了本学科知识外，相关学科专业也都了解，例如：大文科，大理科。理论素养不错，点拨就通，上手快。如设计幼儿活动角落活动，从不会做到怎么做，学得非常快。思维比较活跃，例如：教研组对外开放期间，作为新教师向大家展示时，能说会道，实际能力较强。

表 10-2 鉴别性指标统计结果表

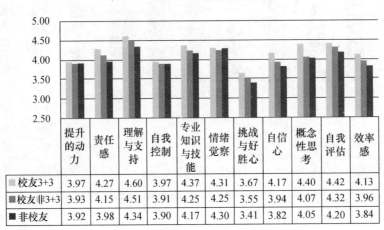

	提升的动力	责任感	理解与支持	自我控制	专业知识与技能	情绪觉察	挑战与好胜心	自信心	概念性思考	自我评估	效率感
校友3+3	3.97	4.27	4.60	3.97	4.37	4.31	3.67	4.17	4.40	4.42	4.13
校友非3+3	3.93	4.15	4.51	3.91	4.25	4.25	3.55	3.94	4.07	4.32	3.96
非校友	3.92	3.98	4.34	3.90	4.17	4.30	3.41	3.82	4.05	4.20	3.84

2. 访谈综述

访谈对象是以"3+3"2008级在初中、高中等名校就业的毕业生以及他们教学过程中的领导、同事和学生为主，共访谈 11 组。

2008 级的毕业生访谈，主要目的是确认"3+3"模式所期望培养的学生"创新"等几项标志性指标是否在基础教育实践环节中落实，即所带的学生是否能胜任学科的教学以及其他学科教学的转型；是否能有效地与学生及一线教师进行生活、学科、学术等各方面的沟通（包括能否解答学生的学习问题及疑惑）；是否能将所学到的理论运用到实践中进行问题探讨和诠释；各别择校实习的学生在跨越学级的过程中是否能适应不同的教学环境等。

通过访谈，大致了解：大多数参加"3+3"模式的学生，主要看中的是研究生学历，带来的学历提高，而由学历提高所衍生研究能力以及理论与实践相结合的能力也得到了众多代教老师、学校领导的肯定；现在中学对教育科研人才的渴望主要表现在两个方面，一方面希望教师能总结学校的文化特点，根据学生的元认知情况来进行校本特色的课程开发，另一方面就是将已有或已发生的教学事件进行梳理和总结，完成有效的叙事研究。

（1）毕业生访谈：双导师制是学生选择"3+3"的一个非常重要的方面，由于配置给"3+3"模式的导师都是上海师范大学有权威的教育专家和学科专家，可以为学生提供不少接触社会上教育教学实践和大型活动的机会，如有位女同学谈到"在研究生阶段，导师经常参加一些专家的研究会或讲座等，包括国培计划班，都是全程陪同导师参加，那接触的专家和一线教师较多，对如今自己的教学起到很大帮助"。在问及最影响自己从教最重要的人物，大多数学生出乎意料地没有谈及自己所学习的师范类专业，而重点谈到的是自己中小学学生时代的老师，大多数同学都是受到这些优秀教师的影响，才依然决然踏上教师岗位的。这对毕业生在动机上积极从教是很有帮助的，说明学生选择走上教职岗位是一个长期有序的渐进过程,其根源很深,并不仅仅是为了一时之利或一时之便。在学生对"3+3"模式的理解方面,大多数学生已经认识到理论与实践结合的重要性,在三个阶段的教育实践中,投入非常大的精力,有位毕业生谈到"好的老师不仅有扎实的专业知识,富有魅力的课堂教学,更重要的是她所教授的学生发展的好。教学实践帮助我们看得多,思考更多,能够更深层次地发掘课堂。"

(2) 领导和同事访谈:领导和同事访谈结果收获很大,主要从褒贬比较充分的意见来分析,以某中学副校长对"3+3"模式的评价而言,他认为"本次接收的实习生与以往确实有所不同,第一耐得住性子,一般优秀的学生总有一些娇纵之气,往往很难长时间地接受基础而乏味的工作,比如听课整理笔记,但这实际上是从其他教师的教学中汲取养分的非常重要的一步。这次的学生非常从容淡定,坚持完成了相当于实习期一半的乏味工作;进入正式聘用阶段,她也没有获得很多展示课堂的机会,她面对普通的课程也与其他老师不同,总是认真撰写教案,编制教学PPT,在理解课文的基础上,进行说课,在教科研的过程中,告诉同事准备怎么上。然后我鼓励其他老师用她的方法来进行教学,让她看这样的教学有什么利弊;事实上我以前也是这样带徒弟的,但像她这样虚心配合的还是很少见的,大多数学生到后期就提不出什么建设性的看法,设计出的教案都是不假思索甚至是抄来的,没有经过自己的思考和消化,让他们评价自己的东西,实际是评价别人的东西,这样的新老师最后在我这里根本没有机会获得上公开课的机会,我认为这是教师对学生和对自己光辉职业莫大的不负责,当然这次的'3+3'学生获得了我的认可,也获得了一些开课的机会,结果她的教学充满新意,虽然在技术处理上不够老道,但我们听过她课的老师,都认为这孩子是非常有前途的。"从这一点上看,教学上的适应性"3+3"模式的学生表现得更强,或者说,他们对教学论体系和教学的内在规则了解得更加透彻,有效的教学往往是在尊重规则的基础上成立的,同时这也是理论被潜移默化地实践的表现。也有一些领导是从科研角度对"3+3"的毕业生进行肯定的,如"闵行区教育科研项目要求每所学校承担一个研究课题的子课题,我们学校大多数老师没有什么申领课题的经验,秦老师作为新进录用的研究生,她勇于承担起这项工作,课题的申报、课题内容的准备都非常充分、肯干,将研究生时学到的很多都活学活用了,不仅得到学校内很多前辈的尊重,也让我们学校在区的课题申报和研究中不落人后。"

(3) 学科专业导师:校内导师多为各学科专业的知名学者,对教师教育创新模式的认识更为真切,从他们口中谈起自己的"3+3"模式爱徒,自然更多地侧重于模式本身的课程设计和学生的学业能力等。就模式角度而言,程序设置本身体现对实践能力的追求,毫无疑问,学业时间的缩短是模式的一大亮点,但不是"3+3"模式的实质,真正追求的是"复合应用型"教师的培育,能够得到实现,校内导师支持实践领域的课程学分设置是"3+3"模式质量保证的基础。同时对本学科培养研究生的能力以及本科阶段的优秀师范毕业生有信心,相信这是"3+3"模式之所以能走出创新模式发展第一步的重要原因。以某学前教育专家的观点为例,"我的学生首先是从这个系的本科升上来的,而不像很多研究生属于半路出家,有的根本考的不是这个专业而是调剂来的,他们不具备我们这个专业所必须具备的业务能力或者说专业知识。在这一点上,同样进行研究生阶段的教育,'3+3'的学生可以轻松很多,所以缩短一年学也是完全游刃有余的,她不需要重新去梳理缺少部分的知识,比如形体和艺术方面的内容,与导师和其他教师的沟通也更加顺畅"。而课程论方面的专家则更加侧重与复合应用型的实际需要，他们认为"在同一个教学环境内展示不同学科的教学，本身是对教学的调整，它需要教师善于复制，善于重现，当然更重要的是对不同知识的理解和穿插，首先要克服自己的知识和教学需要间的矛盾，然后通过教学设计和组织来满足学生习得的需要。这是一种理论与实践的贯通，经过这样的锻炼，并能胜任这样的工作的，在任何教学环境和教师岗位上，甚至其他岗位上都能应对自如，而不是面对自己不熟悉的工作，完全没有头绪，最后'脚踩西瓜皮，滑到哪里是哪里'，对学生和事业是很不负责的。这也是我们培养'3+3'模式的学生与普通的教育硕士追求的不同之处"。当然，以上两位老师所指向的都是个别学生，体现的更多的是个性层面的因素，更多的校内导师，概括出"3+3"模式所培育的学生的共性特征是：第一学习有连续性，不同于一些其他地区的学生来沪，需要对学校和社会环境有一个适应过程，对研究生阶段的导师有一个陌生到熟悉的周期，而他们则几乎不需要这个周期。第二善于思考，2007年有一条著名的报道，标题是《温家宝在沪鼓励大学生要善于独立思考和创新思维》。在谈到大学建设思路的时候，温总理特别强调，一所好的大学，不在高楼大厦，也不在权威的讲坛，也不在到处张扬，而在每一个人的灵魂和生命，必须善于独立地思考和创新的思维，这样，你的灵魂和生命才会有真知，有灼见。可见思考是创新的源泉，"3+3"教师教育班如果缺少了思考，自然是死水一潭。第三态度积极，著名专家学者往往很少能规划好自己的时间，"忙"对他们来说是家常便饭，更有甚者连休息时间或自由时间都不能保证，这就会使学生有艺术而又积极主动地与导师联系沟通，各种人际交往能力也因此得到增强。

（4）学生访谈："金杯银杯不如学生的口碑"一个好老师，只有学生说了才是最算数的，对于"3+3"的毕业生，大多数学生都愿意称他们的导师"关心学生的学业，解答学生学习上的疑问，如朋友般"。在学生访谈中，还增设这样一个问题，即："你觉得这位新老师不做老师或不做这个学科的老师的话，可以从事什么职业？为什么？"很多学生侃侃而谈，谈到语文老师、数学老师，在对"3+3"毕业生的访谈中，出现了这样的回答："心理学家。因为徐老师对每个学生的特点循循善诱，给予心理上的鼓励，如面对成绩时，不要过分看重分数等，对于个别学生问题单独疏导，而不是当众教导。"从学生还有些稚嫩天真的话语中，确实真切地感受到，即使徐老师不从事教育事业，她的胸口还是一颗对学生充满爱的炽热之心。

（三）历程示范

正值上海师范大学55周年校庆之际（2009年），"面向未来的教师教育创新——上海师范大学'3+3'教师教育创新班展示汇报会"于10月16日在上海师范大学举行，参会人员主要来自上海市各区县中小学和幼儿园的校长、校内外指导教师以及资深校友。首届"3+3"教师教育创新班学生特意自主筹划举行这次展示活动，是以展示"3+3"创新模式教学成果表达对母校生日的庆贺。展示活动通过首届"3+3"教师教育创新班学生在校期间的教育理论学习、教学教研活动、学术科研活动、创新班集体活动等各方面成果之回顾及汇报，向社会展示我校的办学成效，彰显"3+3"教师教育创新班学生的特色与优势，这也是对"3+3"教师教育创新模式的一次客观审视和实证检验。

总体来看，"3+3"教师教育创新班的就业情况很好，受到用人单位认可好评。由此可见，"3+3"已经成为上海师范大学教师教育的品牌，也是上海师范大学继续能在重点高中和名校保留一席之地的重要组成部分，祈愿这些同学将会成为今后基础教育领域的中坚力量。

"3+3"教师教育新模式注重以"主动为基础教育服务"为指导思想，在学科专业优势的基础上，依托中小幼特学校、区县教师进修学校及市教育研究机构的高级教师和研究人员，面向基础教育改革发展实践，同心协力办好"3+3"教师教育新模式，为中小幼学校培育一批具有硕士学位的教师教育专家、"临床"教学专家和中小学"复合应用型"的骨干教师，以满足社会对优质教育资源的需求，实质性地推进教师教育事业健康向上发展。通过推进"与区县教师进修学院联动"、设立"扶持服务基础教育团队和重大实验项目基金"、"中小学教材中心后续建设"以及完善"3+3教师教育创新模式的双导师制度"等实质性项目，扩大诸学科专业的辐射力和影响作用，改变以往被动型、书斋式的研究与教学，积极探究主动为基础教育服务的实践模式，巩固和提升上海师范大学在我国基础教育领域的实际地位和影响作用。

教育学院研究生辅导员老师金钧在最近召开的"'3+3'教师教育创新班导师工作会议"上对"3+3"教师教育创新班三届毕业生情况作了如下介绍。(1)优势：通过三届"3+3"教师教育创新班毕业生就业情况可以得出这些学生的培养是符合目前基础教育单位的需求，受到用人单位欢迎的。这三届毕业生在求职过程中具有较为明显的优势，例如：① 学历高，都是硕士研究生学历。目前上海市基础教育不断要求具有高学历的毕业生入职，高学历符合其需求；② 具有学科背景，到了学校能很快胜任教学任务和要求。这点相比我院其他专业的硕士生培养，毕业生就业时具有明显的就业竞争力；③ 实习实践能力强，"3+3"学生在校学习期间教学实习期长，加上校外导师的指导，教师技能得到扎实掌握，教学技能得到充分锻炼。对中小学的实际教学情况很了解，实现了学校培养与社会需求的有效接轨；④ 综合素质高，"3+3"学生都是经过层层选拔的，个人的综合素质都较高。这些优势普遍受到用人单位的高度认可和欢迎，"3+3"毕业生就业情况良好，求职过程顺利。(2)劣势：① 学生个体存在差异，优秀的学生发展全面，自身定位明确，符合"3+3"模式培养的目标，但是也有个别学生3年的时间原地踏步，没有成长；② 导师的指导也存在差异，负责的导师会给学生制定详细的培养计划，学业、科研、实习指导都很充分，也有个别导师对学生培养比较放松，学生得不到培养计划内应有的指导。希望在以后的毕业生中避免这些情况，力求每届毕业生的就业率都能保持高水平，就业单位层次保持高质量。

应当坦诚己见、自我反省的是：由于高等学府现行体制与机制、条与块、部门惯习与学院传统相互之间的矛盾，加上有些小生产、小作坊的门户壁垒等的影响作祟，上海师范大学首创的"3+3"教师教育新模式在实际运作过程中存在不少"心有余而力不足"的遗憾和无奈，试图达到原先设计的理念彼岸和规划愿景还差很大一段距离，似"雄关漫道真如铁，而今迈步从头越"……

第二节　教师教育催生新兴学科

如同首创"3+3"教师教育新模式一样，上海师范大学"教师教育学科群"内涵建设注重在促进诸多传统学科的交融及其升华的同时，与时俱进地创立"教师教育学"（面向教师)、创建"教育领导学"(面向校长)、创设"儿童学"(面向幼小中学生)三门新兴学科,力图在与其他师范院校错位发展或特色品牌方面标新立异、开拓进取、独树一帜。

一、创立"教师教育学"的践行

上海师范大学"教师教育学科群"内涵建设重要项目之一的"教师教育学创新团队"认为:遵循学科定义的一般路径,对现在学理上通称的"教师教育学"可以做出以下三种定义的解析或注释:第一,若从静态的角度而论,"教师教育学"则是研究教师教育实施者、接受教师教育者以及客观环境相互结合、相互作用的规律性科学。第二,若从动态的角度而言,"教师教育学"就是研究教师教育的产生、演变、发展及其活动过程中的客观规律,是具有较强应用性的科学。第三,若从工作实践的角度来看,可以认为"教师教育学"是研究当代教师教育教学工作的一般规律及其影响作用的实践性科学。

通过上述三种解析或注释的"教师教育学"定义之比较,则可明确"教师教育学"是一门有关教师教育活动和教师教学工作的基本原理或是方法论的学问;或者说,就是以研究教师教育教学活动一般规律及其实际运作为己任的。"教师教育学"是致力于研究教师教育专业化发展的一门新兴学科,属于综合性的复合应用性学科,其学科研究的对象及学科实践服务的主要对象是学校教育中的教师群体。若要培养专业化的教师,就现在高等教育中必须开展教师教育的专业活动;专业又是以学科为基础的,如果重视教师的专业化,应当推进教师教育的专业化,建设教师教育学科乃是最为紧迫的任务。[①] "教师教育学"就是致力于研究教师教育专业化的一门学科,上海师范大学在现有的教育学、心理学及管理学三个一级学科框架下与时俱进地创立"教师教育学"二级学科,可谓是当今教育领域具有重要地位的、呈现综合性特点的新兴复合应用性学科。

百年大计,教育为本;教育大计,教师为本;师资队伍的优劣直接关系到教育事业的成败。因此,从事师资队伍建设之学问研究的"教师教育学"至关重要,处于当今社会具有重要价值。2008年,上海师范大学从24门不同学科视角聚焦当代教师的实际需求,探讨"教师教育学科群"理论架构,率先在国内创建"教师教育学"新二级学科。积极发挥引领性作用的教育学院先开设面向全体本科生、硕士生和博士生的必修核心课程——"教师教育学",试从教学层面探究与改革教师教育课程体系。再则,举全校之力组成一支由校长领衔、以24位文理学科带头人为主的"教师教育学"教授讲师团,从不同学科视角论证当代教师养成和研修的实效性。还在编著出版《教师教育概论》(80万字,北京大学出版社出版)精品教材的基础上,与北京大学出版社签署全面合作的框架协议,计划在五年内出版一套100本能涵盖中小学、幼儿园教师教育的系列教材。并且,动员全校学生积极参与《我的教师教育观——当代师范生之愿景》(北京大学出版社2009年出版)的师生互动学术交流,这样既可丰富"教师教育学"新学科建设的学术内涵,又能展呈上海师范大学"教师教育学科群"有效运营的实践特色。若以教育学院为例,四年来的主要业绩与成就作为如下:

(1)教育学院在正式启动"教育学""心理学"两个博士后流动站的同时,积极组织申报"教育学"一级学科博士点并取得成功,制定好7个二级学科博士点和12个硕士点

---

① 陈永明,王健."教师教育学"学科建立之思考[J].教育研究,2009(1):53—59.

的招生目录和培养课程计划,齐心协力聚焦于"教师教育学科群"内涵建设。

(2) 陈永明教授作为校方任命的上海师范大学教师教育学科群首席专家,从 2008 年起就倡导与规划适应国际大都市发展需要的教师教育学科群建设,积极参与上海师大申报并在 2011 年 9 月正式批准付诸实施的上海市教委"085 工程"(高校内涵建设),具体负责《教师教育学科群内涵与特色建设》项目。再则,"教育学院'十二五'改革与发展规划(2011—2015 年)"重点在于探究上海师范大学"教师教育学科群"的理论基础以及主动为基础教育服务的实践模式;不断地充实与完善"教师教育学""教育领导学""儿童学"等综合性新兴学科,有力地提升上海师范大学在我国教师教育领域的综合性实力。

(3) 教师教育的研究成果,受到教育部长的关注并批文指示。陈永明教授撰写题为"以终身教育理念构建教师教育新体系"一文刊登在《中国教育报》(2009 年 9 月 18 日第 5 版"基础教育"专栏),时任教育部长周济阅后于 9 月 20 日批文:"请师范司、人事司并小娅、卫红同志阅,要尽快完善中小学教师的教育培训体系及制度,成为教师队伍建设的重要部分。周济 9.20"

(4) 为上海师范大学 55 周年校庆(2009 年)举办主题为"教师教育与教育领导——两岸四地研讨会"。教育学院是以北京大学出版社出版 120 多万字的三本论著(《教师教育与教育领导》《我的教师教育观——当代师范生之愿景》《教育领导智汇》)作为教师教育研究的学术成果向 55 周年校庆献礼。与此同时,组织出版上海师范大学"教师教育学科群"内涵建设的系列教材,如国家新闻出版总署公布"'十二五'时期(2011—2015 年)国家重点图书、音像、电子出版物出版规划",隶属社会科学与人文科学领域的教育类重点出版被批准 24 项,由陈永明教授担任总主编的"新视野教师教育丛书"(北京大学出版社,30 本)列入其中。

(5) 组建 8 个"教育学院创新团队"(其中 2 个是校级的)。为了加快推进教师教育内涵建设和师资队伍优化,教育学院专门出资一百万元扶持 8 个青年教师的创新团队,旨在发挥教育学、心理学、管理学 3 个一级学科聚集之优势,增强教师教育领域的核心竞争力,促进学科建设"高原见峰"。

凸显教师教育特色是上海师范大学安身、立命、奠基之本,"教师教育学科群"现为上海师范大学倾全校之力建设的首位重点学科,"教师教育学"这门新兴学科有助于促进学科群内涵建设。这些都将有利于上海师范大学"教师教育学科群"建设在国内高师院校的藩篱中寻找突破口、先声夺人并争攀制高点。"教师教育学"经过四年的探究与实践,逐渐形成这门新兴学科的基本理论框架,并已付诸实践运作,同时相关理论成果也在国内不断地赢得认同。例如:上海师范大学现代校长研修中心全体成员在不断探究与实践的基础上编著出版《教师教育学》(北京大学出版社 2012 年 1 月出版,40 万字),这是教育学院"教师教育学"必修核心课程教学的指定教材以及在职教师研修的指南读本,是从各学科多视角(主要以各自擅长的专业研究方向为基点)来探究或论证"教师教育学"问世的必要性和可行性。还有,现代校长研修中心常务副主任舒志定教授的专著《教师教育哲学》(北京大学出版社 2012 年 1 月出版,36 万字),是对教师教育改革与发展的基本问题进行哲学反思,着力阐释教师教育学科的建设立场。再则,以陈永明教授领衔的"教师教育学"这门课程被评为"2011 年度上海高校市级精品课程"等,这些都可以说是在为我国名正言顺地设置和运营"教师教育学"新二级学科而奠基立业、增光添彩、拓展愿景。

二、创建"教育领导学"新学科

上海师范大学在 2007 年就把"教育领导学"列为校级重点学科,从 2008 年开始帮助教育部积极策划中小学校长专业标准的研制,主要起因于 2006 年校方正式发文成立的"现代校长研修中心"。该中心力图在创建"教育领导学"新兴学科的同时,积极参与我国中小学校长专业标准研制的筹划、调研及其探究。我国作为当今世界教育规模最大、教育人口最多的基础教育事业发展不能离开高素质中小学校长作为中流砥柱的支撑,因为"校长是学校的灵魂"、"校长是教师的教师""一个好的校长就是一所好的学校"。走进新世纪的发达国家为解决学校教育的各种问题,都把中小学校长队伍建设视为至关重要的突破口,重视从教育领导的培养、任用、研修各个阶段有连贯性地提高中小学校长的资质能力。鉴于此,如何进一步加强与完善中小学校长队伍建设,已成为我国教育领域一个亟待解决的重大课题。作为国际大都市的上海理当率先实现教育现代化目标,率先成为培育自主创新型人才的摇篮,为我国教育事业可持续发展提供强有力的教育领导人力资源保障,并发挥示范性的影响和作用。正因为因此,创建"教育领导学"这门新兴学科以及研制我国中小学校长专业标准,可以说是上海师范大学义不容辞的重大使命和主要职责。

1. 创建理念

21 世纪的人类社会正面临经济全球化、政治多元化、教育国际化以及信息技术日新月异所带来的严峻挑战,各种竞争聚焦于人才水平高低的竞争,这就必然导致肩负人才培养重任的学校为确保教育质量将会发生深刻变革,也必然导致教育领导及其研修模式的创新或演进。因此,有必要倡导创建"教育领导学"新兴学科,这是一门综合性学科,应当注重研究现今教育领导过程中的理论性困惑以及两难性课题。①

现代教育领导在其自身的管理工作和专业发展过程中,需要不断地总结教育发展规律和经验教训,了解当今世界教育领导的现状与特征,把握国际化教育领导的新趋势,有必要提出科学的、体现教育发展规律的、符合时代精神的研修模式创新和改革思路,迫切需要加强专业的教育领导学研究。我国各级各类学校的校长总数已经超过 100 万。但是,令人感到缺憾的是:号称拥有百多万名校长队伍的专业发展至今尚未形成一套面向新世纪的系统、成熟、完善的科学体系作为学科基础。因此,创建具有中国特色的"教育领导学"新兴学科可谓是当务之急。

2007 年,上海师范大学把"教育领导学"列为校级重点学科,以上海市高水平特色项目为支撑,把教育领域中领导活动所特有的矛盾作为研究对象,以融入高等教育学科谱系为依托,研究教育领导的理论与实践,探索教育领导专业成长规律和校长研修的特殊规律,构建教育领导的专业发展和在职研修新体系,创建"教育领导学"新兴学科,是为创新当代教育领导养成与研修提供必要的理论基础和实践基地,为新世纪构筑具有中国特色的教育领导人才高地做出贡献。

2. 学科梯队

"教育领导学"新兴学科拥有实力雄厚、结构合理的学术梯队和师资队伍:专职人员 9 名(都在国内外名牌大学取得博士学位);其中,专职人员具有高级职称人员 7 名(2 名

---

① 陈永明,王健."教育领导学"学科建设之思考[J].上海师范大学学报(基础教育版),2008(3).

教授、5名副教授），中级职称人员2名。

3. 建设目标

上海师范大学"现代校长研修中心"是主要从事教育领导研究、中小学校长学位教育和在职培训的高起点、高层次、高水准的研修机构；全体成员在参与教育部"中国中小学校长专业标准"研制工作和"深度访谈校长"专项课题的同时，编著出版了《当代校长读本》《教育领导学》《教育领导研究》《现代教育领导研修》等十多本示范性教材。

现在上海师范大学教育学院以实力雄厚的教育学科、心理学科为"教育领导学"提供坚实基础，2个博士后流动站、7个博士点、12个全日制硕士点和4个专业硕士点也为"教育领导学"新兴学科发展提供强有力的诸学科支撑。

（1）力图突破传统的教育干部培养培训框架，率先在国内创建"教育领导学"新二级学科，提升教育领导理论研究水平，增强教育领导自主的原创性能力，使上海师范大学在促进教育领导事业发展方面居于国内领先位置并产生国际性影响。

（2）创新在职校长的培养培训体制，提升新世纪中小学校长的学历学位和专业素养，推进教师教育一体化进程，主动地为基础教育提供高质量的服务，为促进全国教师教育事业更好发展体现示范性作用。

（3）紧密结合新世纪基础教育中小学校长队伍建设的重大课题，积极努力将研究成果付诸教育实践，为上海成为国际文化教育大都市提供强有力的教育领导人才支撑和人力资源保证。

（4）海纳百川、兼容并包，积极为国内外优秀的教育领导专家提供切磋学问、研究问题、以达愿景的交流平台，取得标志性研究成果，完成实效性攻关项目，注重培养一批能在教育领导领域发挥重要作用的中青年学术骨干。

（5）纵观借鉴发达国家教育领导发展的经验教训，研究分析我国师范院校现行体制的利弊得失，为创建具有国际大都市上海特点的教育领导新体系奉献"教育领导学"的独特视角、学术才智及其研究成就。

（6）"教育领导学"瞄准学科前沿，力图取得基础理论创新或填补学科空白的成果；解决重大现实问题，为重大决策提供咨询建议。邀请国内外著名教育家、名校校长、学术专家开设教育领导讲坛，为上海及全国的教育工作者提供学术交流和专业培训，实现优质资源共享，促进教育均衡化，进一步发挥"教育领导学"的社会价值，增强其社会影响力。

创建"教育领导学"新兴学科，注重创新校长培养培训模式，成为我国教育领导学研究示范性基地；创建"教育领导学"新二级学科，努力成为上海市教委重点学科；培养一批具有国际视野和开拓精神、甘为基础教育事业发展做出贡献并具有敬业精神和专业水平的专家型校长。

4. 实际运作

五年的教育领导学科建设，上海师范大学现代校长研修中心坚持求变、求特、求强的建设方针，规划教育领导学科发展愿景，完善教育领导学科发展的基础工作，探寻教育领导学科建设的变革之策和创新之道，从而在教育领导学科基础理论研究、学术平台建设、师资队伍建设、国际合作与交流、课程与教材开发等方面取得显著绩效，为教育领导学科的持续发展奠定基础、积累经验，也为中国的教育领导学科建设与发展作出贡献。

（1）适应教育领导学科发展的现实需求，聚焦学科基础理论研究，凝练学科研究方向，构建教育领导学科研究特色，促进学科发展。

提出建设教育领导学科以来，全体学科成员同心同德，群策群力，已经形成了丰富的理论研究成果，影响力逐渐增强。并且研究领域相对聚焦，重点在教育领导思想研究、教育家成长机制（海派教师成长）研究、校长（教师）领导力研究等领域，使教育领导研究方向逐步明晰与凝练。例如：从2008年元旦开始帮助教育部积极策划、正式启动、主要参与《中国中小学校长专业标准研究》项目（教人司【2008】129号），现代校长研修中心全体成员承担该项目的主要研究事项，按时提交《中国中小学校长专业基本标准》（A框架），教育部人事司委托专家组对《中国中小学校长专业基本标准》课题组完成的课题报告进行认真的审议，评价"研究报告达到了国内的前沿水平"；"《中国中小学校长专业基本标准》的分析框架与专业基础标准设计合理，对现实工作有指导意义"；并感谢上海师范大学现代校长研修中心在课题研究过程中付出的辛勤劳动，"为总体研究的顺利开展，为课题的最后成功做出了突出贡献"。2010年，继续参与为即将启动全国中小学校长专业标准培训工作而制作录像指导。

与此同时，上海师范大学现代校长研修中心依托上海市委宣传部的"东方讲坛"，从2008年新学年开始在每个星期三晚上开设面向教育学院全体博士生和硕士生的"东方讲坛——教育领导系列讲座"（60讲），这门研究生必修的核心课程主要邀请上海市教委主任等各级教育领导前来演讲，围绕着教育领导的经验与实践，开展学术研讨和问题探究，集聚国际大都市上海优质的教育领导资源，拓展学术视野，为教育学院研究生提供更多宽广的学习机会以及与教育领导直接对话的交流平台，也有助于从实践维度构建"教育领导学"新二级学科的框架及其内涵。基于"东方讲坛——教育领导系列讲座"诸子百家富有经验的实践工作论谈，再从理论上对"教育领导学"进行架构、交融与升华，促成我国教育领导的理论与实践能在高端层面的有效结合。

（2）以开放、包容、多元为原则，促进学科研究队伍的建设。

人才队伍建设是学科建设的第一资源。本学科在加强人才队伍建设中注重到这几个问题：一是氛围学术化。在队伍建设中，营造健康向上的学术氛围，提倡民主、合作的学术精神，支持包容、理解的学术态度，为年轻教师的学术成长、专业发展搭梯子。二是"师源"多样化。目前研究人员毕业院校分布国内外5所著名高校，避免学科成员的近亲繁殖。三是专业构成多样性。人员学科专业分布各异，有教育学、语言学、社会学、高等教育学、哲学。四是年龄结构年轻化。从进入学科起计算，成员年龄控制在45周岁以下，它保证了学科的持续发展以及学科建设的活力。

（3）坚持教育领导学科建设与人才培养并重的原则。

从2009年开设面向"教育经济与管理"专业方向的研究生"教育领导学"的必修课程。通过倾心倾力于课堂教学实践，现代校长研修中心全体成员是在执鞭任教基础上编著出版《教育领导学》（2011年荣获"第四届全国教育科学研究优秀成果奖"三等奖、"中国大学出版社图书奖第二届优秀教材二等奖"），这是研究生教学的指定教材以及校长研修的指南读本。与此同时，引领指导研究生积极参与《教育领导案例及评析》（北京大学出版社2010年出版）的编撰工作；试从各学科多视角（以各自学科专业的研究方向为基点）来探究或论证"教育领导学"问世的必要性和可行性，为"教育领导学"新二级学科运营而先抛砖引玉，力求自圆其说。从2011年开发了面向本科生的《教育领导学》和面向研究生的《教育领导学》等2门网络课程。并且积极改革授课方式，丰富教学形式。如《教育领导学》由全体研究人员共同承担授课任务，使课程讲授思路不一、讲课风格多样，让学生获得更多收获。同时，在教育领导理论研究人才培养方面，支持研究生选择教育领导前沿课题作为硕士学位论文。比如《国际大规模教育评估与校长领导力研究——以欧盟LISA项目为例》《伦理型学校领导研究》《中小学教研组长领导力研究》《教育家成长和办学机制研究——以张伯苓、经亨颐、林砺儒为例》《小学生阅读素养与校长领导力》《课程中的学校领导研究——以上海市P学校为例》《我国中小学校长在职培训大学化研究》等论文或选题，表明逐步聚焦于教育领导学科理论研究人才的培养上。

（4）整合资源稳步推进教育领导学科的平台建设，为教育领导学科建设提供保障。

在比较与总结国内外学科平台建设基本经验的基础上，我们确立了"一网二刊三体"的教育领导学科平台建设思路与策略。"一网"是指建设一个示范性网站，即"现代校长研修网"；"二刊"是指编辑出版旨在搭建教育领导学科建设公共平台的两份学术期刊，即《教育领导研究》学术集刊和《教育领导研究动态》学术信息期刊。其中《教育领导研究》已经编辑出版两辑，作者队伍分布于美国、德国、芬兰、乌克兰、瑞典等国家，以及我国香港、台湾地区学者。《教育领导研究》第二辑首篇论文已被《中国社会科学文摘》2012年第8期篇目推荐，4篇论文被中国人民大学报刊复印资料《教育学》2012年第10期篇目推荐，说明集刊受到关注。"三体"是指建立教育领导学科建设所需要的兼具理论与实践、实体与虚拟相结合的协作体，即"优质与特色学校建设联盟"协作体，国际与国内教育领导发展论坛协作体，教育领导专业发展资源库建设协作体。

（5）坚守教育领导学科的学术立场，着力构建教育领导学科建设的学术文化。

教育领导学科团队成员积极拓展教育领导学科建设视野，传递学科建设前沿资讯、交流学科建设经验，活跃学术研究风气。开辟以上海师大首任校长名字命名的"教育领导学世承大讲堂"。以"世承"命名，意在弘扬上海师范大学首任校长廖世承先生奉献教育之诚意、追求教育之品德，以传承世承先生的教育思想，切实推进教师教育与教育领导创新之宏愿。来自德国、美国、我国香港及台湾地区等境内外知名学者担任报告主讲，累计已完成学术报告18场。

此外，为推动教育基础典籍的阅读与研究，端正学风，回归学术，上海师范大学现代校长研修中心围绕"教育领导学"学科建设需要，开展教育基础典籍导航读书会，目的是引领阅读经典之风气，营造读书之氛围，养成读书之习惯，还学人之本色。每三周一场，至今已举行了21场读书报告会。

在活跃学科学术气氛方面，现代校长研修中心积极引进国际教育资源，举办国际学术活动，传播教育领导研究先进理念、知识与技术。比如系统监测与学校发展国际研讨会暨首届教育领导中德高端对话、高等职业教育中德高端圆桌会议、高等教育质量保障的方法、政策与实践中加研讨会、新媒体时代的学校发展和教师教育中德研讨会等学术会议。特别是2012年5月19—22日举办的教育领导学科建设国际论坛，美国德克萨斯大学、加州州立大学、佛罗里达大学德国教师教育学会、我国台湾嘉义大学等海外学者三十余人，以及北京、广东、江苏、浙江等地学者共计七十余位代表参会，共同商讨教育领导学科建设与发展的理论与实践课题。

(6) 立足教育领导学科优势，创新教育领导学科服务社会的形式，提升服务能力。

以学科建设者新成就服务社会，是现代大学学科建设的基本职责与学科成长的原动力。现代校长研修中心高度重视并积极创新学科服务基础教育的形式、途径、内容。先后举办闵行区中小学校长教育领导力高级研修班、杨浦区小学校长教育领导力高级研修班、中小学校长课程领导力以及校长专业标准与校长专业成长专题研修班等。此外，还多次接待广东东莞、浙江温州、宁波、嘉兴、江苏南京、宁夏银川等地区的校长、教师的访问学习。同时，现代校长研修中心在上海杨浦实验学校建立卓越教师成长基地，探索教师领导力提升策略。

三、创设"儿童学"以学生为本

上海师范大学在创立"教师教育学"（教师）、创建"教育领导学"（校长）新兴学科的同时，尤为关注学校教育对象是青少年儿童，倡导以学生为本，创设"儿童学"新兴学科势在必行。现今"儿童学"研究涉及的主要对象是：学前教育的婴幼儿（0—6岁）、小学教育的少年儿童（6—12岁）、中学教育的青少年（12—18岁），等等。

伴随日新月异信息化、全球化、国际化发展的儿童问题越加凸显，青少年儿童身心健康正在受到有形侵害或无形影响日益增多的现代社会，欧美及日本等国家出现旨在将医学、儿科学、发展心理学、教育学、社会学等自然科学、社会科学和人文科学结合起来，综合地探究和解决有关儿童的各种问题的综合性科学——"儿童学"。这门新兴学科的学科研究对象及学科实践服务对象，主要包括基础教育阶段的幼小中学生群体。现在我国对儿童发展的研究，已经到了不仅急需创建或发展"儿童科学"，而且很有必要将密切关系到青少年儿童身心健康发展的生理学、心理学、教育学、社会学等诸多相关的学科作为一门整体科学进行综合性研究的关键时期。因此，创设"儿童学"新兴学科，这是重视儿童发展科学研究的时代结晶，也是历史赋予的重大使命。

"儿童学"的研究视角，即要注重对儿童整体的把握，又需站在儿童的立场、从儿童的视角研究儿童与社会、环境的关系，立足个体的完整性观察和研究现实生活中的当代儿童。这种视角将有助于上海师范大学突破长期以来一直过分专注于细分领域，疏于对儿童整体进行把握的研究现状，有利于教育深化对儿童的理解，重新回归儿童世界。现代儿童学研究旨在将医学、儿科学、发展心理学、教育学、社会学、文化人类学等自然科学及人文科学结合起来，跨学科研究当今儿童面临诸多问题的研究领域。世界各地的研究重点各不相同，国内的研究和对国外研究的介绍呈现过于零散、没有系统的特点，其主要原因之一是尚未建立学科体系。从国内其他师范院校儿童学研究现状和学科建设来看，出现如下状况：第一，单一型研究居多、复合型研究欠缺、各个学科各自为战，缺少融合或整合；相互借力不够，渐成封闭系统，体内循环现象严重；如有的侧重于儿童教育学、儿童文学；有的侧重于儿童教育学、儿童哲学；有的成立了专门的儿童文化研究院，主要侧重于儿童文化学、儿童文学。第二，目前国内高校儿童学学科意识淡漠，没有体系化的学科建设构想。儿童教育学、心理学发展出现瓶颈，"儿童学"学科研究的原创性严重不足。

上海师范大学创设"儿童学"是以学生为本，其标志性成果、课程开设、教材编著、队伍建设、招生培养等方面正在试行运营之中。教育学院为此多次召开专门的"儿童学新兴学科建设研讨会"，一致认为，善待儿童是当代教师应有的职责与使命；"儿童学"是上海师范大学教师教育学科群内涵建设的重要组成部分，不仅要顺应时代变革要求学科创新的主旋律，还必须扬长避短，在传统学科缺少话语权的情况下拓展学科建设新的生长点，以合力进取来提升学术水平及其话语权；力求在进一步研讨和认证的基础上，争取尽快达成三个重要目标：一是奠定"儿童学"学科建构的基本框架；二是先开出一门面向教育学院全体学生的"儿童学"必修课；三是组织好"儿童学"研究及教学的团队。多次"儿童学"学科建构研讨不仅是教师教育研究的重要理论基础，也标志上海师范大学教师教育学科群内涵建设又迈出实质性一步。教育学院已经组成一支关注儿童学、研究儿童学的队伍，编著由北京大学出版社出版的《儿童学概论》教材，其内容包括儿童学概说、儿童观、儿童政策（含法律、福利）、儿童的生理发展、儿童的心理发展、儿童与健康、儿童与环境（含儿童与自然、家庭、社会、学校）、儿童与哲学、儿童与科学、儿童与文学、儿童与造型、儿童与音乐、儿童与游戏、儿童研究课题，等等。

教育学院创设"儿童学"并在实际运作中，已经形成这样的共识：以上海师范大学教师教育学科群内涵建设为契机，发展儿童学新兴学科适逢其时，其现实性、前瞻性俱佳，意义重大，前景广阔；充分发挥"教师教育学科群"内涵建设的跨学科优势，有利于上海师范大学占据国内儿童学学科建设之先机，并使儿童学学科成为促进教师教育发展的重要学科基础之一。教育学院现有良好的硬件设施，为"儿童学"研究提供丰富的资源，建有教育科学文献资料中心，面积340平方米，藏书30 000册，现刊三百多种，电子资源3种，教育类、心理类、管理类文献收藏较为齐全；幼小中学教材和教学参考资料较为丰富，建有国内最大的幼小中学教材中心；教育类电子资料较为丰富，有上海市教育科研立项数据库、中文教育报刊资料索引等各种电子资源。还具备较为完善的校园网络，电脑普及，基本实现了无纸化办公，可与国内外的高等学府、研究机构进行便捷的交流和资源共享，具备召开网络会议的基本条件。此外，成功举办过多次大型国际学术研讨会。经常与美国、英国、德国、澳大利亚、日本以及我国港澳台地区的高校进行学术交流，开展多项国际合作项目，邀请国际知名学者前来访问讲学等，这些都有利于不断地充实与完善"儿童学"这门新兴学科的内涵建设。

遵循《上海高等教育内涵建设"085"工程实施方案》扶需、扶特、扶强的精神，笔者作为上海师范大学教师教育学科群的首席专家在具体负责"教师教育学科群内涵与特色建设"项目正式启动时就投入120万元资助特设的三个创新团队（"教师教育学"、"教育领导学"、"儿童学"各40万元），力图更为有效地促进创立"教师教育学"、创建"教育领导学"、创设"儿童学"三门新兴学科的实质性内涵建设，例如：以陈永明教授领衔的"教师教育学创新团队"开设的"教师教育学"课程被评为"2011年度上海高校市级精品课程"。由此可见，上海师范大学"教师教育学科群"内涵建设既需要统合现有的教育学、心理学、管理学三大主干学科以及中文、外语、艺术、体育、数理、生化等支撑学科来实现教师教育的协力同心，也需要"教师教育学"、"教育领导学"、"儿童学"这样的新兴学科来创新拓展向上、发挥特色品牌效应。若以传统学科为基础，新兴学科则可谓是塔尖。上海师范大学教师教育学科群内涵建设既要"欲穷千里目"、奠定万丈高楼平地起的坚实根基（诸传统学科），还要有"更上一层楼"的志向、与时俱进地开拓进取，"教师教育学"、"教育领导学"、"儿童学"三门综合性新兴学科正式启动及有效运作，说明上海师范大学具备向上发展的潜质能力和规划愿景。

第三节 建设教师教育学科群

我国基础教育事业已取得前所未有的重大成就,这为新一轮发展奠定良好的基础,但在以知识竞争和创新拓展为重要特征的信息化时代,要办好人民满意的教育,教师资质能力却面临严峻挑战,诸如:师资队伍的数量、质量与结构存在不均衡,无法满足现代社会对优质教育的需求;学科专业知识不扎实,知识结构单一;囿于经验的藩篱,缺乏创新意识;职业发展定位不明,自主发展能力不足。还有,现今执鞭任教者的教职精神和专业水平该达到怎样的基准与高度?新世纪的教师工作到底是一门普通的职业,还是与时俱进的专业?抑或"学高为师,身正为范"的事业?这些都是有必要认真思考和做出解答的两难性课题。作为国际化大都市的上海享有"综合改革试验区"先行先试的自主权,应当率先创新教师教育体制与机制,有必要突破传统师范框架的瓶颈,实现数量扩充向质量提高之转型,培养能适应日新月异的社会变革、具有综合素质能力的新型教师。

一、教师教育学科群建设目标

上海师范大学是以文科见长,文、理、工科协调发展并要凸显教师教育特色的综合性大学,以提升基础教育质量和优化师资队伍为首要职责,秉承悠久的文化传统和深厚的学科底蕴,针对学科建设面临的严峻形势及瓶颈难题,注重筹划和着力推进品牌策略。为实现"凸显教师教育"的发展战略,教育学院正在积极打造"教师教育学科群"内涵建设的新品牌。

教育学院是上海师范大学凸显教师教育特色的重要平台,也是"教师教育学科群"内涵建设的主干力量。若论在学科建设方面的标志性成果,如"上海市教师教育高地"项目建设,成为教师人才培养重要基地和教学研究及师资培训中心;"小学教育"专业被国家教育部认定为高等学校特色专业建设点;"情感教育心理学"研究在全国高校同类学科中处于领先地位,同"比较教育"学科一起成为上海市教委重点学科,2008年成为上海市重点学科。在此基础上,教育学院很有必要进一步明确学科发展现阶段的基本定位、瓶颈难题和品牌策略。教育学院正在积极贯彻落实"十二五"改革与发展规划(2011—2015年),在正式启动"教育学""心理学"两个博士后流动站和着力加强"教育学"一级学科博士点建设的同时,制定了7个二级学科博士点和12个全日制硕士点新的招生目录和培养课程,由新的一届教育学院"学术委员会"和"学位评定委员会"把关运营;力求在凸显教师教育特色和教师教育学科群内涵建设中更为积极地发挥引领示范作用。

教育学院理应充分利用上海师范大学在上海基础教育领域的传统优势和辉煌业绩,凸显教师教育引领作用,促进教师教育学科群内涵建设,协调整合优质资源,主动为上海与全国的基础教育事业服务,形成具有特色的五大教师教育品牌项目:① 加强教师教育高地建设,引领我国小学教育发展;② 成立"情感教学研究实验室",开发教师情感教学策略和评价体系;③ 充实"3+3"创新模式,培育复合应用型骨干教师;④ 打造教育领导学精品课程,构筑现代教育领导人才高地;⑤ 组建教师教育E—研究院,创建"教师教育学科群"理论框架。在教师教育品牌战略主导引领中,拓展教师教育学术交流平台,扩大在教师教育理论与实践领域的社会影响,力创具有上海师范大学特长的现代教师教育服务体系和"教师教育学科群"的理论框架。

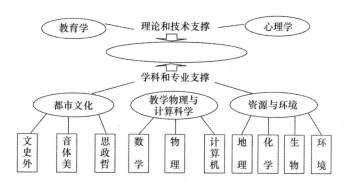

图 10-1　上海师范大学学科群建设规划

为了更好地服务于国际大都市上海的教育发展，遵循上海市教委"扶需"、"扶特"、"扶强"的原则，上海师范大学结合学科建设的现有水平、社会需求和发展趋势，在调查研究、专家咨询和课题研究的基础上，确定凸显教师教育特色的四个学科群（教师教育、都市文化、资源与环境、数学物理与计算科学）建设。其中，"教师教育学科群"定为上海师范大学凸显教师教育特色的重要方阵，不仅在学校层面进行顶层设计和建设，更对其他三大学科群具有引领性作用。由笔者主持的"创建'教师教育学科群'的理论与实践"（立项编号：A1012，"2010年度上海市教育科学规划重点项目"），同时被确定为"上海市哲学社会科学规划教育学课题"，根据基础教育发展需求，把高等学府的学科内涵建设和为服务基础教育实践有效结合，探究上海师范大学"教师教育学科群"的理论基础以及主动为基础教育服务的实践新模式，创建具有新世纪特征、中国教师教育特点、国际大都市特色、上海师范大学特长的教师教育服务体系，为上海基础教育可持续发展提供强有力的专业支持和人才保障。

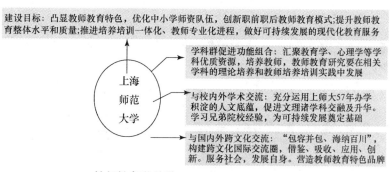

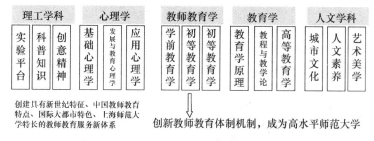

图 10-2　上海师范大学"教师教育学科群"内涵建设概念

上海师范大学正在进行"教师教育学科群"的基本理论构建和实践模式探索的综合性

研究，可以分成为基本理论研究和实践模式探索两大领域，拟在错位发展和特色品牌方面进行具体规划。

二、教师教育学科群理论探究

"教师教育学科群"建设应是新世纪一项综合性、战略性的重要基础性研究，如果没有一个合理的学科体系和一批在国内外有影响的重点学科，就难以形成有效的核心竞争力。从国内外不少名牌大学发展经验来看，一所大学不可能在众多领域同时达到国内外一流水平，一定会有先后顺序。优势学科是高校长期办学经验的积淀，也是大学实际社会地位和学术水平的集中体现。鉴于此，应当扬长避短，从优势学科入手，创建学科群就是一大发展战略。就上海师范大学发展战略而言，理应发挥根植于上海基础教育土壤以及培育中小学师资所积淀的办学优势，高举凸显教师教育特色的大旗，把特色学科建设水平提升到更高的层次。

在"教师教育学科群"基本理论研究层面，既要统合上海师大现有的教育学、心理学、管理学以及语数外主干学科以及物理学、化学、历史、艺术学、体育学、地理、思政和生物学等支撑学科来实现为教师教育的优质资源组合，还要与中小幼特各学科教育相关联动，形成有的放矢为基础教育服务的综合效应。充分发挥上海师大在基础教育领域的传统优势，整合全校的优质潜能，设立建好教师教育学、教育领导学、儿童学三门新兴学科，适应与时俱进的社会需求以及营造品牌产生时效，并以新兴学科引领师范院校课程改革，用新的学科增长点及其业绩提升上海师范大学"教师教育学科群"建设的理论研究水平。若以传统学科为基，新兴学科或综合学科就是上海师范大学形成办学特色和提升核心竞争力之价值所在。如图10-3所示。

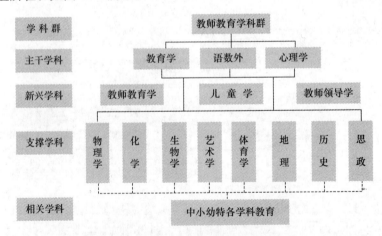

图10-3 上海师范大学"教师教育学科群"基本理论研究

三、教师教育学科群实践运作

打造主动为基础教育服务的实践模式是更好为基础教育服务的重要抓手，也是"教师教育学科群"建设的现实意义，更是师范大学之所以存在的主要目的。因此，上海师范大学"教师教育学科群"内涵建设，注重发挥在基础教育领域的传统优势，顺应当今世界教师教育改革趋势,以"主动为基础教育服务"为指导思想,在特色学科优势的基础上,面向中小学教育改革发展实践,在学校、区县和上海市三个层面,与中小幼特学校、区县教育局和教师进修学院以及市教育行政部门,开展合作共事,争取重要项目,扩大社会影响力,改变以往被动的学究式方法,积极探索主动为基础教育服务的实践模式。

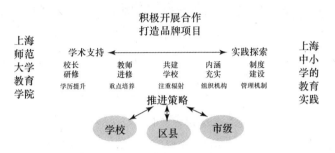

图 10-4 上海师范大学"教师教育学科群"实践模式探索

与此同时,拟在项目合作的基础上,积极打造具有影响力、辐射力和上海师范大学特色的品牌项目。主要包括:充实与完善"3+3 教师教育创新模式",不断更新对中小学校长和教师的学历提升和在职培训;与区县教育局共建幼儿园和小学,解决学前教师与小学教师缺口问题;积极参与政府决策质询,研制上海中小学校长和教师专业标准,参与研究制定基础教育质量保障标准;拓展国际化教育交流领域,探索中小学校长和教师国际合作研修项目等。

"教师教育学科群"建设的推进策略是:综观全局,扬长避短,发挥优势,提升核心竞争力。为此,在基本理论研究方面,继续不断地充实与完善"教师教育学"、"教育领导学"、"儿童学"三门综合性新兴学科,以新兴学科引领或促进师范院校的体制机制改革,用新的学科增长点及其业绩提升上海师范大学教师教育学科群的整体实力。

在具体实施过程中,拟在校内从三个层面来推进基本理论研究。① 在学校层面,充分发挥以"教师教育学科群"为顶层设计之优势,汇聚全校其他学科的优质资源,重点抓好"教师教育学"新二级学科建设;在全国首创"3+3"教师教育新模式的成就上,合作共建"教师教育学"这门新兴学科的必修核心课程,与中小幼特教育有关的兄弟学院通过"课程与教学论"学位点建设,注重养成中小幼特各学科带头人。② 在教育学院层面,在原有教育学、心理学和管理学三大一级学科的基础上,实现优势互补,促进教育学、心理学和管理学等学科的交融及其升华,在与中小幼特教育联动的基础上,着力运营"儿童学"这门新兴综合性学科,在与上海市闵行区合办幼儿园的基础上,探究与践行幼小衔接、小初衔接、初高衔接,促进基础教育体制机制改革。③ 在校长研修中心层面,在管理学现有基础上,组建学术团队,从管理学、教育学、心理学、哲学、政治学、经济学、社会学法学、信息科学等多视角来充实"教育领导学"新兴学科;现代校长研修中心正在不断着力改进"教育领导学"这门新兴学科的必修课程,研究现代校长资质能力,探究教育家型校长和骨干教师研修之道。

上海师范大学"教师教育学科群"实践模式探索拟对校外从三个层面进行,即学校层面、区县层面和市级层面。① 在学校层面,组建对外需求各具特色的创新团队,直接参与中小学课程建设与教学改革,并以科研引领教师专业发展。② 在区县层面,主要是和区县教育局和教师进修学院合作,关注教师和校长的学历提升和专业发展,共建幼儿园和小学,策划富有实效的教师、校长和园长的专题培训。③ 在市级层面,探索教师教育创新模式,为基础教育培养高素质具有研究生学历的复合应用型骨干教师;研制上海市中小学校长和教师的专业标准,为其专业发展提供制度保障;提升校长课程领导力,开展形式多样的主题研修;推动中小学开展校本化实施新课程的专题研究及实践,开展德育校长和教学校长的专项培训,旨在提升中小学校长对学校教育的领导力。

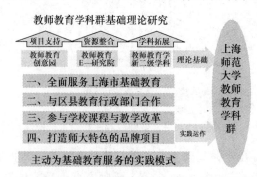

图 10-5　上海师范大学"教师教育学科群"推进策略

上海师范大学集聚全校之力推进教师教育学科群内涵与特色建设的重点,是创新教师教育的理论奠基性成果、实践示范性样板和学科学位点顶层整合引领。教育学和心理学是教师教育学科群的两大主干学科,为教师教育发展提供理论和实践的支持,这是上海教育发展所需要重点建设的基础性学科。这两大主干学科又是上海师范大学的传统特色学科和强势性学科,教育学现为一级学科博士点(现有六个二级学科博士点),心理学拥有发展与教育心理学二级学科博士点,都设有博士后流动站,并拥有多个上海市重点学科、市教委重点学科和上海市教育高地,承担多项国家或省部级科研项目,在国内外有较为广泛的学术影响。因此,以教育学和心理学博士点建设为核心和支撑的教师教育学科群内涵和特色建设,能够成为国内一流人才培养高地和学科建设重镇,成为全国示范性特色学科。

"十二五"期间,为能更加有效地促使诸学科新一轮发展和健康向上,笔者现为教育学院院长正在倡导和着力推进"关于教育学院内涵建设的建议",若以研究生教育为例,其内容有:

(1)学科群建设:贯彻落实上海师范大学"十二五发展规划",加强教师教育学科群内涵建设,有效地发挥教育学院现有的教育学、心理学、管理学等主干学科作用,促进教师教育优质资源组合;关注与中小幼特各学科教育相关联动合作,提升为上海各区县教育服务的综合效应和服务职能。

(2)核心竞争力:学科建设应该是教育学院提升实力的"引擎",在设定"科研与教学工作量折算"的基础上,重视高质量的科研成果(如 A 类的论文和省部级以上的课题与获奖),有规划有重点地资助科研创新型团队,尤其要鼓励青年教师的科研创造性,提升教育学院在同类学校或领域的核心竞争力。

(3)研究生教育:学科群建设重在于研究生阶段培养复合应用的骨干教师。因此,要求每位导师必须重视生源质量,加强入学教育(如个别交谈、学术讲座、研究方法指导、研究生学习规划,以及注意事项和教学流程等)及其研究指导,还要关注研究生的就业问题（如出路导向）。倡导宽松的专业自主、创新自由、学术自律的探究精神，形成良好的师生互动、教学相长、健康向上的学术氛围。

（4）课程与教学：教育学院的硕士研究生课程分四个板块：一是全校公共必修课程：3门，6学分（由学校统一排课）；二是教育学院公共必修核心课程：2门，6学分［①"教师教育学"3学分，②"教师教育专题讲座"（2011—2012年度以研究方法论为主），3学分］；三是各专业必修课程：4～6门，12～18学分；四是选修课程：2～3门，4～6学分（包括指定选修课专业外语）。教育学院向研究生开设的课程总学分在24～32学分之间（不包括公共课）。

博士研究生也分四个板块：一是全校公共必修课程：2门，7学分（由学校统一排课）；二是教育学院公共必修核心课程：2门，6学分［①"教师教育学"3学分，②"教师教育专题讲座"（2011—2012年度以研究方法论为主），3学分］；三是专业基础理论课2～4门，6～12学分；四是专业选修课2～4门，4～8学分。各学位点必须加强对博士生教育的各种考核，做好开题报告和预答辩工作，对博士论文严格把关。

为激励和促进各学位点的学科建设，教育学院对每届学生按照32学分标准下拨各学位点的培养基金，由学科负责人按培养计划包干、统筹安排。专业硕士学位硕士点根据实际情况，另行制定相关规则。

（5）学科带头人：按照教育学院"博士点顶层设计"的既定原则，实行学科带头人负责制，保证学科带头人的责权利，如学校下拨的研究生经费可以考虑全部到达各学位点，有利于学科建设，但在定额定数定目标的前提下，学科带头人要对所负责的学科发展重点、课程设置、课时学分、授课导师等的规划进行统筹安排，包括对同一学科的硕士点建设提出指导性意见等。

（6）研究生导师：所有的导师要面向所有的研究生，在教育学院公共必修核心课程中讲授自己的研究方法或成果业绩。教育学院对每位导师的要求是以学校既定规则为必要条件，鼓励各位达标者积极申报硕导或博导。由于各种原因，如博士招生名额有限，即使当了博导，也不等于就可以招生，这要看分配名额实况，应有轻重缓急的统筹安排；从学科建设全局出发，学院会对某些学科的博导人事进行必要的调整。

（7）建学科梯队：各位教师明确自己发展该从属于哪个领域（二级学科），今后考核时将按所属的二级学科进行，主要的科研和教学成果等必须在所属的学科范围，在教育学院内一项成果不能多用，各学科带头人要严格把关。还有，今后对学科带头人考核的一项重要指标，就是该学科是否有一支好的梯队，必须重视学科的可持续发展。

（8）预期的成果：① 在国内率先建成特色鲜明、水平领先的三门综合性新兴学科："教师教育学"（教师）、"教育领导学"（校长）和"儿童学"（幼小中学生）；力争使教师教育学科群内涵与特色建设的综合业绩和学术水平等进入我国教师教育领域的前5名。② 与中小幼特教育有关的学院和学科学位点，通过教育学一级学科下设的"课程与教学论"博士、硕士学位点共建，培养中小幼特各学科的带头人，有效地提升中小学各科教学质量；探究与践行上海市幼小衔接、小初衔接、初高衔接模式，为促进教育体制机制改革作出新贡献。③ 注重内涵与特色建设的标志性成果，如三年内编著出版已列为国家新闻出版总署"'十二五'时期（2011—2015年）国家重点图书、音像、电子出版物出版规划"的我校"新视野教师教育丛书"（北京大学出版社，30本）。④ 在中小幼师资养成方面形成符合各阶段教育要求的特色师资人才培养模式及复合通用型师资培养模式等,为上海市基础教育输送高学历、高素质的优质教师。⑤ 建成高水平的"一院两库三平台",以教师教育E—研究院、基础教育及教师专业发展资源库及各类研修、实践、支持平台来保障和支持上海师范大学教师教育的内涵与特色建设,服务于基础教育的宏观决策和改革发展。

  2014年是上海师范大学60周年校庆,也是实现跨越式发展的关键时期,上海师范大学正在举全校之力,凸显教师教育特色,推进"教师教育学科群"内涵建设,力创具有新世纪特征、中国教师教育特点、国际大都市特色、上海师范大学特长的教师教育服务体系。"路漫漫其修远兮,吾将上下而求索"……

参考书目

[1] 叶澜.教师角色与教师发展新探［M］.北京：教育科学出版社，2001.
[2] 叶澜.教育研究方法论初探［M］.上海：上海教育出版社，1999.
[3] 陈永明.中国和日本教师教育制度的比较研究（日文版）［M］.东京：日本行政出版社，1994
[4] 陈永明.教师教育研究［M］.上海：华东师范大学出版社，2003.
[5] 陈永明.教育行政新论［M］.上海：华东师范大学出版社，2003.
[6] 陈永明.比较教育行政［M］.上海：华东师范大学出版社，2005.
[7] 陈永明.教师教育学［M］.北京：北京大学出版社，2011.
[8] 陈永明.现代教师论［M］.上海：上海教育出版社，1999.
[9] 陈永明.教育领导学［M］.北京：北京大学出版社，2010.
[10] 腾大春.外国教育通史［M］.济南：山东教育出版社，1989.
[11] 肖川.教师：与新课程共成长［M］.上海：上海教育出版社，2006.
[12] 李进.教师教育概论［M］.北京：北京大学出版社，2009.
[13] 杨连生.科学学［M］.北京：科学技术文献出版社，1988.
[14] 陈桂生.师道实话［M］.上海：华东师范大学出版社，2009.
[15] 蒋洪池.大学学科文化研究［M］.北京：光明日报出版社，2011.
[16] 梁传杰.学科建设理论与实务［M］.武汉：武汉理工大学出版社，2009.
[17] 魏文斌.第三种管理维度：组织文化管理通论［M］.长春：吉林人民出版社，2006.
[18] 翟亚军.大学学科建设模式研究［M］.北京：科学出版社，2011.
[19] 卢乃桂，操太圣.中国教师的专业发展与变迁［C］.北京：教育科学出版社，2009.
[20] 舒志定.教师教育哲学［M］.北京：北京大学出版社，2012.
[21] 姚文忠.元教育科学导论——教育科学研究的理论与方法［M］.成都：成都科技大学出版社，1990.
[22] 张楚廷.课程与教学哲学［M］.北京：人民教育出版社，2003.
[23] 梁漱溟.梁漱溟教育文集［M］.南京：江苏教育出版社，1987.
[24] 瞿葆奎.中国教育研究新进展·2000［M］.上海：华东师范大学出版社，2001.
[25] 饶见维.教师专业发展——理论与实务［M］.台北：五南图书出版股份有限公司，1995.
[26] 安文铸.教育科学学引论［G］.南昌：江西教育出版社，1997.
[27] 瞿葆奎.元教育学研究［G］.杭州：浙江教育出版社，1998.
[28] 瞿葆奎.教育基本理论之研究（1978—1995）［R］.福州：福建教育出版社，1996.
[29] 〔美〕帕克·帕尔默（Parker J. Palmer）.教学勇气［M］.吴国珍等译.上海：华东师范大学出版社，2005.
[30] 〔美〕约翰·麦金太尔（D. John Mcintyre）.教师角色［M］.丁怡等译.北京：中国轻工业出版社，2002.
[31] 〔美〕史蒂芬森（Frederick J. Stephenson）.非常教师——优质教学的精髓［M］.周渝毅等译.北京：中国轻工业出版社，2002.
[32] 〔美〕华勒斯坦（I. Wallerstein）.学科·知识·权力［M］.刘健芝译.北京：生活·读书·新知三联

书店,1999.

[33]〔美〕埃德加·沙因(Edgar H. Schein).组织文化与领导力[M].马红宇,王斌等译.北京:中国人民大学出版社,2011.

[34]〔英〕波兰尼(Karl Polanyi).意义[M].彭淮栋译.台北:联经出版事业公司,1984.

[35]〔美〕丹尼尔森(Charlotte Danielson)(美)麦格里(Thomas L. McGreal).教师评价——提高教师专业实践能力[M].陆加萍,唐悦译.北京:中国轻工业出版社,2005.

[36]〔德〕第斯多惠(FriedrichAdolf Wilhelm Diesterweg).德国教师培养指南[M].袁一安译.北京:人民教育出版社,1990.

[37]〔美〕布鲁克菲尔德(Brookfield S. D).批判反思型教师ABC[M].张伟译.北京:中国轻工业出版社,2002.

[38]〔美〕斯壮格(J. H. Stronge),金太姆(J. L. Jindman).教师素质指标——甄选教师的范本[M].赖丽珍译.台北:心理出版社股份有限公司,2008.

[39]〔日〕中央教育审议会.关于通过全体教职生活提高教师资质能力的综合性方策[M].2011:1—2.

[40]〔日〕筑波大学就职委员会.平成五年度就职手册[M].筑波大学,1993:12.

[41]〔日〕铃木博雄.东京教育大学百年史.日本图书文化协会[M].东京:1978:3—15.

[42]〔日〕棍哲夫.综合大学的教职教育研究——关于教育实习事前指导的综合性研究[M].1983:4.

[43]〔日〕铃木博雄.东京教育大学百年史[M].东京:日本图书文化协会,1978:6.

[44]〔日〕筑波大学十年史编集委员会.回顾篇·筑波大学十年史[M].东京:1984:34—35.

[45]〔日〕日本教育大学协会.世界的教员养成Ⅱ[M].东京:学文社,2005:54.

[46]〔日〕日本文部科学省.诸外国的教员[M].东京:国立印刷局,2006:136—137.

[47]顾明远.我国教师教育改革与反思[J].教师教育研究,2006(6).

[48]顾明远.师范教育的传统与变迁[J].教师教育研究,2003(3).

[49]顾明远.师范院校的出路何在[J].教师教育研究(高等师范教育研究)2000(6).

[50]史宁中,柳海民.我国教师教育发展模式的选择[J].中国高等教育,2004(19).

[51]荀渊.教师教育一体化改革的回顾和反思[J].教师教育研究,2004(4).

[52]孙宏安.地方统筹与标准引领——教师教育一体化的一个实施策略[J].当代教师教育,2010(4).

[53]刘德华,仇冰洁.佐治亚大学硕士层次小学教师培养方案评析[J].集美大学学报,2010(2).

[54]张文军,王艳玲.职前教师教育中的"学校体验":英国的经验与启发[J].全球教育展望,2006(2).

[55]《教师教育课程标准》专家组.教师教育课程标准的国际比较研究[J].全球教育展望,2008(9).

[56]赵长林,王瑛.教师教育大学化:必然的趋势与现实的问题[J].现代教育论丛,2007(12).

[57]郑渊方.对我国高师教师教育改革的思考[J].全球教育展望,2011(5).

[58]白益民."过程—结果"教学研究范式"科学"承诺的再审视[J].河北师范大学学报(教育科学版),2000(2).

[59]盖立春,郑长龙.美国教学行为研究的发展历史与范式更迭外[J].外国教育研究,2009(5).

[60]傅东缨.教学的艺术[J].教师博览,2011(3).

[61]杨芳勇.试论社会工作专业与职业的关系及其转化[J].社会工作(上半月),2010(12).

[62]赵康.专业、专业属性及判断成熟专业的六条标准[J].社会学研究,2000(5).

[63]叶澜.新世纪教师专业素养初探[J].教育研究与实验.1998(1).

[64]叶澜.中国教育学发展世纪问题的审视[J].教育研究,2004(7).

[65]叶澜."面向21世纪教育系科改革研究与实践"结题总报告[J].华东师范大学学报(教育科学版)2000(3).

[66]曾荣光.教学专业与教师专业化:一个社会学的阐释[J].(香港中文大学)教育学报,1984(1).

[67] 宋广文，魏淑华.论教师专业发展[J].教育研究，2005（7）.

[68] 凌永明，王焰新.创建高水平的学科群是高等学校培养 创新人才的有效途径[J].科技进步与对策，2000（4）.

[69] 谭镜星等.试论大学学科群结构化及其建制：问题与策略[J].中国高教研究，2008（6）.

[70] 谭镜星，陈梦迁.学科群与大学教育知识自我组织[J].高等教育研究，2009（6）.

[71] 夏承枫.教育学术科学化与教育者[J].教育杂志，1926.

[72] 庞海勺.通识教育的动力与阻力[J].高等教育管理，2012（3）.

[73] 董宇艳等.台湾地区高校通识教育理念与模式[J].高等教育管理，2012（5）.

[74] 郑旭辉.通识教育与专业教育的融合[J].高等教育管理，2012（3）.

[75] 莫家豪.高等教育课程与全球化[J].高等教育管理，2012（3）.

[76] 樊华强.中美研究型大学学院设置之比较[J].高教发展与评估，2012（4）.

[77] 陈亚玲.大学跨学科科研组织：起源、类型及运行策略[J].高等教育管理，2012（3）.

[78] 雷尧珠.试论我国教育学的发展[J].华东师范大学学报（教育科学版），1984（2）.

[79] 陈元晖.科学与教育学[J].教育研究.1985（6）.

[80] 陈桂生.教育学的迷惘与迷惘的教育学——建国以后教育学发展道路侧面剪影[J].华东师范大学学报（教育科学版）.1989（3）.

[81] 黄亚妮.教育的自我超越——透视元教育热的思考[J].教育研究，1997（8）.

[82] 翟亚军.大学学科建设模式的嬗变[J].现代教育管理，2009（7）.

[83] 刘宝存.国外大学学科组织的改革与发展趋势[J].教育科学，2006（2）.

[84] 胡仁东.论大学优势学科群的内涵、特点及构建策略[J].中国高教研究，2011（8）.

[85] 金顶兵，闵维方.研究型大学组织整合机制的案例研究[J].北京大学教育评论，2003（4）.

[86] 胡义伟.筑波大学学群制度解读及其启示[J].现代教育科学，2010（2）.

[87] 张炜.德国柏林工业大学的跨学科学术组织[J].比较教育研究，2003（9）.

[88] 项延训.对学科群建设的认识与实践[J].中国高教研究，2007（1）.

[89] 张重文.文理学院，亦小亦美[N].文汇报，2012-06-07.

[90] 蓝建中，王一凡.日本高校大师辈出[N].国际先驱导报，2011-12-16.

[91] 严建新.跨学科研究的动力来自社会需求[N].北京：中国社会科学报，2012-02-10.

[92] 郑讴.耶鲁大学新项目增进人文与科学对话[N].北京：中国社会科学报，2012-03-16.

[93] 梁杰.中科院科教融合培养人才[N].北京：中国教育报，2012-01-19.

[94] 张炯强，杨扬.高中分科让学生成为"两个世界"的人——"通识教育"是否应该早点开始？[N].新民晚报（教育周刊），2012-02-15.

[95] 唐莹，瞿葆奎.元教育学的兴起与展望[N].中国教育报.1993-08-12.

[96] 储召生，唐景莉.北师大学部制：高校"大部制"改革掀起盖头[N].中国教育报，2009-07-06.

[97]〔美〕唐纳德·E.兰露易斯，夏洛特·拉普·扎莱斯.有效教师的教学艺术[J].李皖生译.比较教育研究，1994（2）.

[98]〔美〕戴维·E.阿普特.通往学科际研究之路[J].国际社会科学杂志（中文版）.2010（3）.

[99]〔德〕Seiffert, H.; Radnitzky, G.. Handlexikon zur Wissenschaftstheorie [Z]. 2. Aufl. München：Deutscher Taschenbuch-Verlag, 1994.4.

[100]〔德〕Seiffert, H.. Einführung in die Wissenschaftstheorie. Bd. 1: Sprachanalyse-Deduktion-Induktion in Natur— und Sozialwissenschaften [M]. München：C. H. Beck, 1991（11）.17—22.

[101]〔德〕Plöger, W.. Grundkurs Wissenschaftstheorie für Pädagogen [M]. Paderborn：Wilhelm Fink Verlag, 2003. Vorwort.

[102]〔德〕Kron, F. W.. Wissenschaftstheorie für Pädagogen [M]. München/Basel：Reinhardt, 1999.

67—71.

[103] 〔德〕Westermann, R.. Wissenschaftstheorie und Experimentalmethodik: ein Lehrbuch zur psychologischen Methodenlehre [M]. Göttingen: Hogrefe, 2000.

[104] 〔美〕Ritzer, G.. Sociological Metatheorizing and A Metatheoretical Schema for Analyzing Sociological Theory [A]. // 〔美〕Ritzer, G.. Sociological Theory [G]. New York: McGraw-Hill, 1996. 622.

[105] 〔美〕Fiske, D. W.; Shweder Richard A. Metatheory in Social Science: Pluralism and Subjectivities [G]. Chicago: University of Chicago Press, 1986.

[106] 〔法〕Rodrigues, M. J.. Europe, Globalization and the Lisbon Agenda [A]. Cheltenham: Edward Elgar, 2009.

[107] 〔德〕Beck, U.. Risikogesellschaft. Auf dem Weg in eine andere Moderne [M]. Frankfurt/M. : Suhrkamp, 1986.

[108] 〔美〕Shulman, L. S. Those who understand: Knowledge growth in teaching [J]. Educational Researcher. 1986 (2).

[109] 〔美〕Sanfdefur J. T. An illustrated model for the evaluation of teacher education graduates [M]. Washington, DC: American Association of Colleges for Teacher Education, 1970.

[110] 〔美〕G G., J C. Evaluation of preservice teacher education programs [M] //HOUSTON W R, HABERMAN M, SIKULA J P. Handbook of research on teacher education: A project of the association of teacher education. New York: Macmillan. 1990.

[111] 〔美〕Scriven M. The methodology of evaluation [M] //TYLER R W, GAGNé R M, SCRIVEN M. Perspectives of curriculum evaluation. Chicago: Rand McNally. 1967: 39—83.

[112] Smith E. R., Tyler R. W. Appraising and recording student progress [M]. New York: Harper & brothers, 1942.

[113] 〔美〕Tyler R. W. University of Chicago. Basic principles of curriculum and instruction [M]. Chicago: University of Chicago Press, 1949.

[114] 〔美〕Bloom, B. S. Taxonomy of Educational Objectives: The Classification of Educational Goals: Handbook I, Cognitive Domain [M]. New York: Longmans, Green, 1956.

后记　教师教育学科群之发展愿景

　　处于"知识授予型"向"知识创造型"转换的重要变革时期，令人难忘而有必要再次回顾的是：我国教师教育发展历程是从清代末期制定《奏定学堂章程》照搬日本学制创立近代师范学堂开始，先由模仿日本型师范教育制度（1904 年）变为美国型教员养成体制（1922 年），后又转成苏联型社会主义师资培养培训制度（1951 年），乃至现今力图建设具有中国特色的现代教师教育体系。虽说历经了百年的沧桑演变，而我国教师教育仍在模仿和学习发达国家经验的基点上探究自身发展的途径。这一历史变革过程，记载着多少理想与失望、期待与落空、成功与失败的经验和教训，其在当前所引发人们关注的程度如何也将影响甚至会决定新世纪教师教育发展的质与量。历来强调"学高为师，身正为范"的师范教育本来就应该成为诸校之模、众者之范，但在社会主义初级阶段的我国师范教育却出现了一系列异化现象，单凭现有实力和纸上规划难以或者不太可能达到愿景之彼岸，也许只有通过大刀阔斧的体制机制改革才有可能接近或达到期望的教师教育理想境域。

　　我国正处在"国将兴，必贵师而重傅"的最佳时机，这为教师教育带来巨大的生机与活力，激励在职教师以及未来教师能与时俱进努力向上，给新世纪师资队伍优化拓展广阔天地和美好前景，有利于执鞭任教者在今后教书育人过程中知任、善任、胜任"传道、授业、解惑"之职责，甘愿为教育事业发展而尽职、尽能、尽心、尽力。正如比尔·盖茨坚信的那样："如果普通教师也能够达到顶级教师的水平，那么学生将受益无穷。"[1]随着经济全球化、信息网络化、教育国际化的知识浪潮汹涌而来，新世纪的《师说》应当有新的诠释，很有必要拓展新的视野和增添新的活力。现在我国要求教师培训的"继续教育"，这是在世界上 20 世纪 70 年代的提法，应该把此视为今后培育人才的"终身教育"（20 世纪 80 年代的提法）、"终身学习"（20 世纪 90 年代的提法）的初级阶段以及最低要求。正在努力适应市场经济发展需求的我国师资队伍建设必须面向现代化、面向世界、面向未来，必须使传统的一次性师范教育观念转变为"终身教育←→终身学习←→终身研究"的创新思想，适应当今世界学习社会化、社会学习化的发展趋势，为了培育养成更多与时俱进复合通用型的优秀教师，本书的"后记"仍要持续地倡言：必须建设具有新世纪特征、中国特色、区域特点、师资培育研修机构特长的教师教育学科群体系。

　　综上所述，此项"教师教育学科群"综合性研究得到了上海市教育委员会科研项目（"创建'教师教育学科群'的理论与实践"，立项编号：A1012）以及教科研创新重点项目（"'复合通用型'教师养成模式探究"，立项编号：13ZSO93）的有力资助，也是其主要的研究成果。同时，该项综合性研究也是上海师范大学"教师教育学科群内涵与特色建设"项目的奠基性业绩，更是现代校长研修中心全体同人集诸家智慧积极从事教师教育学科群

---

[1] 张杉.比尔·盖茨教育慈善攻坚史[J].校长，2012(3)：93.

研究所奉献的独特性视角。此书的撰著分工如下:"前言"(陈永明),第一章(许苏),第二章(陈永明),第三章(舒志定),第四章(俞可),第五章(王健),第六章(李霞),第七章(张晓峰),第八章(张艳辉),第九章(吴国平),第十章(陈永明),后记(陈永明),舒志定负责全书的统稿工作。

《教师教育学科群导论》一书得以顺利地出版问世,要感谢北京大学出版社的有力支持以及姚成龙主任的关心帮助。倘若本书能为我国教师教育领域的理论研究者和实际工作者提供一些感悟性研究成果或可供参考性的文献资料,则我们因此而深受激励与鞭策。

陈永明

2013 年 1 月 10 日